Marco Iorio
Einführung in die Theorien von Karl Marx
De Gruyter Studium

Marco Iorio

Einführung in die Theorien von Karl Marx

—

DE GRUYTER

ISBN 978-3-11-026969-7
e-ISBN 978-3-11-026970-3

Library of Congress Cataloging-in-Publication Data
A CIP catalog record for this book has been applied for at the Library of Congress.

Bibliografische Information der Deutschen Nationalbibliothek
Die Deutsche Nationalbibliothek verzeichnet diese Publikation in der
Deutschen Nationalbibliografie; detaillierte bibliografische Daten
sind im Internet über http://dnb.dnb.de abrufbar.

© 2012 Walter de Gruyter GmbH & Co. KG, Berlin/Boston
Cover: Charles Thatcher/Stone/Thinkstock
Satz: Meta Systems GmbH, Wustermark
Druck und Bindung: Hubert & Co. GmbH & Co. KG, Göttingen
∞ Printed on acid-free paper
Printed in Germany

www.degruyter.com

Für
Maschka –
A, Engel und O

Vorwort

Großen Teilen dieses Studienbuchs liegen die zehn Kapitel meiner Monographie *Karl Marx – Geschichte, Gesellschaft, Politik* zugrunde, die 2003 ebenfalls im de Gruyter Verlag erschienen ist. Alle Kapitel wurden unter Berücksichtigung der umfangreichen Literatur, die in den letzten Jahren vorwiegend im deutsch- und englischsprachigen Raum über Marx erschienen ist, grundlegend überarbeitet. Inhaltlich weicht vor allem das elfte Kapitel von seinem Vorgänger ab. Neu hinzugekommen ist der Abriss über das Leben und die wichtigsten Schriften von Marx am Anfang dieses Buches und die beiden Kapitel über Marxens Kritik der Politischen Ökonomie und über marxistische Strömungen im 19., 20. und frühen 21. Jahrhundert am Ende. Die Fußnoten, das Literaturverzeichnis und die Register sind selbstredend der vorliegenden Neufassung angepasst.

Trotz seines Charakters als einführendes Studienbuch habe ich mich an einigen Stellen dieser Arbeit einer persönlich wertenden Beurteilung einzelner Gedanken, Überlegungen und Standpunkte von Marx nicht enthalten. Diese Bewertungen sollten aber immer als persönliche Bewertung kenntlich gemacht sein und den kritischen Leser dazu animieren, sich selbst zu fragen, ob er ihnen zustimmen kann oder nicht.

Ich danke Gertrud Grünkorn und Christoph Schirmer für die Anregung zu der vorliegenden Neufassung meiner alten Monographie und für die Möglichkeit, auch dieses Buch im de Gruyter Verlag zu veröffentlichen.

Inhalt

Einleitung

Karl Marx ist zu Beginn des zweiten Jahrzehnts des dritten Jahrtausends wieder deutlich präsenter im öffentlichen und wissenschaftlichen Bewusstsein als in den ersten beiden Jahrzehnten nach dem Fall des Eisernen Vorhangs. Das hat natürlich Gründe. Einer dieser Gründe besteht darin, dass inzwischen genügend Gras über den real existierenden Sozialismus gewachsen ist, um sich einigermaßen ideologiefrei mit den Schriften von Marx, Engels, ihren Anhängern und Nachfolgern auseinandersetzen zu können. Das war nicht immer so. Nicht nur, aber vor allem im deutschsprachigen Raum standen sich lange die Fraktionen der Marxapologeten und der Marxkritiker unversöhnlich gegenüber. Wer den Namen *Marx* oder irgendwelche Schlüsselbegriffe der marxistischen Theorie auch nur in den Mund nahm, sah sich bemüßigt oder fühlte sich gezwungen, für oder wider Partei zu ergreifen. Man musste sich entweder wie ein Angehöriger einer Religionsgemeinschaft zur ganzen Theorie bekennen oder alles verwerfen, was Marx geschrieben hat. Diese Zeit ist glücklicherweise vorüber. Auch diese Fronten haben sich aufgelöst. Marx hatte wie alle Denker vor und nach ihm unbestreitbar seine Höhen und Tiefen. Manches, was er schrieb, klingt nach wie vor überzeugend, interessant, erwägenswert oder doch zumindest anregend. Manches, was er schrieb, kann man vernünftigerweise nicht mehr glauben. Dieses Buch soll seinen Lesern helfen, sich ein eigenes Bild von jenen Höhen und Tiefen zu verschaffen.

Ein weiterer Grund für die neue Aktualität von Marxens Oeuvre geht mit den internationalen Wirtschafts-, Finanz- und Währungskrisen einher, die weite Teile des Planeten seit geraumer Zeit beuteln. Es scheint global gesehen nur noch Varianten eines einzigen Wirtschaftssystems zu geben, das in der Krise steckt und seither wieder mit einem Namen bezeichnet wird, den man zumindest in der westlichen Welt lange Zeit nicht gehört hat. Die mehr oder weniger freie, mehr oder weniger soziale Marktwirtschaft wird jetzt auch wieder als *Kapitalismus* bezeichnet.

Mit der gegenwärtigen Krise des Kapitalismus kommt die Erinnerung an seinen vehementesten und historisch wirkmächtigsten Kritiker fast von allein. Was hat uns Marx aber zu dieser Krise zu sagen? Erleben wir derzeit den Anfang vom Untergang der gegenwärtigen Weltwirtschaftsordnung, die Marx schon im 19. Jahrhundert kommen sah und für unausweichlich hielt?

Dieses Buch wird alle enttäuschen, die jetzt der Ansicht sind, die ökonomischen Gegebenheiten unserer Gegenwart gäben Marx im Nachhinein doch noch Recht. Es gibt gute Gründe, die kapitalistische Wirtschaftsweise zu kritisieren, zu verbessern oder vielleicht sogar durch eine neue Ordnung zu ersetzen. Marx kannte diese Gründe zum Großteil jedoch nicht. Im Gegenzug beruhen die Gründe, auf denen sich seine Kritik der Politischen Ökonomie stützt, ihrerseits auf einer unzulänglichen ökonomischen Theorie. Dies möchte ich vor allem im vorletzten Kapitel der vorliegenden Einführung zeigen.

Bevor es am Ende dieses Buches um Marxens Kritik der Politischen Ökonomie geht, sind vorab ihre philosophischen Grundlagen zu beleuchten. Nach einem kurzen Überblick über das Leben und die wichtigsten Schriften von Marx, der als Auftakt die weiteren Überlegungen in ihren historischen Zusammenhang stellt, wird zuerst die Geschichtsphilosophie und die Gesellschaftstheorie von Marx erläutert, die den Namen *Historischer Materialismus* trägt. Nach einer ausführlichen Untersuchung des Aufbaus und der Erklärungskraft dieser Theorie wende ich mich Marxens Ausführungen über den Klassenkampf zu und gehe dabei insbesondere der Frage nach, wie diese Ausführungen mit dem Historischen Materialismus in Einklang zu bringen sind. Denn auf den ersten Blick scheinen die beiden Teiltheorien von Marx miteinander zu konkurrieren. Dieses Konkurrenzverhältnis kann jedoch unter Bedingungen, die im sechsten und siebten Kapitel ausführlich erläutert werden, in eine Kooperationsbeziehung umgestaltet werden. Beide Theorieteile passen ineinander, wenn man sie auf eine bestimmte Art und Weise deutet.

Ist diese Zusammenführung vollbracht, wenden wir uns moralphilosophischen und erkenntnistheoretischen Problemen zu, um vor dem Hintergrund ihrer Erörterung schließlich die politische und die ökonomische Theorie von Marx in Augenschein zu nehmen. Hier möchte ich zeigen, dass Marxens politikphilosophisches Denken an einer systematischen Zweideutigkeit krankt, die schon in seinen Frühschriften nachzuweisen ist, und dass sein ökonomisches Denken zu massiv von seinem hegelianischen Ausgangspunkt infiziert ist. Marx wollte Hegels Geschichtsphilosophie in ökonomischen Kategorien neu denken. Dieses Projekt war ohnehin fraglich, insofern Hegels Philosophie fraglich ist. Vor allem aber ist Marx mit seinem Projekt gescheitert. Aus gutem Grund spielt er in der ökonomischen Wissenschaft unserer Gegenwart keine nennenswerte Rolle.

Das Buch endet mit einem Kapitel über die wichtigsten Strömungen des Marxismus im 19., 20. und dem begonnenen 21. Jahrhundert.

1 Leben und Werk

Wie in der Einleitung bereits gesagt, soll dieses Eröffnungskapitel die systematischen Betrachtungen der übrigen Kapitel dieser Einführung in ihren historischen Kontext stellen[1]. Marx ist ein mitteleuropäischer Autor des 19. Jahrhunderts. Diesen Sachverhalt sollte niemand aus den Augen verlieren, der sich mit seinen Schriften beschäftigt.

Dieser Autor des vorletzten Jahrhunderts hat eine große Menge wissenschaftlicher Publikationen, politischer Polemiken und Programmschriften, journalistischer Beiträge, unvollendeter Manuskripte, Exzerpthefte sowie enorm umfangreiche Briefwechsel hinterlassen. Zum Teil hat sein Nachlass bis heute nicht das Licht der Öffentlichkeit erblickt. Ein erster Versuch, eine historisch-kritische Gesamtausgabe des Oeuvres von Marx (und Engels) herauszugeben, wurde ab 1927 in Moskau unternommen. Aber das Projekt versandete im Zuge der stalinschen Säuberungen, noch bevor auch nur ein Bruchteil des Werks von Marx und Engels veröffentlicht worden war. Aus dieser Zeit stammt noch die Rede von der *MEGA*, die Abkürzung für „Marx-Engels-Gesamtausgabe". Und ebenfalls unter dieser Bezeichnung wird die Herausgabe der Werke von Marx und Engels – jetzt unter der Schirmherrschaft der in Amsterdam ansässigen *Internationalen Marx-Engels-Stiftung* (IMES) – fortgesetzt. Seit 1998 erscheint die neue *MEGA* (auch als *MEGA²* gekennzeichnet) im Berliner Akademie Verlag. Seit 2003 veröffentlicht derselbe Verlag das *Marx-Engels-Jahrbuch*, das wissenschaftliche Studien zu Marx und dem Marxismus umfasst, aber auch über die aufwendige Edition des Gesamtwerks auf dem Laufenden hält.

Auch die *MEGA²* ist bis heute nicht vollständig[2]. Daher ist es in der interessierten Öffentlichkeit und in wissenschaftlichen Kreisen weiterhin üblich, die Arbeiten von Marx und Engels gemäß der *MEW*, der *Marx-Engels-Werke*, zu zitieren. Die *MEW* sind zwischen 1956 und 1990 in Anlehnung an die ursprüngliche Konzeption der *MEGA* als eine Studienausgabe vom *Institut für Marxismus-Leninismus beim ZK der SED* im Berliner Dietz Verlag herausgegeben worden[3].

---

1 Ich stütze mich in den folgenden Ausführungen auf die ersten beiden Kapitel aus Iorio 2005. Neuere Biographien und Werkeinführungen wurden u. a. von Berger 2008, Hosfeld 2011, Körner 2008, Ternes 2008 und Wheen 2001 vorgelegt.
2 Teile des bereits veröffentlichten Textkorpus sind im Internet zur Verfügung gestellt: http://telota.bbaw.de/mega/
3 Die Texte dieser Ausgabe stehen im Internet fast vollständig zur Verfügung: http://www.mlwerke.de/me/me_mew.htm. Auch die Textnachweise in dieser Einführung erfolgen nach den *MEW*, wobei die erste Ziffer für den Band steht und die zweite als Seitenangabe zu lesen ist. Soweit nicht durch * markiert, entsprechen Hervorhebungen dem Original.

Seit 2001 liegt die Herausgeberschaft in den Händen der *Rosa-Luxemburg-Stiftung*. Diese über vierzig Bände umfassende Ausgabe ist handwerklich gut gemacht. Alle Bände, die nicht nur die zu Lebzeiten der beiden Autoren veröffentlichten Werke, sondern in chronologischer Reihenfolge auch viele unveröffentlichte Schriften, Manuskripte, Exzerpte und Briefe von Marx und Engels umfassen, verfügen über aufschlussreiche Vorworte und umfassende Apparate, die meist wertvolle und verlässliche Anmerkungen und Zusatzinformationen zusammentragen. Vom Ton und ab und an auch vom Inhalt her sind diese editorischen Texte natürlich vom Geist der Institution geprägt, in deren Namen die *MEW* ursprünglich veröffentlicht wurde. Ein großer Teil der Bände ist inzwischen nach dem Fall des Eisernen Vorhangs neu aufgelegt und mit neuen editorischen Apparaten versehen worden. Es besteht die Aussicht, dass in naher Zukunft alle Bände der *MEW* in neuer Bearbeitung vorliegen. Maßgeblich wird am Ende aber natürlich die *MEGA²* sein. Derzeit liegt aber nur ungefähr die Hälfte der geplanten 114 Bände vor.

1.1 Kindheit und Jugend in Trier

Als am 5. Mai 1818 im rheinländischen Trier, das seit dem Wiener Kongress wieder zu Preußen gehörte, Karl Heinrich Marx zur Welt kam, gab es keine Anzeichen dafür, dass gerade ein Mensch geboren worden war, dessen Theorien eines Tages dazu beitragen würden, einen großen Teil der Welt zu verändern. Erst recht deutete nichts darauf hin, dass die Hand dieses Kindes den weltweiten Aufruf an die arbeitende Bevölkerung zu Papier bringen wird: „Proletarier aller Länder, vereinigt euch!" (4, 493) Denn Marx entstammte einer Familie, die zu dem Teil der Gesellschaft gehörte, der ihm später zum Inbegriff der zu überwindenden Verhältnisse in Preußen und allerorts werden sollte: dem Bürgertum.

Marxens Vater war in der Moselstadt als selbständiger Anwalt tätig, was ihm seinerseits auch nicht in die Wiege gelegt worden war. Denn nicht nur sein Vater, also Karls Großvater, war Rabbiner von Trier. Vielmehr waren über viele Generationen hinweg nahezu alle Rabbiner Triers Vorfahren von Karl Marx. Auch seine Mutter entstammte einer jüdischen Familie, die zum Großteil in Holland lebte.

Menschen jüdischen Glaubens hatten es schon damals in Deutschland schwer. Zwar herrschte im Rheinland, das von 1801 bis 1814 zum napoleonischen Frankreich gehört hatte, ein liberalerer Geist als im konservativen Preußen. Aber als Jude hätte Marxens Vater seinem Beruf trotzdem nicht nachgehen dürfen. Um dem drohenden Berufsverbot zu entgehen, war er zum Protestantismus übergetreten, obzwar in Trier der Katholizismus weit verbreiteter war. Er tat diesen Schritt nicht aus Neigung oder religiöser Überzeugung, sondern nur aus Pragmatismus. Bereut hat er ihn aber trotz der langen Familientradition – soweit man das weiß – nie.

Karl Marx selbst hatte weder mit der jüdischen noch mit der christlichen Religion viel am Hut. Als Theoretiker, Polemiker und politischer Aktivist wird er sich später immer als Atheist präsentieren und die Religion als Beruhigungs- bzw. Schmerzmittel, als „Opium des Volkes" (1, 378) abkanzeln. Anders als seinem späteren Busenfreund und Weggefährten Friedrich Engels, der qualvolle Jahre brauchte, um sich als junger Mann von seiner protestantisch-puritanischen Erziehung freizumachen, scheint dem Begründer des Historischen Materialismus auch in seinen frühen Kindheits- und Jugendjahren das religiöse Denken und Fühlen weitestgehend fremd geblieben zu sein.

Vielleicht hängt diese Unempfänglichkeit für das Religiöse mit der allgemeinen Atmosphäre in Trier zusammen, die zu Marxens Zeit vorherrschte. Trier, dessen Bevölkerung damals zum Großteil von Weinanbau und -handel lebte, litt unter der Konkurrenz mit anderen Weinregionen im In- und Ausland. Entsprechend schlecht war die wirtschaftliche Lage in der Stadt. Viele Menschen waren arbeitslos, lebten von Bettelei und Prostitution. Und in kaum einer anderen Stadt Deutschlands fanden vor diesem Hintergrund die aus Frankreich stammenden Ideen der heute sogenannten Frühsozialisten so viel Interesse, Anklang und Zustimmung. Dieser Frühsozialismus, den Marx später als utopischen Sozialismus verspotten wird, um die Bedeutung seines wissenschaftlichen Kommunismus hervorzustreichen, war zwar nicht durchgängig atheistisch fundiert[4]. Aber Sozialismus und Atheismus waren doch seit jeher zumindest wahlverwandt.

Marxens Distanz zum Religiösen mag aber auch auf den Einfluss eines Mentors zurückzuführen sein, der früh schon auf die überdurchschnittliche Intelligenz des jungen Karl aufmerksam wurde und sich um dessen Förderung bemühte. Gemeint ist der Geheimrat Ludwig von Westphalen, Marxens späterer Schwiegervater, der sich mehr noch als Marxens Vater der französischen Aufklärung des 18. Jahrhunderts verbunden fühlte. Von Westphalen hat den jungen Marx auf langen Spaziergängen vor den Toren der Stadt unter anderem mit den Gedanken des Sozialisten Saint-Simon vertraut gemacht.

---

4 Wilhelm Weitlings sozialistisches Programm hatte beispielsweise dezidiert christliche Wurzeln.

1830 bis 1835 besuchte Marx das Friedrich-Wilhelm-Gymnasium, an dem er die damals übliche humanistische Ausbildung erhielt. Sieben Aufsätze, die er im Rahmen seiner Abiturprüfungen geschrieben hat, sind die ältesten Texte, die von ihm überliefert sind. Marx war ein guter, aber kein hervorragender oder auffälliger Schüler.

Nur wenige Tage nach dem Abitur verließ Marx im Oktober seine Eltern und Geschwister, um in Bonn in die Fußstapfen seines Vaters zu treten. Er hatte entschieden, Rechtswissenschaft zu studieren.

1.2 Studienjahre in Bonn und Berlin

In Bonn hat Marx ein Winter- und ein Sommersemester lang studiert. Er hat sich dort zwar fleißig um Jura und um andere Wissenschaften bemüht. Unter anderem hat er Vorlesungen bei dem Romantiker August Wilhelm von Schlegel über Philosophie und Literatur besucht. Aber er hat offenbar – wie es Studierende zu Beginn dieser Lebensphase bis heute oft tun – auch die Gelegenheit genutzt, fern von Eltern, Elternhaus und den alten Strukturen neue Sphären des Daseins zu erkunden. Marx schloss sich einem Bund poesiebegeisterter Studenten an, schrieb Gedichte, die er zum Teil seinem Vater, zum Teil Jenny von Westphalen, mit der er sich 1836 heimlich verlobte, als Geschenke zusandte. Außerdem durchzechte er so manche Nacht mit seinen Kommilitonen. Auch trat schon in diesen ersten Monaten fern von der Heimat ein Charakterzug zutage, den Marx zeit seines Lebens beibehalten und der ihm und seiner zukünftigen Familie noch betrübliche Stunden bereiten sollte: Er konnte niemals mit den finanziellen Mitteln, die ihm zur Verfügung standen, vernünftig haushalten. Als er Bonn verließ, um an die Friedrich-Wilhelms-Universität in Berlin (seit 1949 Humboldt-Universität zu Berlin) zu wechseln, mussten seine Eltern für ihn einige Schulden begleichen.

In Berlin herrschte ein anderer Geist als in der Stadt am Rhein. An der deutlich größeren Universität wurde auch unter den Studenten strebsam gearbeitet. Marx, der alles andere als faul war, stürzte sich ins Studium – zum Teil wie in Bonn schon auf Kosten der Gesundheit. Er hat es nie vermocht, dauerhaft einen geregelten Rhythmus zu leben. Selbst als gestandener Familienvater wird er später Phasen intensiver Tag- und Nachtarbeit und sich daran anschließende Phasen der Erschöpfung und Erholung planlos durchleben. Und so hielt er es auch schon in Berlin.

Der Geist, der in jenen Jahren an der Berliner Universität und im intellektuellen Leben Preußens generell herrschte, hatte einen Namen: Georg Friedrich

Wilhelm Hegel. Diese Lichtgestalt des Deutschen Idealismus war zwar schon tot, als Marx in seinen Dunstkreis trat. Aber seine Schüler und Epigonen, seien es die eher konservativen Anhänger seiner Philosophie (auch Alt- oder Rechtshegelianer genannt), seien es die kritischen Revisionisten und Weiterdenker (die Jung- oder Linkshegelianer) saßen nicht nur auf den Lehrstühlen nahezu aller Fakultäten, sondern bildeten auch das Gros der nachkommenden Studentenschaft und Akademiker in Berlin.

In diesem Klima war die Entwicklung des Studenten Marx in den viereinhalb Berliner Jahren vor allem von zwei Tendenzen geprägt. Beide Tendenzen hatten sicherlich auch einen Einfluss auf den Bruch, der zuerst zwischen Marx und seinem Vater und dann – nach dem Tod des Vaters (1838) – auch zwischen Marx und dem Rest der Familie stattfand. Auf der einen Seite ließ Marx das juristische Studium immer mehr schleifen. Zwar versuchte er sich zu Beginn seiner Berliner Zeit noch an einer rechtsphilosophischen Arbeit, dessen Scheitern er in einem berühmten Brief seinem Vater eingestand (40, 3–12). Aber schon dieses Fragment gebliebene Jugendwerk zeigt deutlich, dass Marx nicht die detailfixierte Juristerei, sondern vielmehr die Philosophie am Herzen lag. Konsequenterweise wird er sein Studium 1841 mit einer philosophischen Dissertation abschließen, obwohl er bis zum Schluss auch für Jura eingeschrieben blieb.

Auf der anderen Seite ist auf eine prägende Tendenz dieser Jahre zu verweisen, die nicht ganz einfach auf den Punkt zu bringen ist und uns auch in den späteren Kapiteln dieser Einführung noch häufiger beschäftigen wird. Sie betrifft Marxens spannungsreiches Verhältnis zur Philosophie Hegels. Wie bereits gesagt, beherrschte diese Philosophie in den dreißiger Jahren des neunzehnten Jahrhunderts fast konkurrenzlos den deutschsprachigen Diskurs und auch große Teile des europäischen Geisteslebens. Daher ist es kein Wunder, dass ein junger Intellektueller wie Marx, der erst auf dem Weg zur eigenen Sicht auf die Welt ist, in den Bann dieses Denkens gerät. Marx begann also, sich intensiv mit einigen der Schriften von Hegel auseinanderzusetzen.

Kompliziert wird das Verhältnis zwischen Marx und dem Hegelianismus vor allem dadurch, dass Marx zu einem Zeitpunkt in das hegelianisch geprägte Milieu von Berlin geriet, als sich bereis eine Reihe aufstrebender Geister Einfluss verschafft hatte, die zwar von der grundsätzlichen Richtigkeit des philosophischen Systems von Hegel ausgingen, aber anders als ihr Meister nicht glaubten, dass dieses System schon das nahende Ende aller philosophischen Erkenntnis sei. Vielmehr glaubten die Junghegelianer, dass die Bewegung des philosophischen Gedankens und die sich in ihr manifestierende Selbstfindung des Weltgeistes, die Hegel in seinem philosophischen Universalsystem vor Augen geführt hatte, nach Hegels ureigensten Prinzipien über dieses System hinaus fortgesetzt werden müsse. Die philosophische Kritik an der universalen, die gesamte Welt in Zeit und Raum umspannenden Philosophie Hegels, so die Überzeugung der Junghegelianer, bedeute nicht weniger, als den Weltgeist und damit die Weltgeschichte einen notwendigen Schritt voranzubringen. Eine Abwandlung dieser Überzeugung wird Marx später zu dem Marx machen, den wir heute kennen. Kritik treibt den Geschichtslauf voran, sagt auch Marx. Aber anders als die Junghegelianer wird er lehren, dass die gesellschaftlichen Verhältnisse zu kritisieren sind und philosophische Theorien als fast schon nebensächliche Elemente dieser Verhältnisse begriffen werden müssen. Durch diese Abwandlung bleibt Marx den Strukturen des hegelianischen Denkens treu und versucht trotzdem, den Hegelianismus prinzipiell zu überwinden. Warten wir ab, inwieweit ihm das gelungen ist.

Marx hatte in Berlin jedenfalls Zugang zum sogenannten Doktorklub gefunden, einem Diskussions- und Zechzirkel, zu dem zwar nicht der etwas ältere Hegelkritiker Ludwig Feuerbach, aber viele führende Figuren der linkshegelianischen Schule gehörten. Schnell fand er dort die Anerkennung selbst der schon deutlich älteren Mitglieder dieser Gruppe und ihres inoffiziellen Kopfes: Bruno Bauer, der an der Berliner Universität Privatdozent für evangelische Theologie war[5].

Ein typischer Linkshegelianer war Marx jedoch nie. Dies mag zum einen daran liegen, dass sich diese Schule vornehmlich auf die religionsphilosophischen Implikationen der Philosophie Hegels konzentrierte. Und wie bereits gesagt, wusste Marx mit der Religion nicht sonderlich viel anzufangen, weswegen ihn auch die Religionsphilosophie wenig interessierte. Alles, was Marx zu diesem Thema sagen wird, hat vor ihm schon Feuerbach gesagt. Marx war weit mehr an den rechts- und staatsphilosophischen Aspekten der Lehre Hegels interessiert. Diesen Ausgangspunkt sollte man im Auge behalten, um die Entstehung von Marxens eigener Gedankenwelt richtig zu beurteilen, die in dieser Zeit einsetzt.

Zum anderen war Marx aber vor allem trotz seiner Begeisterung für die romantische Literatur seinem Naturell nach nicht dazu geschaffen, an den idealistischen Höhenflügen seiner Freunde in Berlin auf Dauer teilzunehmen. In gewissem Sinn war er dazu zu bodenständig. Und Marx wird ohnehin erst in dem Moment zu dem Marx, der heute noch interessiert, in dem er damit beginnt, mit seinen Berliner Freunden und ihren philosophischen Positionen

---

5 Siehe hierzu Eßbach 1988 und Leopold 2009.

zu brechen. Dieser Bruch beginnt kurz nach dem Abschluss des Studiums. Um Zeit zu sparen, reicht Marx seine Doktorarbeit über Epikur und Demokrit nicht in Berlin, sondern in Jena ein, da die dortige Universität für ihre raschen Promotionsverfahren bekannt war. Kurz vor seinem dreiundzwanzigsten Geburtstag ist er promoviert.

1.3 Marx als liberaler Journalist in Köln

Es ist eine reizvolle, wenn auch spekulative Frage, was aus Marx geworden wäre, wenn ihm eine Universitätslaufbahn zugänglich gewesen wäre. Hätte es dann trotzdem einen Marxismus gegeben? Wäre sein Denken trotzdem so radikal geworden, wie es dann in einigen Hinsichten wurde? Und hätten sich Leute wie Lenin, Stalin, Mao, Ho Chi Minh, Kim Il Sung oder Che Guevara und Fidel Castro in ihrem revolutionären Agieren auf eine Theorie berufen können, die beansprucht, den Schlüssel zur Geschichte der Menschheit zu liefern?

Tatsache ist jedoch, dass Marx unter den reaktionären Umständen seiner Zeit keine ernsthafte Aussicht darauf hatte, in den Universitätsdienst – und dies hätte ja bedeutet in den preußischen Staatsdienst – aufgenommen zu werden. Sein Freund (und späteres Feindbild) Bauer hatte zwar vor, Marx nach seinem Wechsel als Privatdozent an die Universität Bonn zu habilitieren. Aber es ist symptomatisch für die politische Kultur jener Zeit in Deutschland, dass Bauer die Lehrbefugnis entzogen wurde, als er in seinen religionsphilosophischen Publikationen zunehmend religionskritische Positionen bezog.

Marx, der sich nach dem Tod seines Vaters mit seiner Mutter verstritten hatte und daher mit keinen finanziellen Zuwendungen aus Trier mehr rechnen konnte, musste irgendwie Geld verdienen. Daher nahm er ohne Zaudern das Angebot an, für die in Köln erscheinende *Rheinische Zeitung* zu schreiben, deren erfolgreicher Chefredakteur er binnen weniger Monate wurde. Diese Tageszeitung war eines der wenigen liberalen Blätter, die damals in Deutschland erscheinen konnten. Finanziert wurde sie vor allem durch Gelder aus bürgerlichen Kreisen, die auch ihre hauptsächliche Leserschaft bildeten. Es liegt daher auf der Hand, dass die *Rheinische Zeitung* in erster Linie das Anliegen verfolgte, die Interessen des noch schwachen Bürgertums in Deutschland zu artikulieren. Marx musste sich aber keinesfalls krummlegen, um seinem ersten Broterwerb nachzugehen. Von den verschiedenen Formen des Sozialismus hatte er zwar schon einiges gehört. Aber Sozialist oder gar Kommunist war er in seiner ersten Zeit in Köln noch nicht[6]. Radikal war er gleichwohl – gemessen

---

6 Auf das Verhältnis zwischen dem Sozialismus und dem Kommunismus komme ich im zehnten Kapitel zu sprechen.

an den damaligen Verhältnissen. Denn Marx stritt in den tagespolitischen Themen gewidmeten Artikeln, die er für seine liberale Zeitung verfasste, vor allem gegen die staatliche Zensur und für die Pressefreiheit. Und wieder ist es symptomatisch für die politischen Zustände jener Zeit, dass die *Rheinische Zeitung* angesichts der ständig steigenden Auflagenzahl zunehmend in die Klemme der Zensur geriet. Im Januar 1843 verbot das preußische Ministerium unter dem Vorsitz von Friedrich Wilhelm IV. die Zeitung und machte Marx damit brotlos. Er entschied, das Land, das ihm jetzt keine beruflichen Aussichten mehr zu bieten schien, vorübergehend zu verlassen. Arbeitslos heiratete er im Juni Jenny von Westphalen. Im Oktober emigrierte das junge Paar nach Paris. Frau Jenny Marx war in dieser Zeit erstmals schwanger.

1.4 Die Wende in Paris

Was in nur kurzer Zeit in Paris mit Marx geschah, ist nicht ohne weiteres zu begreifen. Er lebte dort mit seiner Familie ziemlich genau zwei Jahre lang, bevor er infolge seiner publizistischen Aktivitäten, die er weiterhin an den Tag legte, vom Innenminister Louis-Philippes – nicht zuletzt auf Drängen der preußischen Regierung – des Landes verwiesen wurde. Und während er als liberal denkender Demokrat nach Frankreich eingereist war, wird er das Land nicht nur als überzeugter Kommunist, sondern als einer der führenden deutschsprachigen Aktivisten der kommunistischen Bewegung verlassen.

Vor allem drei Faktoren sind vielleicht hilfreich, diesen Wandel nachzuvollziehen. Zum einen muss man sich vor Augen führen, dass Paris in den vierziger Jahren des 19. Jahrhunderts eine Hochburg des sozialistischen, kommunistischen und anarchistischen Denkens war. In dieser Stadt fanden sich Emigranten aus nahezu allen Ländern Europas zusammen, um den politischen Schutz der französischen Republik zu suchen. Marx und seine Familie lebten dort als Emigranten fast ausschließlich unter deutschen Emigranten. Vor allem Moses Hess, der schon länger in Paris gelebt hatte und dort als Korrespondent der *Rheinischen Zeitung* tätig gewesen war, soll ihn mit einigen führenden Vertretern der sozialistischen Bewegung bekannt gemacht haben. Und so geriet Marx schon kurz nach seiner Ankunft in die sozialistischen Zirkel der französischen Metropole.

Zum anderen sollte man sich die Tatsache vergegenwärtigen, dass Marx erst Mitte zwanzig war, als es ihn als gescheiterten Journalisten nach Frankreich verschlug. Zwar hatte er schon ein Universitätsstudium und eine Promotion hinter sich. Auch war er Familienvater und verfügte über die ersten beruflichen Erfahrungen. Aber er war gleichwohl noch jung und insofern für die „Moden" der Zeit viel empfänglicher, als er es wahrscheinlich ein oder zwei Jahrzehnte später gewesen wäre. Und der Sozialismus, wie er in jenen Jahren in seinen unterschiedlichen Ausprägungen in Paris kursierte, hatte durchaus Verwandtschaft mit einer Mode[7]. Vielleicht ist es auch nicht übertrieben, ihn als eine Art Jugendbewegung zu bezeichnen. Wesentliche Züge einer solchen Bewegung hatte er jedenfalls allemal.

Aber am wichtigsten für ein Verständnis von Marxens Gesinnungswandel ist vermutlich der dritte Faktor. Marx hatte nach dem Verbot der *Rheinischen Zeitung* wieder Zeit für philosophische, historische und sozialwissenschaftliche Studien. Dabei ging er – wie er es sein ganzes Leben lang tat – zuerst rein negativ vor, insofern er fremde Texte intensiv studierte und die Autoren der Texte in seinen Exzerptheften kritisierte. Er kämpfte sich in dieser Phase zwar noch immer mit Hegel ab. Aber im Zentrum seines philosophischen Interesses stand inzwischen Feuerbach, der seinerseits als einer der schärfsten Kritiker Hegels galt. In seiner Auseinandersetzung mit Feuerbach entwickelte Marx in der Pariser Zeit die ersten Züge seiner eigenen Theorie. Später werden wir sehen, inwiefern man aus dieser Theorie folgern kann, dass der Kommunismus nicht nur eine gesellschaftspolitische Option ist, für die oder gegen die man aufgrund der eigenen politischen Überzeugungen votieren kann. Aus Marxens Standpunkt folgt vielmehr, dass der Sozialismus eine historische Notwendigkeit und insofern über die Überzeugungen einzelner Individuen erhaben ist. Es war für Marx also keine politische Privatentscheidung, sich dem Kommunismus zuzuwenden, mit dessen unterschiedlichen Spielarten er in Paris vertraut wurde. Er begriff diese Zuwendung vielmehr als eine theoretische Einsicht in den allgemeinen und notwendigen Lauf der gesellschaftlichen Entwicklung.

In Paris begann im August 1844 auch die enge Freundschaft mit dem knapp zwei Jahre jüngeren Friedrich Engels. Die beiden waren sich schon einmal kurz in Köln begegnet, da Engels ebenfalls für die *Rheinische Zeitung* geschrieben hatte. Bei dieser Begegnung hatten sie aber noch kein größeres Interesse füreinander entwickelt. Jetzt in Paris trafen sie aufeinander, nachdem jeder für sich den Schritt zum Sozialismus bereits getan hatte. Ab diesem Moment verstanden sie sich als Theoretiker, Freunde und später auch als politische Aktivisten in einem Ausmaß, für das es in der Geschichte nur wenige Parallelen gibt.

---

7 Für einen Überblick über die frühen Vertreter des Sozialismus und ihre Standpunkte siehe Euchner 1991.

Marx und Engels schrieben in Paris gemeinsam ein Buch, in dem sie noch wenig Eigenes zu bieten hatten, sich vielmehr nur spöttisch und polemisch gegen die Junghegelianer in Deutschland ausließen. *Die Heilige Familie* – gemeint war der vormals von Marx noch als Theoretiker und Religionsphilosoph anerkannte Bruno Bauer, dessen Bruder Edgar und der um sie gescharrte Kreis der Linkshegelianer – fand nach ihrer Veröffentlichung 1845 jedoch so gut wie keine Beachtung. Durch einen Aufsatz über Nationalökonomie von Engels inspiriert, wendete sich Marx zu jener Zeit auch erstmals wirtschaftswissenschaftlichen und wirtschaftshistorischen Studien zu. Die erst in den dreißiger Jahren des 20. Jahrhunderts veröffentlichten *Ökonomisch-philosophischen Manuskripte aus dem Jahre 1844* zeugen von den ersten Resultaten dieser Studien. Diese nur unvollständig erhaltenen Manuskripte (nach ihrem Entstehungsort auch *Pariser Manuskripte* genannt) sind der erste Anlauf zu Marxens Hauptwerk – ein Hauptwerk, das er wie so viele seiner Schriften unvollendet hinterlassen wird.

In der ersten Phase seiner Zeit in Paris war Marx jedoch vor allem darum bemüht, eine Zeitschrift ins Leben zu rufen, die ihm und seinen politischen Mitstreitern als Plattform für die öffentliche Arbeit dienen sollte. Zugleich war mit diesem Projekt auch die Aussicht auf ein regelmäßiges Einkommen verknüpft. Marx war darüber hinaus Mitarbeiter des in Paris gegründeten *Vorwärts!*, derjenigen Zeitung also, die Jahrzehnte später zum offiziellen Sprachrohr der deutschen Sozialdemokratie wurde. Die meiste Energie verwendete er aber für die Fortsetzung eines Projekts, das er gemeinsam mit Arnold Ruge und Julius Fröbel noch vor der Zeit in Paris geplant hatte. Zu dritt wollten sie den französischen Sozialismus mit der deutschen, jetzt vor allem durch Feuerbach inspirierten Philosophie durch ein jährlich erscheinendes Organ verknüpfen. Nach viel Anlauf und erfolglosen Versuchen, namhafte französische Autoren für das Projekt zu gewinnen, erschien von den *Deutsch-Französischen Jahrbüchern* jedoch nur ein einziger Band. Allen ursprünglichen Plänen entgegen enthält dieser Band nur Texte aus der Feder einer kleinen Gruppe deutschsprachiger Autoren. Heinrich Heine war z. B. einer davon.

Dieser Band und Marxens übrige publizistische Aktivitäten genügten jedoch, um den Unwillen der preußischen und zunehmend auch der französischen Regierung auf sich zu ziehen. Im Januar 1845 verbot der Innenminister Guizot den *Vorwärts!* und verwies alle führenden Mitarbeiter dieses Blattes wegen Gefährdung der öffentlichen Sicherheit und Ordnung des Landes. Anfang Februar machte sich Marx daher abermals in eine neue Heimat auf. Diesmal ging die Reise mit der Postkutsche nach Brüssel.

1.5 Erste Schritte in Brüssel und letzter Versuch in Deutschland

Nachdem sie das Geld, das sie von Jennys Mutter zur Hochzeit bekommen und das Marx als Abfindung nach seinem Ausscheiden aus der Redaktion der *Rheinischen Zeitung* erhalten hatte, verbraucht hatten, lebte die Familie Marx in Paris unter relativ ärmlichen Verhältnissen. Vorübergehend sollte es später in London sogar noch schlimmer kommen, obwohl der aus wohlhabenden Verhältnissen stammende Engels, der jedoch von seinem Vater an kurzer Leine gehalten wurde, Marx immer wieder finanziell unter die Arme greifen konnte. Die drei Jahre, die Marx und seine Familie von Anfang 1845 bis zur Ausweisung im März 1848 in der belgischen Hauptstadt lebten, waren ökonomisch und privat gesehen vielleicht die beste Zeit, die ihnen vergönnt war. Dort kamen auch die zweite Tochter und der erste Sohn der Marxens zur Welt, der neun Jahre später in London an Tuberkulose erkrankte und starb.

Gerahmt ist diese Zeit von zwei bedeutenden Schriften, die bis heute als Arbeiten des Autorengespanns Marx und Engels gelten. Man weiß jedoch, dass die beiden Arbeiten kaum Texte von Engels umfassen und dass eines der beiden Bücher auch Passagen von Moses Hess beinhaltet[8]. Dass diese Arbeiten trotzdem mit einigem Recht als Schriften von Marx und Engels gelten, geht auf die beiden Tatsachen zurück, dass die eine nach langer und intensiver Diskussion zwischen Marx und Engels zu Papier gebracht wurde, während die andere maßgeblich auf einer Reihe von Textvorlagen beruht, von denen die wichtigste von Engels stammt.

Der ersten Arbeit, *Die Deutsche Ideologie*, ist eine mehrwöchige Studienreise von Marx und Engels durch England vorausgegangen. Auch wenn es nicht zur Veröffentlichung des Buches kam, weil der Verleger einen Rückzieher machte, und trotz der Tatsache, dass das erhaltene Manuskript zum größten Teil wie schon die *Heilige Familie* wieder nur polemische Attacken gegen die wichtigsten Mitglieder der junghegelianischen Schule umfasst, ist dieses Buch wichtig. Denn dieses Manuskriptkonvolut enthält erstmals eine in sich geschlossene Darstellung der marxistischen Geschichts- und Gesellschaftstheorie, deren erste Züge sich in den *Pariser Manuskripten* und in der *Heiligen Familie* nur zwischen den Zeilen abzeichnen. Engels hat diese Theorie später als *Historischen Materialismus* bezeichnet. Und unter dieser Bezeichnung ist sie in die Geschichte eingegangen.

---

8 Vgl. zu *Die deutsche Ideologie* auch Bluhm 2010.

Die zweite Arbeit, die kurz vor Ende des Brüsseler Aufenthalts geschrieben wurde, ist das *Manifest der kommunistischen Partei*. Auch diese Schrift fand anfangs wenig Beachtung, wurde aber – anders als *Die Heilige Familie* – später vielfach neu aufgelegt und in fast alle Sprachen der Welt übersetzt. Das *Manifest* ist eine Auftragsarbeit. In Auftrag gegeben wurde es jedoch nicht von der kommunistischen Partei. Denn eine politische Partei dieser Art gab es damals noch nicht. Auftraggeber war vielmehr der *Bund der Kommunisten*, eine Art Dachorganisation verschiedener Gruppen europäischer Sozialisten mit Sitz in London, die 1847 aus dem deutschen *Bund der Gerechten* hervorgegangen war. Überhaupt war Marx seit den Jahren, die er in Belgien lebte, politisch aktiver als je zuvor. Er gründete z. B. das *Brüsseler Korrespondenz-Komitee*, das es sich zur Aufgabe machte, Sozialisten in Europa und Nordamerika miteinander in Kontakt zu setzen, um die Arbeiterbewegung international zu koordinieren.

In Brüssel hat Marx also sowohl als Theoretiker als auch praktisch durch seinen Einfluss auf den *Bund* den Grundstein für die theoriefundierte politische Bewegung gelegt, als die man den Marxismus bezeichnen kann[9]. Als er im Zuge der Revolution von 1848 – wenige Wochen vor seinem dreißigsten Geburtstag – zurück nach Deutschland kam, hatte er bereits eine Reihe treuer Anhänger und Verehrer.

Belgien war im Vormärz im Vergleich zu den meisten anderen Ländern Europas fortschrittlich und verfolgte eine liberale Politik. Aus diesem Grund hatte es viele Sozialisten und andere politische Flüchtlinge, die sich in ihrer Heimat nicht halten konnten, ähnlich wie zuvor nach Paris jetzt nach Brüssel verschlagen. Als die Pariser Februarrevolution 1848 eine Welle von Aufständen auslöste, die dann für rund zwei Jahre durch ganz Europa schwappte, zog die belgische Regierung die Notbremse. Wie auch vielen anderen politischen Aktivisten wurden Marx und seiner Familie ohne jede Vorankündigung das Aufenthaltsrecht entzogen.

Marx folgte zuerst einer persönlichen Einladung der neuen französischen Regierung nach Paris, wo er sich mit eigenen Augen ein Bild von der Natur der revolutionären Erhebungen verschaffen wollte. Aus seiner Geschichtstheorie konnte er folgern, dass es unter den bürgerlich kapitalistischen Verhältnissen früher oder später zu einer Revolution des Proletariats kommen wird. Und geraume Zeit lang glaubte er, was in Paris begonnen hatte, könnte das Vorspiel dieses Epochenwandels sein. Nicht zuletzt aus diesem Grund ging er mit einigen seiner Anhänger zurück nach Deutschland, wo ihn die preußischen Behörden wegen der politisch prekären Lage im von Berlin fernen Köln vorüberge-

---

9 Vgl. hierzu auch Iorio 2008.

hend duldeten. Es war Marx sogar möglich, als Herausgeber und Chefredakteur für ein paar Monate eine neue Tageszeitung auf die Beine zu stellen.

In Anlehnung an seine erste Zeit in Köln nannte er das frisch gegründete Blatt *Neue Rheinische Zeitung*. Dieses Organ sollte nicht zuletzt dem Zweck dienen, die revolutionäre Flamme am Leben zu halten und nach Möglichkeit weiter anzufachen. Unter den gegebenen politischen Bedingungen war also wieder das reaktionäre, spätfeudale Regime in Berlin die Scheibe, auf die Marx vor allem zielte. Daher ist es nicht verwunderlich, dass dieses Regime – kaum waren die revolutionären Umtriebe in Grund und Boden gestampft – dem Revoluzzer in der Chefredaktion der *Neuen Rheinischen Zeitung* den Riegel vorschob. Zwar konnte sich Marx erfolgreich in zwei Gerichtsprozessen selbst verteidigen und die Geschworenen zu Freisprüchen bewegen. Doch im Mai 1849 wurden gegen Marx und alle Redakteure des Blattes Ausweisungs- oder Haftbefehle erlassen. Der preußische Leviathan hatte also wieder gesiegt. Und Marx war als Zeitungsmann in Deutschland ein zweites und letztes Mal gescheitert.

Marx versuchte es kurz noch einmal in Paris. Aber da auch dort die Konterrevolution gesiegt hatte und die neuen Machthaber ihm mit der Verbannung in die Bretagne drohten, reiste Marx im späten August desselben Jahres über den Ärmelkanal Richtung London. Er reiste mit Freunden und ohne Familie. Seine Frau und die Kinder sollten mit einiger Verzögerung nachkommen. Zu diesem Zeitpunkt konnte Marx nicht wissen, dass er sich auf dem Weg in die Stadt befand, die für den Rest seines Lebens seine Heimat sein sollte.

1.6 Ein zweites Leben im Londoner Exil

Marx ist in London am 13. März 1883 gestorben – rund zwei Monate, bevor er fünfundsechzig geworden wäre. Insgesamt brachte er also die etwas größere Hälfte seines Lebens in der britischen Hauptstadt zu. Dieser Umstand erklärt, weshalb sein Einfluss auf die Entwicklung der Arbeiterbewegung in Deutschland zwar nicht unerheblich, aber in wichtigen Momenten doch von eher geringem Ausmaß war, wie wir noch sehen werden.

London war wie Paris und Brüssel ein Zufluchtsort vieler politischer Flüchtlinge aus allen Ländern Europas. Auch für die Zeit in London gilt, dass Marx und seine Familie privat fast ausschließlich mit deutschen Emigranten oder mit Besuchern aus Deutschland verkehrten. Engels verbrachte ebenfalls den Rest seines Lebens in England, lebte zeitweise in London, lange Zeit aber in Manchester, wo er aus finanziellen Gründen und auf Druck seines Vaters im Familienbetrieb seinem eher unfreiwillig erlernten Kaufmannsberuf nachging.

Diesen ihm unlieben Beruf konnte er erst Ende der sechziger Jahre an den Nagel hängen, indem er seine Teilhaberschaft am Familienbetrieb verkaufte und bei der Gelegenheit auch eine jährliche Leibrente für Marx einrichtete. Bis dahin ging er gleichwohl nach Kontorschluss kontinuierlich wissenschaftlichen Studien und publizistischen sowie politischen Aktivitäten im Dienste der sozialistischen Bewegung nach. Offenbar fiel es ihm nicht schwer, dieses schizophrene Doppelleben zu führen.

Die zweite Hälfte der Biographie von Marx lässt sich in vier Phasen unterteilen. Da er anfangs nicht akzeptieren wollte, dass die Revolutionszeit vorerst vorüber war, blieb er in der ersten Phase in London weiterhin politisch aktiv und wurde aus diesem Grund auch noch über Jahre von der preußischen Polizei bespitzelt. Er bemühte sich zum einen darum, den durch die politische Reaktion geschwächten *Bund der Kommunisten* wieder auf die Beine zu stellen. Der *Bund* litt zu dieser Zeit auch schon an internen Fraktionsstreitereien, an denen er später dann zerbrochen ist. Zum anderen wurde Marx Mitglied des *Deutschen Kommunistischen Arbeiterbildungsvereins*, der sich unter anderem darum bemühte, deutschen Flüchtlingen in ihrer ersten Zeit in London so gut, wie es unter den gegebenen Umständen möglich war, unter die Arme zu greifen. Den Helfern ging es ja in aller Regel selbst nicht viel besser als den Bedürftigen. In den meisten Fällen konnte für die Neuankömmlinge gerade einmal eine Unterkunft verschafft werden. Nur selten gelang es, ihnen auch einen Arbeitsplatz zu vermitteln.

Das bisschen Geld, das Marx überhaupt durch eigene Arbeit erwarb, verdiente er sich in seiner Zeit in England weiterhin als Journalist. Nachdem er seinen Versuch, eine Fortsetzung der *Neuen Rheinischen Zeitung* ins Laufen zu bringen, aus Geldmangel nach wenigen Wochen aufgeben musste, schrieb er jahrelang regelmäßig für die *New-York Daily Tribune*. Diese radikale Tageszeitung war damals die auflagenstärkste der Welt. Marx hatte die Aufgabe, Berichte zur politischen Lage in Europa, insbesondere in England, zu verfassen und sein Augenmerk vor allem auf Ereignisse zu richten, die auf eine neue Revolution hindeuten. Die insgesamt rund 500 Zeitungsartikel, die für das New Yorker Blatt verfasst wurden, dokumentieren Marxens enorme Sachkenntnis über die weltpolitischen Geschehnisse und Zusammenhänge seiner Zeit. Ein reiner Stubengelehrter war er nicht. Einige Beiträge für die *Tribune* musste im Übrigen Engels schreiben, wenn Marx gerade zu sehr mit anderen Dingen beschäftigt war oder wenn er – was in den kommenden Jahren immer häufiger der Fall sein wird – wieder einmal das Krankenlager hüten musste. Und Engels stand als Kenner der Weltpolitik seinem älteren Freund in nichts nach. In militärischen und militärpolitischen Fragen war er ihm sogar überlegen. Denn solche Fragen waren eine Art Hobby von Engels. Seine engeren Freunde nannten ihn aus diesem Grund auch spaßhaft *General* (Marx wurde wegen seines dunklen Teints, der schwarzen Haare und des dichten Vollbarts von Freunden und Angehörigen *Mohr* genannt).

Die zweite Phase des Londoner Lebens beginnt nicht in England, sondern in Frankreich, nämlich mit dem Militärputsch Louis Napoleons Anfang Dezember 1851 in Paris. Weil dieses politische Ereignis nicht so recht in das Geschichtsbild passte, das er im *Manifest* formuliert hatte, untersuchte Marx das politische Vorspiel dieses Staatsstreichs in einer Reihe von Zeitungsartikeln, die unter dem Titel *Der achtzehnte Brumaire des Louis Bonaparte* später auch in Buchform erschienen sind[10]. In seiner Analyse der Entwicklungen in Frankreich zwischen der Revolution von 1848 und der Machtergreifung durch den Neffen Napoleon Bonapartes kommt Marx zu dem Schluss, dass seine Einschätzung falsch war, die Erhebungen aus den späten vierziger Jahren könnten bereits das Vorspiel der proletarischen Revolution sein. In Frankreich hatte seiner neuen Bewertung nach vielmehr erst jetzt das Bürgertum die politische Gewalt endgültig für sich erobert.

Marx zog aus diesen Betrachtungen die Konsequenz, dass die Zeit für eine proletarische Revolution noch nicht reif sei. Erst müsse sich überall die Bourgeoisie gegen die spätfeudalen Strukturen durchsetzen. Da es unter den Sozialisten in London ohnehin zu immer größeren Zwistigkeiten kam und wahrscheinlich auch aus dem Grund, dass es den Denker Marx zurück in die Studierstube drängte, gab Marx in dieser zweiten Phase seines Londoner Lebens den Großteil seiner politischen Aktivitäten auf. Stattdessen begann er damit, seine philosophischen, ökonomischen und wirtschaftshistorischen Studien wieder zu intensivieren. In diese Zeit fallen die Geburt der dritten Tochter der Familie und Marxens berühmte Aufenthalte in der Bibliothek des Britischen Museums. Diese nutzte er jetzt intensiv, um das zu produzieren, was trotz seiner Unvollendetheit später sein Hauptwerk genannt werden wird: *Das Kapital*.

Marx tat sich schwer damit, die Fülle seines Materials in eine annehmbare Form zu bringen. Er unternahm mehrere, zum Teil auch publizierte Anläufe, bis er mit seiner Arbeit einigermaßen zufrieden war. Den ersten Anlauf stellten, wie bereits erwähnt, schon die frühen *Ökonomisch-philosophischen Manuskripte* dar. 1849 folgte *Lohnarbeit und Kapital*. Die Arbeit *Grundrisse der Kritik der politischen Ökonomie* aus dem Jahr 1857/58 ist eine umfangreiche Vorstudie zum *Kapital*, die Marx nie zum Druck bestimmt hatte und erst Mitte des 20. Jahrhunderts veröffentlicht wurde. 1859 erschien die Schrift *Zur Kritik der*

---

10 Vgl. hierzu Brunkhorst 2007.

politischen Ökonomie, der ein Vorwort vorangeht, mit dem wir uns in dieser Einführung noch öfter beschäftigen werden. Der 1859 veröffentlichte Text war als Anfang einer längeren Reihe von Publikationen gedacht, zu der es dann aber niemals gekommen ist. Marx hatte sich entschieden, sein Großprojekt noch einmal von vorn anzugehen, und dann zu dem Text angesetzt, der heute als der erste Band des *Kapital* bekannt ist.

Marx hat aber nur den ersten Band vollendet, der erstmals 1867 und dann in Überarbeitung erneut 1873 erschienen ist. Dessen voller Titel lautet: *Das Kapital. Kritik der politischen Ökonomie. Erster Band: Der Produktionsprozeß des Kapitals.* Nach dem Tod von Marx veröffentlichte Engels auf der Grundlage der hinterlassenen Manuskripte 1885 den zweiten Band *Der Zirkulationsprozeß des Kapitals* und 1894 den dritten Band *Der Gesamtprozeß der kapitalistischen Produktion.* Zwischen 1905 und 1910 gab Karl Kautsky weiteres Material aus dem Nachlass von Marx heraus, das dieser ursprünglich zu einem vierten Band des *Kapital* ausarbeiten wollte. Dieses Material, das vornehmlich der Geschichte der Ökonomie als Wissenschaft gewidmet ist, ist heute unter dem Titel *Theorien über den Mehrwert* bekannt. Aus den zwei weiteren Bänden, die Marx in den späten 50er Jahren noch geplant hatte, ist nie etwas geworden[11].

Als der erste Band des *Kapital* viel später als erwartet und von Marx angekündigt 1867 endlich erschien, hatte schon längst die dritte Phase seines Lebens in London begonnen. Wie bereits gesagt, hatte sich Marx Anfang der fünfziger Jahre aus der aktiven Politik fast vollkommen zurückgezogen. Der *Bund der Kommunisten* war im Dezember 1852 sogar auf Antrag von Marx aufgelöst worden, nachdem ein Teil seiner deutschen Mitglieder auf der Grundlage gefälschter Dokumente in Köln wegen Hochverrat verurteilt worden war. Seit dem Anfang der sechziger Jahre war es in weiten Teilen Europas jedoch zu einer massiven Wiederbelebung der Arbeiter- und Gewerkschaftsbewegung und damit auch erneut zu sozialistischen Parteibildungen gekommen. Marx wurde im Zuge dieser Entwicklungen angeboten, Mitglied des Zentralkomitees der *Internationalen Arbeiter-Assoziation* (IAA) zu werden, die sich 1863 in London infolge einer Solidaritätsaktion englischer und französischer Arbeiter mit den Aktivisten der polnischen Revolution konstituierte. Diese *IAA* wird später rückblickend auch als die *I. Internationale* bezeichnet werden. Marx lehnte es ab, sich als Stellvertreter der deutschen Arbeiterbewegung in das Zentralkomitee wählen zu lassen, wurde aber Mitglied des Programmausschusses. In dieser Funktion verfasste er die *Inauguraladresse der Internationalen Arbeiter-Assoziation,* die sich vom programmatischen Anspruch her mit dem *Kommunistischen*

---

11 Vgl. hierzu Berger 2004 und Wheen 2008.

Manifest messen kann, auch wenn sie deutlich mehr Rücksicht auf die Ansichten sozialistischer Gruppen nimmt, die sich nicht dem Marxismus zurechneten. Auch durch zahlreiche andere Texte, die Marx als Mitglied des Programmausschusses verfasst hat, hat er den politischen Kurs der *IAA* maßgeblich beeinflusst.

Eine der Gruppen, auf die Marx beim Verfassen der *Inauguraladresse* Rücksicht nehmen musste, war der Kreis, der sich um den russischen Anarchisten Michael Bakunin scharte. Während Marx aus Gründen, die in späteren Kapiteln dieser Einführung deutlich werden, der Ansicht war, dass eine Revolution der Arbeiterklasse erst sinnvoll ist, wenn die ökonomischen und sozialen Verhältnisse dazu reif sind und die internationale Arbeiterschaft durch die *IAA* politisch straff organisiert ist, war Bakunin darauf aus, so schnell und oft wie möglich, politische Unruheherde, wo sie sich auch immer zeigen mochten, agitatorisch aufzuheizen, um eine Revolution zu provozieren. Außerdem war der Anarchist an einer straffen politischen Organisation mit eindeutigem Zentrum weit weniger interessiert als Marx. Er und Bakunin konkurrierten mehr und mehr um den maßgeblichen Einfluss auf die strategische Ausrichtung der *IAA*, selbst wenn sie beide nie Mitglieder des Generalrats wurden, wie sich das ehemalige Zentralkomitee inzwischen nannte. Dabei ging es keineswegs um Kleinigkeiten, insofern die *IAA* im Laufe der sechziger Jahre in vielen Ländern Europas starken Zulauf erhielt und vorübergehend beträchtliche Wirkungen entfalten konnte.

Als sich die Arbeiter der kriegführenden Staaten trotz aller kommunistischer Aufklärungsarbeit im deutsch-französischen Krieg 1870/71 jedoch nicht vereinigten, sondern als Soldaten wechselseitig abschlachteten, verlor Marx seinen Glauben an die Zukunft der *IAA*. Als er darüber hinaus zu befürchten begann, seine Führungsposition an Bakunin zu verlieren, trickste er mit Engels den Generalrat aus. Auf Antrag von Engels wurde der Sitz des Generalrats auf dem fünften Jahreskongress der *IAA* in den Haag 1872 aus vorgeschützten taktischen Erwägungen nach New York verlegt. Die beiden Freunde verfolgten damit den Plan, die *IAA* durch die Verlegung ihres organisatorischen Zentrums lieber absterben zu lassen, als sie der Regie irgendwelcher Leute zu überlassen, die nicht mit der eigenen Position konform gingen. Und dieser Plan ging auf. Die *IAA* dümpelte mit Sitz in den Vereinigten Staaten zwar noch ein paar Jahre vor sich hin. Aber 1876 wurde sie formell aufgelöst[12]. Marx, der als vermeintli-

---

12 1889 wurde zum hundertsten Jahrestag der Französischen Revolution in Paris die *II. Internationale* ins Leben gerufen, die zwar nicht de jure, aber doch de facto beim Ausbruch des Ersten Weltkriegs zusammenbrach. Wieder hatten sich die Proletarier aller Länder nicht vereinigt, sondern standen sich als Soldaten verfeindet gegenüber. Die *III. Internationale* wurde 1919 durch Lenin gegründet und 1943 von Stalin aufgelöst.

cher Chef der *IAA* durch die internationale Presse zu Lebzeiten vermutlich berühmter wurde als als Autor wissenschaftlicher Werke, zog sich für die wenigen Jahre, die ihm noch blieben, ins Privat- und Wissenschaftlerleben zurück. Durch die von Engels gewährte Leibrente abgesichert konnten sich er, seine Frau und die drei Töchter inzwischen auch eine gutbürgerliche Villa in einer besseren Gegend Londons leisten.

Die Querelen mit Bakunin waren kein Ausnahmefall. So wie sich Marx in den beiden frühen Büchern schon mit den Junghegelianern überworfen hatte, mit denen er während seiner Studienzeit persönlich bekannt und zum Teil eng befreundet war, so zog er gegen fast alle Sozialisten zu Felde, deren Theorien von der seinen abwichen. So ging es beispielsweise mit Wilhelm Weitling, den Marx im März 1846 während einer Sitzung des *Korrespondenzkomitees* regelrecht zur Schnecke machte, um ihn politisch kaltzustellen. So ging es mit Pierre-Joseph Proudhon, auf dessen Schrift *Philosophie des Elends* (*Système des contradictions économiques ou Philosophie de la misère*) Marx mit seiner 1847 erschienenen Streitschrift *Das Elend der Philosophie* (*Misère de la philosophie*) reagiert hatte. Und last but not least ging es so auch mit Bakunin.

Wahrlich nicht frei von Komplikationen war auch das Verhältnis zwischen Marx und Ferdinand Lassalle. Die beiden kannten sich schon seit der Revolution von 1848. Lassalle war einer der Mitarbeiter der *Neuen Rheinischen Zeitung* und später dann durch einen Rechtsstreit zu einigem Vermögen gelangt. Obwohl Lassalle Marx mehrfach Geld zukommen ließ und sich auch redlich darum bemühte, seine finanzielle Situation dadurch aufzubessern, dass er zwischen ihm und verschiedenen Zeitungen und Verlagen vermittelte, kam es mehrfach zum persönlichen Streit zwischen den beiden. In aller Regel war es Marx, der mit diesen Streitereien anfing.

Aber es waren nicht nur private, sich meist ums Geld drehende Ursachen, die zwischen diesen beiden Lichtgestalten der deutschen Arbeiterbewegung des neunzehnten Jahrhunderts zu Konflikten führten. Oft vertraten sie auch in politischen Fragen unvereinbare Positionen. Marx fand Lassalles Politik vor allem zu wenig internationalistisch und zu sehr auf die deutsche Situation bezogen. Dass Lassalle über Bismarck die Arbeiterbewegung mit Preußen versöhnen wollte, fand Marx natürlich inakzeptabel. Lassalle wiederum, der seinerseits niemals außerhalb Deutschlands leben musste, fand Marxens radikale Theorie zuwenig zugeschnitten auf die politischen Verhältnisse, die sich in den deutschsprachigen Ländern während der Zeit von Marxens Exil eingestellt hatten. Als im Mai 1863 in Leipzig der *Allgemeine Deutsche Arbeiterverein* (ADAV) gegründet und Lassalle zu seinem ersten Präsidenten gewählt wurde, hatten die beiden symptomatischerweise schon jeden Kontakt eingestellt. Dieser Kontakt wäre vermutlich spätestens 1875 wieder zustande gekommen, in dem Jahr also, in dem sich der *ADAV* durch eine Vereinigung mit der 1869 von August Bebel und Wilhelm Liebknecht gegründeten *Sozialdemokratischen Arbeiterpartei* (SDAP) zur *Sozialistischen Arbeiterpartei Deutschlands* (SAP) umgestaltete[13]. Denn Marx hat das in Gotha verabschiedete Programm der neuen Partei heftig kritisiert, weil seiner Ansicht nach viel zuviel von Lassalles Theorie in ihm zu finden war. Aber zu diesem Zeitpunkt war Lassalle, obwohl sieben Jahre jünger als Marx, bereits tot. Er war 1864 an den Folgen einer Verwundung gestorben, die er sich bei einem Duell zugezogen hatte.

Dass Marx auf den Inhalt des Gothaer Programms so wenig Einfluss ausüben konnte, ist bezeichnend für die vierte und letzte Phase seiner Zeit in London und damit auch für seinen Lebensabend. Einerseits war er in allen sozialistischen Kreisen ein hoch angesehener Theoretiker, dem jeder seinen Respekt in der einen oder anderen Weise zu zollen hatte. Andererseits war er durch die vielen Jahrzehnte im Exil und nicht zuletzt infolge des selbst herbeigeführten Zusammenbruchs der *IAA* zu fern von den Zentren der wichtigen Entwicklungen auf dem Kontinent. Und ausgerechnet auf die englische Arbeiterbewegung, die seit ihren Ursprüngen extrem gewerkschaftlich orientiert war und von einer proletarischen Revolution nicht viel wissen wollte, gewann Marx niemals großen Einfluss.

Marx war mittlerweile aber auch ein von Krankheiten gebeutelter Mann. Die armseligen Lebensverhältnisse, unter denen er und seine Familie phasenweise lebten, mögen den sukzessiven Zusammenbruch seiner physischen Gesundheit zum Teil verursacht haben. Aber sein unregelmäßiger Arbeits- und Lebensstil sowie seine kaum gezügelten Schwächen für Tabak und Alkohol spielten sicherlich auch eine Rolle. Zwar arbeitete Marx in den letzten Jahren seines Lebens nach wie vor viel, wenn er die Zeit und die Kraft dazu fand, also nicht gerade krank war. Engels und andere Freunde trieben ihn auch nachdrücklich dazu an, die noch ausstehenden Bände des *Kapital* endlich zum Abschluss zu bringen. Aber Marx hatte in diesen letzten Jahren nur noch Kraft dazu, weiterhin Unmengen an Literatur zu rezipieren und – wie er es seine gesamte Schaffenszeit gehalten hatte – zu exzerpieren. Die Zeit der Produktion war vorüber. Engels war sehr enttäuscht darüber, in welch unfertigem Zustand Marx die Manuskripte zu den restlichen Bänden des *Kapital* hinterlassen hat. Sein Freund hatte ihm nie eingestanden, dass er seit dem Erscheinen des ersten Bandes kaum noch ernsthaft an diesen Manuskripten gearbeitet hatte.

---

13 Nach der Aufhebung der 1878 in Kraft getretenen Sozialistengesetze hat sich die *SAP* 1890 in die *Sozialdemokratische Partei Deutschlands* (SPD) umbenannt.

Marx hat die letzten beiden Jahre vor seinem Tod als gebrochener Mensch zugebracht. Er war früh gealtert, schwer krank und kam trotz diverser Erholungsreisen und Kuraufenthalte nicht mehr auf die Beine. Seine Frau und eine der drei innig geliebten Töchter sind einige Monate vor ihm an Krebs gestorben. Darüber hinaus hatten Jenny und Karl Marx in den Londoner Jahren vier kleine Kinder verloren. An Marxens Beerdigung nahmen neben Engels nur zehn weitere Personen teil.

2 Der geschichtsphilosophische Hintergrund

Wie im Eröffnungskapitel bereits erwähnt, hat Engels nach dem Tod seines Freundes die Wendung *Historischer Materialismus* als Bezeichnung für die Gesellschafts- und Geschichtstheorie von Marx geprägt. Diese Wendung führt ein Doppelleben, da sie sowohl in einer umfassenden als auch in einer engeren Bedeutung gebraucht wird. In der umfassenden Bedeutung, wie sie vermutlich von Engels intendiert war, bezeichnet sie Marxens gesamte Gesellschafts- und Geschichtsphilosophie, also auch seine Lehre vom Klassenkampf, um die es ab dem neunten Kapitel dieser Einführung gehen wird. In der engeren Bedeutung, in der sie in dieser Einführung durchgängig gebraucht wird, ist die Klassenkampflehre kein Bestandteil des Historischen Materialismus, sondern eine Theorie, die auf eigenen Füßen steht.

Für welche der beiden Verwendungen man sich entscheidet, ist an sich eine willkürliche Angelegenheit. Man sollte sich nur im Klaren darüber sein, dass man sich zu entscheiden hat und dann der Klarheit wegen bei der Entscheidung bleiben. Die beiden Vorteile, die mich dazu bewegen, die engere Bedeutung vorzuziehen, liegen zum einen darin, dass eine vorübergehende Ausklammerung der Klassenkampflehre später deutlich machen wird, dass ihre Verknüpfung mit dem Historischen Materialismus viel problematischer ist, als Marx sich dessen bewusst war. Das Problem, das sich hier auftut, wird durch den umfassenden Gebrauch jener Wendung allzu leicht verschleiert. Denn die umfassende Bedeutung erweckt den falschen Eindruck, es passe bereits zusammen, was erst zusammenzubringen ist.

Zum anderen empfiehlt sich der hier gewählte Sprachgebrauch, weil er deutlich macht, dass der Historische Materialismus im engen Sinn dieser Wendung eine beeindruckend schlichte Theorie ist, die trotz ihrer Schlichtheit beansprucht, sowohl gesellschaftliche und historische Tatbestände als auch Veränderungen dieser Tatbestände zu erklären und ansatzweise sogar zu prognostizieren. Schlicht ist diese Theorie, insofern sie im Kern aus nur drei Elementen und einer Behauptung über den Zusammenhang dieser Elemente besteht. Die drei Elemente, mit denen wir uns in den nachfolgenden Kapiteln gründlich vertraut machen werden, sind die *Produktivkräfte* (zuweilen auch Produktionskräfte genannt), die *Produktionsverhältnisse* (manchmal auch als Produktionsbedingungen bezeichnet) und die *Bewusstseinsformen* (zuweilen ist auch schlicht vom Bewusstsein oder – mit anderem Akzent – vom Überbau einer Gesellschaft die Rede). Die Aussage über den Zusammenhang zwischen diesen Theorieelementen lautet, dass die Bewusstseinsformen den Produktionsver-

hältnissen einer Gesellschaft entsprechen, wobei diese Produktionsverhältnisse ihrerseits dem Entwicklungsstand der Produktivkräfte entsprechen. Wir
haben es also mit einem doppelten Entsprechungsverhältnis zu tun. Dies ist
jedenfalls das Bild, das sich aus dem Vorwort der Arbeit *Zur Kritik der politischen Ökonomie* aus dem Jahr 1859 ergibt, in dem Marx seinen Standpunkt vor
dem Hintergrund einer kurzen Autobiographie zusammenfasst. Diese Zusammenfassung erfolgt anderthalb Jahrzehnte, nachdem er die Grundideen des
Historischen Materialismus erstmals im Manuskript *Die deutsche Ideologie* formuliert hat. Aus diesem *Vorwort* spricht also der gereifte Theoretiker, weswegen ich mich in dieser Einführung häufiger auf seinen Wortlaut beziehen
werde. Dort ist zu lesen:

> In der gesellschaftlichen Produktion ihres Lebens gehen die Menschen bestimmte,
> notwendige, von ihrem Willen unabhängige Verhältnisse ein, Produktionsverhält-
> nisse, die einer bestimmten Entwicklungsstufe ihrer materiellen Produktivkräfte ent-
> sprechen. Die Gesamtheit dieser Produktionsverhältnisse bildet die ökonomische
> Struktur der Gesellschaft, die reale Basis, worauf sich ein juristischer und politischer
> Überbau erhebt, und welcher bestimmte gesellschaftliche Bewußtseinsformen ent-
> sprechen. (13, 8 f.)

Hier ist zum einen zu bemerken, dass Marx von den Produktivkräften nicht
ohne nähere Qualifikation, sondern von *materiellen* Produktivkräften spricht.
Dies ist ein Punkt, der im nächsten Kapitel erörtert wird, in dem es ausführlich
um das Konzept der Produktivkräfte geht. Zum anderen lässt sich der letzte
Satz der zitierten Passage auch dahingehend deuten, dass sich *einerseits* auf
der realen Basis, die aus der Gesamtheit der Produktionsverhältnisse besteht,
ein juristischer und politischer Überbau erhebt, *und* dieser Basis *andererseits*
bestimmte gesellschaftliche Bewusstseinsformen entsprechen. In dem Fall
hätte man entgegen meiner Behauptung nicht von drei, sondern von vier
Grundelementen auszugehen, aus denen der Historische Materialismus besteht. Neben den Produktivkräften und den Produktionsverhältnissen müssten
sowohl die Bewusstseinsformen als auch der Überbau als eigenständige Kernelemente der Theorie behandelt werden. Diesen Punkt möchte ich jedoch bis
ins fünfte Kapitel auf sich beruhen lassen. Dort wird deutlich werden, inwieweit wir es doch mit nur drei Elementen zu tun haben.

Wer jedenfalls wissen will, was der Historische Materialismus besagt, muss
wissen, was Produktivkräfte, was Produktionsverhältnisse und was Bewusstseinsformen sind bzw. was man sich unter dem Überbau einer Gesellschaft
vorzustellen hat. Schließlich sollte man auch ein Bild davon haben, was es mit
den Entsprechungsverhältnissen auf sich hat, die diese Theorie zwischen den

drei Kernelementen konstatiert. Die ersten drei Fragen bilden in der genannten Reihenfolge die Themen der anschließenden drei Kapitel dieses Buches. Die zuletzt formulierte Frage liefert dann das Hauptthema der sich daran anknüpfenden Überlegungen über die Begriffe der Erklärung, der funktionalen Analyse und des Gesellschaftssystems. Und diese Überlegungen werden schließlich zeigen, wie der Historische Materialismus mit Marxens Lehre vom Klassenkampf in Verbindung steht.

Bevor wir uns jedoch den Schwierigkeiten zuwenden, die sich bei dem Unterfangen ergeben, ein detailliertes Bild von den grundlegenden Konzepten des Historischen Materialismus zu entwickeln, erscheint es angebracht, in diesem Kapitel vorab etwas weiter auszuholen und uns über das Anliegen zu verständigen, das Marx zu dieser Theorie geführt hat. Dies wird nicht nur die grundsätzliche Stoßrichtung von Marxens Projekt deutlich machen. Vielmehr wird das besagte Grundanliegen auch zu erkennen geben, welche Bedeutung dem Historischen Materialismus mit Blick auf die Gesamttheorie von Marx, also mit Blick auf den Marxismus zukommt. Der Historische Materialismus ist nämlich das Fundament des Marxismus, auf dem Marxens Lehre vom Klassenkampf, seine politische Theorie und schließlich auch seine Kritik der politischen Ökonomie aufruhen.

2.1 Der Ausgangspunkt

Was das ursprüngliche Anliegen von Marx betrifft, ist vor allem das bereits mehrfach erwähnte Manuskriptkonvolut mit dem Titel *Die deutsche Ideologie* aufschlussreich, in dem Marx von 1845 bis 1846 erstmals nach ausführlicher Diskussion mit Engels die Grundrisse seiner Gesellschafts- und Geschichtstheorie entwickelt hat. Wie schon *Die Heilige Familie*, die erste von Marx und Engels gemeinsam publizierte Schrift, umfasst auch das zu Lebzeiten der beiden Autoren nie veröffentlichte *Manuskript* eine in weiten Zügen polemische Abrechnung mit vormaligen Weggefährten und intellektuellen Vorbildern aus der Studienzeit von Marx. Die als Vertreter der deutschen Ideologie hämisch vorgeführten Autoren hatten sich Marxens Ansicht nach anders als er selbst zu wenig von Hegel und dem idealistischen Denken freigemacht.

Die Hauptintention, die in der *Deutschen Ideologie* weit deutlicher als in den von Marx vor 1845 verfassten Schriften zum Ausdruck kommt, besteht darin, eine Weltanschauung als verkehrt zu erweisen, die der Idee, der Ideenwelt oder dem Denken (bzw. dem Träger des Denkens, also dem Geist, dem Bewusstsein oder der Vernunft) eine ausschlaggebende Rolle in der Erklärung gesellschaftlicher Verhältnisse und historischer Ereignisse zuweist. Hegel trieb, ähnlich wie vor ihm Fichte und nach ihm Schelling, den Idealismus Kants auf die Spitze, indem er die gesamte Weltgeschichte als Selbstentfaltung und Selbstfindung eines überindividuellen Weltgeistes interpretierte, als einen Prozess, der schließlich zur Entfaltung der Absoluten Idee führen wird. Im Rahmen dieser Weltsicht scheinen historische, gesellschaftliche und kulturelle Phänomene nichts anderes zu sein, als aufeinanderfolgende Entwicklungsstufen dieses Geistes bzw. seiner Entfaltung und Selbstfindung. Der Historische Materialismus ist – zumindest seinem Ursprung nach – vor allem als Reflex auf diese Geschichtsauffassung zu verstehen. Diese Sicht, so Marx mehrfach in unterschiedlichen Formulierungen, stellt die Welt verkehrt herum dar. Es ist nicht der Geist oder das Bewusstsein, was sich im Verlauf der Menschheitsgeschichte entwickelt und entfaltet. Es sind Menschen in unterschiedlichen gesellschaftlichen Formationen, die eine historische Entwicklung durchlaufen. Der Hauptdarsteller der Weltgeschichte ist nicht Hegels Weltgeist. Es geht in dieser Geschichte vielmehr um leibhaftige Menschen und die gesellschaftlichen Konstellationen, in denen sie untereinander in Beziehungen stehen.

Die damit angesprochenen Motive der Ver- und Umkehrung finden sich bei Marx häufig. Man muss sich die Dinge genau umgekehrt denken, als sie von Hegel und seinen Epigonen gedacht wurden, um sie auf die richtige Weise zu denken. Diese Überzeugung geht schon aus der Vorrede zur *Deutschen Ideologie* hervor, findet dann aber auf fast jeder Seite dieses Manuskripts seinen Niederschlag. So heißt es an einer von vielen Stellen, die zum Beleg angeführt werden könnten:

> Ganz im Gegensatz zur deutschen Philosophie, welche vom Himmel auf die Erde herabsteigt, wird hier von der Erde zum Himmel gestiegen. D. h., es wird nicht ausgegangen von dem, was die Menschen sagen, sich einbilden, sich vorstellen [...]; es wird von den wirklich tätigen Menschen ausgegangen und aus ihrem wirklichen Lebensprozeß auch die Entwicklung der ideologischen Reflexe und Echos dieses Lebensprozesses dargestellt. [...] Die Moral, Religion, Metaphysik und sonstige Ideologie und die ihnen entsprechenden Bewußtseinsformen behalten hiermit nicht länger den Schein der Selbständigkeit. Sie haben keine Geschichte, sie haben keine Entwicklung, sondern die ihre materielle Produktion und ihren materiellen Verkehr entwickelnden Menschen ändern mit dieser ihrer Wirklichkeit auch ihr Denken und die Produkte ihres Denkens. Nicht das Bewußtsein bestimmt das Leben, sondern das Leben bestimmt das Bewußtsein. (3, 26 f.)

Der letzte Satz der zitierten Passage, in der Marx jede Art von Ideengeschichte, geschweige denn eine hegelianische Geschichte des Weltgeistes verwirft, bringt das besagte Hauptanliegen auf den Punkt. Wer die Menschen, ihr gesellschaftliches Zusammenleben sowie ihr Denken, ihr Selbstverständnis, ihre Geschichte und Kultur verstehen will, darf sich nicht darauf verlassen, was diese Menschen über sich, ihre Geschichte und Kultur denken, schreiben oder sagen, welche Ideen die Menschen also über all diese Dinge haben. Vielmehr ist ihr Denken, Schreiben und Sagen selbst ein Teil dessen, was durch die Geschichte des individuellen und sozialen Handelns dieser Menschen und durch die Verhältnisse, unter denen sie handeln, zu erklären ist.

Der Urheber der Ansicht, dass nicht das Leben durch das Bewußtsein, sondern das Bewusstsein durch das Leben zu erklären sei, ist jedoch nicht Marx, sondern Feuerbach. Feuerbach, dessen religionskritische Schriften Marx beeindruckt haben und die ebenfalls auf der Idee einer Umkehrung der Sicht anderer Denker beruhen, hatte schon ein paar Jahre früher in seinen *Vorläufigen Thesen zur Reformation der Philosophie* geschrieben: „Das Denken ist aus dem Sein, aber das Sein nicht aus dem Denken[1]." Marx variiert diese Äußerung dann noch einmal rund anderthalb Jahrzehnte später in dem bereits zitierten *Vorwort*, in dem der berühmte Satz zu lesen ist: „Es ist nicht das Bewußtsein der Menschen, das ihr Sein, sondern umgekehrt ihr gesellschaftliches Sein, das ihr Bewußtsein bestimmt." (13, 9)

Da laut Marx das Bewusstsein (bzw. das Denken) der Menschen durch ihr gesellschaftliches Sein (bzw. ihr Leben) zu erklären ist, versteht man auch, warum er den Linkshegelianern, gegen die er in der *Deutschen Ideologie* polemisiert, den Vorwurf macht, in ihrer philosophischen Kritik den Hebel an der falschen Stelle anzusetzen. Will man die bestehenden Verhältnisse verändern, weil man glaubt, dass die Dinge nicht dauerhaft so bleiben können, wie sie derzeit sind, muss man die relevanten Tatbestände kritisieren, so Marx. Und relevant ist nach seinem Dafürhalten weniger, was die Mitglieder einer Gesellschaft denken oder welche philosophischen Theorien einzelne Gesellschaftsmitglieder ersinnen und für die Wahrheit halten. Relevant sind die gesellschaftlichen Verhältnisse selbst. Folglich kann es nicht so sehr darum gehen, vorherrschenden Ideen, Gedanken, Theorien oder Interpretationen der Verhältnisse in kritischer Absicht neue Ideen, Gedanken, Theorien oder Interpretationen der Verhältnisse entgegenzusetzen. Man muss bei den Verhältnissen selbst ansetzen. Das ist die Überzeugung, die im Sprichwort gewordenen Schlusssatz der *Thesen über Feuerbach* aus dem Frühjahr 1845 zum Ausdruck kommt: „Die Philosophen haben die Welt nur verschieden *interpretiert*, es kömmt darauf an, sie zu *verändern*." (3, 7)

---

1 Feuerbach 1970, S. 258.

Mit diesem Motto im Sinn wird Marx später dazu übergehen, seine Kritik der politischen Ökonomie als eine Kritik der bestehenden ökonomischen, sozialen und politischen Verhältnisse zu entwickeln. Zugleich war mit diesem Verständnis von Theorie als Kritik der bestehenden Verhältnisse im Dienste ihrer Verbesserung das Projekt der Kritischen Theorie geboren[2].

2.2 Vier Vorklärungen

Bevor wir im nächsten Abschnitt bei der anti-idealistischen Grundintention von Marx und Engels wieder ansetzen, möchte ich in diesem Abschnitt auf vier Punkte zu sprechen kommen, die zusammengenommen den Status und die Zielsetzung des Historischen Materialismus näher beleuchten.

Erstens wird angesichts jener Intention eine Tatsache etwas verständlicher, die uns in den nachfolgenden drei Kapiteln einiges Kopfzerbrechen bereiten wird. Gemeint ist der Umstand, dass Marx hinsichtlich der Fragen, was unter den Produktivkräften, den Produktionsverhältnissen und den Bewusstseinsformen im Einzelnen zu verstehen ist, überraschend wenig Aufschluss gibt, obwohl es sich hierbei um die zentralen Elemente seiner fundamentalsten Theorie handelt. Was ihm in erster Linie am Herzen lag, war offenbar die grundsätzliche Zurückweisung des idealistischen Denkens bzw. der Nachweis, dass „die Hypothese von der sich offenbarenden universellen Vernunft [...] reinste Erfindung" ist. (4, 548) Daher ging es ihm – zumindest in der Frühphase seines Philosophierens – vornehmlich um die Widerlegung der idealistischen Überzeugung, die Welt, die wir sinnlich wahrnehmen und in der wir als biologisch-leibliche Wesen leben, sei dem Geist bzw. dem Bewusstsein ontologisch nachgeordnet und die Geschichte dieser Welt die einer übermenschlichen Vernunft. Dieser Grundimpuls, aus dem seine Gesellschafts- und Geschichtstheorie entspringt, macht zumindest im Ansatz verständlich, weshalb Marx derart nachlässig darin war, die Triade *Produktivkräfte, Produktionsverhältnisse* und *Überbau* im Einzelnen zu klären.

Zweitens wird durch das erläuterte Grundanliegen erkennbar, dass die Theorie von Marx lediglich in dem Sinn eine Form des Materialismus darstellt, in dem eine polemische Abgrenzung zum Idealismus markiert werden soll. Diese Beobachtung ist wichtig, weil Marx mit materialistischen Theorien im

---

2 Die Geburt dieses Projekts findet in einem Brief von Marx an Arnold Ruge im September 1843 statt (1, 343–346). Vgl. zum Kritikbegriff Jaeggi und Wesche 2009 und zur Kritischen Theorie das Abschlusskapitel dieser Einführung.

engeren Sinn des Wortes, wie sie vor ihm in der philosophischen Tradition vertreten wurden, nicht viel, oder gar mit Theorien, die wir heute materialistisch oder physikalistisch nennen, nur so viel am Hut hat, als all diese Sichtweisen die vage Grundannahme teilen, dass allen scheinbar nicht-physikalischen bzw. geistigen Phänomenen physikalische, also naturwissenschaftlich beschreibbare Phänomene zugrunde liegen[3]. In diesem Sinn sind Äußerungen der folgenden Art zu deuten, die man in den Texten von Marx in verschiedenen Formulierungen häufig findet: „Für Hegel ist der Denkprozeß, den er sogar unter dem Namen Idee in ein selbständiges Subjekt verwandelt, der Demiurg des Wirklichen, das nur seine äußere Erscheinung bildet. Bei mir ist umgekehrt das Ideelle nichts anderes als das im Menschenkopf umgesetzte und übersetzte Materielle." (23, 27) „Materiell" steht hier offenkundig als Platzhalter für all die realen Dinge dieser Welt, denen gemeinsam ist, dass Menschen sie wahrnehmen, über sie nachdenken, von ihnen Ideen haben können. Das ist kein Materialismus in einem gehaltvollen Sinn des Wortes. Das ist schlichter Realismus.

In den *Ökonomisch-philosophischen Manuskripten*, die den Abnabelungsprozess des noch nicht einmal fünfundzwanzig Jahre alten Marx von Hegel und dem Linkshegelianismus dokumentieren, vermeidet er es sogar noch, seinen neuen Standpunkt als eine Form des Materialismus zu bezeichnen. Stattdessen zieht er es vor, von einem *Naturalismus* bzw. *Humanismus* zu sprechen, um diesen Standpunkt nicht nur vom Idealismus, sondern auch von materialistischen Anschauungen à la Feuerbach abzugrenzen. Darüber hinaus gibt er einen aufschlussreichen Hinweis darauf, was er vornehmlich im Auge hat:

> Wenn *der wirkliche, leibliche, auf der festen wohlgerundeten Erde stehende, alle Naturkräfte aus- und einatmende Mensch* seine wirklichen, gegenständlichen Wesenskräfte durch seine Entäußerung als fremde Gegenstände setzt, so ist nicht das Setzen Subjekt; es ist die Subjektivität gegenständlicher Wesenskräfte, deren Aktion daher auch eine gegenständliche sein muß. *Das gegenständliche Wesen wirkt gegenständlich, und es würde nicht gegenständlich wirken, wenn nicht das Gegenständliche in seiner Wesensbestimmung läge. Es schafft, setzt nur Gegenstände, weil es durch Gegenstände gesetzt ist, weil es von Haus aus Natur ist.* [...]
> Wir sehn hier, wie der durchgeführte *Naturalismus oder Humanismus sich sowohl von dem Idealismus, als dem Materialismus unterscheidet* und zugleich ihre beide vereinigende Wahrheit ist. Wir sehn zugleich, wie nur der Naturalismus fähig ist, den Akt der Weltgeschichte zu begreifen. (40, 577*)

Marx spricht sich hier für ein Begreifen der Weltgeschichte unter Bezug auf konkrete Menschen aus. Dabei betont er, dass die Menschen als natürliche,

---

3 Vgl. hierzu Hillel-Rubben 1999, S. 70–74

gegenständliche, d. h. als leibliche Wesen unter anderen gegenständlichen Dingen in Raum und Zeit wirken, um sich unter den Bezeichnungen *Naturalismus* und *Humanismus* von einem idealistischen Weltverständnis zu distanzieren. Die Weltgeschichte ist nach seinem Dafürhalten also keine Geschichte des Geistes, der Vernunft oder der Absoluten Idee, sondern eine Naturgeschichte, weil ihr Hauptakteur, der Mensch, nicht primär geistiges Wesen, sondern „von Haus aus Natur ist." „Naturalismus" oder eben auch „Realismus" – beide Bezeichnungen hätten für Marxens Projekt besser gepasst. Dass er bei der Bezeichnung „Materialismus" hängengeblieben ist, liegt einfach nur an dem Umstand, dass das Begriffspaar *Geist* und *Materie* eine zentrale Rolle im philosophischen Diskurs des Deutschen Idealismus gespielt und Marx seine Terminologie aus diesem Diskurs bezogen hat. Wenn er seine Position in den *Pariser Manuskripten* und in anderen Zusammenhängen als eine materialistische Sichtweise bezeichnet, dann versucht er folglich in erster Linie, eine grundsätzliche Opposition zum Idealismus zum Ausdruck zu bringen, mit dem er und seine Generation europäischer und außereuropäischer Intellektueller aufgewachsen sind.

Als Engels diesen Materialismus mit dem Prädikat *historisch* versah, wollte er natürlich kenntlich machen, dass es sich um eine Geschichtstheorie handelt, genauer um eine Theorie, die Gesellschafts- und Bewusstseinszustände immer in ihrem historischen Zusammenhang zu begreifen versucht und dabei die historische Wandelbarkeit gesellschaftlicher Gegebenheiten betont. Dies berührt den dritten Punkt, auf den ich aufmerksam machen möchte. Streng genommen machte Engels durch diese Namensgebung einen grammatikalischen Fehler, der der Art nach häufig zu beobachten ist. Oft ist dieser Fehler aufgrund der Struktur unserer Sprache auch nur schwer zu vermeiden. Jedenfalls hat nicht der Materialismus, nicht also die von Marx und Engels vertretene Gesellschafts- und Geschichtstheorie, die Eigenschaft, historisch zu sein. Eine chemische Fabrik hat ja auch nicht die Eigenschaft, chemisch zu sein. Und keine kausale Erklärung trägt das Merkmal, kausal zu sein. Vielmehr deuten in solchen Fällen scheinbare Prädikationen nicht auf *Eigenschaften* des Subjekts, sondern auf *Hinsichten* hin, unter denen das Subjekt zu verstehen ist. Einfacher gesagt ist eine chemische Fabrik (besser eine Chemiefabrik) ein Industrieunternehmen, das chemische Produkte herstellt. Eine kausale Erklärung (besser Kausalerklärung) ist eine Erklärung des zu Erklärenden hinsichtlich seiner kausalen Ursprünge. Und der Historische Materialismus ist eine anti-idealistische Theorie, die Historisches bzw. Historie zum Gegenstand hat. Um diesen Punkt zu markieren, ist in diesem Buch nicht vom historischen, sondern durchgängig vom Historischen Materialismus die Rede.

Der vierte Grund, aus dem ich die zentrale Intention von Marx und Engels herausgestellt habe, besteht darin, dass in Anbetracht dieser Intention der Ausgangspunkt des Denkens von Marx willkürlich erscheinen könnte. Dieser Ausgangspunkt führt vor Augen, dass die Menschen nach Marxens Dafürhalten primär arbeitende bzw. *produzierende* sowie Produkte *tauschende* und *konsumierende* Wesen sind. Insofern kann man sagen, dass Marx ein – in einem weiten Sinn des Wortes – *ökonomisch* akzentuiertes Menschenbild vertritt, wenn man unter den Begriff der Ökonomie alle drei genannten Aspekte (Produktion, Austausch, Konsumtion) zusammenfasst[4]. Auch diese Akzentuierung erklärt, warum sich Marxens Denken seit den *Pariser Manuskripten* von philosophisch-anthropologischen Annahmen ausgehend immer mehr in Richtung ökonomischer Kategorien entwickelte – eine Entwicklung, die über diverse Zwischenstufen zum nie zum Abschluss gebrachten Monumentalwerk *Das Kapital* führen sollte.

In den genannten Manuskripten formuliert Marx jedenfalls erstmals den Gedanken, dass sich gleichsam Gott und die Welt nicht nach Hegels Vorgaben in den Begriffen der Vernunft und ihrer Selbstfindung, sondern in ökonomischen Kategorien interpretieren lassen. So schreibt er: „Religion, Familie, Staat, Recht, Moral, Wissenschaft, Kunst etc. sind nur *besondre* Weisen der Produktion und fallen unter ihr allgemeines Gesetz." (40, 537)[5] Wenige Seiten später heißt es gar, dass „die *ganze sogenannte Weltgeschichte* nichts anders ist als die Erzeugung des Menschen durch die menschliche Arbeit, als das Werden der Natur für den Menschen [...]." (40, 546)

Die besagte Willkürlichkeit dieser Sichtweise tritt nun vor Augen, wenn man sich an einige Alternativen erinnert, die von anderen Autoren vertreten wurden. Man denke beispielsweise an Sigmund Freud. Seine Theorie beruht auf einer ganz anderen anthropologischen Grundannahme, nämlich der Überzeugung, dass der Mensch ein triebhaftes Wesen ist. Von dieser Annahme ausgehend versucht auch Freud, geschichtliche, gesellschaftliche, moralische, äs-

---

4 Im zwölften Kapitel wird deutlich werden, inwiefern Marxens Menschenbild zugleich auch aristotelisch genannt werden kann.

5 Daher könnte man statt von einem ökonomischen auch von einem *produktivistischen* Menschenbild sprechen, da Marx einen Begriff des Produzierens verwendet, der alle menschlichen Tätigkeiten als Spielarten des Produzierens umfasst. Vgl. hierzu: „Man kann die Menschen durch das Bewusstsein, durch die Religion, durch was man sonst will, von den Tieren unterscheiden. Sie selbst fangen an, sich von den Tieren zu unterscheiden, sobald sie anfangen, ihre Lebensmittel zu produzieren (...)." (3, 21) Siehe auch Kößler und Wienold 2001, S. 60 ff., wo es um einen entsprechend umfassenden Begriff der Arbeit bei Marx geht.

thetische bzw. allgemein kulturelle Gegebenheiten zu erklären[6]. Und dies macht darauf aufmerksam, dass es durchaus zu erwägende Alternativen zu dem ökonomistischen Ausgangspunkt gibt, den Marx für sein Denken gewählt hat.

Die Tragweite dieses Umstands kommt sogar noch deutlicher zum Vorschein, wenn man an einen Zeitgenossen von Marx und Engels denkt, der ihre Grundintention insofern teilt, als auch er Hegels Idealismus als eine verkehrte Weltanschauung bewertet. Doch trotz des geteilten Ausgangspunkts beschritt er einen ganz anderen Weg, auf dem auch ihm viele Autoren folgen sollten – Søren Kierkegaard. Aus der Zurückweisung des Idealismus, der von ihm auch als abstraktes Denken bezeichnet wird, folgert zwar auch Kierkegaard auf die Bedeutsamkeit des realen Trägers des Denkens, also des realen Individuums aus Fleisch und Blut. Anders als Marx hat er den Menschen aber keineswegs als ökonomisches, leibliches und insofern gegenständliches Wesen, sondern als *existierendes* und um seine Existenz *besorgtes* Wesen vor Augen:

> In der Sprache der Abstraktion kommt das, was die Schwierigkeit der Existenz und des Existierenden ausmacht, eigentlich nie zum Vorschein [...]. Eben weil das abstrakte Denken vom Standpunkt der Ewigkeit her (sub specie aeterni) betrachtet, sieht es ab von dem Konkreten, von der Zeitlichkeit, vom Werden der Existenz, von der Not des Existierenden [...]. Will man nun annehmen, daß das abstrakte Denken das Höchste ist, so folgt daraus, daß die Wissenschaft und die Denker stolz die Existenz verlassen und es uns anderen Menschen überlassen, das Schlimmste zu erdulden. Ja es folgt daraus zugleich etwas für den abstrakten Denker selbst, daß er nämlich, da er ja doch selbst auch ein Existierender ist, in irgendeiner Weise *distrait* sein muß[7].

Dieser Verweis auf Kierkegaards Existentialismus belegt, dass die Ablehnung des Idealismus nicht unumgänglich zu Marxens Charakterisierung des Menschen als eines produzierenden Wesens führt.

Es ist jedoch nicht ohne weiteres gerechtfertigt, Marxens ökonomistischen Ansatz als willkürlich zu bezeichnen. Denn erstens geht aus der folgenden Passage der *Deutschen Ideologie* hervor, dass Marx eine Begründung dafür zu bieten hat, sein Menschenbild in der Art und Weise zu fundieren, in der er es tut. Diese Begründung beruht auf der Überzeugung, dass die Natur bzw. das Wesen des Menschen voll und ganz von ökonomischen Veränderungen abhängig ist:

---

6 Siehe beispielsweise Freud 1974.
7 Kierkegaard 1994, S. 1f.

Sie [die materialistische Geschichtsauffassung, sprich der Historische Materialismus] zeigt, daß die Geschichte nicht damit endigt, sich ins „Selbstbewußtsein" als „Geist vom Geist" aufzulösen, sondern daß in ihr auf jeder Stufe ein materielles Resultat, eine Summe von Produktionskräften, ein historisch geschaffnes Verhältnis zur Natur und der Individuen zueinander sich vorfindet, die jeder Generation von ihrer Vorgängerin überliefert wird, eine Masse von Produktivkräften, Kapitalien und Umständen, die zwar einerseits von der neuen Generation modifiziert wird, ihr aber auch andrerseits ihre eignen Lebensbedingungen vorschreibt [...]. Diese Summe von Produktionskräften, Kapitalien und sozialen Verkehrsformen, die jedes Individuum und jede Generation als etwas Gegebenes vorfindet, ist der reale Grund dessen, was sich die Philosophen als „Substanz" und „Wesen des Menschen" vorgestellt, was sie apotheosiert und bekämpft haben [...]. (3, 38)

Weil sich das Wesen bzw. die Substanz der Menschen auf die jeweils nach Maßgabe des Entwicklungsstands der Produktivkräfte gegebenen ökonomischen Bedingungen zurückführen lässt, unter denen diese Menschen leben, ist es korrekt, den Menschen als ein ökonomisches Wesen zu bestimmen. Die Plausibilität dieser Begründung für Marxens ökonomistischen Ausgangspunkt mag man zwar mit Fug und Recht bezweifeln. Aber die Tatsache, dass er eine derartige Begründung anzubieten hat, macht deutlich, dass sein Ausgangspunkt nicht willkürlich, nicht grundlos gewählt ist.

Zweitens tut man auch in diesem Zusammenhang gut daran, Marx als Antwort auf Hegel und den Deutschen Idealismus zu deuten. Hegel und Schelling erzählten auf je eigene Art die Geschichte einer singulären Entität, die primär Geist und sekundär auch schon alles ist, was es überhaupt gibt, je gab und jemals geben wird. Worum es in ihrer Geschichte geht, ist der Geist, der die Welt ist und sich im Laufe der Historie Zug um Zug selbst hervorbringt. Marx knüpft an diese Geschichte wiederum durch eine Umkehrung an. In seiner Fassung der Geschichte geht es nicht um einen ominösen Geist, der sich selbst produziert und sich dabei der Menschheit als eines Instruments bedient. Bei ihm geht es um Menschen, die qua Menschen immer gesellschaftlich interagieren und dabei den Teil der Natur, der noch nicht menschlich ist, durch die Produktion von Gütern (im Sinne von guten Dingen) den menschlichen Bedürfnissen anpassen und insofern vermenschlichen. Aus diesem Grund stehen bei ihm die Begriffe des Arbeitens und des Produzierens im Mittelpunkt[8].

---

8 Wie Lange (1980) zeigt, ersetzt Marx einerseits Hegels singuläre Kategorie *Geist* durch die singuläre Kategorie *Mensch* bzw. *Menschheit*, um eine Umkehrungsgeschichte von der Selbstentfaltung der Menschheit erzählen zu können. Andererseits sieht er aber, dass *Mensch* und *Menschheit* abstrakte Begriffe sind und es nicht *den* Menschen, sondern zahllos *viele* Individuen gibt. Auf die Frage, wie die Umkehrungsgeschichte von der Selbstentfaltung mit Blick auf die realen Individuen konsistent erzählt werden könnte, bleibt Marx die Antwort schuldig.

2.3 Marx und die Dialektik

Vor dem Hintergrund der vier Klärungen im zurückliegenden Abschnitt möchte ich jetzt auf die anti-idealistische Grundintention von Marx und Engels zurückkommen, um eine Reihe weiterer Punkte zu beleuchten, die für die Stoßrichtung des Denkens von Marx und zugleich auch für den Aufbau dieser Einführung von Belang sind.

Diese Intention darf zum Beispiel nicht dahingehend missverstanden werden, als ob es den beiden Begründern des Historischen Materialismus darum gegangen sei, Hegel und seine Weltsicht als vollkommen abwegig zurückzuweisen. Denn auch wenn sie in der inhaltlichen Hinsicht das Verhältnis zwischen dem Sein und dem Bewusstsein vom Kopf auf die Füße stellen, indem sie die idealistische Ontologie verwerfen, übernehmen sie aufgrund des skizzierten Umkehrungsverfahrens in struktureller und methodologischer Hinsicht einen beträchtlichen Teil der Sichtweise Hegels. Während sich Marx in der zweiten Hälfte der 40er Jahre, in der er die Grundlagen des Historischen Materialismus formuliert, in aller Schärfe von Hegel und seinen Nachfolgern abgrenzt, wird er sich später in seinem Hauptwerk sogar einen „Schüler jenes großen Denkers" nennen. (23, 27) Und allein schon das strukturelle Merkmal, dass der Historische Materialismus aus genau drei Elementen besteht, ruft Hegels Dialektik in Erinnerung.

Was zuerst die methodologischen Übernahmen betrifft, sollten wir schon hier einen Punkt besprechen, über den unter den Interpreten von Marx große Uneinigkeit herrscht. Es geht um Marxens Verhältnis zur Dialektik bzw. zur dialektischen Methode[9]. Um dieses Verhältnis näher zu beleuchten, ist vor allem der Kontext interessant, aus dem die soeben zitierte Selbstetikettierung stammt. Es handelt sich um das Nachwort zur zweiten Auflage des ersten Bands des *Kapital*, das Marx zu Beginn des Jahres 1873 verfasst hat. Hier spricht also der Theoretiker kurz vor dem Ende seiner Laufbahn.

Zuerst heißt es in jenem Nachwort:

> Meine dialektische Methode ist der Grundlage nach von der Hegelschen nicht nur verschieden, sondern ihr direktes Gegenteil. Für Hegel ist der Denkprozeß, den er sogar unter dem Namen Idee in ein selbständiges Subjekt verwandelt, der Demiurg des Wirklichen, das nur seine äußere Erscheinung bildet. Bei mir ist umgekehrt das ideelle nichts andres als das im Menschenkopf umgesetzte und übersetzte Materielle. (23, 27)

---

9 Die nachfolgenden Überlegungen habe ich bereits in Iorio 2005, S. 46 ff. formuliert.

Wie bereits zu sehen war, spricht so der Anti-Idealist, der nicht glaubt, dass die reale Wirklichkeit, sprich die Gesamtheit der materiellen Dinge in Raum und Zeit vollkommen nebensächlich, weil nur äußere Erscheinung des zu sich selbst findenden Geistes ist. Wie erläutert würde man diesen Standpunkt heutzutage eher als eine Form des Naturalismus oder des Realismus bezeichnen, also Marxens Anti-Idealismus grob gesprochen mit der Überzeugung identifizieren, dass die materiellen Dinge in Raum und Zeit die eigentliche und einzige Realität bilden und Ideen, Gedanken, Bewusstsein usw. Phänomene sind, die sich im Gehirn realer „Dinge" namens Menschen abspielen.

Für unsere Frage nach dem Verhältnis von Marx zu Hegels Dialektik ist vor allem der unmittelbar anschließende Absatz aufschlussreich. Marx schreibt dort im Rückblick zuerst auf die frühen vierziger, dann auf die frühen sechziger Jahre seines Jahrhunderts:

> Die mystifizierende Seite der Hegelschen Dialektik habe ich vor beinah 30 Jahren, zu einer Zeit kritisiert, wo sie noch Tagesmode war. Aber grade als ich den ersten Band des „Kapital" ausarbeitete, gefiel sich das verdrießliche, anmaßliche und mittelmäßige Epigonentum, welches jetzt im gebildeten Deutschland das große Wort führt, darin, Hegel zu behandeln, wie der brave Moses Mendelssohn zu Lessings Zeit den Spinoza behandelt hat, nämlich als „toten Hund". Ich bekannte mich daher offen als Schüler jenes großen Denkers und kokettierte sogar hier und da im Kapitel über die Werttheorie mit der ihm eigentümlichen Ausdrucksweise. Die Mystifikation, welche die Dialektik in Hegels Händen erleidet, verhindert in keiner Weise, daß er ihre allgemeinen Bewegungsformen zuerst in umfassender und bewußter Weise dargestellt hat. Sie steht bei ihm auf dem Kopf. Man muß sie umstülpen, um den rationellen Kern in der mystischen Hülle zu entdecken. (23,27)

Hier begegnen wir erneut dem inzwischen vertrauten Motiv der Umkehrung. Marx behauptet, seine Dialektik gewonnen zu haben, indem er Hegels Version vom Kopf auf die Füße gestellt habe. Was ist damit gemeint?

Wenn wir die beiden Zitate zusammenfügen, ergeben sich im Kern die folgenden Behauptungen. Marx hat sich in seiner frühen Phase allem Anschein zum Trotz nicht vollkommen gegen Hegel stellen wollen. Er hat sich vielmehr darum bemüht, die dialektische Methode von ihrer „mystifizierenden Seite" zu befreien, d. h., sie dem Idealsten aus der Hand zu nehmen, um sie materialistisch (bzw. naturalistisch) anwenden zu können. Darüber hinaus habe er sich erlaubt, hier und da bei der Darstellung der eigenen Gedanken sich der „eigentümlichen Ausdrucksweise" von Hegel zu bedienen.

Was zuerst den letzten Punkt anbelangt, gibt es nicht viel zu verhandeln. Ja, Marx schreibt zuweilen in einem Duktus, der zu erkennen gibt, dass er als Student Hegels Philosophie gewissermaßen mit der Muttermilch aufgenommen hat. Diese Beobachtung beantwortet aber noch nicht die Frage, ob Marx sich nur in der Darstellung eigener Gedanken an Hegels Sprache orientiert oder ob auch seine Methode, durch die er auf diese Gedanken kommt, an Hegel orientiert ist. Da er in den zitierten Passagen auch die zweite Behauptung zu vertreten scheint, führt dies zu der Frage, worin diese Orientierung besteht.

Bevor wir versuchen, diese Frage zu beantworten, sei darauf hingewiesen, dass die Wendung „dialektischer Materialismus" zwar in der von Engels vorbereiteten und dann vor allem von Lenin durchgeführten Kanonisierung der Gedankenwelt von Marx geradezu zur Lehrbuchbezeichnung für den Marxismus wurde. Um der Sache einen professionellen Anstrich zu verleihen, sprach man in den einschlägigen Kreisen in abkürzender Form auch vom *Diamat*. In den bisher bekannten Schriften von Marx und im Übrigen auch in den von ihm selbst veröffentlichten Arbeiten von Engels taucht diese Wendung aber kein einziges Mal auf[10]. Marx wusste von keinem dialektischen (oder historisch-dialektischen) Materialismus. Daher können wir die Frage, ob es eine sinnvolle Interpretation dieser Wendung gibt, hier auf sich beruhen lassen.

Ob es eine sinnvolle Interpretation der Wendung *Marxens Dialektik* gibt, können wir hingegen nicht auf sich beruhen lassen. Was also meint Marx, wenn er von seiner dialektischen Methode spricht, die er gewonnen habe, indem er Hegels Dialektik von ihrer „mystifizierenden Seite" befreite? Was ist das Dialektische an Marxens Methode?

Um diese Frage zu beantworten, empfiehlt es sich, eine Unterscheidung vorzunehmen, die Marx zwar andeutet, aber nicht konsequent im Auge behält. Die Rede von der Dialektik als Methode legt auf der einen Seite die Ansicht nahe, dass der Ausdruck „Dialektik" ein theoretisches Verfahren bezeichnet, dem sich der Philosoph in seinem Versuch bedienen kann, Erkenntnisse über die Welt zu gewinnen. Dialektik spielt sich in diesem Sinn des Wortes also „im Menschkopf", sprich im Gehirn desjenigen Philosophen ab, der sich dieser Methode bedient, und hat mit der Welt selbst, die es zu erkennen gilt, unmittelbar nichts zu tun.

Die Dialektik wird aber auf der anderen Seite nicht nur als Erkenntnismethode im erläuterten Sinne verstanden, sondern als ein Universalprinzip, nach dem sich diverse Phänomene und Entwicklungen in der zu erkennenden Welt richten. Die Dialektik in diesem Sinn des Wortes hat den Status, den das Kausalitätsprinzip in unserer zeitgenössischen Weltsicht hat. Für uns hat alles, was geschieht, eine Ursache. Für den Dialektiker im jetzt relevanten Sinn des Wor-

---

10 Dies gilt selbst für eines der letzten großen Werke, die Engels noch geschrieben hat, nämlich für die *Dialektik der Natur* (20, 307–570).

tes schreitet der Weltverlauf hingegen nicht in Ketten von Ursachen und Wirkungen voran. Für ihn geht aus den Dingen selbst ihr Gegensatz hervor, der zu einem Widerspruch führt, dessen Auflösung funktional ungefähr dem entspricht, was in unserem Weltbild heute eine Wirkung ist. Der späte Engels hat klarerweise dieses Verständnis von der Dialektik kultiviert. Und viele Marxisten nach Engels sind davon ausgegangen, dass auch Marx die Welt nicht nur dialektisch, sondern als eine dialektische versteht. Zugegebenermaßen etwas grob und verkürzend gesprochen würde dies bedeuten, dass Marx der Ansicht ist, es gäbe ein universales Prinzip, dem gemäß Dinge, die in der Welt außerhalb des Kopfes von Menschen existieren, aus sich selbst heraus ihr Gegenteil – oder etwas großartiger gesprochen – ihre Negation hervorbringen; wobei das, was ist, mit seiner Negation solange in einen ständig zunehmenden Widerspruch gerät, bis sich das vormals gegebene Sein und seine Negation zu einer neuen und höheren Form des Seins synthetisieren. Dabei gehen das alte Sein (These) und seine Negation (Antithese) nicht verloren. Beides ist vielmehr im neuen Sein (Synthese bzw. Negation der Negation) – wie Hegel diese Wendung prägte – *aufgehoben.*

Dass Marx tatsächlich auch dieses Verständnis von der Dialektik als einem universalen Entwicklungsprinzip vertritt, erkennt man vor allem daran, dass die Kategorie des Widerspruchs in seinen Schriften eine zentrale Rolle spielt. Produktivkräfte, die sich weiterentwickelt haben, treten laut Marx in einen Widerspruch mit den bestehenden Produktionsverhältnissen. Und erst die Auflösung dieses Widerspruchs hebt die gesellschaftliche Entwicklung auf ein höheres Niveau. Wie wir später sehen werden, stellt Marx konfligierende Interessenlagen zwischen den Mitgliedern unterschiedlicher Klassen ebenfalls als Widerspruch bzw. als Antagonismus zwischen den Klassen dar. Und auch hier spielt er mit der hegelschen Denkfigur, der zufolge die Auflösung des Widerspruchs zu einem Zustand führt, der progressiver als die Ausgangslage ist.

Der Widerspruch, der im wörtlichen Sinn bei Hegel zwischen Begriffen, Ideen, zwischen These und Antithese bzw. zwischen dem Positiven und seiner Negation besteht, wird bei Marx also zu einem realen Widerspruch zwischen den unterschiedlichen Klassen einer Gesellschaft bzw. zu einem Widerspruch zwischen progressiven Produktivkräften und veralteten Produktionsverhältnissen. Und so wie Hegel glaubte, durch iterierte Aufhebungen alter Widersprüche zwischen Ideen den phasenförmigen Verlauf der Selbstfindung des Geistes quer durch die Geschichte nachzeichnen zu können, so glaubt Marx, die Einzeletappen der sozialen, politischen und kulturellen Menschheitsgeschichte durch die Darstellung von Klassengegensätzen und revolutionären Erhebungen nachzeichnen zu können, die sich im Zuge immer neuer Widersprüche zwischen neuen Produktivkräften und überkommenen Produktionsverhältnissen einstellen.

Der entscheidende Punkt ist jedoch, dass die Übertragung der Dialektik aus Hegels metaphysischer Welt der Ideen und Begriffe in die reale Welt der sozialen Klassen, der Produktionsverhältnisse und der Produktivkräfte, die Marx vornimmt, am Ende zu einer nur noch metaphorischen Rede zu führen droht. Denn man versteht zwar, was es heißt, dass ein Widerspruch zwischen den Interessen der einen Klasse mit den Interessen der anderen Klasse besteht. Die einen wollen etwas, was nicht realisierbar ist, wenn die anderen bekommen, was sie ihrerseits wollen. Und man versteht auch, was es heißt, dass ein Widerspruch zwischen neuen Produktivkräften und bestehenden Produktionsverhältnissen vorliegt. Manchmal passen Dinge einfach nicht gut zusammen. Aber ein solches Ausbuchstabieren der Überzeugung, dass in der realen Welt Widersprüche, Antagonismen oder Gegensätze bestehen, führt klar vor Augen, dass das zentrale Motiv der Dialektik à la Hegel nicht in eine entmystifizierte Form der Dialektik, wie Marx sie haben will, überführt werden kann. Mit Blick auf Hegels Kosmologie mag man annehmen können, dass die Aufhebung eines Widerspruchs mit einer gewissen Art von Notwendigkeit geschieht und dass das Resultat dieser Aufhebung einen höherwertigen Status genießt als seine Ausgangspunkte. Marxens Annahme hingegen, dass sich die Widersprüche in der realen Welt der Menschen aus Fleisch und Blut mit Notwendigkeit aufheben und dadurch den Status Quo immer und immer wieder auf eine stets höhere Ebene des gesellschaftlichen Seins hieven, ist jedoch vollkommen haltlos.

Als Interpret von Marx steht man angesichts dieses Ergebnisses vor einer grundsätzlichen Entscheidung. Man kann seine Texte entweder so interpretieren, dass sie tatsächlich auf der vermeintlich entmystifizierten Dialektik beruhen. Oder man kann versuchen, diese Schriften so zu lesen, dass das vermeintlich Dialektische nur ein stilistisches Oberflächenphänomen ist, das, wie Marx sagt, die Darstellung und die Ausdrucksweise seiner Gedanken betrifft, aber für die Gedanken selbst unwesentlich ist[11]. Die Wahrheit ist schlicht, Marxens Texte lassen beide Lesarten zu.

Schlägt man den ersten Weg ein, hat man eine nachgeordnete Wahl. Man kann den Glauben an die Dialektik als philosophiehistorisches Phänomen vergangener Tage deuten, Marx damit für systematisch uninteressant befinden und ihn den Philosophiehistorikern überlassen. Oder man kann tatsächlich annehmen, dass nicht das Kausalprinzip, sondern die Dialektik den Kosmos

---

11 Auf der Entscheidung für diesen Weg beruht der Analytische Marxismus, der im Abschlusskapitel vorgestellt wird.

leitet. In dem Fall verliert man jeden Anschluss an den Großteil der zeitgenössischen Philosophie und komplett an die übrigen Wissenschaftsdisziplinen der Gegenwart.

Wie man sieht, führt die dialektische Lesart in beiden Varianten zu unattraktiven Positionen. Marx wird auf diesem Weg entweder uninteressant oder mystisch. Daher werde ich in dieser Einführung den anderen Weg bestreiten, Marx also so deuten, dass er möglichst eng an das anschließt, was den meisten von uns heute die Wahrheit über die Welt, in der wir leben, zu sein scheint. Von Marxens Dialektik wird folglich im Weiteren nicht mehr sonderlich oft die Rede sein.

2.4 Die Struktur der Geschichte

Wie gesagt knüpft Marx nicht nur methodologisch, sondern auch inhaltlich an Hegel an. Wenn auch nur noch halbherzig, wie wir sehen werden, teilt er mit Hegel und den Junghegelianern eine Weltsicht, die zwar den meisten von uns mittlerweile sehr fremd geworden ist, aber die Geistesgeschichte des Abendlandes lange und nachhaltig prägte. Diese Sichtweise besagt, dass die Weltgeschichte von ihrem Anfang bis zu ihrem Ende in dem Sinn des Wortes eine Geschichte ist, in dem man sich darunter eine mehr oder weniger geordnete Abfolge von bedeutsamen Geschehnissen vorstellt. Hinzu kommt der Gedanke, dass diese Geschichte eine übersichtliche und in sich stimmige Interpretation erlaubt, die durch ein Studium der historischen Begebenheiten zu erschließen ist. Nichts von dem, was je geschah und noch geschehen wird, ist diesem Gedanken zufolge blinder Zufall. Alles hat eine Bedeutung für den großen Zusammenhang, die sich erschließt, wenn man die richtige Interpretation allen Geschehens gefunden hat. Aus einer philosophischen Theorie der Geschichte wird durch diese Überzeugung eine ‚Historiosophie‘[12].

Es ist jedoch wichtig, zwei Auslegungen dieser Sichtweise zu unterscheiden, weil dies zu verschieden starken Thesen führt und indirekt auch darauf hindeutet, dass sich in der Zeit, in der das Denken von Marx stattfindet, ein radikaler Umbruch im Geschichtsverständnis ankündigt. Der stärkeren Auslegungen zufolge, die sicherlich noch bei Fichte, Hegel, Schelling und dem Großteil der Links- und Rechtshegelianer Zustimmung fand, ist die Weltgeschichte nicht nur einer in sich geschlossenen Interpretation zugänglich, sondern hatte von Anfang an eine vorgezeichnete Richtung und ein vorbestimmtes Ziel. Das

---

12 Kolakowski 1988(a), S. 38. Vgl. auch Lemon 2003.

ist Teleologie im strengen Sinn des Wortes, bei dem einem beispielsweise die Religionsphilosophie von Augustinus in den Sinn kommt. Augustinus zufolge steht zu jedem Moment in der Geschichte die gesamte Geschichte als fertiges Produkt vor den Augen Gottes. Dieser Lehre gemäß ist also von Anfang an alles und damit auch der Ausgang der geschichtlichen Entwicklung fixiert. Die Geschehnisse brauchen gewissermaßen nur noch ihre irdische Zeit, um sich vor den Augen weniger göttlicher Geschöpfe wie uns Menschen zu ereignen. Die Weltgeschichte kann man sich dieser Konzeption zufolge auch wie eine Filmspule denken, auf der zu jedem Zeitpunkt bereits der gesamte Film – inklusive Abspann – gespeichert ist.

Marx und Engels neigen ab und an dazu, ein ähnlich teleologisches und damit für heutige Begriffe unplausibles Geschichtsbild zu vertreten. So steht etwa in der *Heiligen Familie* geschrieben:

> Es handelt sich nicht darum, was dieser oder jener Proletarier oder selbst das ganze Proletariat als Ziel sich einstweilen *vorstellt*. Es handelt sich darum, *was es ist* und was es diesem *Sein* gemäß geschichtlich zu tun gezwungen sein wird. Sein Ziel und seine geschichtliche Aktion ist in seiner eignen Lebenssituation wie in der ganzen Organisation der heutigen bürgerlichen Gesellschaft sinnfällig, unwiderruflich vorgezeichnet. (2, 38)

Zwar könnte man in Reaktion auf die Rede von einem *vorgezeichneten Ziel* des Proletariats zur Ehrenrettung darauf verweisen, dass Marx noch recht jung war, als er diese Sätze zu Papier brachte. Darüber hinaus könnte man auch geltend machen, dass im Zusammenhang dieser Äußerung ohnehin eine Reihe von Annahmen zum Ausdruck kommen, die der spätere Marx nicht mehr vertreten wird. Aber dieser Schachzug wäre insofern fadenscheinig, als auch in den späteren Schriften immer wieder teleologische Aussagen zu finden sind.

Dass Marx gleichwohl nicht mehr mit der alten Weltsicht voll und ganz übereinstimmt, zeigt sich immer dann, wenn er die schwächere der beiden angesprochenen Annahmen über die Struktur des Geschichtsverlaufs vertritt. Dieser Position zufolge ist zwar an den beiden Gedanken einer einheitlichen Interpretation und einer allgemeinen Richtung der geschichtlichen Entwicklung festzuhalten, aber nicht von einem Ziel zu reden, das im strengen Sinn des Wortes festgelegt und unumgänglich wäre[13]. Deutlich wird dieses Bild etwa, wenn Marx auf die Frage, ob eine proletarische Revolution im noch nicht industrialisierten Russland seiner Einschätzung nach möglich ist, nur mit einer

---

[13] Vgl. zum Folgenden auch Marxens Äußerungen über „Zufälligkeiten" (33, 209) in der Weltgeschichte.

konditionalen Prognose aufwartet. In der nur wenige Jahre vor seinem Tod ge-schriebenen Vorrede zur russischen Übersetzung des *Manifest der kommunisti-schen Partei* aus dem Jahr 1882 ist in diesem Sinn zu lesen: „Wird die russische Revolution das Signal einer proletarischen Revolution im Westen, so daß beide einander ergänzen, so kann das jetzige russische Gemeineigentum am Boden zum Ausgangspunkt einer kommunistischen Entwicklung dienen." (19, 296) Es kann eben so kommen, aber auch ganz anders. In dieses Bild passt auch die Feststellung am Ende der berühmten Anfangssätze des *Manifests*, der zufolge dem Lauf der historischen Ereignisse wenigstens zwei Optionen offen stehen:

> Die Geschichte aller bisherigen Gesellschaft ist die Geschichte von Klassenkämpfen
> [...] Unterdrücker und Unterdrückte standen in stetem Gegensatz zueinander, führ-
> ten einen ununterbrochenen Kampf, [...] der jedesmal mit einer revolutionären Um-
> gestaltung der ganzen Gesellschaft endete *oder* mit dem gemeinsamen Untergang
> der kämpfenden Klassen. (4, 462*)

Einem Klassenkampf stehen dieser Formulierung zufolge wenigstens zwei Aus-gänge offen. Marx muss also im strengen Sinn des Wortes, mit dem die An-nahme einer definitiven Zielvorstellung einhergeht, nicht unbedingt als Teleo-loge verstanden werden. Besser ist es, Marx als aussagekräftigen Zeugen einer Übergangszeit zu lesen, in der das teleologische Weltbild zwar noch gewaltig nachwirkt, aber die Überzeugung von der grundsätzlichen Kontingenz aller Geschichte sich schon sichtbar Bahn bricht.

Wie gesagt teilt Marx mit seinen Vorgängern und vielen seiner Zeitgenos-sen die Annahmen, dass die gesamte Geschichte einheitlich interpretiert wer-den kann und eine nachvollziehbare Richtung verfolgt (die, wie gesehen, Wei-chenstellungen erlaubt). Was die einheitliche Interpretation anbelangt, stoßen wir hier auf das Problem, das ich zu Beginn des Kapitels bereits angekündigt habe. Marx scheint nämlich nicht nur eine, sondern zwei Interpretationen der Geschichte zu vertreten. Dabei ist weder klar, wie diese beiden Auffassungen miteinander zusammenhängen, noch leicht zu entscheiden, ob sie überhaupt miteinander verträglich sind. Diese Doppelung tritt zum Vorschein, wenn man die eben zitierten Zeilen aus dem *Manifest* mit dem Vorwort zur *Kritik der politischen Ökonomie* vergleicht. Im einen Fall liefert nämlich das Konzept des Klassenkampfs den Schlüssel zur Interpretation der Geschichte, insofern die gesamte bisherige Geschichte der Menschheit als die Geschichte von Auseinan-dersetzungen zwischen miteinander rivalisierenden Klassen ausgelegt wird. Und da solche Klassen aus einzelnen Individuen bestehen und sich die Ausei-nandersetzungen zwischen den Klassen im *Tun und Lassen* dieser Menschen vollziehen, stimmt diese handlungstheoretisch akzentuierte Sicht der Dinge,

die uns in dieser Einführung noch mehrfach beschäftigen wird, tadellos mit
der Versicherung von Marx und Engels überein, dass nicht die Geschichte irgendetwas tut, sondern Menschen die einzig relevanten Akteure der Geschichte sind. In der *Heiligen Familie* ist in diesem Sinn zu lesen:

> *Die Geschichte* tut *nichts*, [...] sie „kämpft *keine* Kämpfe"! Es ist vielmehr *der
> Mensch*, der wirkliche, lebendige Mensch, der das alles tut, besitzt und kämpft; es
> ist nicht etwa die „Geschichte", die den Menschen zum Mittel braucht, um *ihre* –
> als ob sie eine aparte Person wäre – Zwecke durchzuarbeiten, sondern sie ist *nichts*
> als die Tätigkeit des seine Zwecke verfolgenden Menschen. (2, 98)

Wer die Geschichte begreifen will, muss diesen Aussagen zufolge die Menschen
und ihr Handeln in den Blick nehmen. Ganz anders scheint sich die Sachlage
jedoch im Fall des Historischen Materialismus darzustellen. Denn hier liefert
nicht das Tun und Lassen miteinander im Konflikt stehender Personen, sondern ein ganz anderer Mechanismus den Schlüssel zur Interpretation der Weltgeschichte. Dieser tritt zutage, wenn es im *Vorwort* heißt:

> Auf einer gewissen Stufe ihrer Entwicklung geraten die materiellen Produktivkräfte
> der Gesellschaft in Widerspruch mit den vorhandenen Produktionsverhältnissen
> [...]. Aus Entwicklungsformen der Produktivkräfte schlagen diese Verhältnisse in
> Fesseln derselben um. Es tritt dann eine Epoche sozialer Revolution ein. Mit der
> Veränderung der ökonomischen Grundlage wälzt sich der ganze ungeheure Überbau
> langsamer oder rascher um. (13, 9)

Bemerkenswerterweise finden in dieser gereiften Darstellung des Historischen
Materialismus die Begriffe der Klasse und des Klassenkampfs nicht einmal
Erwähnung. Statt dessen sticht abermals die Reminiszenz an Hegels Dialektik
ins Auge, insofern Marx von einer Entwicklung spricht (die Entwicklung der
Produktivkräfte), die zu einem Widerspruch (zwischen den Produktivkräften
und den Produktionsverhältnissen) führt, wobei die Auflösung dieses Widerspruchs ein neues Stadium eröffnet, in dem eine weitere Entwicklung nach
demselben Muster, aber auf einem höheren Niveau, wieder zu einem Widerspruch führen wird. Nach diesem Schema nimmt die Geschichte dem Historischen Materialismus gemäß ihren Lauf; und es bleibt vollkommen unklar, welche Funktion den Klassen, dem Klassenkampf, den leibhaftigen Menschen und
ihrem Handeln im Rahmen dieser Theorie zukommt.

Die Frage, wie diese Spannung zwischen der Lehre vom Klassenkampf und
dem Historischen Materialismus zu bewerten ist, wird uns zwar erst in einigen
der späteren Kapitel beschäftigen. Aber ich hoffe, es ist schon hier deutlich
geworden, dass diese Spannung eine knifflige Herausforderung für jeden Marx-

interpreten darstellt, der es genau nimmt und zu den Lesern gehört, „die etwas Neues lernen, also auch selbst denken wollen" (23, 12) und die Marx sich wünscht.

5 Ausblick

Zum Verständnis der Gliederung meiner weiteren Überlegungen ist es wichtig zu sehen, welche Funktion den Produktivkräften im Rahmen des Historischen Materialismus zukommt. Die Produktivkräfte sind es offenbar, die durch ihre ständige Weiterentwicklung in Widerspruch zu den jeweils gegebenen Produktionsverhältnissen treten, wobei die Auflösung dieses Widerspruchs den geschichtlichen und gesellschaftlichen Prozess vorantreibt. Aus Hegels Geschichte der Selbstentfaltung der Vernunft wird somit eine Technik- bzw. Industriegeschichte.

Mit dieser Diagnose übereinstimmend schreibt Marx in einem wichtigen und viel zitierten Brief an seinen russischen Bewunderer Pawel Wassiljewitsch Annenkow aus dem Jahr 1846, also kurz nachdem er die Grundlagen des Historischen Materialismus in der *Deutschen Ideologie* entwickelt hat: „Dank der einfachen Tatsache, daß jede neue Generation die von der alten Generation erworbenen Produktivkräfte vorfindet, die ihr als Rohmaterial für neue Produktion dienen, entsteht ein Zusammenhang in der Geschichte der Menschen, entsteht die Geschichte der Menschheit, die um so mehr Geschichte der Menschheit ist, je mehr die Produktivkräfte der Menschen und infolgedessen ihre gesellschaftlichen Beziehungen wachsen." (27, 452 f.) Diese grundlegende, weil den Zusammenhang in der Geschichte zuallererst stiftende Rolle, die die Produktivkräfte im Rahmen des Historischen Materialismus spielen, wird dann noch einmal unterstrichen, wenn Marx im direkten Anschluss an die zuletzt zitierte Passage aus dem *Vorwort* das Konzept der Produktivkräfte in einen unmittelbaren Zusammenhang mit seiner Grundintention stellt. Denn dort schreibt er, dass man eine Umwälzungsepoche, also eine Zeit des grundlegenden gesellschaftlichen und historischen Wandels *nicht* unter Bezug auf das *Bewusstsein* der involvierten Menschen verstehen kann. Vielmehr ist solch ein Wandel nur unter Bezug auf das gesellschaftliche *Sein* dieser Menschen, genauer mit Blick auf den Konflikt zwischen den fortgeschrittenen Produktivkräften und den veralteten Produktionsverhältnissen zu erklären, unter denen die Gesellschaftsmitglieder tagein tagaus leben:

> In der Betrachtung solcher Umwälzungen muß man stets unterscheiden zwischen der materiellen, naturwissenschaftlich treu zu konstatierenden Umwälzung in den

ökonomischen Produktionsbedingungen und den [...] ideologischen Formen, worin sich die Menschen dieses Konflikts bewußt werden und ihn ausfechten. Sowenig man das, was ein Individuum ist, nach dem beurteilt, was es sich selbst dünkt, ebensowenig kann man eine solche Umwälzungsepoche aus ihrem Bewußtsein beurteilen, sondern muß vielmehr dies Bewußtsein aus den Widersprüchen des materiellen Lebens, aus dem vorhandenen Konflikt zwischen gesellschaftlichen Produktivkräften und Produktionsverhältnissen erklären. (13, 9 f.)

Die Entwicklung der Produktivkräfte ist also allem Anschein nach der Motor der Weltgeschichte, insofern diese Entwicklung zum antreibenden Konflikt zwischen den Kräften und den Produktionsverhältnissen führt. Dieser Vorstellung werden wir in den folgenden Kapiteln nachgehen, bis sich dann im Zuge der funktionalistischen Auslegung dieser Theorie zeigen wird, an welchem Punkt das so aufgefasste Projekt des Historischen Materialismus auf Grund läuft. An diesem Punkt werden wir schließlich dazu übergehen, die Lehre vom Klassenkampf heranzuziehen, um die an den Tag getretenen Mängel des Historischen Materialismus zu beheben. Denn erst diese Theorie wird das Augenmerk auf das Tun und Lassen von Menschen als dem eigentlichen Motor des historischen Prozesses lenken. Beide Theorien zusammen werden dann als Hintergrund dienen, wenn es am Ende dieser Studie gilt, die politiktheoretischen Implikationen und die ökonomische Theorie des Marxismus zu klären.

3 Produktivkräfte

Obwohl der Historische Materialismus, wie im zurückliegenden Kapitel bereits behauptet, Marxens fundamentale Theorie ist, auf der seine politik- und ökonomietheoretischen Überlegungen aufruhen, machen es seine Texte nicht leicht, sich ein klares Bild von den drei Kernelementen dieser Theorie zu verschaffen. In der Tat wird sich nicht nur in diesem Kapitel, sondern auch in den nachfolgenden Untersuchungen zeigen, dass sich in Marxens Schriften eine Reihe von Zwei- und Mehrdeutigkeiten aufweisen lassen. Folglich gibt es für einen Interpreten dieser Texte einiges zurechtzurücken, weswegen eine kritische Lektüre der Werke von Marx nicht immer eine reine Auslegung sein kann[1]. In vielen Zusammenhängen muss die Lektüre mit dem Bemühen einhergehen, mehr Klarheit zu schaffen, als die Texte von sich aus hergeben. So gesehen ist das Ergebnis einer Darstellung der Theorien von Marx nicht nur eine Wiedergabe dessen, was Marx gesagt hat, sondern immer auch eine Theorie darüber, was er nach dem Dafürhalten des Interpreten besser hätte sagen sollen. In der Frage, was er besser hätte sagen sollen, können verschiedene Interpreten natürlich verschiedener Ansicht sein. Wer sich daran macht, durch Beheben von Zwei- und Mehrdeutigkeiten eine stimmige Interpretation zu entwickeln, muss sich notwendigerweise zwischen unterschiedlichen Lesarten entscheiden. Freilich trifft diese Überlegung nicht nur mit Blick auf das Werk von Marx zu. Vielmehr trifft sie für nahezu jeden Versuch eines Autors zu, die Texte eines anderen Autors in einen stimmigen Zusammenhang zu bringen.

Hinsichtlich des in diesem Kapitel zu diskutierenden Begriffs der Produktivkräfte wird zu sehen sein, dass das Bemühen um mehr Klarheit weniger das Problem betrifft, welche Phänomene durch dieses Konzept zusammengefasst werden. Vielmehr führt dieses Bemühen zu der Frage, *welche Arten* von Phänomenen überhaupt in Betracht zu ziehen sind. Wenn man so will, haben wir in diesem Kapitel also einige ontologische Schwierigkeiten zu beheben.

Da Marx keine Definition des Begriffs der Produktivkräfte formuliert hat, gehen seine Interpreten in aller Regel dazu über, anhand einschlägiger Passagen, in denen er diesen Begriff zwar nicht erläutert, aber verwendet, eine Liste aller Produktivkräfte zu erstellen, um durch eine Untersuchung dieser Liste zu einer Klärung des Begriffs zu gelangen. Ich möchte im Folgenden nach einigen Vorklärungen zeigen, dass dieses eklektizistische Verfahren, wie man es nennen könnte, zwar einigen Aufschluss verschafft, dann aber nach und nach zu

---

1 So auch Haug 2006, S. 17.

einem immer verworreneren Bild von den Produktivkräften führt. Angesichts dieses Zwischenergebnisses werde ich dann in der zweiten Hälfte des Kapitels einen alternativen Zugang wählen. Dieser Zugang erlaubt es, anhand eines einheitlichen Kriteriums einen geschlossenen Begriff der Produktivkräfte zu formulieren. Darüber hinaus macht das besagte Kriterium sogar verständlich, warum Marxens Umgang mit diesem Begriff so unsystematisch erscheint.

3.1 Kraft, Vermögen, Eigenschaft

Was hat man sich also unter den Produktivkräften vorzustellen, die den theoretischen Unterbau des Historischen Materialismus bilden, insofern die Produktionsverhältnisse unmittelbar und der Überbau mittelbar auf die Weiterentwicklung dieser Kräfte bezogen sind? Dem reinen Wortlaut nach liegt es nahe, unter Produktivkräften physikalische Kräfte zu verstehen, die den Mitgliedern einer Gesellschaft zur Verfügung stehen, um diese oder jene Produkte herzustellen. Die Kraft, die z. B. von einer Dampfmaschine ausgeht und eine weitere Maschine in Gang setzt, ist in diesem Sinn des Wortes eine Produktivkraft. Die Kraft, die ein Motor freisetzt, um ein Fahrzeug in Bewegung zu setzen, ist eine Produktivkraft. Oder auch die Muskelkraft, die ein Mensch anwendet, um irgendwelche Dinge von hier nach dort zu tragen, käme als eine Produktivkraft in Betracht.

Dieser Begriff der Produktivkraft, wenn auch der wörtlichen Bedeutung des Ausdrucks am nächsten liegend, ist für Marxens Unterfangen jedoch viel zu eng gefasst. Denn Marx will in jedem Fall auch solche Dinge unter diesen Begriff fassen, die über keine Kräfte im strengen Sinn des Wortes, d.h. keine physischen Kräfte verfügen. Der Computer etwa, an dem ich diesen Text schreibe, stellt im Sinne des Historischen Materialismus sicherlich eine Produktivkraft zur Verfügung. Aber ich mache mir den Computer nicht wie eine Dampfmaschine zunutze, indem ich physische Kräfte, die von ihm ausgehen, kanalisiere, um irgendwelche Dinge in Bewegung zu setzen. Der Computer stellt gleichwohl eine Produktivkraft zur Verfügung, insofern er mir ermöglicht, Dinge in einer Art und Weise zu realisieren, die ich ohne ihn entweder *gar nicht* oder *nicht in dieser Art und Weise* realisieren könnte. Genau diese *komparative* Herangehensweise wird uns später den Schlüssel zu einer angemessenen Analyse liefern, die auf dem Gedanken der *Entwicklung* der Produktivkräfte beruht.

Ein ähnlich großzügiges, nicht auf physikalische Kräfte konzentriertes Verständnis ist auch mit Blick auf viele andere Dinge angemessen, die als Werkzeuge, Gerätschaften oder Maschinen (von Marx zusammenfassend auch *Pro-*

duktionsmittel oder *-instrumente* genannt) in Produktionsprozessen verwendet werden. Eine Lupe etwa, die es einer Uhrmacherin erlaubt, diffizilere Uhrwerke herzustellen, als es ohne den Einsatz dieses Instruments menschenmöglich wäre, stellt ebenfalls eine spezifische Produktivkraft zur Verfügung. Wie im Fall des Computers ist auch hier die Frage unwichtig, ob irgendeine physische Kraft, die von diesem Werkzeug ausgeht, von Belang ist.

Mit Blick auf die menschliche Arbeitskraft lässt sich derselbe Sachverhalt feststellen, der in den beiden zurückliegenden Absätzen zur Sprache kam. Die Erfindung der Technik, durch den Gebrauch aller zehn Finger mit einer Schreibmaschine schneller als mit nur zwei Fingern zu schreiben, war im Sinne von Marx sicherlich eine Weiterentwicklung der Produktivkräfte. Auch hier geht es nicht um irgendwelche Kräfte im engen Sinn des Wortes. Denn das bisschen Muskelkraft, die man braucht, um eine Schreibmaschine oder eine Computertastatur zu bedienen, stand der Menschheit ja schon lange vor der Erfindung jener Schreibtechnik zur Verfügung. Die Muskelkraft kann also nicht die Produktivkraft sein, um die es hier geht[2].

Produktivkräfte sind dem Bild zufolge, das sich bisher ergab, offensichtlich weniger Kräfte als *Fähigkeiten* bzw. *Vermögen* von Menschen, Maschinen, Instrumenten und anderen Gerätschaften, die für die Produktion relevant sind. Und damit haben wir bereits ein erstes Konzept der Produktivkraft vor Augen, das ich *attributiv* nennen möchte, um kenntlich zu machen, dass wir es mit Eigenschaften bzw. Attributen zu tun haben, die produktiv tätigen Menschen und bestimmten Dingen, mit denen sie hantieren, zuzuschreiben sind.

Gerald Cohen hat darauf hingewiesen, dass Marx dazu neigt, Gegenstände, denen eine Produktivkraft im attributiven Sinn zukommt, selbst als Produktivkräfte zu bezeichnen[3]. So gesehen sind also nicht die Vermögen, die gewissen Werkzeugen, Maschinen oder Gerätschaften zukommen, als Produktivkräfte zu begreifen. Vielmehr fallen die Werkzeuge, Maschinen und Gerätschaften selbst unter den Begriff der Produktivkraft. Und damit sind wir schon bei einem zweiten Konzept der Produktivkraft angelangt, das ich das *substantielle* nennen möchte.

Auch Cohen widmet der Frage, was Marx unter Produktivkräften versteht, ein volles Kapitel. Nicht zuletzt aus diesem Grund möchte ich ihn in den beiden

---

2 Vor diesem Hintergrund wird deutlich, wie vielfältig die Weiterentwicklung von Produktivkräften vonstatten gehen kann. Ein Dolmetscher kann seine Produktivkraft steigern, indem er weitere Fremdsprachen erlernt oder seine bestehenden Kenntnisse erweitert.

3 Vgl. Cohen 2001, S. 37 f.

nachfolgenden Abschnitten als einen paradigmatischen Vertreter des eklektizistischen Verfahrens diskutieren. Es wird sich zeigen, dass dieses Verfahren
trotz aller Einsichten, die es unbestreitbar verschafft, zu einigen Ungereimtheiten führt, die unter anderem in Anbetracht der soeben erläuterten Unterscheidung zwischen dem attributiven und dem substantiellen Begriff der Produktivkräfte an den Tag treten. Diese Ungereimtheiten werden schließlich im zweiten
Teil des Kapitels Anlass dazu geben, einen alternativen Zugang zur Klärung
dieses Begriffs zu wählen.

3.2 Die eklektizistische Sicht

Cohen zufolge weist alles, was unter den Begriff der Produktivkraft fällt, die
Gemeinsamkeit auf, in einem weiten Sinn des Wortes von produzierenden Menschen *verwendet* zu werden. Ausgehend von dieser Feststellung gelangt er zu
dieser Dreiteilung:

$$
\text{Produktivkräfte}
\begin{cases}
\text{Produktionsmittel}
\begin{cases}
\text{A Produktionsinstrumente} \\
\text{B Rohmaterialien}
\end{cases} \\
\text{C Arbeitskraft}
\end{cases}
$$

A, d.h. Produktionsinstrumente, seien wie bereits erläutert all diejenigen
Dinge, mit denen Menschen arbeiten, also alle Arten von Werkzeugen, Maschinen bzw. Gerätschaften. *B*, d.h. die Rohstoffe, seien diejenigen Dinge bzw.
Materialien, auf deren Grundlage die Mitglieder einer Gesellschaft arbeiten. Da
damit alles gemeint ist, was in einen bestimmten Produktionsprozess eingeht,
um dort verwertet oder weiterverarbeitet zu werden, ist deutlich, dass es sich
um einen sehr umfassenden Begriff handelt. Unter ihn fallen nämlich außer
den eigentlichen Rohstoffen auch alle Zwischenprodukte, die aus vorangegangenen Produktionsprozessen herrühren. *C* schließlich, also Arbeitskraft, sei
dasjenige, was die Menschen dazu befähigt, mit *A* auf der Grundlage von *B*
zu arbeiten. Gemeint ist die Menge aller Fähigkeiten, die den Menschen im
Produktionsprozess dienlich sind[4].

    Trotz dieser scheinbar so analytischen Klarheit von Cohens Dreiteilung las-
sen sich einige Fragen aufwerfen, die zu dem angekündigten Makel des eklektizistischen Verfahrens führen. Was z.B. den Punkt *C* anbelangt, müsste man in
Anbetracht der Tatsache, dass sich Cohen hinsichtlich der Kategorien *A* und *B*

---

4 Siehe Cohen 2001, S. 32.

für den substantiellen Begriff der Produktivkräfte entscheidet (da er Produktionsmittel sowie Rohstoffe und nicht Eigenschaften der Produktionsmittel und Rohstoffe als Produktivkräfte begreift) aus Gründen der Kohärenz davon ausgehen, dass nicht die Arbeitskraft eines Menschen, sondern der arbeitende Mensch selbst eine Produktivkraft ist. Damit wäre es möglich, Marx eine heute vertraute Verwendung des Ausdrucks ‚Arbeitskraft' zuzuschreiben, in der man etwa von einem Mangel an oder einem Überschuss von Arbeitskräften spricht und damit einen Mangel bzw. einen Überschuss an *Personen* meint, die willens und fähig sind, bestimmten beruflichen Tätigkeiten nachzugehen.

Cohen weist diese Auffassung jedoch aus guten Gründen zurück. Zwar gibt es Passagen in den Schriften von Marx und Engels, in denen tatsächlich Individuen oder sogar Klassen von Individuen als Arbeits- oder Produktivkräfte angesprochen werden[5]. Doch Cohen liegt meines Erachtens richtig, wenn er diesen Sprachgebrauch für metaphorisch hält und sagt, dass Marx zwischen den Individuen und ihrer Arbeitskraft unterscheidet. Wie wir im vorletzten Kapitel dieses Buches sehen werden, muss Marx diese Unterscheidung treffen, wenn er an seiner Mehrwertanalyse im Allgemeinen und der Analyse des kapitalistischen Wirtschaftssystems im Besonderen festhalten möchte. Denn diesen Analysen zufolge ist es eine auszeichnende Eigenschaft des kapitalistischen Wirtschaftssystems, dass die Lohnarbeiter, die vom Besitz der Produktionsmittel ausgeschlossen sind, nichts als ihre Arbeitskraft zu verkaufen haben. Damit möchte Marx jedoch nicht sagen, dass der individuelle Arbeiter sich im wörtlichen Sinn selbst verkauft. Sein Punkt ist vielmehr, dass die Arbeiter bestimmte Fähigkeiten, Tätigkeiten bzw. Fertigkeiten verkaufen, insofern sie diese für eine vereinbarte Zeitspanne dem Kapitalisten zur Verfügung stellen, der ihnen dafür im Gegenzug einen Lohn auszahlt.

Des Weiteren geht die Unterscheidung zwischen der arbeitenden Person und ihrer Arbeitskraft auch aus der folgenden Bestimmung der Arbeitskraft hervor, die sich im ersten Band des *Kapital* findet: „Unter Arbeitskraft oder Arbeitsvermögen verstehen wir den Inbegriff der physischen und geistigen Fähigkeiten, die in der Leiblichkeit, der lebendigen Persönlichkeit eines Menschen existieren und die er in Bewegung setzt, sooft er Gebrauchswerte irgendeiner Art produziert." (23, 181) Marx fasst hier eindeutig nicht Menschen, sondern bestimmte Fähigkeiten bzw. Vermögen von Menschen unter den Begriff der Arbeits- und damit unter den der Produktivkraft. Vor diesem Hintergrund

---

5 Siehe z. B. (3, 270), wo vom Proletarier und „seiner Stellung als bloße Produktivkraft" die Rede ist.

zeigt sich, dass Cohen eine Spannung in Marxens Verwendung des Ausdrucks ‚Produktivkraft' reproduziert, insofern sich seine Analyse bezüglich der Kategorien *A* und *B* auf den substantiellen, aber im Fall von *C* auf den attributiven Begriff der Produktivkraft stützt.

Im nächsten Schritt wendet sich Cohen den Kategorien *A* und *B* zu. Dabei findet eine ‚Verwässerung' seiner Analyse statt, weil er sich hauptsächlich damit beschäftigt, den Umfang der Liste der Produktionsmittel beträchtlich zu erweitern. Nicht nur Werkzeuge, Maschinen usw. sind laut Cohen Produktionsmittel. Auch Gebäude, etwa Fabrikgebäude oder Lagerhallen, ja sogar der für diese Gebäude nötige Grund und Boden zählen dieser Liste zufolge zu den Produktivkräften. Dies versucht Cohen durch seine Charakterisierung der Kategorie *A* zu begründen, der zufolge sie all diejenigen Dinge umfasst, die von den Menschen im Akt ihres Produzierens *verwendet* werden.

Die deutlichste Preisgabe der ursprünglichen Klarheit seiner Begriffsanalyse stellt meines Erachtens Cohens Antwort auf die Frage dar, ob auch die Wissenschaft zu den Produktionsmitteln und somit zu den Produktivkräften zählt. Cohens Diskussion dieser Frage besteht vornehmlich in einer Verteidigung seiner Überzeugung, dass zumindest der Teil des wissenschaftlichen Wissens, der in der Produktion zur Anwendung kommt bzw. sich in der Produktion unmittelbar niederschlägt (man denke vor allem an die Ingenieurswissenschaften), zu den Produktivkräften gehört, gegen zwei Einwände[6].

Der erste Einwand gegen die Ansicht, auch bestimmte Teile der Wissenschaft seien Produktivkräfte, besagt, dass die Wissenschaft ihrer ganzen Natur nach zum Überbau einer Gesellschaft gehört und daher nicht die fundamentale Bedeutung haben könne, die den Produktivkräften dem Historischen Materialismus zufolge zukommt. Gegen diesen Einwand macht Cohen geltend, dass der Überbau einer Gesellschaft seiner Auffassung nach aus nicht-ökonomischen Institutionen besteht. Zu diesen Institutionen mögen zwar Universitäten und andere Forschungseinrichtungen gehören, an denen Wissen produziert und vermittelt wird, nicht aber das Wissen selbst, das zur Diskussion steht. Folglich sei es möglich, dieses Wissen (bzw. den für die Produktion relevanten Teil des Wissens) unter den Begriff der Produktivkraft zu subsumieren. Damit ist der Einwand in einer Art und Weise widerlegt, die wir erst im übernächsten Kapitel bewerten (und zurückweisen) können, wenn ein geklärtes Bild davon vorliegt, was es mit dem Überbau einer Gesellschaft auf sich hat.

---

6 Siehe für das Folgende Cohen 2001, S. 45–47. Vgl. auch (42, 594), wo Marx von den Produktivkräften als „vergegenständlichte Wissenskraft" spricht.

Der zweite Einwand gegen Cohens These, der uns auch zum Thema des nachfolgenden Abschnitts führen wird, besagt, dass die Wissenschaft (bzw. das für die Produktion relevante wissenschaftliche Wissen) etwas Mentales bzw. Geistiges sei, was mit Marxens häufig bevorzugter Rede von den *materiellen* Produktivkräften nicht ohne weiteres zusammenpasst. Folglich könne dieses Wissen Cohens Standpunkt entgegen nicht zu den Produktivkräften gezählt werden.

Um diesem Einwand zu entgehen, stützt sich Cohen auf eine kurze Passage aus dem bereits erwähnten Manuskript mit dem Titel *Grundrisse der Kritik der politischen Ökonomie*. Eine gewisse Autorität lässt sich dieser Passage trotz ihrer Kürze zuschreiben, insofern jenes Manuskript, wie bereits gesagt, eine Vorstudie zum *Kapital* darstellt. Marx spricht dort von der „Entwicklung aller Produktivkräfte, materieller und geistiger [...]." (42, 135) Und mit Blick auf diese Äußerung weist Cohen darauf hin, dass es unklar sei, ob Marx die geistigen Produktivkräfte als eine *selbständige* Menge neben den materiellen Kräften begreift oder ob die geistigen eine *Teilmenge* der materiellen Kräfte bilden.

In Anbetracht dieser Unterscheidung versucht Cohen zu zeigen, dass seine Position dem vorgebrachten Einwand in beiden Interpretationen entgeht. Denn wäre die erste Lesart angebracht, der zufolge die geistigen und materiellen Produktivkräfte voneinander unabhängige Mengen bilden, bräche der Einwand gegen seinen Vorschlag zusammen, auch für die Produktion relevantes Wissen als Produktivkraft aufzufassen. Dieser Einwand beruhte ja auf der jetzt als falsch zu beurteilenden Annahme, dass es ausschließlich materielle Produktivkräfte gibt. Angesichts dessen könnte man also ohne Widerspruch behaupten, dass die Wissenschaft zwar nicht zu den materiellen, aber zu den nicht-materiellen, sprich geistigen Produktivkräften zählt.

Interessanter ist Cohens Reaktion auf die zweite Lesart der kurzen Äußerung von Marx. Denn diese Reaktion berührt auf der einen Seite einen Punkt, von dem ich am Beginn des zurückliegenden Kapitels bereits sagte, dass er der Klärung bedarf. Gemeint ist das Verhältnis zwischen den materiellen und den gesellschaftlichen Produktivkräften. Auf der anderen Seite gibt uns Cohens Diskussion die Gelegenheit, noch einmal aus einer anderen Perspektive auf die Frage zurückzukommen, was es mit dem Materialismus von Marx auf sich hat.

Der zweiten Lesart zufolge bilden die geistigen Produktivkräfte eine Teilmenge der materiellen. Dies könnte natürlich nicht der Fall sein, wenn das Antonym von ‚materiell' in diesem Zusammenhang ‚geistig' bzw. ‚mental' lautet, da dies zu einem Widerspruch führen würde. Cohen weist angesichts dessen darauf hin, dass Marx nicht selten das Prädikat *gesellschaftlich* verwendet, wenn es ihm um einen Gegensatz zum Materiellen geht. Und in der Tat spricht

Marx weit häufiger von gesellschaftlichen als von geistigen Produktivkräften. Wie diese Unterscheidung zwischen materiellen und gesellschaftlichen Produktivkräften im Einzelnen zu verstehen ist, wird uns im nachfolgenden Abschnitt gesondert beschäftigen. Für den Moment reicht es hin, die Darstellung von Cohens Verteidigung seiner These durch den Hinweis abzuschließen, dass hier offenbar ein Begriff des Materiellen im Spiel ist, der durch die eben hervorgehobene Opposition zum Begriff des Gesellschaftlichen keineswegs ausschließt, auch geistige Produktivkräfte zur Kategorie der materiellen Produktivkräfte zu zählen. Damit steht es Cohen frei, das produktionsrelevante Wissen zu den Produktivkräften zu zählen.

Unterm Strich sollte in diesem Abschnitt schon erkennbar geworden sein, dass Cohens Herangehensweise zwar einigen systematischen Aufschluss verschafft, aber insofern ein unklares Bild von den Produktivkräften vermittelt, als sie zu einer nicht weiter motivierten Kombination des attributiven und des substantiellen Konzepts führt und die Frage offenlässt, wie das produktionsrelevante Wissen in eine einheitliche Analyse eingefügt werden könnte. Denn zumindest auf den ersten Blick scheint dieses Wissen weder unter den attributiven noch unter den substantiellen Begriff der Produktivkraft zu fallen. Im nachfolgenden Abschnitt möchte ich eine weitere Unklarheit in Cohens Position vor Augen führen, um dann durch die Einführung eines zusätzlichen Begriffs für eine einheitliche Auffassung vom ersten Kernelement des Historischen Materialismus zu werben.

3.3 Gesellschaftliche und materielle Produktivkräfte

Merkwürdigerweise geht Cohen auf den Umstand, dass Marx nicht nur von materiellen und geistigen, sondern vornehmlich von gesellschaftlichen Produktivkräften spricht, nicht ausführlich ein. Er widmet jedoch dem allgemeineren Thema *materielle und gesellschaftliche Eigenschaften der Gesellschaft* ein volles Kapitel, in dem er einige Beobachtungen formuliert, die wir uns zunutze machen können. Aber am Ende wird unklar sein, inwieweit diese Beobachtungen ein stimmiges Bild ergeben. Um den Hauptpunkt vorwegzunehmen: Cohen scheint zwei verschiedene Auffassungen vom Verhältnis zwischen dem Materiellen und dem Gesellschaftlichen zu vertreten. Der ersten Auffassung zufolge sind alle Produktivkräfte materiell *und* gesellschaftlich. Die zweite Auffassung macht hingegen die Existenz gesellschaftlicher Produktivkräfte aus begrifflichen Gründen unmöglich.

Cohen weist zum Auftakt seiner Betrachtungen auf Marxens Neigung hin, ‚ökonomisch‘ synonym mit ‚gesellschaftlich‘ und ‚natürlich‘ als Synonym für

‚materiell' zu gebrauchen. Angesichts dieser beiden Gleichsetzungen entsteht im ersten Teil des besagten Kapitels der Eindruck, der Gegensatz zwischen dem *Materiellen = Natürlichen* und dem *Gesellschaftlichen = Ökonomischen* laufe auf zwei verschiedene Beschreibungsweisen hinaus. Um diesen Punkt in einer Begrifflichkeit zu formulieren, die Cohen zwar nicht verwendet, die aber beispielsweise aus der analytischen Handlungstheorie vertraut ist: Ein und dieselbe Produktivkraft kann dieser Sichtweise zufolge sowohl *unter einer materiellen* als auch *unter einer gesellschaftlichen Beschreibung* zur Sprache kommen. Für diese Lesart spricht, dass Cohen schreibt, die Produktivkräfte hätten sowohl materielle als auch gesellschaftliche Eigenschaften. Damit will er darauf hinweisen, dass die gesellschaftlichen Eigenschaften nicht aus den materiellen abgeleitet werden können. Das Bild, das ihm in diesem Kontext vorschwebt, macht er durch ein Beispiel deutlich. Obzwar es in diesem Beispiel nicht um Produktivkräfte, sondern um einen Kooperationsprozess geht, ist die Analogie nützlich[7].

Wenn zwei Menschen gemeinsam einen Tisch tragen, so das Beispiel, ist dies sowohl ein natürlicher, sprich materieller, als auch ein gesellschaftlicher Prozess. Das Materielle an ihm betrifft Cohen zufolge Fragen der Art, wer dieser beiden Personen wo am Tisch anpackt und physische Kraft wie verwendet, um den Tisch gemeinsam von hier nach dort zu tragen. Die gesellschaftlichen Aspekte dieses Prozesses, die Cohen vornehmlich in den Autoritäts- bzw. Herrschaftsbeziehungen lokalisiert, können aus Beschreibungen, die die zuerst genannten Fragen beantworten, nicht hergeleitet werden. Einfacher gesagt geht aus der Beschreibung der materiellen Verhältnisse nicht hervor, ob eine der beiden Personen der anderen untergeordnet ist oder ob es sich um zwei gleichberechtigte Partner handelt.

Das Bild, das sich aus dieser Überlegung hinsichtlich der Produktivkräfte ableiten lässt, entspricht der ersten der beiden Auffassungen, von denen ich zu Beginn des Abschnitts sprach. Dieser Auffassung zufolge, der ich aus anderen Gründen gegen Ende dieses Kapitels eingeschränkt zustimmen werde, ist eine Produktivkraft immer sowohl materieller als zugleich auch gesellschaftlicher Natur. Denn jetzt hat es den Eindruck, als ob eine Maschine beispielsweise insofern eine materielle Produktivkraft ist, als sie gewisse natürliche bzw. materielle Eigenschaften hat (so und so groß zu sein; dieses oder jenes Gewicht zu haben usw.), und zugleich insofern eine gesellschaftliche Produktivkraft sein kann, als sie sich im Privatbesitz einer Person befinden mag, die folglich

---

7 Vgl. für das Folgende Cohen 2001, S. 89–98.

das Verfügungsrecht über diese Maschine innehat und somit andere Personen von ihrer Nutzung abhalten darf.

Ein anderes Bild ergibt sich jedoch, wenn Cohen im weiteren Verlauf seiner Betrachtungen dazu übergeht, den Gegensatz von Form und Inhalt in den Vordergrund zu rücken, um Marxens Begriffe des Materiellen und Gesellschaftlichen zu erläutern. Der sich hierbei ergebenden Sichtweise zufolge stellen die *Menschen* und die *Produktivkräfte* einer Gesellschaft gemeinsam den Inhalt und insofern des *Material* der Gesellschaft dar. Dieses Material erhält Cohen zufolge durch die jeweiligen *Produktionsverhältnisse* eine spezifische *Form*. So gesehen erscheinen Produktivkräfte immer und ausschließlich materielle Produktivkräfte zu sein, da sie kraft Definition zum Material der Gesellschaft gehören. Cohen fasst diese Sicht wie folgt zusammen:

> Ich vertrete die These, dass die vertraute Unterscheidung zwischen Produktivkräften und Produktionsverhältnissen für Marx eine aus einer Menge von Kontrastierungen zwischen Natur und Gesellschaft ist. Viele Interpreten haben übersehen, wie oft er ‚materiell‘ als Antonym für ‚gesellschaftlich‘ und für ‚formal‘ verwendet, und wie ‚natürlich‘ zusammen mit ‚materiell’ ‚gesellschaftlich‘ entgegengesetzt wird, und wie das, was als materiell beschrieben wird, auch als der ‚Inhalt‘ irgendeiner Form zählt. [...] *Der springende Punkt, auf den diese Gegensätze und Gleichsetzungen hinauslaufen, ist, dass die Materie oder der Inhalt der Gesellschaft Natur ist, deren Form die soziale Form ist* [8].

Das ist eine interessante Sichtweise, die ebenfalls Licht auf den mutmaßlichen Materialismus von Marx wirft. Denn auch hier wird deutlich, wie irreführend die Vokabel ‚Materialismus‘ für die umrissene Auffassung vom Verhältnis zwischen der Natur und deren Form ist, durch die diese Natur zu einer bestimmten Art von Gesellschaft wird. Auch wenn es in Cohens Lesart nicht darum geht, durch die Rede von einer materialistischen Auffassung der Gesellschaft einen polemischen Kontrast zu idealistischen Positionen zu markieren, wird doch immerhin deutlich, dass Marxens Materialismus auch Cohen zufolge mit physikalistisch-materialistischen Theorien, wie sie in der gegenwärtigen Philosophie vertreten werden, nicht viel gemein hat.

Dies sind jedenfalls die beiden Auffassungen vom Verhältnis zwischen den Begriffen der materiellen und der gesellschaftlichen Produktivkräfte, die uns Cohen anbietet. Und ich denke, es liegt auf der Hand, dass sie nicht miteinander verträglich sind. Der ersten Auffassung zufolge kann jede materielle Produktivkraft auch eine gesellschaftliche sein. Der zweiten zufolge gehören Produktivkräfte zum Material der Gesellschaft, sind insofern notwendigerweise

---

8 Cohen 2001, S. 98.

materielle und können das Attribut *gesellschaftlich* gar nicht tragen. Man gewinnt also auch an diesem Punkt wieder den Eindruck, dass das anfangs so klar erscheinende Bild davon, was Marx Cohen zufolge unter Produktivkräften versteht, mehr und mehr zerrinnt. Daher möchte ich an dieser Stelle Cohens eklektizistische Interpretation, von der zu sehen war, dass sie nicht nur zwischen dem substantiellen und dem attributiven Konzept der Produktivkraft schwankt, sondern durch die Ausweitung des Konzepts der Produktionsmittel beträchtlich an Kontur verliert, auf sich beruhen lassen und im Rest dieses Kapitels eine alternative Auslegung entwickeln.

3.4 Produktivkraft und Produktivität: Eine andere Sicht

Es gibt einen Umstand, der neben Marxens anti-idealistischer Grundintention ebenfalls einen Erklärungsansatz dafür liefert, dass er sich nicht bemüht, eine Definition oder wenigstens eine Erläuterung des für seine Theorie so wichtigen Begriffs der Produktivkräfte zu liefern. Dieser Umstand besteht darin, dass Marx auf diesen, genauer gesagt, auf einen mit ihm eng verwandten Begriff im Zuge seiner frühen ökonomischen Studien gestoßen ist, dass er ihn also schlicht als Fachbegriff aus der Geschichte der Wirtschaftswissenschaften übernehmen konnte. Für diesen Befund spricht, dass sich die erste Verwendung des Ausdrucks ‚Produktivkraft' in den erhaltenen Schriften des jungen Marx im Rahmen eines Zitats aus dem wirtschaftstheoretischen Hauptwerk von Adam Smith findet. In seinen Exzerpten aus Smiths *Untersuchungen über das Wesen und die Ursachen des Reichtums der Nationen* aus dem Jahr 1776 notiert er in den *Pariser Manuskripten* die folgende Paraphrase:

> „Die Arten von Verbesserungen in der Produktivkraft der Arbeit, welche direkt darauf zielen, den Realpreis der Manufakturprodukte zu erniedrigen, streben indirekt dahin, die reale Grundrente zu erhöhn. Gegen Manufakturprodukte vertauscht nämlich der Grundeigentümer den Teil seines Rohstoffes, der seine persönliche Konsumtion überschreitet, oder den Preis dieses Teils. Alles, was den Realpreis der ersten Art von Produkt vermindert, vermehrt den Realpreis der 2ten. Dieselbe Quantität von Rohprodukt entspricht von nun an einer größeren Quantität von Manufakturprodukt, und der Grundeigentümer findet sich befähigt, eine größere Quantität von Bequemlichkeits-, Schmuck- und Luxussachen sich zu verschaffen." (40, 502)

Wir müssen nicht versuchen, diesen Lehrsatz aus der ökonomischen Theorie von Smith im Einzelnen zu verstehen. Wichtig sind lediglich die komparative

Rede von den „Verbesserungen der Produktivkraft der Arbeit", die Einbettung dieser Rede in quantitative Betrachtungen sowie ein zusätzlicher Punkt, der deutlicher wird, wenn man eine weitere Passage aus den *Manuskripten* hinzuzieht. Diese Passage ist neben den soeben zitierten Sätzen die einzige weitere Stelle in den erhaltenen Resten dieses Manuskripts, an der Marx überhaupt von der Produktivkraft spricht[9]. Dort lässt er einen fiktiven Kapitalisten gegen einen ebenso fiktiven Anhänger der feudalen Ordnung wettern, dass der feudalistische Kornwucherer durch eine Verteuerung der Lebensmittel der arbeitenden Bevölkerung den Kapitalisten dazu gezwungen habe, „den Arbeitslohn zu erhöhen, ohne die Produktionskraft erhöhen zu können [...]." (40, 528) Wieder ist es nicht wichtig, dem Inhalt dieser Äußerung im Einzelnen nachzugehen. Auch der Zusammenhang, in dem dieser Satz steht, muss uns nicht interessieren. Wichtig ist lediglich zum einen, dass hier ein Begriff der Produktiv- bzw. Produktionskraft zur Sprache kommt, der keinen Plural zulässt, also nicht ohne weiteres zu der bisher bevorzugten Rede von *den* Produktiv*kräften* führt. Zum anderen macht die komparative Einbettung dieses Begriffs der Produktivkraft der Arbeit, die beide Zitate aufweisen, deutlich, dass es quantitativ fundiert ist. Denn in beiden Passagen ist von der Produktiv- bzw. der Produktionskraft der Arbeit im Sinne eines bestimmten *Quantums von Energie* die Rede. Die Produktiv- bzw. Produktionskraft, von der Marx hier spricht, ist genauer gesagt der *Aufwand,* der erforderlich ist, um *eine bestimmte Menge an Produkten* zu erwirtschaften. Smiths Konzept der Produktivkraft der Arbeit erinnert in diesem quantitativen Sinn an das von Marx in seinen späteren Schriften häufig verwendete Konzept der Produktivität und entspricht dem der Arbeitsproduktivität, wie es in der zeitgenössischen Wirtschaftswissenschaft gebraucht wird.

Der entscheidende Punkt, der sich vor diesem Hintergrund abzeichnet, ist also, dass die Rede von der Produktivkraft ursprünglich ein quantitatives Konzept zum Ausdruck brachte. Die Produktivkraft hat in dieser ursprünglichen Bedeutung Ähnlichkeit mit dem Konzept der Beschleunigung, wie es im Rahmen der Newton'schen Mechanik verwendet wird. Dieser Analogie entsprechend lässt sich die Produktivkraft auch durch eine schlichte Gleichung definieren. Denn die Produktivkraft der Arbeit ist nichts anders als der Quotient,

---

9 Engels verwendete den Begriff bereits in seiner frühen Arbeit *Umrisse zu einer Kritik der Nationalökonomie* (1, 499–524), die für Marx ein Anstoß war, sich mit ökonomischen Fragen zu beschäftigen. In der *Heiligen Familie* taucht dieser Begriff gar nicht auf, spielt jedoch ab der *Deutschen Ideologie* die zentrale Rolle, die ihm im Rahmen des Historischen Materialismus zukommt.

der sich ergibt, wenn man die Menge der *hergestellten Produkte* durch die Menge der zu ihrer Herstellung *erforderlichen Arbeitszeit* teilt.

Aus der soeben erläuterten Gleichung:

$$\textit{Produktivkraft der Arbeit} = \frac{\textit{Menge der Produkte der Arbeit}}{\textit{Menge der investierten Arbeitszeit}}$$

ergibt sich, dass die Produktivkraft der Arbeit umso größer ist, je größer die Menge der Produkte ist, die innerhalb eines fixen Zeitintervalls hergestellt wird (bzw. je kürzer die Arbeitszeit ist, die zur Herstellung einer fixen Menge von Produkten notwendig ist). Es ist genau dieser Zusammenhang zwischen der Arbeitszeit und der Produktionsmenge, über die Marx in den beiden zitierten Passagen spricht, in denen der *Aufwand* an Arbeit mit der jeweils erzielten Produktionsmenge korreliert wird.

Diese Beobachtungen stützen nicht nur die Vermutung, dass Marx ursprünglich den quantitativen und mathematisch klar definierten Begriff der Produktionskraft aus der ökonomischen Tradition übernommen hat. Es besteht auch Anlass zu der Vermutung, er habe gar nicht bemerkt, dass er dieses Konzept in der Phase der ersten Ausarbeitung des Historischen Materialismus im Sinne seiner anti-idealistischen Grundintention der quantitativen Hülle entledigt und damit den Begriff der Produktivkräfte geschaffen hat, den man, wie gesehen, sowohl substantiell als auch attributiv deuten kann. Diese Vermutung wird durch die Beobachtung gestützt, dass Marx das quantitative Konzept der Produktivkraft in seinen späteren Schriften zuungunsten des im Rahmen des Historischen Materialismus verwendeten Begriffs der Produktivkräfte wieder in den Vordergrund rückt. Denn in diesen Schriften ist er darum bemüht, seine ökonomische Theorie voranzutreiben. Und zu diesem Zweck taugt der ursprüngliche Begriff, wie ihn Smith gebrauchte, naheliegenderweise besser als das ‚materialistische' Konzept der Produktivkräfte.

In Übereinstimmung mit dieser Diagnose findet man im *Kapital* eine ganze Reihe von Äußerungen, die um den quantitativen Begriff der Produktivkraft der Arbeit kreisen. In der folgenden Passage stellt Marx dieses Konzept z. B. in einen engen Zusammenhang mit seiner Werttheorie, die uns im vorletzten Kapitel noch beschäftigen wird:

> Je größer die Produktivkraft der Arbeit, desto kleiner die zur Herstellung eines Artikels erheischte Arbeitszeit, desto kleiner die in ihm kristallisierte Arbeitsmasse, desto kleiner sein Wert. Umgekehrt, je kleiner die Produktivkraft der Arbeit, desto größer die zur Herstellung eines Artikels notwendige Arbeitszeit, desto größer sein

Wert. Die Wertgröße einer Ware wechselt also direkt wie das Quantum und umgekehrt wie die Produktivkraft der sich in ihr verwirklichenden Arbeit. (23, 55)[10]

Hier zeigt sich die erläuterte Verbindung zwischen der Produktivkraft, der zur Produktion investierten Arbeitszeit und dem quantitativen Output der Produktion deutlich. Nur wenige Seiten später findet sich die aufschlussreiche Feststellung: „Produktivkraft ist natürlich stets Produktivkraft nützlicher, konkreter Arbeit und bestimmt in der Tat nur den Wirkungsgrad zweckmäßiger produktiver Tätigkeit in gegebnem Zeitraum." (23, 60) Auch die Rede von einem *Wirkungsgrad* produktiver Tätigkeit stützt die Auslegung, dass ‚Produktivkraft' für den erforderlichen und quantitativ bestimmbaren *Aufwand* steht, der zu betreiben ist, um eine fixe Menge an Gütern zu produzieren.

In Anbetracht dieser Zitate lässt sich festhalten, dass Marx vornehmlich in seinen späteren Arbeiten zu dem ursprünglich von Adam Smith übernommenen Konzept der quantitativ zu verstehenden Produktivkraft der Arbeit zurückkehrt. Vor dem Hintergrund dieser Beobachtungen möchte ich im nachfolgenden Abschnitt untersuchen, inwieweit der quantitativ verankerte Begriff dazu dienen kann, das für den Historischen Materialismus fundamentale Konzept der Produktivkräfte klarer zu fassen.

3.5 Von der Produktionskraft zu den Produktivkräften

Marx hat also der vorgetragenen Überlegung zufolge mit dem quantitativen Konzept der Produktivkraft der Arbeit begonnen; hat daraus diejenige Rede von den Produktivkräften entwickelt, die er für den Historischen Materialismus benötigte; ist jedoch in den späteren, wieder mehr ökonomisch akzentuierten Schriften zumindest ansatzweise zum ursprünglichen Begriff zurückgekehrt. Diese beiden Begriffsverschiebungen sollten helfen, die Frage nach der Natur der gesellschaftlichen und materiellen Produktivkräfte zu beantworten. Denn

---

10 Vgl. auch: „Gehn wir nun näher auf das einzelne ein, so ist zunächst klar, daß ein Arbeiter, der lebenslang eine und dieselbe Operation verrichtet, seinen ganzen Körper in ihr automatisch einseitiges Organ verwandelt und daher *weniger Zeit* dazu *verbraucht* als der Handwerker, der eine ganze Reihe von Operationen abwechselnd ausführt. Der kombinierte Gesamtarbeiter, der den lebendigen Mechanismus der Manufaktur bildet, besteht aber aus lauter solchen einseitigen Teilarbeitern. Im Vergleich zum selbständigen Handwerk *wird daher mehr in weniger Zeit produziert oder die Produktivkraft der Arbeit gesteigert.*" (23, 359*)

wenn Marx tatsächlich ursprünglich den wirtschaftswissenschaftlichen Begriff der Produktionskraft im Sinn hatte, dann liegt es nahe, das später hinzugetretene Konzept als eine Art Ableitung zu definieren. Und mein Definitionsvorschlag lautet schlicht, dass all das unter dem Begriff der Produktivkräfte zusammenzufassen ist, was zur Eröffnung neuer Produktionsprozesse oder zur Steigerung der Effizienz bereits bestehender Produktionsabläufe führt und damit einen positiven Einfluss auf die Produktivkraft der Arbeit ausübt. Wenn man so will, ist das Konzept der Produktivkräfte dieser Definition zufolge als Platzhalter zu lesen. Denn zu den Produktivkräften ist alles zu zählen, was einen Einfluss auf den Aufwand hat, der notwendig ist, um eine bestimmte Menge von Gütern in einem festgehaltenen Zeitraum herzustellen.

Vor diesem Hintergrund ist zu sehen, dass einer Weiterentwicklung der Produktivkraft der Arbeit verschiedene Wege offenstehen. Zum einen kann die gesamtgesellschaftliche Güterproduktion dadurch intensiviert werden, dass mehr Menschen in der Produktion tätig werden, so dass in einem konstant gehaltenen Zeitraum mehr Maschinen zum Einsatz kommen und mehr Rohstoffe verarbeitet werden können. Zum anderen kann die Produktivkraft erhöht werden, indem neue oder bessere Rohstoffquellen erschlossen werden, die die Effizienz der etablierten Produktionsprozesse steigern. Nicht zuletzt kann die Produktivkraft steigen, indem technologisch weiterentwickelte Produktivkräfte die alten ersetzen, so dass bei einer konstant gehaltenen Anzahl von Menschen, die in der Produktion tätig sind, in einem Vergleichszeitraum mehr Güter produziert werden als zuvor. Dies ist freilich der Fall, den Marx zumeist im Auge hat. Denn es sind primär Entwicklungen dieser Art, die für seine historiografischen, gesellschafts- und ökonomietheoretischen Betrachtungen von besonderem Interesse sind.

Vor allem der zuletzt genannte Fall macht auf ein Problem aufmerksam, das mit solchen Situationen einhergeht, in denen die Mitglieder einer Gesellschaft dazu übergehen, Produkte zu erwirtschaften, die bisher niemals erwirtschaftet wurden. Dieses Problem stellt sich in analoger Weise auch dann, wenn man versucht, die Produktivkraft verschiedener Gesellschaften miteinander zu vergleichen, die unterschiedliche Arten von Produkten erwirtschaften. Problematisch sind diese Szenarien, weil man die jeweiligen Mengen der produzierten Güter nicht unmittelbar vergleichen kann, um den quantitativen Fortschritt in der Produktivkraft der Arbeit zu bemessen. Die investierte Arbeitszeit lässt sich zwar nach Maßgabe der in der Produktion verwendeten Arbeitsstunden auf einen einheitlichen Nenner bringen[11]. Wie soll man aber die in einer Gesell-

---

11 Hierbei geht es um den Arbeitsaufwand, der sich laut Marx nach der investierten Arbeitszeit bemessen lässt: „Wie aber mißt man *Arbeitsquanta*? Nach der *Dauer der Arbeitszeit*, indem man die Arbeit nach Stunde, Tag etc. mißt. Um dieses Maß

schaft hergestellten Produkte mit den Produkten einer anderen vergleichen, wenn es sich um qualitative, also nicht nur quantitative Unterschiede handelt?

Um dieses Problem zu lösen, muss man sich vergegenwärtigen, dass es im vorliegenden Zusammenhang weniger um die Frage geht, wie viel Arbeit von den Mitgliedern einer Gesellschaft *tatsächlich* investiert wird, um diese oder jene Menge an Produkten zu erwirtschaften. Entscheidend ist vielmehr die Frage, wie viel Arbeitszeit von einer Gesellschaft investiert werden *müsste*, gälte es, *diese* oder aber *jene* Menge an Produkten durch die zur Verfügung stehenden Mittel zu erwirtschaften. Vor dem Hintergrund dieser Formulierung ist es ein Leichtes, eine Fortentwicklung der Produktivkraft zwischen zwei Gesellschaftszuständen *A* und *B* (bzw. eine Differenz zwischen zwei zu vergleichenden Gesellschaften) festzustellen, selbst wenn sich die jeweiligen Produktmengen nicht nur quantitativ, sondern auch qualitativ unterscheiden. Denn jetzt kann man die Gütermengen fiktiv konstant halten und fragen, wie viel Arbeitszeit (bemessen in Arbeitsstunden) die Mitglieder der betreffenden Gesellschaften investieren *müssten*, wenn sie sich mit den ihnen zur Verfügung stehenden Mitteln daran machten, genau diesen Korb an Gütern zu produzieren. Nach diesem Muster könnten wir etwa danach fragen, mit welch drastisch verringertem Aufwand es den europäischen Gesellschaften unserer Gegenwart möglich wäre, die Produkte zu erwirtschaften, die ihre mittelalterlichen Vorgänger erwirtschaftet haben. Umgekehrt könnte man die etwas abwegige Frage stellen, wie viel Zeit die Mitglieder mittelalterlicher Gesellschaften unter Anwendung der ihnen zur Verfügung stehenden Produktivkräfte investieren müssten, um die Güter zu erwirtschaften, die gegenwärtige Gesellschaften erwirtschaften. Jedenfalls kann man zumindest in einer prinzipiellen Art und Weise feststellen, dass sich die Produktivkraft der Arbeit im relevanten Zeitraum gesteigert hat. Und der für den Historischen Materialismus relevante Begriff der Produktivkräfte umfasst, wie bereits gesagt, genau diejenigen Gerätschaften, diejenigen technologischen Neuerungen, diejenigen Erfindungen usw., die einen nachvollziehbaren Einfluss auf das quantitative Konzept der Produktivkraft ausüben.

Bevor wir noch einen Schritt weitergehen, möchte ich dem erwartbaren Einwand begegnen, dass ich Marx zu Unrecht einer Verwechslung bezichtige,

---

anzuwenden, reduziert man natürlich alle Arbeitsarten auf durchschnittliche oder einfache Arbeit als ihre Einheit." (16, 123) Gemeint ist damit die sogenannte *gesellschaftlich notwendige* Arbeitszeit, sprich die Zeit, die im Rahmen einer gegebenen Wirtschaftsordnung im Durchschnitt für die Produktion einer definierten Menge von Gütern nötig ist.

wenn ich behaupte, er habe nicht bemerkt, inwiefern er das wirtschaftswissen-
schaftliche Konzept von Smith zum Fundament des Historischen Materialismus
umdeutete. Ist es nicht plausibler anzunehmen, dass es sich bei den Begriffen
der Produktivkraft und der Produktivkräfte um zwei unabhängige Konzepte
handelt? Könnte man nicht die Position vertreten, dass der erste, rein formale
Begriff zur ökonomischen Theorie von Marx gehört, während die Produktivkräfte eine vom ersten Begriff unabhängige Rolle in der Geschichts- und Gesellschaftstheorie des Marxismus spielen?

Marx schreibt im ersten Band des *Kapital*: „In der Manufaktur ist die Berei-
cherung des Gesamtarbeiters und daher des Kapitals an gesellschaftlicher Produktivkraft bedingt durch die Verarmung des Arbeiters an individuellen Produktivkräften." (23, 383) Dieser Satz, der von *der* gesellschaftlichen Produktiv-
kraft und *den* individuellen Produktiv*kräften* handelt, widerspricht zwar dem
Vorschlag, die beiden Begriffe als Bestandteile zweier unabhängiger Theorien
zu erachten. Denn beide Konzepte werden hier unmittelbar miteinander in Beziehung gesetzt. Aber immerhin könnte dieses Zitat als Beleg dafür bewertet
werden, dass Marx zwischen den beiden Konzepten deutlicher und systemati-
scher unterscheidet, als ich behaupte.

Aber ich denke, dieser Schein trügt. Zum einen zeigt der zitierte Satz weit
eher, wie unbekümmert Marx von der ursprünglichen, d. h. formalen Bedeutung des Begriffs auf die abgeleitete Bedeutung überwechselt, die für den Historischen Materialismus einschlägig ist. Zum anderen ist schon in der *Deutschen Ideologie* zu beobachten, dass er zwischen *der* Produktiv*kraft* und *den*
Produktiv*kräften* nicht so unterscheidet, wie er es dem Vorschlag zufolge tun
müsste. Denn dort schreibt er: „Jede neue Produktivkraft, sofern sie nicht eine
bloß quantitative Ausdehnung der bisher schon bekannten Produktivkräfte ist
(z. B. Urbarmachung von Ländereien), hat eine neue Ausbildung der Teilung
der Arbeit zur Folge." (3, 22) Auch dieser Satz deutet dadurch, dass der Ausdruck ‚Produktivkraft' als Singular der Vokabel ‚Produktivkräfte' auftritt, darauf hin, dass Marx den Unterschied zwischen den beiden Begriffen übersieht
oder zumindest ignoriert. Die Produktivkräfte, von denen im Rahmen des Historischen Materialismus die Rede ist, sind angesichts dessen doch besser als
Ableger des ökonomischen Konzepts der Produktivkraft der Arbeit zu sehen,
wie ich behauptet habe. Aus diesem Grund liegt es nahe, die Frage danach,
was der Historische Materialist unter Produktivkräften versteht, zu beantworten, indem man die Menge dieser Kräfte durch die Linse des quantitativen
Begriffs blickend zusammenstellt.

Inwieweit passen also die bisher zur Sprache gekommenen Beispiele mit
diesem Lösungsvorschlag zusammen? Gerätschaften, Maschinen, Werkzeuge,

sprich *Produktionsmittel* stimmen klarerweise mit der vorgestellten Begriffsbestimmung überein. Denn solche Dinge werden ja in aller Regel ersonnen, um neue Produktionsprozesse zu eröffnen bzw. herkömmliche Prozesse zu rationalisieren. Folglich kann man davon ausgehen, dass die Produktionsmittel den erforderlichen Einfluss auf die Produktivkraft der Arbeit ausüben, insofern sie die Gesamtmenge der produzierten Güter erhöhen (bzw. den bisher notwendigen Arbeitsaufwand verkleinern). *Rohstoffe* sind ihrerseits insofern Produktivkräfte, als allein schon ihr schieres Vorhandensein, aber oft auch eine Änderung der Art ihrer Erschließung oder Verwertung einen Einfluss auf die Produktivkraft der Arbeit, also auf den erläuterten Quotienten hat. Und die *menschliche Arbeitskraft* gehört auch in dieser Lesart zu den Produktivkräften. Denn Marx hebt selbst den Umstand hervor, dass durch Erfahrung, Übung sowie durch eine kluge Koordination der Arbeitskraft mehrerer Menschen die Produktionskraft der Arbeit bzw. die Produktivität erhöht, d. h. der Zeitaufwand verkleinert werden kann, der erforderlich ist, um eine konstante Menge bestimmter Güter herzustellen[12]. Das von Cohen thematisierte wissenschaftliche Wissen, das für das Produzieren relevant ist, könnte zu guter Letzt insofern als eine Produktivkraft bewertet werden, als dieses Wissen durch Weiterentwicklung und Umsetzung, also unter anderem durch den Prozess, den man heutzutage Technologietransfer nennt, klarerweise einen Einfluss auf die quantitativ zu bestimmende Produktionskraft der Arbeit ausübt.

Was zuletzt die Unterscheidung zwischen materiellen und gesellschaftlichen Produktivkräften anbelangt, die im Rahmen von Cohens Lesart zur Sprache kam, ergibt sich vor dem Hintergrund der quantitativen Verankerung ein Bild, das sich von dem unterscheidet, das uns Cohen angeboten hat. Als materiell weist Marx nämlich alle Produktivkräfte zumeist dann aus, wenn der Historische Materialist seine Grundintention zu unterstreichen sucht, der zufolge die Geschichte nicht von einer übermenschlichen Weltvernunft, sondern von der Entwicklung der Güterproduktion bzw. der zur Anwendung kommenden Technologie geleitet ist und insofern keine Geistes-, sondern vor allem eine Technik-, Industrie- und Wirtschaftsgeschichte darstellt. Dass er in solchen Zusammenhängen nur selten auf die Wissenschaft zu sprechen kommt, lässt sich auf die polemische Ausrichtung des Anti-Idealisten Marx zurückführen. In dieser Rolle sucht er die Falschheit des idealistischen Denkens zu unterstreichen, indem er auf nicht-materielle Produktivkräfte schlicht nicht eingeht.

Mit der Rede von den gesellschaftlichen Produktivkräften haben Marx und Engels indes einen Punkt im Auge, der von Cohen und anderen Interpreten

---

12 Vgl. etwa (23, 359).

häufig übersehen wird. Viele Produktivkräfte werden nämlich in der marxistischen Weltsicht im Zuge ihrer historischen, genauer technikgeschichtlichen Weiterentwicklung von anfangs nur materiell bestimmten zu später zugleich auch gesellschaftlichen Kräften. Dieser Wandel vollzieht sich dann, wenn die Kräfte ein Entwicklungsstadium erreichen, in dem sie – vornehmlich aufgrund gestiegener technologischer Komplexität – nicht mehr von *einzelnen* Menschen, sprich individuell, sondern nur noch von *Gruppen* von Menschen, insofern also gesellschaftlich angewendet werden können. So findet sich in der *Deutschen Ideologie* die Erläuterung: „gesellschaftlich in dem Sinne, als hierunter das Zusammenwirken mehrerer Individuen, gleichviel unter welchen Bedingungen, auf welche Weise und zu welchem Zweck, verstanden wird." (3, 30) Dieser Wortbedeutung entsprechend schreibt Engels in seiner Spätschrift *Die Entwicklung des Sozialismus von der Utopie zur Wissenschaft*: „Aber die Bourgeoisie [...] konnte jene beschränkten Produktionsmittel nicht in gewaltige Produktivkräfte verwandeln, ohne sie aus Produktionsmitteln des einzelnen [Individuums], in *gesellschaftliche*, nur von einer *Gesamtheit von Menschen* anwendbare Produktionsmittel zu verwandeln." (19, 212)

Das ist ein eigenwilliger Sprachgebrauch. Ihm zufolge wird ein ohnehin materielles, weil dingliches Produktionsmittel in dem Moment zum gesellschaftlichen, in dem es *mehr als genau einer* Person bedarf, um es zu bedienen. Wieder bin ich geneigt, dem Sprung von der Beobachtung, dass mehr als eine Person nötig ist, um eine Produktivkraft, etwa eine Maschine zu handhaben, hin zur Rede von einer „Gesamtheit von Menschen" bzw. von den gesellschaftlichen Produktionsmitteln eine polemische Absicht zu unterstellen. Ein falsch verstandener Individualismus, der im fünften Kapitel noch zur Sprache kommen wird, könnte diesmal das Feindbild liefern.

3.6 Rückblick

In einer Hinsicht könnten die zurückliegenden Ausführungen den Eindruck vermittelt haben, dass in der Kernfrage dieses Kapitels ein eher mageres Ergebnis erzielt wurde. Zumindest stand am Ende keine vollständige Auflistung aller Arten von Produktivkräften, von denen Marx spricht. Vielmehr stießen wir auf eine abgeleitete Definition des Konzepts der Produktivkräfte, die sich auf den quantitativen Begriff der Produktivkraft der Arbeit stützt. Zu den Produktivkräften, von denen der Historische Materialismus handelt, gehört dieser Definition zufolge schlicht alles, was hinsichtlich der Produktionskraft der Arbeit zu Buche schlägt. Der besagte Eindruck ist also einerseits ein Stück weit richtig. Das

Resultat entspricht aber andererseits dem Befund, auf den man als Leser der Schriften von Marx und Engels stößt. Die Produktivkräfte, von denen die Begründer des Historischen Materialismus sprechen, sind der Sache nach nichts anderes als die ‚Materialisierungen', wenn man so will, des quantitativen Konzepts der Produktivkraft, das Marx und Engels aus der Tradition der ökonomischen Wissenschaft übernommen haben. In dieser materialisierten Version sind in jedem Fall Rohstoffe, Produktionsmittel und die menschliche Arbeitskraft als Produktivkräfte zu betrachten. Aber wir haben gesehen, dass Marx von Fall zu Fall auch anderes unter diesen Begriff fasst.

In anderen Hinsichten hat die quantitative Fundierung des für den Historischen Materialismus grundlegenden Konzepts auch Vorzüge. Einer besteht etwa darin, dass verständlich wird, warum Marx derart disparate Dinge je nach Zusammenhang als Produktivkräfte ansprechen kann. Denn je nachdem, welche Perspektive man einnimmt, wird erkennbar, dass tatsächlich ganz unterschiedliche Dinge einen Einfluss auf die Produktivkraft der Arbeit, d. h. auf die Frage haben, mit wie viel Aufwand welche Menge an Gütern erwirtschaftet werden kann. Das prägnanteste, jedenfalls neben dem bereits diskutierten Fall des Wissens heikelste Beispiel ist die Form der Arbeitsteilung, die in einer Gesellschaft praktiziert wird. Denn während wir im nachfolgenden Kapitel sehen werden, dass diese Arbeitsteilung der offiziellen Lesart des Historischen Materialismus zufolge ein entscheidendes Merkmal der Produktionsverhältnisse ist und folglich von den Produktivkräften zu unterscheiden sein muss, gibt es Passagen, in denen Marx auch die Arbeitsteilung zu den Produktivkräften einer Gesellschaft zählt. So heißt es z. B., dass „die Arbeitsteilung, die Anwendung von Maschinen, die Ausbeutung der Naturkräfte und der technischen Wissenschaften die Produktivkraft der Menschen vermehrt [...]" (4, 121)[13] Dieser Neigung, die Arbeitsteilung zu den Produktivkräften zu schlagen, sollte Marx natürlich aus dem bereits genannten Grund nicht nachgeben. Aber sie ist vor dem erläuterten Hintergrund verständlich. Denn eine Umstrukturierung eines Produktionsprozesses, die ein griffiges Beispiel für eine Abänderung der Arbeitsteilung ist, dient ja im Erfolgsfall dazu, den Gesamtoutput der Produktion zu vergrößern, sprich die Produktivkraft zu erhöhen.

In dieses Bild passt es ebenfalls, wenn Marx und Engels im *Manifest* „Unterjochung der Naturkräfte, Maschinerie, Anwendung der Chemie auf Industrie

---

13 Siehe auch *Die deutsche Ideologie* (3, 34), (3, 270) sowie (3, 417). Auch Marxens *Rede über die Frage des Freihandels* belegt diese Doppelrolle der Arbeitsteilung. Siehe (4, 451) und (4, 452). Vgl. jedoch *Kapital* (25, 257), wo zwischen der gesellschaftlichen Produktivität, zu der vermutlich die jeweilige Form der Arbeitsteilung beiträgt, und den Produktivkräften unterschieden wird.

und Ackerbau, Dampfschiffahrt, Eisenbahnen, elektrische Telegraphen, Urbarmachung ganzer Weltteile, Schiffbarmachung der Flüsse, ganze aus dem Boden hervorgestampfte Bevölkerungen" (4, 467) als Produktivkräfte auszeichnen. Auch diese Beispiele fügen sich meistenteils nicht in die von Cohen und anderen Vertretern des eklektizistischen Vorgehens angebotenen Kategorisierungen der Produktivkräfte ein. Man versteht jedoch, weshalb Marx und Engels in all diesen Fällen von Produktivkräften sprechen, wenn man sich wieder den quantitativen Begriff der Produktivkraft der Arbeit vergegenwärtigt und das komparative Moment bedenkt, auf das die Betonung der Entwicklung dieser Kraft aufmerksam macht. Denn die Anwendung der Chemie, die Schiffbarmachung der Flüsse usw. haben eben in wirtschaftshistorischer Perspektive einen unübersehbaren Einfluss darauf ausgeübt, mit wie viel Aufwand wie viele Güter in den betreffenden Gesellschaften hergestellt werden können.

Aber der vielleicht größte Vorteil dieser Sichtweise liegt in einem anderen Sachverhalt begründet, der uns auch im nachfolgenden Kapitel beschäftigen wird. Jetzt wird nämlich erkennbar, dass der Historische Materialismus gar nicht so sehr auf eine schlichte Industrie- und Technikgeschichte zu reduzieren ist, wie es die Rede von der Entwicklung der materiellen Produktivkräfte und andere Stellungnahmen von Marx nahelegen. Denn wenn man als Produktivkräfte tatsächlich *alles* zulässt, was auf eine nachvollziehbare Art einen positiven Einfluss auf die Produktivkraft der Arbeit nimmt, dann haben wir es im Fall der Theorie von Marx vielmehr mit so etwas wie einer *allgemeinen Kulturgeschichte des Wirtschaftens* zu tun. Denn der Historische Materialist Karl Marx könnte aus dieser Perspektive betrachtet sogar der These von Max Weber zustimmen, dass der Protestantismus eine entscheidende Voraussetzung für die Genese der kapitalistischen Produktionsverhältnisse darstellte[14]. Cohens Argumentation entsprechend, der zufolge bestimmte Bereiche der Wissenschaft als Produktivkräfte zu erachten sind, könnte man nämlich dafür eintreten, auch die protestantische Ethik zu den Produktivkräften des kapitalistisch organisierten Wirtschaftens zu zählen.

Nachdem diese Vorzüge betont wurden, ist zuletzt jedoch auch auf ein Problem hinzuweisen, das sich Marx in der hier vorgeschlagenen Lesart einhandelt. Durch die ebenso vage wie großzügige Definition, der zufolge alles unter den Begriff der Produktivkräfte fällt, was einen nachvollziehbaren Einfluss auf den besagten Quotienten nimmt, muss sich Marx nämlich der Frage stellen, wie wörtlich er diese Definition verstanden wissen will. Muss er am Ende der weitreichenden These zustimmen, dass im buchstäblichen Sinn *alles*

---

14 Siehe Weber 1988.

unter diesen Begriff fallen kann, der dadurch freilich jede Kontur einbüßen würde? Wovon ließe sich schon mit Gewissheit ausschließen, dass es nicht in irgendeiner Art und Weise einen Einfluss auf die Produktivkraft nimmt? Man stelle sich vor, der Klimawandel trage in einigen Gesellschaften zur Steigerung der Produktion, also zu einer erhöhten Produktivität bei. Wollten wir in dem Fall ernsthaft behaupten, dass das veränderte Klima eine der Produktivkräfte darstellt, die den Mitgliedern dieser Gesellschaften zur Verfügung stehen?

Dieses Problem kann man nur lösen, indem man sich Klarheit über die beiden übrigen Kernelemente des Historischen Materialismus, also über die Produktionsverhältnisse und den Überbau verschafft. Denn wenn klar sein wird, dass und weshalb die Arbeitsteilung zu den Produktionsverhältnissen und das für die Produktion relevante Wissen (entgegen Cohens Überzeugung) zum gesellschaftlichen Überbau gehören, werden wir einen guten Grund dafür haben, die Auszeichnung der Arbeitsteilung und des Wissens (im Übrigen auch irgendeiner Ethik oder gar des Klimas) als Produktivkräfte zurückzuweisen. Indem man also zeigt, weshalb die Arbeitsteilung zu den Produktionsverhältnissen und das Wissen zum Überbau zählen, argumentiert man dafür, dass Arbeitsteilung und Wissen nicht zu den Produktivkräften zu rechnen sind. In dieser Hinsicht muss man die Theorie von Marx als Ganze kennen, um ihre Teile zu verstehen. Denn man braucht offenbar die beiden anderen Bestandteile des Historischen Materialismus, um eine Auswucherung des Begriffs der Produktivkräfte zu verhindern. Wenden wir uns daher jetzt den Produktionsverhältnissen zu.

4 Produktionsverhältnisse

Dem Entwicklungsstand der im zurückliegenden Kapitel erläuterten Produktivkräfte entsprechen dem Vorwort der Schrift *Zur Kritik der politischen Ökonomie* zufolge die Produktionsverhältnisse der Gesellschaft. Das ist gewissermaßen die offizielle Lesart des Historischen Materialismus. Bevor wir uns der Hauptfrage dieses Kapitels zuwenden, was unter diesen Verhältnisse zu verstehen ist, ist es angemessen, zuerst eine Reihe weiterer Begriffe ins Spiel zu bringen. Denn laut Marx entsprechen dem Entwicklungsstand der Produktivkräfte nicht immer jene Verhältnisse, sondern in manchen Darstellungen seiner Theorie scheinbar ganz andere Dinge. Um im Bild zu bleiben: Es gibt neben der offiziellen auch inoffizielle Lesarten. So heißt es etwa in dem bereits zitierten Brief von Marx an Annenkow aus der Zeit, in der die Kerngedanken des Historischen Materialismus gerade entwickelt worden waren:

> Steht es den Menschen frei, diese oder jene Gesellschaftsform zu wählen? Keineswegs. Setzen Sie einen bestimmten Entwicklungsstand der Produktivkräfte der Menschen voraus, und Sie erhalten eine bestimmte Form des Verkehrs [commerce] und der Konsumtion. (27, 452)

Zwar taucht hier zu Beginn der zitierten Passage das Motiv der Unfreiheit wieder auf, das bereits aus dem *Vorwort* vertraut ist, in dem Marx schreibt, dass die Menschen von ihrem Willen unabhängige Verhältnisse eingehen. Dann heißt es jedoch nicht, dass dem Entwicklungsstand der Produktivkräfte die Produktionsverhältnisse entsprechen, wie es gemäß der offiziellen Lesart lauten müsste. Vielmehr ist von Produktionsverhältnissen in diesem Brief gar nicht die Rede. Dem Entwicklungsstand der Produktivkräfte entspricht dieser Fassung zufolge stattdessen eine *Form des Verkehrs und der Konsumtion*. Der Begriff der Form, genauer der Verkehrs- und Konsumtionsform ist hier also von zentraler Bedeutung.

Im selben Brief ist kurz darauf zu lesen:

> Die ökonomischen Formen, unter denen die Menschen produzieren, konsumieren, austauschen, sind also *vorübergehende und historische*. Mit der Erwerbung neuer Produktivkräfte ändern die Menschen ihre Produktionsweise, und mit der Produktionsweise ändern sie alle ihre ökonomischen Verhältnisse, die bloß die für diese bestimmte Produktionsweise notwendigen Beziehungen waren. (27, 453)

In dieser Textpassage wird zuerst das Konzept der ökonomischen Form ins Spiel gebracht, das augenscheinlich auf die soeben eingeführte Rede von der

Verkehrs- und Konsumtionsform zurückverweist. Diese ökonomische Form wird anschließend in die drei Momente *Produktion, Konsumtion* und *Austausch* zerlegt. Damit kommt eine Dreiteilung zur Sprache, die uns an die ökonomische Fundierung des Menschenbilds von Marx erinnern sollte, von der im zweiten Kapitel die Rede war. Von den besagten Formen wird des Weiteren gesagt, dass sie veränderlich, sprich historischen Umwandlungen unterworfen sind. Daraufhin wird von der Erwerbung neuer Produktivkräfte, d. h. von einem neuen Entwicklungsstand dieser Kräfte ausgesagt, dass er die Menschen dazu veranlasst, ihre bisherige Produktionsweise zu ändern, womit sie auch ihre bisherigen ökonomischen Verhältnisse bzw. Beziehungen ändern. In Anbetracht dieser Überlegungen ist für die Thematik dieses Kapitels vor allem der Begriff der *Produktionsweise* von besonderem Interesse.

Dieser neue Begriff sowie das zuerst angesprochene Konzept des Verkehrs gewinnen an Gewicht, wenn Marx im Vorwort zum *Kapital* feststellt: „Was ich in diesem Werk zu erforschen habe, ist die kapitalistische Produktionsweise und die ihr entsprechenden Produktions- und Verkehrsverhältnisse." (23, 12) An anderen Stellen des *Kapital* taucht neben dem Begriff der Produktionsweise schließlich auch der der *Produktionsform* in genau solchen Zusammenhängen auf, in denen man dem *Vorwort* zufolge mit dem der Produktionsverhältnisse rechnen würde. Dort heißt es, dass die Gesellschaftsmitglieder „zeigen, wie, auf einer gewissen Entwicklungsstufe der materiellen Produktivkräfte und der ihr entsprechenden gesellschaftlichen Produktionsformen, naturgemäß aus einer Produktionsweise sich eine neue Produktionsweise entwickelt und herausbildet." (25, 456)

Diese Liste von Zitaten, die recht willkürlich zusammengestellt wurden, weswegen sie durch viele andere Passagen aus dem Werk von Marx und Engels ersetzt werden könnten, in denen die entsprechenden Ausdrücke auftauchen, führt auf den ersten Blick zu keinem sonderlich klaren Bild. Dieser Sachverhalt gibt Richard Miller recht, der davor warnt, allzu viel exegetisches Gewicht auf das besagte *Vorwort* zu legen, weil dies zu einem stark vereinfachten Bild der Theorie von Marx führen könnte[1]. Daher sollten wir in diesem Kapitel neben dem Konzept der Produktionsverhältnisse auch die neu hinzugetretenen Begriffe in Augenschein nehmen, um zu vermeiden, ein zu schlichtes Bild der Theorie von Marx zu zeichnen. Dieses Vorgehen wird jedoch zeigen, inwiefern all die zusätzlichen Begriffe nur dazu dienen, *alternative Beschreibungen* spezifischer Merkmale der Produktionsverhältnisse zu formulieren. Insofern ist die

---

1 Miller 1984, S. 175.

beeindruckende Schlichtheit des Historischen Materialismus, von der ich zu Beginn des zweiten Kapitels sprach, nicht bedroht.

Was also versteht Marx unter einer Form des Verkehrs? Was muss man sich unter einer Produktionsweise vorstellen? Und was haben Produktionsformen und Produktionsweisen mit den Produktionsverhältnissen zu tun? Auch in diesem Kapitel möchte ich mich auf Cohens Untersuchungen stützen, um von ihnen ausgehend Antworten auf die aufgeworfenen Fragen zu finden.

4.1 Formen, Weisen, Arten

Was die Begriffe der Produktionsform und der Produktionsweise anbelangt, mit Blick auf die Marx sagt, es ginge um die *Art* der Menschen, „ihren Lebensunterhalt zu gewinnen" (4, 130), sollte man sich noch einmal einen bereits angesprochenen Punkt vergegenwärtigen. Gemeint ist der Umstand, dass sich Marx den historischen Prozess, in dem sich immer wieder Produktivkräfte, die ein neues Entwicklungsniveau erreicht haben, gegen den Widerstand veralteter Produktionsverhältnisse durchsetzen, nicht als kontinuierliche Entwicklung, sondern stufenförmig denkt. Dieses Bild kommt im *Vorwort* zum Ausdruck, in dem es heißt, dass an einem gewissen Punkt der Entwicklung der Produktivkräfte die gegebenen Verhältnisse aufhören, Entwicklungsformen dieser Kräfte zu sein und stattdessen ihre Fesseln werden. Diese Fesseln werden dann irgendwann gesprengt, wodurch sich in einer revolutionären Umwälzung neue Produktionsverhältnisse durchsetzen. Diese neuen Verhältnisse sind dann wieder Entwicklungsformen der Kräfte, bis es irgendwann erneut zu einem Stillstand der Weiterentwicklung kommt.

Die durch diesen Mechanismus entstehenden Stufen der historischen Entwicklung erlauben es, verschiedene geschichtliche Epochen voneinander abzugrenzen. Auf jeder Stufe des historischen Prozesses wird natürlich produziert, was sich schon aus dem Menschenbild von Marx ergibt, dem zufolge die Menschen als ökonomische (d. h. als produzierende, Produkte austauschende und konsumierende) Wesen bestimmt sind. Nicht *dass* produziert wird, unterscheidet die verschiedenen historischen Epochen folglich voneinander. Vielmehr ist allein von Belang, *wie* produziert wird, sprich auf welche *Art und Weise* die Produktion vonstatten geht. In diesem Sinn schreibt Marx im *Vorwort*: „In groben Umrissen können asiatische, antike, feudale und modern bürgerliche Produktionsweisen als progressive Epochen der ökonomischen Gesellschaftsformation bezeichnet werden." (13, 9)

Wie auch im folgenden Kapitel zu sehen sein wird, verwendet Marx den Ausdruck ‚Form' häufig nicht in dem Sinn, der im zurückliegenden Kapitel von Belang war, als es mit Blick auf Cohens Analyse der Produktivkräfte um eine Unterscheidung zwischen einer Form und deren Inhalt ging (vgl. Form versus Inhalt eines Gedichts). Vielmehr ist von Formen bei Marx oft dann die Rede, wenn es um spezifische *Ausgestaltungen, Ausformungen* oder – wie es in dem letzten Zitat auch heißt – *Formationen* ein und derselben Art von Dingen geht (vgl. runder versus eckiger Tisch). Wenn Marx in diesem Sinn von einer Produktionsform spricht, meint er damit die spezifische Form, also die jeweilige Variante des Produzierens, die auf einer bestimmten Stufe der Entwicklung der Produktivkräfte gegeben ist. Wieder haben wir es also mit einer Unterscheidung verschiedener Epochen der Gesellschafts- und Wirtschaftsgeschichte nach Maßgabe der durch die Produktivkräfte bestimmten Art und Weise des Produzierens zu tun. Daher liegt es nahe, Produktionsweisen und Produktionsformen miteinander zu identifizieren.

Für diesen Vorschlag, ‚Produktionsweise' und ‚Produktionsform' als gleichbedeutende Ausdrücke zu lesen, spricht über die bereits formulierte Beobachtung hinaus zweierlei. Zum einen geht Marx in dem zu Beginn des Kapitels zitierten Passus aus dem Brief an Annenkow zwanglos von der Rede über ökonomische Formen der Gesellschaft, die er als vorübergehende und in diesem Sinn historische ausweist, auf die Rede von den Produktionsweisen über, die die Menschen mit dem Erwerb neuer Produktivkräfte ändern. Zwar könnte man diese Sätze so deuten, als ob Marx sagen will, mit den neuen Produktivkräften ändere sich zweierlei, nämlich die ökonomischen Formen und die Produktionsweise. Aber plausibler ist die Interpretation, dass er hier lediglich den Kerngedanken des Historischen Materialismus rekapituliert: Die Weiterentwicklung der Produktivkräfte treibt die Geschichte voran, indem diese Entwicklung Änderungen der Produktionsweisen nach sich zieht, die mit den ökonomischen Formen (also den Formen der Produktion, des Austauschs und der Konsumtion) identisch sind.

Das zweite Argument beruht auf der folgenden Beobachtung. Eine entsprechende Umformulierung der zuletzt zitierten Passage aus dem *Vorwort*, der zufolge in groben Umrissen asiatische, antike, feudale und modern bürgerliche Produktions*formen* als progressive Epochen der ökonomischen Gesellschafts*formation* bezeichnet werden können, macht einen in sich stimmigeren Gesamteindruck als das Original, in dem – stilistisch asymmetrisch – Produktionsweisen und Gesellschaftsformationen aufeinander bezogen sind. In Anbetracht dieser drei Argumente gehe ich von jetzt an davon aus, dass Produktionsweisen und Produktionsformen ein und dasselbe sind.

4.2 Cohen über Produktionsweisen

Doch was hat man sich unter einer Produktionsweise vorzustellen? Die Antwort auf diese Frage ist einesteils einfach, anderenteils uninteressant, weil sehr generell und vage. Denn wir wissen ja schon, dass mit der Produktionsform ganz allgemein die Art und Weise gemeint ist, in der die Mitglieder einer Gesellschaft nach Maßgabe der ihnen zur Verfügung stehenden Produktivkräfte den Produktions- und Verteilungsprozess organisieren. Doch über diese vage Auskunft kommt man vielleicht hinaus, indem man fragt, durch welche Merkmale bzw. durch welche markanten Züge sich die progressiven Epochen der ökonomischen Gesellschaftsformation voneinander unterscheiden, über die Marx im *Vorwort* spricht.

Bevor wir dieser Spur folgen, sei darauf hingewiesen, dass die Rede von den progressiven Epochen der ökonomischen Gesellschaftsformation auf eine nicht ganz unproblematische Vereinfachung hindeutet, die Marx unterschwellig vornimmt. Denn er nimmt offenbar an, dass jede Epoche durch genau eine Produktionsweise geprägt ist. Dies macht deutlich, dass es Marx nicht um die Frage geht, welche Form in einer bestimmten Gesellschaft etwa die Lebensmittelproduktion im Unterschied zur Stahlproduktion annimmt. Vielmehr kann es ihm nur um die Frage gehen, wodurch sich die *gesamt*gesellschaftlichen Produktionsweisen unter asiatischen, feudalen, bürgerlichen etc. Bedingungen voneinander unterscheiden.

Cohen meint, dass Marx den Ausdruck ‚Produktionsweise' in drei Bedeutungen, besser gesagt, mit drei unterschiedlichen Akzentuierungen verwendet. Wenn er diesen Ausdruck gebraucht, hat er laut Cohens mal die *(i)* materielle Produktionsweise, *(ii)* mal die soziale bzw. gesellschaftliche Produktionsweise und *(iii)* manchmal auch beide Aspekte zugleich im Auge[2]. Diese Unterscheidung erlaubt es, eine Reihe von Merkmalen herauszuarbeiten, die als Kriterien dienen, um verschiedene Produktionsweisen voneinander zu unterscheiden und sie dadurch klarer in den Blick zu bekommen. Dies ist wie im zurückliegenden Kapitel wieder ein komparatives Verfahren, das später auch mit Blick auf die Produktionsverhältnisse nützlich sein wird. Denn auch diese Verhältnisse bekommt man theoretisch am besten in den Griff, indem man danach fragt, durch welche markanten Züge sich verschiedene Produktionsverhältnisse voneinander unterscheiden.

Unter einer *materiellen* Produktionsweise ist Cohen zufolge die Art und Weise zu verstehen, in der die Mitglieder einer Gesellschaft mit den ihnen zur

---

2 Vgl. für die folgenden Ausführungen Cohen 2001, S. 79–84.

Verfügung stehenden Produktivkräften arbeiten. Genauer gesagt geht es um die unterschiedlichen Arten von materiellen Prozessen, die die Menschen unter Anwendung der Produktivkräfte im Dienst der Produktion in Gang setzen[3]. Dieser für eine Produktionsweise typische Produktionsprozess geht laut Cohen seinerseits mit einer spezifischen Form der *Arbeitsteilung* und – damit zusammenhängend – mit einer bestimmten *Form der beruflichen Spezialisierung* unter den beteiligten Akteuren einher.

Was zuerst das Konzept der Arbeitsteilung anbelangt, sollte man im Auge haben, dass Marx sowohl die Frage im Sinn hat, welche Gesellschaftsmitglieder überhaupt an der unmittelbaren Produktion beteiligt sind, als auch den nachgeordneten Punkt, wie die Arbeit in der arbeitenden Bevölkerung aufgeteilt ist. Dies wird deutlich, wenn er in der *Deutschen Ideologie* schreibt: „Mit der Teilung der Arbeit [...] ist zur gleichen Zeit auch die *Ver*teilung, und zwar die *ungleiche,* sowohl quantitative wie qualitative Verteilung der Arbeit und ihrer Produkte gegeben [...]." (3, 32)

Was das Konzept der Spezialisierung betrifft, würde ich vorschlagen, sich unter dieser Spezialisierung, modern gesprochen, so etwas wie das Bündel verschiedener *Berufsbilder* bzw. – wie ich es später auch nennen werde – das Bündel der verschiedenen *ökonomischen Rollen* vorzustellen, die sich auf der Grundlage der jeweiligen Arbeitsteilung ergeben. Die antike Produktionsform kannte, zynisch gesprochen, das Berufsbild des Sklaven. Die feudale Produktionsform ging mit Knechten und Mägden, aber auch mit Schneidermeistern und Bäckergesellen etc. einher. Eine ökonomische Rolle, die für die kapitalistischen Produktionsverhältnisse typisch ist, ist die des Fabrik- bzw. Lohnarbeiters[4].

Marx macht den Zusammenhang zwischen den Produktivkräften und den verschiedenen ‚Berufsbildern', die sich durch die Arbeitsteilung nach Maßgabe des Entwicklungsstands der Kräfte ergeben, in der Schrift *Das Elend der Philosophie* folgendermaßen deutlich:

> Die sozialen Verhältnisse sind eng verknüpft mit den Produktivkräften. Mit der Erwerbung neuer Produktivkräfte verändern die Menschen ihre Produktionsweise, und mit der Veränderung der Produktionsweise, der Art, ihren Lebensunterhalt zu gewinnen, verändern sie alle ihre gesellschaftlichen Verhältnisse. Die Handmühle er-

---

3 Der Begriff der Produktion ist in diesem Zusammenhang so großzügig zu deuten, dass er auch den Austausch und die Konsumtion der Güter umfasst. Dies hat zur Folge, dass in diesem Kontext nicht nur die Produktion im engeren Sinn, sondern auch der Transport oder etwa die Lagerung der Güter mitbedacht werden müssen.
4 Wieder ist zu bedenken, dass nicht nur von produktiven Tätigkeiten die Rede ist, sondern auch vom Transport- und Dienstleistungswesen.

gibt eine Gesellschaft mit Feudalherren, die Dampfmühle eine Gesellschaft mit industriellen Kapitalisten. (4, 130)[5]

Neue Produktivkräfte legen also eine Neugestaltung der Arbeitsteilung nahe, die zu einer neuen Einteilung der Gesellschaft in verschiedene ökonomische Gruppierungen beiträgt. Dieser Gedanke führt nicht nur zu einer Unterscheidung verschiedener materieller Produktionsweisen, um die es im Augenblick vornehmlich geht, sondern verweist bereits auf die Produktionsverhältnisse. Denn wir werden sehen, dass sich diese Verhältnisse ebenfalls markant durch die ökonomischen Rollen unterscheiden, die sie für die Gesellschaftsmitglieder bereitstellen.

Vor dem Hintergrund dieser Charakterisierung der materiellen Produktionsweise macht Cohen darauf aufmerksam, dass sich trotz aller sonstigen Unterschiede etwa einem sowjetischen und einem US-amerikanischen Großagrarbetrieb dieselbe materielle Produktionsweise zusprechen lasse. Denn in beiden Fällen werden im Großen und Ganzen nicht nur vergleichbare Gerätschaften und Maschinen verwendet, was bedeutet, dass der Entwicklungsstand der Produktivkräfte übereinstimmt. In beiden Fällen sind auch dieselbe Art der Arbeitsteilung und eine vergleichbare Form der beruflichen bzw. fachlichen Spezialisierung unter den Menschen denkbar. Diese Übereinstimmung zwischen einem kapitalistisch und einem realsozialistisch organisierten Agrarbetrieb hinsichtlich der materiellen Produktionsweise deutet darauf hin, dass es wohl eher die Produktionsweisen in der gesellschaftlichen Hinsicht sind, die im Rahmen der Theorie von Marx verschiedene „Epochen der ökonomischen Gesellschaftsformation" voneinander zu unterscheiden erlauben. In der Tat führt Cohens Untersuchung der gesellschaftlichen Produktionsweisen, der ich mich jetzt zuwende, zu einem reichhaltigeren Ergebnis.

Hinsichtlich gesellschaftlicher Produktionsweisen sind dieser Untersuchung zufolge drei Dimensionen der Produktion zu unterscheiden: nämlich der *Zweck*, die mit der Produktion einhergehende *Form der Mehrarbeit* und schließlich die *Art der Ausbeutung*. Weil uns jedoch die Konzepte der Mehrarbeit und der Ausbeutung an dieser Stelle zu weit vom Kurs abbringen würden

---

5 Engels variiert diesen Gedanken kurze Zeit später: „Jede Veränderung in der gesellschaftlichen Ordnung [...] ist die notwendige Folge der Erzeugung neuer Produktivkräfte gewesen [...]. Das vom Landbau abhängige Mittelalter gibt uns den Baron und den Leibeigenen, die Städte des späteren Mittelalters zeigen uns den Zunftmeister und den Gesellen und den Taglöhner, das siebzehnte Jahrhundert hat den Manufakturisten und den Manufakturarbeiter, das neunzehnte den großen Fabrikanten und den Proletarier." (4, 371)

und Cohen ohnehin den Schwerpunkt auf die Analyse der unterschiedlichen Zwecke legt, möchte ich nur diese Dimension als auszeichnendes Merkmal unterschiedlicher Produktionsformen vor Augen führen. Wie sich jedoch zeigen wird, ergibt sich selbst unter dieser Einschränkung ein facettenreiches Bild.

Was die verschiedenen Produktionszwecke betrifft, unterscheidet Cohen in einem ersten Schritt zwischen einer Produktion, die dem *Gebrauch*, und einer Produktion, die dem *Tausch* dient. Für eine Produktion der ersten Art ist kennzeichnend, dass die Güter unabhängig von der Frage, wer sie konsumiert, auf ihrem Weg zum Verbraucher nicht über einen Markt gehen. Eine Subsistenzwirtschaft betreibende Bauernfamilie, die ihre Produkte nicht verkauft, sondern selbst verbraucht, ist hierfür ein Beispiel. Dass in diesem Zusammenhang ein sehr umfassendes Konzept des Produzierens vorausgesetzt wird, das jede Form der beruflichen bzw. nützlichen Tätigkeit (man denke etwa an Dienstleistungen) als Akt des Produzierens erfasst, wird deutlich, wenn Cohen als weiteres Beispiel einen Arzt anführt, der seine Leistung nicht an seine Patienten verkauft, sondern seine Kenntnisse und Fertigkeiten kostenlos zur Verfügung stellt[6].

Im Fall der Produktion, die dem Tausch dient, werden die Produkte mit dem Ziel hergestellt, getauscht bzw. verkauft zu werden. Hier ist Cohen zufolge abermals zu unterscheiden zwischen einer Produktion, die dem *schlichten Tausch* und einer, die zum Ziel hat, mit dem *Tauschwert* der produzierten Güter zu wirtschaften. Eine Produktion der ersten Art sei etwa dann gegeben, wenn zwei Personen solche Güter miteinander tauschen, die sie um ihres spezifischen Gebrauchswerts willen haben möchten, also mit Blick darauf, wozu man das jeweilige Produkt gebrauchen kann. Entscheidend ist, dass der Gedanke eines *gleichen* Werts der getauschten Produkte, sprich der Gedanke einer Gleichheit ihres Tauschwerts unter den Beteiligten keine Rolle spielt[7]. Wenn eine Person *A* mit einer Person *B* ein Paar Schuhe gegen einen Stuhl tauscht, weil sie diesen Stuhl selbst gebrauchen möchte, damit also lediglich den Gebrauchswert dieses Stuhles im Auge hat, und *B* die Schuhe ebenfalls nur haben möchte, um sie selbst zu tragen, liegt ein schlichtes Tauschverhältnis vor.

---

6 Insofern schließt sich Cohens Analyse an die Tradition von Jean-Baptiste Say an, der jede Art nützlicher Arbeit als produktive Arbeit auffasste und sich damit gegen Adam Smith stellte, für den Dienstleistungen keine produktiven Tätigkeiten waren. Siehe hierzu (42, 183 f.) und die Fußnote S. 212 f., wo Marx sehr abfällig über Dienstleistungen als unproduktive Tätigkeiten spricht. Vgl. hierzu auch Haug 1983 ff., S. 1046 und Heinrich 2005, S. 41 f.
7 Auf den Unterschied zwischen Gebrauchs- und Tauschwert gehe ich im vorletzten Kapitel ausführlich ein.

Im Fall der Produktion, die darauf zielt, durch den Tauschwert der Waren Profit zu erwirtschaften, ist Cohens Analyse zufolge abermals zu unterscheiden. Denn es gibt auf der einen Seite den Fall, in dem es den Beteiligten darum geht, durch den Tausch ihrer Waren einen *maximalen* Profit zu erwirtschaften. Und auf der anderen Seite ist der Fall zu nennen, in dem es nicht um eine Gewinnmaximierung, sondern nur darum geht, die eigenen Waren einigermaßen profitabel gegen andere Waren zu tauschen. Zuletzt sei auch mit Blick auf den Maximalfall noch einmal zwischen zwei Varianten zu unterscheiden. Denn auf der einen Seite findet sich der Fall, in dem es um eine Akkumulation von Kapital geht, also darum, Profit zu erwirtschaften, der einzig dazu dienen soll, erneut in den Produktionsprozess investiert zu werden, um abermals Profit zu erwirtschaften. Und auf der anderen Seite gibt es den Fall, in dem der erwirtschaftete Überschuss für die eigene Konsumtion, etwa für Luxusgüter ausgegeben wird.

Um die erläuterten Merkmale noch einmal zusammenzufassen: Während unter der materiellen Produktionsweise die Art und Weise zu verstehen ist, in der die Menschen die verfügbaren Produktivkräfte in der Produktion verwenden, wobei sich die Merkmale *Arbeitsteilung* und *Spezialisierung* als kennzeichnend erwiesen haben, steht mit Blick auf die gesellschaftliche Produktionsweise die Frage im Mittelpunkt, welchem *Zweck* die Produktion dient. Cohen zufolge spricht Marx schließlich von den Produktionsweisen in der dritten Bedeutung dann, wenn er die materiellen und die gesellschaftlichen Aspekte der Produktionsform zugleich zum Ausdruck bringen möchte.

Ich denke, die Diskussion der unterschiedlichen Merkmale verschafft ein recht klares Bild davon, was man sich unter einer Produktionsform bzw. Produktionsweise vorzustellen hat. Zum einen wissen wir dank Cohen, wie man unterschiedliche Formen voneinander abgrenzen kann. Zum anderen zeichnete sich bereits ab, inwiefern neue Produktivkräfte via veränderter Arbeitsteilung und daraus resultierender Spezialisierung zu neuen Produktionsweisen und damit, wie zu sehen sein wird, zugleich zu neuen Produktionsverhältnissen führen. Um diesen Zusammenhang genauer zu beleuchten, möchte ich mich jetzt dem Konzept des Verkehrs zuwenden, das einen Schlüssel zum Verständnis der Produktionsverhältnisse liefern wird.

4.3 Verkehr

Zu den Begriffen des Verkehrs und der Verkehrsform findet man bei Cohen auffällig wenig, obwohl auch sie von Marx häufig verwendet werden, wenn er vom zweiten Kernelement seiner Theorie spricht. Er gibt sogar eine ausdrückliche, aber ohne nähere Erläuterung doch wenig hilfreiche Auskunft darüber, was er mit dem Verkehrsbegriff im Auge hat. In dem bereits mehrfach zitierten Brief führt er aus:

> Ich nehme das Wort *commerce* hier in dem weitesten Sinn, den es im Deutschen hat: Verkehr. – Zum Beispiel: Das Privileg, die Institution der Zünfte und Korporationen, die ganzen Reglementierungen des Mittelalters waren gesellschaftliche Beziehungen, die allein den erworbenen Produktivkräften und dem vorher bestehenden Gesellschaftszustand entsprachen, aus dem diese Institutionen hervorgegangen waren. (27, 453)

Was haben Privilegien, Institutionen, Zünfte oder irgendwelche Reglementierungen mit dem Begriff des Verkehrs zu tun? Wieder müssen wir offenbar eine Reihe von Betrachtungen anstellen, um ein Gespür dafür zu entwickeln, wovon Marx im Einzelnen spricht.

Wie sich erst einmal die Konzepte der Verkehrsform und des Verkehrs zueinander verhalten, dürfte vor dem Hintergrund der bisherigen Ausführungen klar sein. Im Laufe des historischen Prozesses ändert sich nach Maßgabe des Entwicklungsstands der Produktivkräfte der Verkehr, nimmt also verschiedene Formen, verschiedene Verkehrsformen oder – wie Marx auch sagen könnte – verschiedene Verkehrsformationen an. Von den Formen ist also wieder die Rede, wenn es gilt, verschiedene Stufen der historischen Entwicklung zu unterscheiden. Und ich glaube, es bedarf keiner Erörterung der These, dass Marx auch in diesem Zusammenhang annimmt, dass eine eineindeutige Entsprechung zwischen je einer Verkehrs- und je einer Produktionsform besteht.

Aber was hat man sich unter dem Verkehr in all seinen unterschiedlichen Formen vorzustellen? Um diese Frage zu beantworten, ist es hilfreich, sich verwandte Konzepte – wie etwa Umgang und Umgangsform auf der einen Seite und Geschlechts-, Strassen- bzw. Briefverkehr auf der anderen – zu vergegenwärtigen. Dies öffnet nämlich den Blick dafür, dass Marx keinesfalls nur den Güter- bzw. Warenverkehr, sondern nahezu jede Art des Umgangs der Menschen miteinander im Auge hat, wenn er vom Verkehr bzw. der Verkehrsform einer Gesellschaft spricht. In einer ersten Annäherung kann man daher festhalten, dass es in diesem Zusammenhang um Menschen geht, die miteinander Umgang haben bzw. miteinander verkehren. Auf diese Feststellung möchte ich die Folgerung stützen, dass der Begriff des Verkehrs dazu dient, spezifische *Verhaltensweisen* bzw. konkrete *Interaktionsformen* zu umfassen.

Wenn wir uns nun noch einmal an die Dreiteilung *Produktion*, *Austausch* und *Konsumtion* erinnern, die Marx in einer der zu Beginn des Kapitels zitierten Passagen vornimmt, wird deutlich, dass der Verkehr in einer Hinsicht dem Mittelstück, also dem Austausch entspricht und somit solche Verhaltensweisen umfasst, die zwischen den beiden Polen der Produktion und der Konsumtion zu beobachten sind. So gesehen ist der Begriff des Verkehrs mit dem Konzept der Zirkulation vergleichbar, das Marx später in seiner ökonomischen Analyse des kapitalistischen Gesellschaftssystems entwickeln wird. Denn auch die Zirkulation findet zwischen den Polen der Produktion und der Konsumtion statt. Darüber hinaus wird erkennbar, dass der Begriff des Verkehrs eine andere Akzentuierung erlaubt, als es das Konzept der Produktionsweise ermöglichte. Während jenes Konzept die Aspekte des Austauschs und der Konsumtion auszublenden schien (wohingegen Cohens Analyse deutlich machte, inwiefern diese Aspekte doch zu berücksichtigen sind), lässt der Verkehrsbegriff seinerseits die Sphären der Produktion und Konsumtion in den Hintergrund treten.

In einer anderen und grundlegenderen Verwendung ist Marxens Begriff des Verkehrs jedoch noch umfassender zu verstehen. Denn in dieser umfassenden Verwendung können auch die beiden Pole *Produktion* und *Konsumtion*, genauer die der Produktion und Konsumtion entsprechenden Verhaltensweisen der Menschen, unter den Begriff des Verkehrs gefasst werden. Die hierbei zu betrachtenden Handlungsweisen der Gesellschaftsmitglieder sind ja ebenfalls zumeist interaktiver Natur, insofern sie mit einem Umgang verschiedener Menschen miteinander einhergehen[8].

In den zurückliegenden Absätzen bin ich dazu übergegangen, mit Blick auf den Verkehrsbegriff von Verhaltensweisen bzw. von Interaktionsformen zu sprechen. Dies passt zum einen nicht ohne weiteres in das Bild, das Marx in der zu Beginn dieses Abschnitts zitierten Passage zeichnet. Denn dort spricht er nicht unmittelbar von handelnden Individuen, sondern von Privilegien, Institutionen und Korporationen. Zum anderen weisen diese Beispiele auf das Erfordernis einer entscheidenden Zuspitzung des bisher entwickelten Standpunkts hin.

Was den ersten Punkt, also die Transformation des Verkehrs in Verhaltensweisen anbelangt, finden sich viele Belege dafür, dass Marx in einer wichtigen Hinsicht individualistisch und in einem bestimmten Sinn des Wortes hand-

---

8 Es sei auf eine noch umfassendere Auslegung dieses Konzepts hingewiesen, die sich aufdrängt, wenn Marx vom *geistigen Verkehr* unter den Menschen spricht (z. B. 3, 26). Auf einen extrem weiten Verkehrsbegriff deutet er damit hin, insofern er auch intellektuelles, wenn nicht gar jedes mentale Handeln einbezieht. Das ergibt ein konsistentes Bild, wenn wir uns an die zitierten Passagen aus den *Pariser Manuskripten* erinnern, die deutlich machten, inwieweit Marx auch das theoretische Erkennen als produktive Tätigkeit begreift.

lungstheoretisch denkt. Damit ist der im nachfolgenden Kapitel noch auszuführende Umstand gemeint, dass Marx gesellschaftliche Institutionen als Produkte bzw. Aggregate individueller Handlungen und nicht etwa als von diesen Handlungen unabhängige Phänomene begreift. Der individualistische Ausgangspunkt seines Denkens wird deutlich, wenn er schreibt: „Die soziale Geschichte der Menschen ist stets nur die Geschichte ihrer individuellen Entwicklung […].“ (4, 548 f.) Die Geschichte einer Gesellschaft, so kann man daraus folgern, ist also nichts anderes als die Summe der Geschichten ihrer einzelnen Mitglieder. – Der handlungstheoretische Akzent in der Weltsicht von Marx wird deutlich, wenn es heißt: „Da sie […] als Individuen auf einer bestimmten Entwicklungsstufe ihrer Produktivkräfte und Bedürfnisse in Verkehr traten […], so war es eben das persönliche, individuelle Verhalten der Individuen, ihr Verhalten als Individuen zueinander, das die bestehenden Verhältnisse schuf und täglich neu schafft.“ (3, 423) Die Verhältnisse sind Marx zufolge durch das individuelle Verhalten der Menschen geschaffen, die miteinander in Verkehr treten, sprich interagieren. In diesem speziellen Sinn kann man daher behaupten, dass individuelle Handlungen Marx zufolge die Atome sind, aus denen sich gesellschaftliche Verhältnisse und damit Gesellschaften konstituieren. Über diesen wichtigen Punkt wird im nächsten Kapitel ebenfalls noch ausführlicher zu reden sein.

Doch nicht jedes partikulare Verhalten einer einzelnen Person schafft die von Marx angesprochenen Verhältnisse. Damit bin ich beim zweiten Punkt, der die Zuspitzung der bisherigen Auslegung des Verkehrsbegriffs betrifft. Dass Marx in seinem Brief anders als in der *Deutschen Ideologie* nicht von handelnden Individuen, sondern von Privilegien, Institutionen, Korporationen und Ähnlichem spricht, deutet darauf hin, dass er nicht *jede* Art des Umgangs der Gesellschaftsmitglieder im Auge hat, wie ich es bisher nahegelegt habe. Vielmehr geht es dem Gesellschaftstheoretiker Marx um solche Verhaltensweisen, die für eine Gesellschaftsform *typisch* sind, insofern sie auffällig häufig zu beobachten sind. Metaphorisch gesprochen geht es ihm also weniger um den konkreten Verkehr, der zwischen den Mitgliedern einer bestimmten Gesellschaft Tag für Tag statthat, sondern um die *etablierten Bahnen*, auf denen die Menschen im täglichen Umgang verkehren. Selbst wenn es irreführend klingen mag, geht es Marx nicht um den Verkehr, insofern man darunter die Gesamtmenge der individuellen Handlungen der Leute verstehen könnte. Vielmehr gilt seine Aufmerksamkeit den Verkehrs*regeln*, die im Handeln der Mitglieder einer Gesellschaft im Großen und Ganzen zu beobachten sind. Etwas genauer gesagt gilt sein Blick den *Regelmäßigkeiten*, die die Gesamtheit der Handlungen der miteinander interagierenden Menschen zu erkennen geben und die man auch als die spezifischen *Praktiken* oder *Institutionen* einer Gesellschaft bezeichnen könnte. Noch einmal anders formuliert: Es geht nicht so sehr darum, was die Gesellschaftsmitglieder im Einzelnen tun, sondern darum, welche Verhaltensweisen ihnen unter den gegebenen Bedingungen offenstehen, was sie in diesem Sinn des Wortes tun *können*.

In Anbetracht dieser Beobachtung könnte es naheliegend erscheinen, unter dem Verkehr die Verhaltensnormen bzw. die sozialen Konventionen zu verstehen, die dem Handeln der Mitglieder einer Gesellschaft zugrunde liegen. Dem würde ich zustimmen, wenn Einigkeit darüber besteht, dass von schwachen Begriffen der Konvention und Norm die Rede ist, wie es etwa in der sogenannten Spieltheorie gebräuchlich ist[9]. Schwach nenne ich diese Begriffe, insofern sie nicht mit der metaphysisch heiklen Annahme einhergehen, Konventionen und Normen seien Phänomene, die das Handeln der Menschen irgendwie an ihrem Bewusstsein, genauer an ihren Wünschen und Überzeugungen vorbei bestimmen oder gar den Handlungen ontologisch vorausgehen. Die schwachen Begriffe sind vielmehr so zu verstehen, dass umgekehrt die Handlungen ontologisch grundlegend sind und die besagten Konventionen und Normen nichts anderes sind, als die bereits angesprochenen Regelmäßigkeiten, die im Tun und Lassen der Gesellschaftsmitglieder empirisch zu beobachten sind. Eine Person tut dieser Sicht der Dinge zufolge also nicht, was sie tut, *weil* sie durch Konventionen oder Normen dazu angehalten ist, sich so und nicht anders zu verhalten. Vielmehr ist von einem Bestehen dieser Konventionen und Normen lediglich insofern zu reden, als es hinreichend viele Menschen gibt, die das betreffende Tun auf Grund ihrer individuellen Wünsche und Überzeugungen an den Tag legen. Genau darum geht es Marx in der hier vorgeschlagenen Auslegung, wenn er zwischen verschiedenen Verkehrsformen unterscheidet – nämlich um die Verhaltensmuster bzw. Praktiken, die für die jeweilige Gesellschaftsformation und damit für die jeweiligen Produktionsverhältnisse typisch sind.

Vor diesem Hintergrund zeichnet sich ab, inwiefern der Verkehrsbegriff dazu dient, den mittlerweile vertrauten Kerngedanken von Marx über den Bereich des ökonomischen Aspekts des menschlichen Zusammenlebens hinaus zu verallgemeinern. Dem Stand der Produktivkräfte entspricht dieser Verallgemeinerung gemäß nicht nur die materielle Produktionsweise, also die Art, in der die Gesellschaftsmitglieder die verfügbaren Produktivkräfte einsetzen (Arbeitsteilung, Spezialisierung), und die gesellschaftliche Produktionsform (also der Produktionszweck), sondern generell das Verhalten der Menschen unterei-

9 Vgl. hierzu Iorio 2011(c).

nander bzw. deren Umgang miteinander. Neue Produktivkräfte führen nicht nur zu neuen Formen der Arbeitsteilung und ökonomischen Rollen, sondern auch zu neuen Umgangsformen, wenn man so will, zu einem neuen Verhaltensrepertoire und so schließlich zu einer neuen Kultur der betreffenden Gesellschaft[10].

Dieser Gedanke kann als Weiterentwicklung der folgenden Überlegung aus der *Deutschen Ideologie* erachtet werden. Denn schon dort weisen Marx und Engels auf einen engen Zusammenhang zwischen dem produzierenden Verhalten der Menschen und ihrer personalen bzw. kulturellen Identität hin, die in ihren spezifischen Verhaltensweisen zum Ausdruck kommt:

> Die Weise, in der die Menschen ihre Lebensmittel produzieren, [...] ist nicht bloß nach der Seite hin zu betrachten, daß sie die Reproduktion der physischen Existenz der Individuen ist. Sie ist vielmehr schon eine bestimmte Art der Tätigkeit dieser Individuen, eine bestimmte Art, ihr Leben zu äußern, eine bestimmte *Lebensweise* derselben. Wie die Individuen ihr Leben äußern, so sind sie. Was sie sind, fällt also zusammen mit ihrer Produktion, sowohl damit, *was* sie produzieren, als auch damit, *wie* sie produzieren. Was die Individuen also sind, das hängt ab von den materiellen Bedingungen ihrer Produktion. (3, 21)

Hier wird von einer Weise bzw. Form des Produzierens über das Handeln, zu dem auch die Interaktion der produzierenden Menschen (also ihr wechselseitiger Verkehr) gehört, auf eine spezifische Lebensweise und darüber hinaus auf eine spezifische Identität der involvierten Personen geschlossen. Und damit schließt sich zum einen der Kreis, insofern erneut erkennbar wird, warum Marx sein Menschenbild in der Art und Weise ökonomistisch fundiert, wie es bereits erläutert wurde. Die Menschen sind, was sie unter ihren jeweiligen ökonomischen Bedingungen geworden sind[11]. Zum anderen zeigt sich ein weiteres Mal, dass sich Marx selbst unter Wert verkauft, wenn er seine allgemeine Theorie der Kulturgeschichte gemeinhin in Ausdrücken und Wendungen präsentiert, die ihn lediglich als Vertreter einer bestimmten Technik-, Industrie- und Wirtschaftsgeschichte erscheinen lassen. Diesen Gedanken möchte ich in den beiden nachfolgenden Abschnitten weiterverfolgen, indem ich zeige, in-

---

10 Engels deutet diese Verallgemeinerung an, wenn er von den Menschen als „zu Knechten einer bestimmten Arbeit und der dieser Arbeit entsprechenden Sitten, Lebensweise, Vorurteile, Borniertheiten etc. gemachten Individuen" spricht. (4, 323) Zum Konzept der Rolle als Verhaltensbündel und seinem Verhältnis zu den Begriffen Institution und soziale Position siehe Hollis 1995, S. 216–239.

11 Das ist eine stärkere These als die Behauptung, dass das Sein der Menschen ihr Bewusstsein bestimmt. Denn hier geht es um eine Bestimmung des Seins der Menschen, das ihr Bewusstsein mit einschließt.

wiefern das zentrale Konzept der Produktionsverhältnisse dazu dient, sowohl die ökonomischen als auch die übrigen gesellschaftlichen Rollen zu erfassen, die den Umgang bzw. den Verkehr der Menschen und damit nicht zuletzt auch ihre kulturelle Identität prägen.

4.4 Produktionsverhältnisse

Marx sagt weder im besagten *Vorwort* noch in den anderen einschlägigen Zusammenhängen, dass dem Entwicklungsstand der Produktivkräfte schlicht und einfach Produktionsverhältnisse entsprechen. Vielmehr ist seine Behauptung, dass diesem Entwicklungsstand die *Gesamtheit* der Produktionsverhältnisse einer Gesellschaft entspricht. Dabei bezeichnet er diese Gesamtheit auch als *ökonomische Struktur* oder als *reale Basis* der Gesellschaft. Diese Aussagen haben Cohen zu der Annahme geführt, dass die ökonomische Struktur einer Gesellschaft die Summe der in dieser Gesellschaft zu konstatierenden Produktionsverhältnisse (*production relations*) ist. Diese Summe ist wiederum als eine Gesamtheit von Relationen im logischen bzw. semantischen Sinn aufgefasst, genauer als die Gesamtheit der Beziehungen zwischen je zwei Relata. Cohen definiert den Begriff des Produktionsverhältnisses nämlich als eine Besitzrelation, die entweder zwischen einer Person und einer Produktivkraft oder zwischen zwei Personen besteht[12].

Was den ersten Punkt betrifft, also die Bündelung der Produktionsverhältnisse zu einer Gesamtheit, finden sich in der Tat aussagekräftige Passagen in den Arbeiten von Marx, die dieses Bild stützen. So heißt es z. B. in der Schrift *Das Elend der Philosophie*: „Die Produktionsverhältnisse jeder Gesellschaft bilden ein Ganzes." (4, 130). Und in *Lohnarbeit und Kapital* sagt Marx:

> Die gesellschaftlichen Verhältnisse, worin die Individuen produzieren, die gesellschaftlichen Produktionsverhältnisse ändern sich also, verwandeln sich mit der Veränderung und Entwickelung der materiellen Produktionsmittel, der Produktionskräfte. *Die Produktionsverhältnisse in ihrer Gesamtheit bilden das, was man die gesellschaftlichen Verhältnisse, die Gesellschaft nennt* [...]. Die antike Gesellschaft, die feudale Gesellschaft, die bürgerliche Gesellschaft *sind solche Gesamtheiten von Produktionsverhältnissen* [...]. (6, 408*)

Zu notieren ist hier schon am Rande, dass die Produktionsverhältnisse in ihrer Gesamtheit nicht wie im *Vorwort* als Basis der Gesellschaft angesprochen werden, auf der sich der Überbau erhebt. Vielmehr werden die Produktionsverhält-

---

12 Cohen 2001, S. 31 f.

nisse mit der Gesellschaft identifiziert. Im einen Fall sind die Produktionsverhältnisse also die Basis und insofern nur ein *Teil* der Gesellschaft, woraus folgt, dass die Gesellschaft aus mehr als nur den Produktionsverhältnissen besteht. Im anderen Fall erscheint es hingegen wenig sinnvoll, nicht nur von den Produktionsverhältnissen, sondern auch von irgendwelchen weiteren gesellschaftlichen Verhältnissen zu reden, weil die Produktionsverhältnisse schon die *gesamte* Gesellschaft, also sämtliche sozialen Verhältnisse sind. Diese Beobachtung verweist auf eine Zweideutigkeit des Gesellschaftsbegriffs von Marx, über die im weiteren Verlauf meiner Überlegungen noch zu sprechen sein wird.

Cohen liegt jedenfalls richtig damit, dass Marx nicht einzelne Produktionsverhältnisse, sondern die Gesamtheit aller Produktionsverhältnisse einer Gesellschaft im Auge hat. Was jedoch den zweiten Punkt anbelangt, also die Definition des Begriffs des Produktionsverhältnisses als einer zweistelligen Relation, denke ich, dass diese Sichtweise auf einem Missverständnis beruht[13]. Marxens Verwendung des Ausdrucks ,Produktionsverhältnis' muss meiner Einschätzung nach so gedeutet werden, dass er die Verhältnisse meint, *unter denen die Menschen produzieren*, also die *Umstände* bzw. *Bedingungen*, unter denen Menschen die verfügbaren Produktivkräfte einsetzen. In diesem Sinn sprechen Marx und Engels schon in der *Deutschen Ideologie* von den Produktionsverhältnissen einer Gesellschaft auch als deren *Produktionsbedingungen* – eine Redeweise, die sich durchgängig im Gesamtwerk beider Autoren belegen lässt[14]. Hier wird der Ausdruck ,Verhältnisse' so gebraucht, wie er etwa in dem Satz ,Unter diesen Verhältnissen kann ich nicht arbeiten, weil ich mich bei diesem Lärm nicht konzentrieren kann' verwendet ist. Mit den Verhältnissen sind die Umstände des Arbeitens (der Lärm) gemeint.

Auch wenn Cohens relationale Auffassung in die falsche Richtung weist, liegt er meines Erachtens richtig, wenn er zusätzlich den Begriff des Besitzes ins Spiel bringt, um verschiedene Ausformungen der Produktionsverhältnisse voneinander zu unterscheiden. Dabei ist es jedoch wichtig, deutlicher als Cohen selbst es tut, darauf hinzuweisen, dass Marx ein recht umfassendes Konzept des Besitzes im Sinn hat. Im Licht dieses umfassenden Begriffs unterscheiden sich verschiedene Ausformungen der Produktionsverhältnisse nicht nur dadurch, welche Personen was und wie viel besitzen. Denn von großer

---

13 Dieses Missverständnis ist vermutlich durch die irreführende Übersetzung des Ausdrucks ,Produktionsverhältnis' durch die englische Wendung ,production relation' zu erklären.

14 Siehe z. B. (3, 507), (13, 9) und (19, 216).

Bedeutung ist auch die Frage, welche *Arten* von Besitz – wenn man so will – welche *Besitzformen* es in den betreffenden Gesellschaften gibt. Für die antiken Produktionsverhältnisse etwa spielten Mietverhältnisse, wie wir sie heute kennen, keine relevante Rolle. Und die Institution des Privatbesitzes ist nach Auskunft von Marx und Engels eine relativ junge, nämlich genuin bürgerliche Einrichtung[15].

Was also mit Blick auf das Konzept der Produktionsweise die Merkmale *Spezialisierung, Arbeitsteilung* und *Produktionszweck* leisten, leistet im Fall des Begriffs der Produktionsverhältnisse neben dem Konzept der ökonomischen *Rolle* der Begriff des *Besitzes*. Antike, feudale oder bürgerliche Produktionsverhältnisse unterscheiden sich voneinander demnach nicht nur dadurch, dass die jeweiligen Gesellschaftsformen nach Maßgabe der sich aus dem Stand der Produktivkräfte ergebenden Formen der Arbeitsteilung und der Spezialisierung verschiedene Rollen beinhalten. Vielmehr sind auch die Fragen von Belang, welche Personenkreise welche Arten von Dingen besitzen und um welche Formen des Besitzes es sich handelt. In Anbetracht der sich dabei abzeichnenden Zusammenhänge zwischen den Produktionsformen und den Produktionsverhältnissen möchte ich im nachfolgenden Abschnitt auf die beiden neu hinzugetretenen Merkmale etwas genauer eingehen, um das Kapitel schließlich zu beenden, indem ich versuche, ein zusammenhängendes Bild der einzelnen Teilergebnisse der zurückliegenden Untersuchungen zu zeichnen.

4.5 Ökonomische Rollen und Besitz

Das Konzept der ökonomischen Rolle, das ich als Ersatz für Marxens metaphorische Rede von den Charaktermasken vorschlagen möchte (vgl. etwa 23, 91), und das des Besitzes liefern der hier vertretenen Lesart zufolge den Schlüssel für ein Verständnis des zweiten Kernelements des Historischen Materialismus. Denn neben den Besitzformen stellen diese Rollen nicht nur die definierenden Merkmale der jeweiligen Produktionsverhältnisse dar, sondern bilden zugleich auch den harten Kern der Umgangs- und Verkehrsformen, die im dritten Abschnitt erläutert wurden. Was z. B. die kapitalistischen Produktionsverhältnisse

---

15 Engels schreibt: „Denn das Privateigentum hat nicht immer existiert, sondern, als gegen das Ende des Mittelalters in der Manufaktur eine neue Art der Produktion erschaffen wurde, [...] da erzeugte diese [...] das Privateigentum." (4, 371) Marx sagt fast zur selben Zeit: „In jeder historischen Epoche hat sich das Eigentum anders und unter ganz verschiedenen gesellschaftlichen Verhältnissen entwickelt." (4, 165)

von den vorkapitalistischen unterscheidet, ist vor allem der Umstand, dass es nur unter kapitalistischen Verhältnissen die ökonomischen Rollen des Kapitalisten und des Proletariers sowie die Institution des Privatbesitzes gibt. Genau aus diesem Umstand leitet sich auch die Definition des Begriffs des Proletariats ab. Ihr zufolge bilden genau diejenigen Gesellschaftsmitglieder jene Klasse, die über keinen Privatbesitz an Produktionsmitteln verfügen, weswegen sie auf dem Warenmarkt nur ihre Arbeitskraft zu verkaufen haben.

Die ökonomischen Rollen sowie der Besitz bilden nun insofern den besagten Kern der Verkehrsformen einer Gesellschaft, als sie nicht nur das ökonomische Handeln, sondern nahezu alle Verhaltensweisen bereffen. Proletarier verhalten sich ja in vielerlei Hinsicht anders als Kapitalisten, Sklaven oder Knechte und zwar nicht nur untereinander, sondern auch gegenüber den Mitgliedern anderer Klassen ihrer Gesellschaft. Diese Verhaltenseigentümlichkeiten der Mitglieder verschiedener Klassen bzw. der Inhaber gemeinsamer ökonomischer Rollen sind nicht nur in ihren ökonomischen, sondern auch in ihren übrigen Lebensbereichen zu beobachten[16]. An diesem Punkt ist noch einmal daran zu erinnern, dass der Gesellschaftstheoretiker Marx weniger einzelne Handlungen als für bestimmte Gesellschaften *typische Verhaltensweisen* und *Verhaltensmuster* im Auge hat. Diese generalisierende Form der Betrachtung wiederholt sich hier auf einer höheren Stufe, insofern Marx die typischen Verhaltensweisen solcher Gruppierungen von Menschen innerhalb einer Gesellschaft in den Blick nimmt, die ihrerseits für diese Gesellschaft typisch sind.

Welches Gesamtbild ergibt sich in Anbetracht der einzelnen Überlegungen dieses Kapitels? Wir starteten mit der Beobachtung, dass Marx dem Entwicklungsstand der Produktivkräfte manchmal Produktionsverhältnisse, manchmal Verkehrsformen, zuweilen aber auch Produktionsweisen bzw. Produktionsformen entsprechen lässt. Der Kerngedanke all dieser Behauptungen kommt komprimiert in der zitierten Passage aus dem *Elend der Philosophie* zum Ausdruck, der zufolge Handmühlen zu einer Gesellschaft mit Feudalherren, Dampfmühlen zu einer mit Kapitalisten führen. Weniger komprimiert führt dieser Gedanke zur marxistischen Methodologie der Geschichtsschreibung[17]. Als die Handdurch die Dampfmühle ersetzt wurde, die Produktivkräfte also ein neues Entwicklungsniveau erreicht hatten, zog dies eine neue materielle und soziale Pro-

---

16 Vgl. hierzu auch die an Marx anschließende Theorie der unterschiedlichen Lebensstile von Bourdieu 1982. Siehe auch Sennett 2006 und 2009.
17 Engels schreibt, dass dieser Gedanke dazu „berufen ist, für die Geschichtswissenschaft denselben Fortschritt zu begründen, den Darwins Theorie für die Naturwissenschaft begründet hat [...]." (4, 581)

duktionsweise nach sich. Was die materielle Seite dieser Neuerung anbelangt, legten die neuen Produktivkräfte in erster Linie eine Veränderung des Produktionsablaufs nahe. Dies führte zu einer Umverteilung der Arbeit – sowohl im engeren Sinn mit Blick auf die Frage, welche Personen welche Teile des Produktionsablaufs übernehmen; als auch im weiteren Sinn, insofern sich durch die neuen Produktivkräfte eine neue Einteilung der Gesellschaft in solche Menschen entwickelte, die an diesem Produktionsablauf unmittelbar beteiligt sind, und solche, die das nicht oder nur indirekt tun. Mit anderen Worten heißt dies nichts anderes, als dass sich im Zuge der Einführung neuer Produktivkräfte neue ökonomische Rollen und neue Besitzverhältnisse durchsetzen. Dies lässt sich schließlich auch so formulieren, dass sich die Produktionsverhältnisse insgesamt ändern.

Was den gesellschaftlichen Aspekt dieser Neuerung der Produktionsweise anbelangt, erlaubt es die neue Technologie, den Zweck der Produktion zu ändern. Jetzt geht es nicht mehr darum, den eigenen Bedarf an Mehl sicherzustellen, sondern mehr und mehr darum, die Produktion zu steigern, um das Mehl Profit bringend auf einem Warenmarkt zu verkaufen. Aus dem Gebrauchsgut Mehl wird so ein Tauschwert, sprich eine Ware, also ein Produkt, das mit dem Ziel hergestellt wird, auf dem Markt gewinnbringend verkauft zu werden. Damit schlägt sich der neue Entwicklungsstand der Produktivkräfte nicht nur in der materiellen und sozialen Produktionsweise, sondern auch in neuen Besitzverhältnissen nieder. Denn jetzt gibt es keine Feudalherren mehr, die Knechte und Mägde für sich arbeiten lassen, sondern wenige Kapitalisten, die sich die teuren Dampfmühlen leisten und viele Arbeiter bezahlen können, die nun ihrerseits auf einem Arbeitsmarkt miteinander konkurrieren.

Technologische Innovationen ziehen also weitreichende ökonomische, soziale, aber nicht zuletzt auch kulturelle Veränderungen nach sich. Denn die veranschaulichte Veränderung der Produktionsweise geht natürlich auch mit Veränderungen der Umgangsformen unter den Menschen einher. Dies gilt sowohl für ihr ökonomisches Rollenverhalten als auch für ihr übriges Sozialverhalten. Um eine Dampfmühle in Betrieb zu halten, ist es beispielsweise notwendig, die Arbeitskraft vieler Menschen miteinander zu koordinieren, wohingegen die Menschen zuvor ihre Handmühlen unabhängig voneinander bedienen konnten. Es ändert sich folglich das Verhaltensrepertoire – und dies nicht nur hinsichtlich der produktiven, austauschenden und konsumierenden Tätigkeiten, sondern in jeder nur erdenklichen Hinsicht. Man denke z. B. an den Einfluss des Arbeitstages in der Fabrik auf das familiäre und das übrige private Leben.

Die Tragweite dieser Verallgemeinerung wird noch deutlicher, wenn man den Umstand bedenkt, dass die Koordination, die die Produktion unter kapitalistischen Bedingungen erforderlich macht, mit einem zuvor ungekannten Ausmaß an Disziplinierung der arbeitenden Bevölkerung einhergeht[18]. Es muss jetzt geklärt sein, welche Personen wann und wo zur gemeinsamen Produktion zusammentreffen. Diese Disziplinierung hat freilich ebenfalls einen enormen Einfluss auf weite Teile des Lebens der betroffenen Menschen. Man denke etwa noch einmal an das Familienleben, das unmittelbar und spürbar davon geprägt ist, in welcher Art und Weise die Produktion vonstatten geht. Denn damit geht nicht zuletzt auch die Frage einher, welche Familienmitglieder es sind, die an der Produktion auf die eine oder andere Weise beteiligt sind. Aus diesen Gründen änderten sich mit der Dampfmühle eben nicht nur der Bestand an ökonomischen Rollen, die Besitzverhältnisse und damit das *ökonomische* Verhalten der Menschen. Vielmehr änderte sich generell der Umgang der Menschen miteinander, also die gesamte Verkehrsform und damit auch die *soziale* und *kulturelle* Identität der Gesellschaftsmitglieder.

Es sei betont, dass man diese Zusammenfassung des Transformationsprozesses nicht so deuten sollte, als ob es sich in dem Sinn um *sukzessive* Veränderungen handelte, dass der neue Entwicklungsstand der Produktivkräfte zuerst die Produktionsform ändert, was eine Änderung der Verkehrsform nach sich zieht, die ihrerseits zu einer Veränderung der Produktionsverhältnisse führt. Marxens Standpunkt zufolge ist hier nicht von einer Reihe mehrerer Veränderungen die Rede, sondern von *einem einzigen* gewaltigen Veränderungsprozess, der *vielfältige Aspekte* hat: Technologischer Wandel der Produktivkräfte führt diesem Standpunkt gemäß zu veränderten ökonomischen und gesamtgesellschaftlichen Gegebenheiten. Diese Gegebenheiten werden von Marx und Engels mal unter die den Austausch und die Konsumtion abblendenden Begriffe der Produktionsform (Produktionsweise), mal unter das mehr den Austausch betonende Konzept des Verkehrs gefasst, aber oft auch durch den offiziellen Terminus ‚Produktionsverhältnisse' bezeichnet. Diese Beobachtung unterstreicht noch einmal die Behauptung, die ich bereits zu Beginn dieses Kapitels formuliert habe, dass all diese Konzepte zu *alternativen Beschreibungen eines und desselben Phänomenbereichs* führen.

Zuletzt sei darauf hingewiesen, dass Marx wie im Fall der Produktionsformen und der Produktivkräfte auch mit Blick auf die Produktionsverhältnisse sowohl von *gesellschaftlichen* als auch von *materiellen* Produktionsverhältnissen spricht. Und im Zurückliegenden war natürlich ausschließlich von den

---

18 Zum Begriff der Disziplinierung siehe Foucault 1994.

gesellschaftlichen Produktionsverhältnissen die Rede. Was hat es aber mit den materiellen Produktionsverhältnissen auf sich? In dieser Frage ist Cohens Untersuchung noch einmal aufschlussreich, insofern sie uns an Marxens Neigung erinnert, die Prädikate ,materiell', und ,natürlich' und die Prädikate ,gesellschaftlich' und ,ökonomisch' als gleichbedeutend zu verwenden. Vor diesem Hintergrund erscheinen die materiellen Produktionsverhältnisse, die Marx zumeist nur am Rande erwähnt, oft aber auch gar nicht eigens thematisiert, als die natürlichen Umstände, unter denen die Menschen auf einer bestimmten historischen Stufe der Entwicklung ihrer Produktivkräfte wirtschaften. Umstände dieser Art sind z. B. die spezifischen geografischen Gegebenheiten oder auch die physikalischen Gesetzmäßigkeiten, die für irgendwelche Produktionsvorgänge relevant sind. Dass Eisenerz auf eine bestimmte Temperatur erhitzt werden muss, um zum Schmelzen gebracht zu werden, ist beispielsweise ein Bestandteil der materiellen Produktionsverhältnisse, also ein Umstand, unter dem etwa die Stahlproduktion vonstatten geht. Zu den materiellen Verhältnissen gehören neben den physikalischen Gesetzmäßigkeiten und den geografischen Voraussetzungen nicht zuletzt die Witterungsverhältnisse und andere meteorologische Bedingungen, die von Gesellschaft zu Gesellschaft und über die Zeit hinweg variieren können. Das Klima, um noch einmal ein Beispiel vom Ende des zurückliegenden Kapitels aufzugreifen, erweist sich vor diesem Hintergrund also als eine Facette der materiellen Produktionsverhältnisse. Daher kann das Klima an diesem Punkt unserer Überlegungen wie schon die Arbeitsteilung an einer früheren Stelle dieses Kapitels von der Liste eventueller Produktivkräfte gestrichen werden. Damit zeigt sich, dass eine Untersuchung des Begriffs der Produktionsverhältnisse wie erhofft hilft, den Umfang des Begriffs der Produktivkräfte zu begrenzen.

4.6 Rückblick

Zum Abschluss des Kapitels möchte ich etwas genauer auf die im fünften Abschnitt gestreifte Zweideutigkeit des Gesellschaftsbegriffs von Marx eingehen. Wir konnten sehen, dass Marx mal einen umfassenden Begriff der Gesellschaft im Sinn hat, der nicht nur die rein ökonomischen, sondern auch andere soziale Aspekte einer Gesellschaft umfasst. Manchmal verwendet er jedoch einen engeren Begriff, dem zufolge eine Gesellschaft ausschließlich aus ihren ökonomischen Aspekten besteht. Dieser enge Begriff ist zumeist dann im Spiel, wenn er seine Theorie durch das Konzept der Produktionsform bzw. Produktionsweise präsentiert. Der umfassendere Gesellschaftsbegriff ist hingegen meist dann gemeint, wenn Marx seine Theorie durch die Konzepte der Verkehrsform bzw. der gesellschaftlichen Produktionsverhältnisse zum Ausdruck bringt. In solchen Zusammenhängen dehnt er gewissermaßen seine Gesellschaftsanalyse aus, indem er seine Theorie in weitere Einzelfacetten entfaltet und damit den Blick über den ökonomischen Bereich des menschlichen Zusammenlebens hinaus erweitert. Nur aus dieser Perspektive betrachtet ist es richtig, von der ökonomischen Basis einer Gesellschaft zu sprechen. Denn es muss offenkundig andere gesellschaftliche Dinge geben, die auf dieser Basis stehen. Im anderen Sinn ist es indes folgerichtig, die Produktionsverhältnisse als gesellschaftliche Verhältnisse schlechthin zu bezeichnen, die in ihrer Gesamtheit mit der Gesellschaft identisch sind.

Dass es diese beiden Lesarten, also die komprimierte und die expandierte Version der Theorie von Marx gibt, sollte jedoch nicht so verstanden werden, dass sie zwei gleichwertige Sichtweisen zum Ausdruck bringen. Wenn wir uns noch einmal an die ökonomische Fundierung des Menschenbilds von Marx erinnern, wird nämlich erkennbar, inwiefern die komprimierte Form den Kerngedanken des Historischen Materialismus vor Augen führt, während die expandierte Form als eine Art Demonstration der Kraft dieser Theorie zu deuten ist. Ökonomische Reaktionen auf technologischen Wandel bestimmen den Lauf der Dinge, sagt uns dieser Kerngedanke. Über die ökonomischen Verhältnisse hinausreichende soziale Phänomene bilden hingegen einen Bereich, der wie eine Aura diese ökonomischen Reaktionen ummantelt.

Wie im zurückliegenden Kapitel im Fall des ersten Elements des Historischen Materialismus eine Ambiguität der Rede von den Produktivkräften bzw. der Produktivkraft der Arbeit festzustellen war, insofern Marx zwischen den Produktionsmitteln, den Rohstoffen sowie der Arbeitskraft einerseits und dem formellen Konzept der Produktivkraft der Arbeit andererseits schwankt, ist auch mit Blick auf das zweite Element des Historischen Materialismus eine gewisse Zweideutigkeit zu verzeichnen. Produktionsverhältnisse sind bei Marx mal diejenigen Bedingungen, unter denen die Produktion vonstatten geht. Zuweilen ist mit dem Begriff aber auch all das erfasst, was unter den Bedingungen der ersten Art statthat, also das gesamte gesellschaftliche Leben der Mitglieder einer Gesellschaft. Wie sich im nachfolgenden Kapitel zeigen wird, ist auch der dritte Zentralbegriff des Historischen Materialismus nicht frei von Mehrdeutigkeiten.

5 Überbau

Es liegt auf der Hand, welche Frage im Mittelpunkt dieses Kapitels steht. Was hat es mit dem Überbau auf sich, der dem Historischen Materialismus zufolge den Produktionsverhältnissen entspricht, die ihrerseits dem Entwicklungsstand der Produktivkräfte entsprechen?[1]

Um sich einer Antwort auf diese Frage anzunähern, ist es hilfreich, sich vorab noch einmal die Grundintention von Marx und Engels vor Augen zu führen. Denn das anti-idealistische Anliegen, das im zweiten Kapitel erläutert wurde, macht deutlich, inwieweit die bisherigen Erörterungen gewissermaßen nur ein Vorspiel waren. Erst mit der Frage dieses Kapitels wenden wir uns dem zentralen Explanandum des Historischen Materialismus zu, insofern hier der Ausgangspunkt des Unterfangens von Marx und Engels liegt: Bestimmte Sachverhalte, die die Idealisten und die Junghegelianer unter Rekurs auf Ideen bzw. ‚vernunftmythologisch' erklären wollten, müssen laut Marx und Engels aus der materiellen Praxis bzw. aus den materiellen Lebensbedingungen oder – wie es an anderer Stelle auch heißt – aus den sozialen Existenzbedingungen der Menschen erklärt werden. Es folgen einige Zitate, die diesen Ausgangspunkt erneut unterstreichen und zugleich das Material zusammentragen, dessen Klärung ansteht. Zuerst zwei Passagen aus der *Deutschen Ideologie*:

> Die Produktion *der Ideen, Vorstellungen, des Bewußtseins* ist zunächst unmittelbar verflochten in die materielle Tätigkeit und den materiellen Verkehr der Menschen, Sprache des wirklichen Lebens. Das *Vorstellen, Denken, der geistige Verkehr* der Menschen erscheinen hier noch als direkter Ausfluß ihres materiellen Verhaltens. Von der geistigen Produktion, wie sie in *der Sprache der Politik, der Gesetze, der Moral, der Religion, der Metaphysik usw.* eines Volkes sich darstellt, gilt dasselbe. Die Menschen sind die Produzenten ihrer *Vorstellungen, Ideen pp.*, aber die wirklichen, wirkenden Menschen, wie sie bedingt sind durch eine bestimmte Entwicklung ihrer Produktivkräfte und des denselben entsprechenden Verkehrs bis zu seinen weitesten Formationen hinauf. *Das Bewußtsein* kann nie etwas Andres sein als das bewußte Sein, und das Sein der Menschen ist ihr wirklicher Lebensprozeß. (3, 26*)

---

1 Es sei betont, dass im Folgenden eine Lesart des dritten Elements von Marxens Theorie entwickelt wird, die sich nicht gerade zwingend aus seinen Texten ergibt. Dies ist so, weil das Wort ‚Überbau' in der marxistischen Tradition zwar sehr häufig, aber von Marx selbst kaum gebraucht wird. Daher ist man als Interpret an diesem Punkt der Untersuchung mehr als in den zurückliegenden beiden Kapiteln darauf angewiesen, relativ frei mit dem Textmaterial umzugehen.

Nur wenige Seiten später heißt es:

> Diese Geschichtsauffassung beruht also darauf, den wirklichen Produktionsprozeß, und zwar von der materiellen Produktion des unmittelbaren Lebens ausgehend, zu entwickeln und die mit dieser Produktionsweise zusammenhängende und von ihr erzeugte Verkehrsform, also die bürgerliche Gesellschaft in ihren verschiedenen Stufen, als Grundlage der ganzen Geschichte aufzufassen und sie sowohl *in ihrer Aktion als Staat* darzustellen, wie *die sämtlichen verschiedenen theoretischen Erzeugnisse und Formen des Bewußtseins, Religion, Philosophie, Moral etc. etc.*, aus ihr zu erklären [...]. (3, 37 f.*)

Im *Manifest* ist zu lesen:

> Aber streitet nicht mit uns [Kommunisten], indem ihr an *euren bürgerlichen Vorstellungen von Freiheit, Bildung, Recht usw.* die Abschaffung des bürgerlichen Eigentums meßt. *Eure Ideen* selbst sind Erzeugnisse der bürgerlichen Produktions- und Eigentumsverhältnisse, wie *euer Recht nur der zum Gesetz erhobene Wille eurer Klasse* ist, ein Wille, dessen Inhalt gegeben ist in den materiellen Lebensbedingungen eurer Klasse. (4, 477*)

In der Rede, durch die sich Marx 1849 als Chefredakteur der *Rheinischen Zeitung* vor dem Kölner Gericht verteidigte, sagt er:

> Die Gesellschaft beruht aber nicht auf dem Gesetze. Es ist das eine juristische Einbildung. *Das Gesetz* muß vielmehr auf der Gesellschaft beruhn, es muß Ausdruck ihrer gemeinschaftlichen, aus der jedesmaligen materiellen Produktionsweise hervorgehenden *Interessen und Bedürfnisse* gegen die Willkür des einzelnen Individuums sein. (6, 245*)

Und das mittlerweile vertraute *Vorwort* besagt unter anderem:

> In der Betrachtung solcher Umwälzungen muß man stets unterscheiden zwischen der materiellen, naturwissenschaftlich treu zu konstatierenden Umwälzung in den ökonomischen Produktionsbedingungen und *den juristischen, politischen, religiösen, künstlerischen oder philosophischen, kurz, ideologischen Formen*, worin sich die Menschen dieses Konflikts bewußt werden und ihn ausfechten. (13, 9*)

Die Liste dessen, was diesen Passagen zufolge in einer Abhängigkeit von den Produktionsverhältnissen der Gesellschaft steht und insofern zum dritten Element des Historischen Materialismus gehört, erscheint einerseits ziemlich umfassend und buntscheckig. Andererseits erweckt die Liste auch den Eindruck, auf eine schlichte Grundidee zurückführbar zu sein. So ist zwar von *Ideen, Vorstellungen* und vom *Bewusstsein*; vom *Vorstellen, Denken* und *geistigen Verkehr*; des Weiteren von der *Sprache der Politik, der Gesetze, der Moral und der Metaphysik*; außerdem von *Interessen* und *Bedürfnissen*; und nicht zuletzt von *theoretischen Erzeugnissen und Formen des Bewusstseins* die Rede. Doch alle Einträge auf dieser Liste bündelt Marx im *Vorwort* in eine übergeordnete Kategorie, indem er seine anti-idealistische Grundintention auf die Kurzform bringt: „Es ist nicht das Bewußtsein der Menschen, das ihr Sein, sondern umgekehrt ihr gesellschaftliches Sein, das ihr Bewußtsein bestimmt." (13, 9) Das Konzept des Bewusstseins rückt hierbei deutlich in den Vordergrund.

Wenn Marx schreibt, das Bewusstsein sei durch das gesellschaftliche Sein bestimmt, sollte man im Auge behalten, dass er mit übergeordneten bzw. mit sehr abstrakten Begriffen operiert. Denn so wie die Rede vom *gesellschaftlichen Sein* als eine Art Platzhalter für vielerlei Phänomene fungiert, die in den beiden zurückliegenden Kapiteln zur Sprache kamen, verwendet Marx auch den Begriff des Bewusstseins als eine übergeordnete bzw. zusammenfassende Kategorie. Dies zeigt sich, wenn es im *Manifest* heißt: „Bedarf es tiefer Einsicht, um zu begreifen, daß mit den Lebensverhältnissen der Menschen, mit ihren gesellschaftlichen Beziehungen, mit ihrem gesellschaftlichen Dasein, auch ihre Vorstellungen, Anschauungen und Begriffe, *mit einem Worte* auch ihr *Bewußtsein* sich ändert?" (4, 480*) Vorstellungen, Anschauungen und Begriffe werden hier unter dem Begriff des Bewusstseins zusammengefasst.

Marx verwendet mit Blick auf das dritte Kernelement seiner Theorie jedoch zuweilen auch Begriffe, von denen nicht ohne weiteres klar ist, inwiefern sie unter das allgemeine Konzept des Bewusstseins gefasst werden können. Das Recht bzw. Gesetz und der Staat, in den Augen vieler Interpreten die zentralen Bestandteile des Überbaus, sind die besten Beispiele hierfür. In Anbetracht dessen möchte ich in diesem Kapitel zwischen einer, wie man sagen könnte, *mental-kognitivistischen* Auslegung des dritten Kernelements des Historischen Materialismus, die sich auf das Konzept des Bewusstseins stützt, und einer *institutionalistischen* Auslegung unterscheiden, die um den Begriff juristischer und politischer Institutionen kreist. Ich beginne mit der ersten Lesart, wende mich daraufhin der zweiten Auslegung zu, um dann durch einen Exkurs in die Philosophie der Sozialwissenschaften zum Abschluss des Kapitels der Frage nachzugehen, inwieweit die zweite auf die erste Lesart zurückgeführt werden kann.

5.1 Bewusstsein und Bewusstseinsformen

Wenn Marx nicht pauschalisierend vom Bewusstsein spricht, redet er mit Blick auf das dritte Element seiner Theorie entweder wie an der Stelle, die zuletzt zitiert wurde, von Vorstellungen, Anschauungen, Begriffen oder von Ideen bzw.

theoretischen Erzeugnissen. Zumindest im ersten Fall hat er Phänomene im Sinn, die sich am besten als mentale (bzw. intentionale, propositionale) Einstellungen klassifizieren lassen. In einer großzügigen Verwendung des Wortes, wie sie in der modernen Erkenntnistheorie, der Philosophie des Geistes und der philosophischen Handlungstheorie gebräuchlich ist, kann man alle diese Einstellungen als Meinungen bzw. Überzeugungen fassen. Denn in all diesen Fällen geht es in der einen oder anderen Weise darum, was die Person, um deren Einstellung es geht, für wahr bzw. falsch hält. Solche Überzeugungen (bzw. Meinungen oder Ansichten) der Gesellschaftsmitglieder gehören also zum Bereich des Überbaus.

Wenn Marx hingegen von theoretischen Erzeugnissen des Bewusstseins, der Religion, Philosophie, Moral etc. spricht, erweckt er oft den Eindruck, als ob er nicht einzelne Überzeugungen, sondern ganze *Überzeugungssysteme*, sprich *Theorien*, also systematisch aufeinander bezogene Lehrmeinungen im Blick hat. Da aber Theorien – im hier relevanten Sinn des Wortes – als systematische Bündelungen von Einzelüberzeugungen zu verstehen sind, werde ich in meinen weiteren Überlegungen der Einfachheit halber den Unterschied zwischen Einzelmeinungen und Überzeugungssystemen ignorieren.

In anderen Zusammenhängen redet Marx, wie die eingangs zitierten Passagen belegen, auch von *Bedürfnissen* und *Interessen* bzw. vom *Willen* bestimmter Personen oder Gruppen von Personen, wenn er veranschaulichen möchte, inwiefern das Bewusstsein vom gesellschaftlichen Sein bedingt ist. Hierbei haben wir es mit Begriffen zu tun, die auch heute in alltäglichen und philosophischen Kontexten geläufig sind. Das durch das Sein bestimmte Bewusstsein umfasst jedenfalls nicht nur *kognitive* bzw. epistemische Einstellungen, also nicht nur Überzeugungen, sondern auch *konative* Einstellungen, sprich Bedürfnisse, Wünsche und Interessen. Wichtig ist folglich mit Blick auf das dritte Element des Historischen Materialismus nicht nur, was die Menschen für wahr halten, sondern auch, was sie wollen.

Neben den kognitiven und konativen Einstellungen kommt Marx auch auf Affekte, Gefühle, Leidenschaften und andere Phänomene zu sprechen, von denen nicht leicht zu sagen ist, ob sie neben den Überzeugungen und Wünschen einen unabhängigen Phänomenbereich bilden. Im *Achtzehnten Brumaire* heißt es z. B., dass sich auf den sozialen Existenzbedingungen der Gesellschaft ein „ganzer Überbau verschiedener und eigentümlich gestalteter Empfindungen, Illusionen, Denkweisen und Lebensanschauungen" erhebt. (8, 139) Dieser zusätzliche Aspekt des psychischen Lebens, der am deutlichsten durch die Vokabel „Empfindungen" zum Ausdruck kommt, könnten vielleicht durch entsprechend weit gefasste Begriffe der Überzeugung und des Wunsches abgedeckt werden. Im weiteren Verlauf dieses Kapitels wird jedoch deutlich werden, inwiefern die Kategorien der Überzeugung und des Wunsches der hier vertretenen Auslegung des Überbaus zufolge ausreichen, um dem primären Anliegen von Marx gerecht zu werden. Jenes Anliegen besteht dieser Auffassung zufolge darin, durch den Überbau, sprich durch die Einstellungen der Gesellschaftsmitglieder ihr Handeln zu erklären. Daher werde ich mich im Weiteren mit den zuletzt genannten Phänomenen (Affekte, Leidenschaften etc.) nur am Rande beschäftigen.

5.2 Bewusstseinsformen und Ideologie

Statt vom Bewusstsein spricht Marx häufig auch von *Bewusstseinsformen*. Dieses Konzept könnte aus einem bereits vertrauten Grund zu einem Missverständnis einladen, insofern es die Ansicht vermitteln könnte, ihm läge eine Gegenüberstellung der Form des Bewusstseins mit dessen Inhalt zugrunde. Dadurch würde sich die Folgerung aufdrängen, dass der Historische Materialismus nicht darauf aus sei, die Inhalte des Bewusstseins der Menschen, sondern nur dessen Formen zu erklären. Folglich könnte mit Hilfe dieser Theorie nicht erklärt werden, *was* die Menschen für wahr halten und *was* sie wollen.

Dass diese Sicht der Dinge falsch ist, wird deutlich, wenn man noch einmal an die Klärung der Konzepte der Produktions- und der Verkehrsform im zurückliegenden Kapitel denkt. Wenn Marx von einer bestimmten Bewusstseinsform spricht, liegt deren Bestimmtheit gerade in ihrer inhaltlichen Thematik begründet. Einfacher gesagt bilden religiöse Ideen, Vorstellungen, Überzeugungen, Theorien, Wünsche etc. zusammen eine Bewusstseinsform, nämlich die religiöse. Moralische Ideen, Überzeugungen, Theorien, Interessen etc. bilden eine weitere Bewusstseinsform, nämlich die moralische usw. Um es paradox zu formulieren: Die verschiedenen Formen des Bewusstseins sind durch ihre Inhalte bzw. durch die Thematik dieser Inhalte zu unterscheiden. Marx spricht also von einer Bewusstseinsform nicht dann, wenn er einen Gegensatz zu ihrem Inhalt kenntlich machen möchte. Vielmehr geht es ihm darum, die unterschiedlichen Formen samt deren Inhalten voneinander abzugrenzen.

Schließlich findet sich neben der Rede vom Bewusstsein und den Bewusstseinsformen in den Schriften von Marx ein prominenter Begriff, der für die Klärung des dritten Kernelements des Historischen Materialismus von Bedeutung ist, nämlich der der Ideologie. Dieser Begriff ist nicht nur für unsere Ohren, sondern auch schon zu Marxens Zeiten pejorativ besetzt. Und es ist auch so, dass Marx zuweilen mit seinem negativen bzw. polemischen Beigeschmack spielt. Zum Beleg sei auf die Vorrede zur *Deutschen Ideologie* verwiesen, die klar zeigt, dass Ideologen in den Augen von Marx philosophisch irregeleitete Apologeten veralteter Ideen und Ansichten sind.

Man sollte sich jedoch klarmachen, dass der Ideologiebegriff in den Schriften von Marx neben der abfälligen Verwendung auch eine umfassendere und wertfreie Bedeutung hat[2]. In dieser Bedeutung dient das Konzept dazu, alle Arten von Bewusstseinsformen in eine einzige Kategorie zusammenzufassen. In diesem Sinn ist im *Vorwort* von „den juristischen, politischen, religiösen, künstlerischen oder philosophischen, *kurz, ideologischen* Formen" des Bewusstseins die Rede. (vgl. 13, 9*) In dieser weiten Bedeutung ist der Ideologiebegriff auf der allgemeinen Ebene angesetzt, auf der Marx auch zusammenfassend vom Bewusstsein spricht. Daher kann ‚Ideologie' in dieser Bedeutung geradezu als Synonym für die Vokabel ‚Bewusstsein' gedeutet werden. Denn der weite Ideologiebegriff umfasst wie der des Bewusstseins ebenfalls die Summe aller Ideen, denen die Menschen einer Gesellschaft anhängen, oder anders gesagt, die Gesamtheit dessen, was die Gesellschaftsmitglieder glauben und wollen.

Vielleicht bin ich im zurückliegenden Absatz einen Schritt zu weit gegangen, als ich behauptet habe, dass der umfassende Begriff der Ideologie *alle* Bewusstseinsformen umfasst. Sicher ist zumindest, dass er all die Bewusstseinsformen umschließt, die Marx für seine theoretischen Anliegen wichtig findet und daher ausdrücklich erwähnt. Es könnte also sein, dass er auch die Existenz solcher Bewusstseinsformen einräumt, die nicht ideologischer Natur sind. Denn wer wie er von den juristischen, politischen, religiösen, künstlerischen oder philosophischen Formen des Bewusstseins zusammenfassend als den ideologischen Formen spricht, hält sich die Möglichkeit offen, dass es weitere Formen gibt, die nicht ideologischer Natur sind. Ist z. B. der Umstand, dass ich Kirschen lieber mag als Erdbeeren, glaubhaft durch die Existenzbedingungen zu erklären, unter denen ich lebe? Und geht meine Überzeugung, dass der Mond um die Erde kreist, aus den bestehenden Produktionsverhältnissen hervor?

Für unsere gegenwärtigen Anliegen sind diese Fragen aber von keiner großen Bedeutung. Denn Marx sagt ja, welche Bewusstseinsformen er für den

---

2 Geuss (1983, S. 13–32) unterscheidet zwischen Ideologien im deskriptiven und im abwertenden Sinn. Darüber hinaus spricht er von Ideologien im positiven Sinn, womit er einem Sprachgebrauch nahekommt, den man zwar nicht bei Marx, aber in der marxistischen Tradition findet. Ideologien sind in diesem Sinn nichts anderes als Theorien, so dass auch von der marxistischen Ideologie gesprochen werden konnte. Vgl. auch McLellan 1985.

Historischen Materialismus von Belang hält. Für den Zweck dieses Kapitels reicht es daher festzuhalten, dass ‚Ideologie' in seiner umfassenderen Verwendung als Synonym für ‚Bewusstsein' verstanden werden kann und in dieser Bedeutung von pejorativen Nebenbedeutungen frei ist.

Nicht zuletzt ist im Vorgriff auf die institutionalistische Auslegung des Überbaus zu bemerken, dass Marx die Konzepte des Bewusstseins, der Bewusstseinsform und der Ideologie in manchen Kontexten in einer umfassenderen, in anderen in einer weniger umfassenden Bedeutung gebraucht. In der engen Bedeutung nimmt er ausschließlich die politische und die juristische Form des Bewusstseins in den Blick, von denen es im *Vorwort* heißt, dass sie es sind, die den Produktionsverhältnissen der Gesellschaft entsprechen. In der umfassenderen Lesart sind es neben den politischen und juristischen Formen, wie gesehen, zusätzlich auch die theologischen, ästhetischen, philosophischen, kurz alle ideologischen Formen des Bewusstseins, die der ökonomischen Basis einer Gesellschaft entsprechen.

Diese beiden Lesarten schließen sich natürlich nicht wechselseitig aus. Dass Marx manchmal die eine und manchmal die andere Lesart anbietet, deutet vielmehr auf die Überzeugung hin, dass die politischen und juristischen Bewusstseinsformen aus Gründen, die im nachfolgenden Abschnitt deutlich werden, wichtiger sind als die übrigen Formen. Dieser Sachverhalt erlaubt es, jetzt endlich eine Frage zu beantworten, die am Anfang des zweiten Kapitels bereits aufgeworfen wurde, als es in Anbetracht des *Vorworts* unklar blieb, ob der Historische Materialismus aus drei oder nicht doch aus vier Grundelementen besteht. Denn während es an jenem frühen Punkt der Untersuchung noch unklar blieb, ob zwischen den Bewusstseinsformen und dem Überbau zu unterscheiden ist, zeichnet sich jetzt die Antwort ab, dass Marxens Theorie doch aus nur drei Elementen besteht: Den Produktivkräften, den Produktionsverhältnissen und den Bewusstseinsformen, wobei Marx die Bewusstseinsformen mal in ihrer ganzen Fülle auflistet, mal aber auch auf die juristischen und politischen Formen konzentriert. Diesen Sachverhalt möchte ich näher beleuchten, indem ich mich jetzt der zweiten Auslegung des dritten Kernelementes des Historischen Materialismus zuwende.

5.3 Gesetz und Staat

Gestützt auf das *Vorwort*, in dem Marx schreibt, dass sich auf der realen Basis einer Gesellschaft ihr juristischer und politischer Überbau erhebt, entwickelt Cohen eine Sichtweise, die ich als Beispiel für die institutionalistische Auffassung erläutern möchte. Cohen beginnt seine Überlegung mit der Bemerkung, dass er unter dem Überbau eine Menge nicht-ökonomischer Institutionen versteht, wobei er in Übereinstimmung mit meinen Ausführungen am Ende des zurückliegenden Abschnitts den Schwerpunkt auf die juristischen und politischen Institutionen bzw. auf das Gesetz und den Staat legt[3].

In den Texten von Marx finden sich in der Tat viele Belege für Cohens institutionalistische Auslegung. Daher kann man Marx auch so verstehen, als ob es ihm weniger darum geht, die Überzeugungen und Wünsche von Personen oder Personengruppen zu erklären, sondern vielmehr darum, das Bestehen bestimmter Gesetze und die Existenz bestimmter politischer Einrichtungen. Dies zeigt sich mit Blick auf gesetzliche Institutionen, wenn er in der bereits zitierten *Verteidigungsrede* behauptet:

> Hier, der Code Napoléon, den ich in der Hand habe, er hat nicht die moderne bürgerliche Gesellschaft erzeugt. Die im 18. Jahrhundert entstandene, im 19. fortentwickelte bürgerliche Gesellschaft findet vielmehr im Code nur einen gesetzlichen Ausdruck. Sobald er den gesellschaftlichen Verhältnissen nicht mehr entspricht, ist er nur noch ein Ballen Papier. Sie können die alten Gesetze nicht zur Grundlage der neuen gesellschaftlichen Entwicklung machen, so wenig, als diese alten Gesetze die alten gesellschaftlichen Zustände gemacht haben. (6, 245)

Das Gesetzbuch habe nicht die Gesellschaft erzeugt. Vielmehr sei das Gesetzbuch ein Ausdruck der Gesellschaft. Von dieser Auffassung vom Gesetzbuch als einem Ausdruck der Gesellschaft ist es nicht weit bis zu der These, dass sich das Gesetzbuch (bzw. der Inhalt der darin formulierten Gesetze) durch die Gesellschaft (bzw. durch die gesellschaftlichen Verhältnisse) erklären lasse.

Hinsichtlich der Abhängigkeit der staatlichen Einrichtungen von den Produktionsverhältnissen heißt es schon in der *Deutschen Ideologie:*

> Die gesellschaftliche Gliederung und der Staat gehen beständig aus dem Lebensprozeß bestimmter Individuen hervor; aber dieser Individuen, [...] wie sie unter bestimmten materiellen und von ihrer Willkür unabhängigen Schranken, Voraussetzungen und Bedingungen tätig sind. (3, 25)

Vom Staat wird hier gesagt, dass er aus dem Lebensprozess der involvierten Individuen hervorgeht. Wieder ist es von dieser Behauptung nicht weit bis zu der These, dass sich aus jenem Lebensprozess (bzw. aus den Produktionsverhältnissen, unter denen der Prozess vonstatten geht) die politischen Institutionen erklären lassen.

---

3 Cohen 2001, S. 217.

Cohen bekommt also durch Marxens Texte Rückenwind. Leider lässt er sich jedoch weder auf die Frage ein, warum sich Marx institutionalistisch gewendet auf das Gesetz und den Staat konzentriert. Noch kommt er darauf zu sprechen, was man sich unter Institutionen im vorliegenden Zusammenhang vorzustellen hat. Was zuerst den zweiten Punkt betrifft, scheint er sich auf ein intuitives Verständnis dieses Konzepts zu verlassen. Die Texte von Marx und Engels helfen in dieser Hinsicht auch nicht weiter. Denn sie sprechen zwar von verschiedenen Institutionen (etwa den Institutionen des Feudalismus oder der Bourgeoisie oder auch von sozialen Institutionen und der Institution des Eigentums), erläutern jedoch ebenfalls nirgends, inwiefern es angemessen ist, beispielsweise vom Eigentum als einer Institution zu sprechen. Einen Vorwurf sollte man ihnen daraus jedoch nicht machen. Denn sie folgen offensichtlich nur einem großzügigen Sprachgebrauch, der bis in unsere Tage in wissenschaftlichen und außerwissenschaftlichen Zusammenhängen zu beobachten ist.

Um hier trotzdem etwas mehr Klarheit zu schaffen und zugleich eine Verbindung zur Thematik des zurückliegenden Kapitels zu klären, sollte man zumindest zwischen zwei Arten von Institutionen unterscheiden. Auf der einen Seite gibt es Institutionen im Sinne von *Einrichtungen* bzw. *Organisationen*, die von bestimmten Akteuren zu einem mehr oder weniger deutlich anzugebenden Zweck gegründet und mit diesem oder einem anderen Zweck vor Augen am Leben erhalten werden. Hier kann man folglich von einem *intentionalistischen* Konzept der Institution sprechen, um auf die Existenz der involvierten Absichten oder Zwecksetzungen aufmerksam zu machen.

Auf der anderen Seite findet man einen *nicht-intentionalistischen* Begriff der Institution. Institutionen in diesem Sinn des Wortes sind gesellschaftliche *Praktiken* oder *Gepflogenheiten*, die sich zumeist traditionell etabliert bzw. unter den Mitgliedern einer Gesellschaft im Laufe der Zeit eingespielt haben. Aus diesem Grund sind sie nicht intentional aufzufassen, sondern mit den Konventionen, Normen und Handlungsregelmäßigkeiten in Verbindung zu bringen, von denen im zurückliegenden Kapitel mit Blick auf die Verkehrsformen einer Gesellschaft die Rede war[4]. Die UNO, die Bundesbank oder ein politisches Amt, wie etwa das des Ministerpräsidenten, sind Institutionen im ersten Sinn des Wortes. Das Privateigentum, die Ehe oder spezifische Begrüßungsrituale sind Institutionen in der zweiten Bedeutung. Wie leicht zu erkennen ist, sollten wir bei den nicht-ökonomischen Institutionen, von denen Cohen spricht und die für das Verständnis des dritten Kernelements des Historischen Materialismus

---

4 Diesen Begriff hat Foucault (1978, S. 125) im Sinn, wenn er „jedes mehr oder weniger aufgezwungene, eingeübtes Verhalten" als Institution ausweist.

von Belang sind, an intentional eingerichtete Organisationen, also an Institutionen im ersten Sinn des Wortes denken.

Weshalb aber sollte man mit Marx nur diejenigen Einrichtungen ins Auge fassen, die politischer und juristischer Natur sind, was ja bedeutet, all die Bereiche des menschlichen Daseins auszublenden, die wir im Rahmen der mental-kognitivistischen Sicht zusätzlich in den Blick genommen haben? Nun, Staat und Gesetz sind für die institutionalistische Auslegung des dritten Kernelements aussichtsreiche Kandidaten, insofern sie unmittelbar als die institutionellen Äußerungen bzw. Manifestationen der betreffenden Bewusstseinsformen gedeutet werden können. Was das im Einzelnen bedeutet, werden wir später noch genauer untersuchen. Jedenfalls dürfte hier schon deutlich sein, warum etwa die philosophische oder ästhetische Bewusstseinsform in den institutionalistisch gehaltenen Auslassungen von Marx kaum zu Wort kommen können. Welche Organisationen oder Einrichtungen könnten diesen Bewusstseinsformen so unmittelbar entsprechen, wie das Gesetzbuch der juristischen Bewusstseinsform entspricht? Die moralische Bewusstseinsform fällt in der institutionalistischen Sicht der Dinge vermutlich aus einem Grund unter den Tisch, der uns in einem späteren Kapitel beschäftigen wird: Marxens zwiespältiges Verhältnis zur Moral. Nicht zuletzt kommt einem hier noch die religiöse Bewusstseinsform in den Sinn, die in den kirchlichen Einrichtungen eine ähnlich unmittelbare institutionelle ‚Umsetzung' findet, wie es die juristischen und politischen Bewusstseinsformen durch das Gesetz und den Staat tun.

Dass sich Marx ausgerechnet auf die juristischen und politischen Institutionen konzentriert, wenn er vom dritten Element seiner Theorie in der institutionalistischen Lesart spricht, könnte man als böswilliger Interpret darauf zurückführen, dass er studierter Jurist und politisch engagiert war, also in seiner Theorie diejenigen Dinge wichtig nahm, denen er persönlich ein besonderes Interesse entgegenbrachte. Als gutwillige Interpreten sollten wir diese Konzentration hingegen als Ausdruck der Überzeugung deuten, dass die juristischen und politischen Institutionen der Gesellschaft für ihr Gefüge von besonderer Bedeutung, also wichtiger als die von Marx ignorierten Facetten des Überbaus sind. Dass diese wohlmeinende Deutung gute Gründe auf ihrer Seite hat, wird in späteren Teilen dieser Einführung deutlich werden, wenn es darum geht, den Historischen Materialismus funktionalistisch auszulegen. Wie sich zeigen wird, sind die staatlichen und rechtlichen Institutionen nach dem Dafürhalten von Marx für das Funktionieren einer Gesellschaft in der Tat von übergeordneter Bedeutung.

Marx scheint jedenfalls mit seiner Theorie neben den Bewusstseinsinhalten von Personen und Personengruppen tatsächlich auch juristische und staatliche Einrichtungen erklären zu wollen. Befremdlich ist dies nicht. Denn wer hat nicht den Eindruck, dass die juristischen und politischen Verhältnisse einer Gesellschaft mit den Überzeugungen und Interessen der Gesellschaftsmitglieder in einem engen Zusammenhang stehen? Der interessantere Punkt betrifft die Frage, wie dieser Zusammenhang im Einzelnen zu verstehen ist. Um diese Frage beantworten zu können, möchte ich im folgenden Abschnitt einen Exkurs in die Philosophie der Sozialwissenschaften unternehmen. Die Ergebnisse dieses Exkurses werden es nicht nur erlauben, der eigenwilligen Doppelnatur des Überbaus bei Marx auf die Spur zu kommen, sondern zugleich auch einen Hinweis in der Frage geben, wie die Verknüpfung der beiden Interpretationen des dritten Kernelements des Historischen Materialismus aussehen kann.

5.4 Methodologischer und sozialer Individualismus

In den bisherigen Abschnitten dieses Kapitels wurde deutlich, dass der Historische Materialismus in manchen Fassungen die Überzeugungen und Wünsche der Gesellschaftsmitglieder und in anderen Zusammenhängen gesellschaftliche Institutionen, vor allem juristische und politische Einrichtungen (Ämter, Behörden, Gesetze usw.) erklären soll. Da in beiden Fällen dem Erklärungsanliegen durch einen Verweis auf die Produktionsverhältnisse Rechnung getragen werden soll, gibt es drei Möglichkeiten, wie sich die verschiedenen Bausteine der Theorie architektonisch zueinander verhalten. Die erste Möglichkeit besteht darin, dass sich der Historische Materialismus – nachdem auf der unteren Ebene die Produktionsverhältnisse durch die Produktivkräfte erklärt wurden – an dieser Stelle in zwei Äste teilt. Dieser Sicht gemäß werden auf der zweiten Ebene auf der einen Seite die Bewusstseinsformen durch die Produktionsverhältnisse erklärt, die auf der anderen Seite dieselbe Erklärungsleistung mit Blick auf die Institutionen erbringen[5]. Diese Auffassung habe ich jedoch bereits verworfen, insofern ich mich gegen eine Auslegung der Theorie ausgesprochen habe, die aus mehr als drei Elementen besteht. Unzufriedenstellend wäre diese Sichtweise an diesem Punkt der Überlegungen ohnehin, insofern durch die

---

5 Engels legt diese zweigeteilte Konstruktion nahe, wenn er schreibt, dass „die jedesmalige ökonomische Struktur der Gesellschaft die reale Grundlage bildet, aus der *der gesamte Überbau der rechtlichen und politischen Einrichtungen* sowie *der religiösen, philosophischen und sonstigen Vorstellungsweise* […] zu erklären sind."
(20, 25*)

Unabhängigkeit der Erklärungen der Institutionen und der Bewusstseinsformen die Frage unbeantwortet bliebe, die sich am Ende des zurückliegenden Abschnitts stellte: Wie ist der Zusammenhang zwischen den Institutionen und den Bewusstseinsformen beschaffen?

Aussichtsreichere Kandidaten liefern die beiden anderen architektonischen Möglichkeiten. Man kann entweder den Weg verfolgen, auf dem man die Institutionen einer Gesellschaft auf die Handlungen der Gesellschaftsmitglieder reduziert. Dabei werden diese Handlungen durch die Wünsche und Überzeugungen der Akteure unter der Annahme erklärt, dass diese Einstellungen den Produktionsverhältnissen entsprechen. Das ist im Kern das individualistische Programm, dem ich mich anschließen werde. Oder man kann das durch ihre Einstellungen zu erklärende Handeln der Menschen auf die gesellschaftlichen Institutionen zurückführen. In dem Fall geht es dann primär um den Nachweis, dass die Institutionen den Produktionsverhältnissen entsprechen. Dies käme seiner grundsätzlichen Ausrichtung nach einem holistischen bzw. strukturalistischen Unterfangen gleich.

In den bisherigen Abschnitten dieses Kapitels habe ich die beiden Antworten auf die Frage, was es mit dem Überbau einer Gesellschaft auf sich hat, nicht zuletzt deshalb nebeneinander gestellt, um in der Frage, ob Marx eine individualistische Gesellschaftskonzeption vertritt oder nicht, für eine positive Antwort einzutreten. Diese Antwort besagt in einer ersten Annäherung, dass Marx juristische und politische Institutionen nicht als selbständige Sachverhalte fasst, die über die Köpfe der Menschen hinweg ein Eigenleben führen. Erst recht ist die Ansicht falsch, dass die Institutionen nach seinem Dafürhalten auf dunklen Kanälen einen Einfluss auf das Denken, Wollen und damit auf das Handeln der Gesellschaftsmitglieder ausüben[6]. Der individualistischen Überzeugung zufolge sind die Institutionen, also die relevanten Einrichtungen und Organisationen einer Gesellschaft, auf die Überzeugungen und Wünsche bzw. auf das aus diesen Einstellungen hervorgehende Handeln der Gesellschaftsmitglieder zurückzuführen. Einfacher und in einer bestimmten Hinsicht auch grob vereinfacht gesagt, gibt es für Marx dieses oder jenes Gesetz, weil es konkrete Menschen gibt, die ein Interesse daran hatten, dass ein Gesetz mit genau diesem Inhalt verabschiedet und in Geltung gehalten wird, und darüber hinaus in der Position waren, dieses Interesse durchzusetzen[7]. Entsprechendes

---

6 Zweifelsfrei gibt es Passagen, in denen Marx diese Lesart nahelegt.
7 Ich vereinfache hier die Zusammenhänge um der Klarheit willen drastisch, da Institutionen zumeist auf Interessenkonflikte zurückgeführt werden müssen, insofern sie keinem einzelnen Interesse unmittelbar entsprechen, sondern Kompromisslösungen oder nicht-intendierte Folgen kollektiven Handelns sind.

gilt der individualistischen Sicht zufolge für politische Institutionen. Es gibt dieser Auffassung gemäß z. B. die Institution des demokratisch gewählten Parlaments, weil es konkrete Akteure gibt, die ein Interesse daran hatten, diese Institution zu installieren, und zugleich einflussreich genug waren, um ihr Interesse realisieren zu können.

An dieser Stelle ist es jedoch sinnvoll, etwas mehr ins Detail zu gehen. Denn der scheinbar so klare Gegensatz zwischen der individualistischen und einer nicht-individualistischen Auffassung erweist sich bei näherer Betrachtung als eine ziemlich verworrene Angelegenheit. Dies liegt vor allem daran, dass man auf beiden Seiten verschiedene ‚Ismen' unterscheiden muss, um prüfen zu können, welche Spielarten des Individualismus und des Anti-Individualismus hinsichtlich welcher Fragen miteinander rivalisieren. Im Folgenden möchte ich daher zwischen einigen Bedeutungen des Begriffs des Individualismus unterscheiden, wobei indirekt auch verschiedene Spielarten des Anti-Individualismus zur Sprache kommen. In Anbetracht dieser Unterscheidungen möchte ich dann deutlich machen, an welchem Punkt der für unsere Zusammenhänge relevante Streit zwischen den Vertretern der beiden Ausrichtungen entbrennt und wo Marx im Spannungsfeld dieser Kontroverse zu verorten ist.

Zuerst ist es hilfreich, drei normative Bedeutungen des Ausdrucks ‚Individualismus' anzusprechen[8]. Diese können nämlich sofort aus der weiteren Untersuchung ausgeklammert werden, da sie für die Thematik dieses Kapitels irrelevant sind. Gleichwohl werde ich die Gelegenheit nutzen, um kurz auf die Frage einzugehen, ob Marx in diesen Bedeutungen des Ausdrucks individualistisch denkt oder nicht.

Individualistisch im ersten normativen Sinn des Wortes ist eine Position, die besagt, dass jedem menschlichen Individuum bestimmte Rechte, etwa die unveräußerlichen Menschenrechte, zukommen, die von allen anderen Individuen respektiert werden müssen. Mit dieser Position geht die Ansicht einher, dass eine Gesellschaft, moralisch und politisch betrachtet, um so besser ist, je größer die Aussicht der Individuen ist, sich in Übereinstimmung mit ihren individuellen Rechten frei zu entfalten. Zusammengenommen haben wir es hierbei mit der Keimzelle des politischen Liberalismus zu tun, der uns in späteren Kapiteln dieser Einführung noch öfter begegnen wird.

Marx teilt diesen Ausgangspunkt, insofern auch er großen Wert auf ein gesellschaftliches Miteinander legt, das es den Gesellschaftsmitgliedern erlaubt, sich vollkommen frei zu entfalten. Anders als die Liberalen glaubt er aber nicht, dass die freie Entfaltung des Individuums erfordert, dass es durch

---

8 Vgl. für das Folgende Schmitt 1997, S. 24.

die Sicherung eines politisch-rechtlich geschützten Handlungsraums vor den Eingriffen anderer Individuen in sein Leben abgesichert ist. Vielmehr ist er davon überzeugt, dass das Individuum nur dann ein freies Leben führt, wenn es sich seiner sozialen Natur bzw. seines Gattungswesens bewusst ist und realisiert, dass es nur in Gemeinschaft mit allen seinen Mitmenschen wahrhaft frei sein kann. Wie wir im zwölften Kapitel genauer sehen werden, liegt in dieser Überzeugung Marxens anarchistische Hoffnung begründet, dass eine ideale Gesellschaft vollkommen entfalteter Menschen keine rechtlich-politischen Strukturen benötigt. Anders als die Liberalen mag er nicht akzeptieren, dass Staatlichkeit in alle Zukunft nötig ist, um Menschen vor Menschen zu schützen.

In der zweiten normativen Bedeutung des Wortes besagt der Individualismus, dass das einzelne Individuum das Recht hat, seine Wünsche und Interessen den Wünschen und Interessen irgendwelcher Gruppen überzuordnen, zu denen es gehören oder auch nicht gehören mag. Dieser Individualismus folgt aus der Position, die ich an erster Stelle als individualistisch ausgezeichnet habe. Denn weil den Menschen die individuellen Rechte zukommen, die dem politischen Liberalismus als unveräußerlich gelten, dürfen diese Rechte nicht den Interessen von Kollektiven, Gruppen, Parteien usw. geopfert werden. In dieser Hinsicht ist bei Marx der eigenwillig naive Optimismus zu beobachten, dass es in einer sozialistisch geläuterten Gesellschaft zu keinen nennenswerten Konflikten zwischen den Interessen der Gesellschaftsmitglieder und erst recht zu keinem Konflikt zwischen dem Interesse der Allgemeinheit und dem der einzelnen Individuen kommen kann. Auf diesen Punkt werden wir ebenfalls im zwölften Kapitel ausführlicher zurückzukommen haben.

In der dritten normativen Bedeutung ist der Standpunkt individualistisch, dass jedes Individuum trotz seiner sozialen Verbundenheit mit anderen Menschen danach streben sollte, seine moralischen Werte und seinen Lebensweg selbst zu bestimmen. Der Individualismus in diesem Sinn des Wortes findet abermals bei Marx Anklang und ist mit den beiden bisher erläuterten Bedeutungen verträglich. In zugespitzter Form führt diese Position, die auf dem Konzept der Autonomie beruht, noch einmal auf das existentialistische Projekt zurück, das bereits an einem früheren Punkt unserer Betrachtungen durch den Verweis auf Kierkegaard zur Sprache kam.

Von diesen drei individualistischen Auffassungen sagte ich bereits, dass sie mit Blick auf den Zusammenhang der beiden miteinander in Einklang zu bringenden Auslegungen des Überbaus von untergeordneter Bedeutung sind. Anders verhält es sich mit dem Standpunkt, den man den *methodologischen* Individualismus nennt. Die Geschichte dieser Position und der Streit um ihre Angemessenheit in der Philosophie der Geschichts- und Sozialwissenschaften sind kompliziert und gäben hinreichendes Material für eine eigenständige Abhandlung her. Besonders wichtig für den weiteren Fortgang meiner Überlegungen ist es jedoch, zwei grundsätzlich verschiedene Auffassungen davon zu unterscheiden, was dieser methodologische Individualismus besagt. Denn während seine zeitgenössischen Vertreter zumeist betonen, dass sie eine *erklärungstheoretische* Position vertreten, geht mit dieser Position oft eine *ontologische* These einher, die es von der explanatorischen Hauptthese zu unterscheiden gilt[9]. Besagte Hauptthese lautet, dass alle sozialen Phänomene durch das Handeln von Individuen (bzw. durch deren Wünsche und Überzeugungen) zu erklären sind. In diesem Sinn schreibt Jon Elster, ein führender Verfechter des individualistischen Programms, dass „alle sozialen Phänomene […] im Prinzip auf solche Art und Weise zu erklären sind, die nur Individuen einbeziehen."[10]

Die ontologische These betrifft hingegen die Frage, aus welchen Bausteinen gleichsam die Welt des Sozialen besteht. In diesem Fall besagt der Individualismus, den ich in Anlehnung an Richard Schmitt den *sozialen* nennen und vom explanatorisch ausgerichteten methodologischen Individualismus unterscheiden möchte, dass die Welt des Sozialen aus einzelnen Individuen und deren Handlungen aufgebaut ist. Hiernach sind soziale Gruppen oder auch ganze Gesellschaften nichts anderes als Aggregate, sprich Zusammensetzungen von Individuen. Dass Marx diesem sozialen Individualismus zustimmt, wird deutlich, wenn er Proudhon vorwirft, er personifiziere die Gesellschaft. Proudhon mache aus der Gesellschaft „eine *Person Gesellschaft*, eine Gesellschaft die keineswegs die Gesellschaft der Personen ist, da sie ihre besonderen Gesetze hat, die nichts gemein haben mit den Personen, aus denen sie sich zusammensetzt […]" (4, 115) Aus der Art, wie Marx diesen Vorwurf formuliert, ergibt sich unmittelbar, dass eine Gesellschaft in seinen Augen aus den Gesellschaftsmitgliedern besteht bzw. aus diesen Menschen *zusammengesetzt* ist[11].

Was nun den an sich ganz klaren Unterschied zwischen den beiden Thesen des sozialen und des methodologischen Individualismus schnell wieder verschleiert, ist, dass man in beiden Fällen richtigerweise sagen kann, dass etwas Soziales auf etwas Individuelles *zurückgeführt* bzw. *reduziert* wird. Man sollte sich jedoch vor Augen führen, dass dabei in zwei grundverschiedenen Bedeutungen von einer Rückführung bzw. Reduktion die Rede ist. Dem methodologischen Individualismus zufolge werden soziale Phänomene insofern auf indivi-

---

9 Vgl. hierzu Kincaid 1997.
10 Elster 1985, S. 5. Vgl. auch Elster 1989(a), S. 13.
11 Kolakowski (1988(a), S. 352 f.) spricht mit Blick auf holistische Lesarten von Marx zu Recht von „monströsen Verirrungen" einiger Interpreten.

duelle Momente zurückgeführt, als das Auf- bzw. Eintreten des betreffenden Phänomens durch die individuellen Momente (zumeist kausal) *erklärt* wird. Wirkungen werden also auf ihre Ursachen zurückgeführt. Das soziale Phänomen Klassenkampf, um bei einem marxschen Beispiel zu bleiben, soll dieser Sicht der Dinge zufolge durch einen Rückgang auf das Wollen und Meinen der einzelnen, miteinander rivalisierenden Personen erklärt werden, deren Handlungen zusammengenommen dasjenige Phänomen ergeben, das man Klassenkampf nennt. Wenn es etwa heißt, dass die Institution der Ehe in diesem Sinne individualistisch zu erklären ist, dann besagt dies im Kern, dass alle Handlungen, die für verheiratete Menschen typisch sind, durch die Einstellungen der betreffenden Personen zu erklären sind. Dabei geht der methodologische Individualist, der ja eine explanatorische These vertritt, davon aus, dass das, was zu erklären ist (das soziale Phänomen), und das, was der Erklärung dient (das Handeln bzw. die Einstellungen der involvierten Individuen), klar zu unterscheidende Entitäten sind. Genaueres über den hier relevanten Begriff der Erklärung werde ich im nachfolgenden Kapitel darlegen.

Eine Rückführung im Sinne des *sozialen* Individualismus sieht ganz anders aus. Denn in diesem Fall wird das soziale Phänomen gleichsam in seine individuellen Momente aufgelöst, insofern die Behauptung lautet, das soziale Phänomen *bestehe* aus den individuellen Momenten. Hier geht es also nicht um die Frage, welche Wünsche und Überzeugungen zu dem Phänomen Klassenkampf führen, durch welche Faktoren es also dazu kommt, dass es das soziale Phänomen namens Klassenkampf gibt. Vielmehr geht es darum, das makrologische Phänomen Klassenkampf auf einzelne Auseinandersetzungen, also auf konkrete Handlungen und Handlungsweisen von Akteuren auf der mikrologisch-individuellen Ebene zurückzuführen. Die Institution der Ehe auf individuelle Momente zurückführen hieße in diesem Fall nicht, irgendwelche Handlungen durch Wünsche und Überzeugungen zu erklären, sondern die Reihe der Handlungen (und Unterlassungen) zu benennen, die für verheiratete Menschen typisch sind. In diesem Fall wird also nicht erklärt, durch welche kausalen Auslöser es zur Existenz des betreffenden sozialen Phänomens gekommen ist. Vielmehr wird gesagt, aus welchen Bestandteilen das betreffende Phänomen ‚aufgebaut‘ ist. Eine Rückführung in diesem zweiten Sinn kann man sich nach dem Muster vorstellen, das die Chemie und die Physik liefern. Wer z. B. sagt, aus welchen Molekülen Wasser besteht, hat das Wasser auf die molekulare Ebene zurückgeführt. Freilich hat er dadurch nicht erklärt, wie es ursächlich dazu kam, dass in der Regentonne hinter dem Haus Wasser zu finden ist. Denn in dieses Geschäft der kausalen Genealogie der Geschehnisse mischt sich ein Vertreter des sozialen Individualismus nicht.

Der soziale Individualismus kann nun in eine schwächere und eine stärkere Variante unterteilt werden. Nennen wir die schwächere den *reduktionistischen* und die stärkere den *eliminativistischen* Individualismus. Der Unterschied betrifft die Frage, ob das, was zu reduzieren bzw. in seine Bestandteile aufzulösen ist, am Ende einer gelungenen Reduktion noch als eigenständig existierende Entität anerkannt wird oder nicht. Der stärkeren, eliminativistischen These zufolge steht am Ende einer gelungenen Rückführung die Erkenntnis, dass es das, was da reduziert wurde, im Grunde genommen bzw. dem ersten (vorwissenschaftlichen) Anschein entgegen gar nicht gegeben hat. Es gibt bei Licht betrachtet eben nur Wasserstoff- und Sauerstoffmoleküle. Die davon unabhängige Existenz von Wasser entlarvt sich nach dem Dafürhalten des Eliminativisten als oberflächlicher Schein.

Ein Anhänger der schwächeren, also reduktionistischen These wird hingegen nicht bezweifeln, dass es außer den Molekülen auch das Wasser gibt, das aus den Molekülen besteht. In seinen Augen steht am Ende der gelungenen Rückführung die Erkenntnis, dass Wasser aus den und den Molekülen besteht, so wie etwa ein Automotor aus diesen und jenen Bestandteilen aufgebaut ist. Wer so denkt, muss nicht glauben, dass das Ganze in einer mysteriösen Art und Weise mehr ist als die Summe seiner Teile. Ein ganzer bzw. vollständiger Automotor ist einfach etwas *anderes* als die Summe der Einzelteile, aus denen er besteht. Motoren bestehen, etwas genauer gesagt, aus diversen Teilen, die in einer bestimmten Art und Weise *organisiert* sind. Denn nur durch diese Organisation können die Teile zusammengenommen als Motoren *funktionieren*. Auch dieser Sachverhalt wird uns noch eingehend beschäftigen, wenn es um eine funktionalistische Auslegung des Historischen Materialismus geht.

Ich vermute, dass der Streitpunkt, der einen Anti-Individualisten angesichts der individualistischen Haltung auf die Barrikaden treibt, auf der Unterstellung beruht, dass der Individualist sein Ansinnen eliminativistisch versteht. Diese Vermutung wird durch den Umstand genährt, dass der Streit zwischen den Individualisten und ihren Widersachern häufig zu der Frage führt, ob es unter den individualistischen Vorgaben überhaupt noch einen eigenständigen Phänomenbereich für die Geschichts- und Sozialwissenschaften gibt, ob die Legitimität dieser Disziplinen mithin nicht fraglich sei. Nach Maßgabe der reduktionistischen Version des Individualismus stellt sich diese Frage jedoch nicht. Denn es war ja zu sehen, dass das eliminativistische Verständnis des individualistischen Ansatzes nicht zwingend ist. Ein sozialer Individualist kann die sozialen Phänomene auf individuelle Momente zurückführen, ohne die eliminativistische Behauptung zu vertreten, dass es die sozialen Phänomene gar nicht als eigenständig in Betracht zu ziehende Entitäten gibt. Daher vertritt er auch keineswegs die These, dass jedwede Wissenschaft vom Sozialen einer soliden Grundlage entbehrt.

Eine hilfreiche Illustration des nicht-eliminativen Individualismus stammt von Gilbert Ryle. Ryle schildert eine Situation, in der ein Besucher der Universität Oxford, dem gerade alle universitären Einrichtungen gezeigt wurden, mit der Frage aufwartet, wo denn nun eigentlich die Universität sei[12]. Dieser Person sei klarzumachen, so Ryle, dass die Gesamtheit der ihr gezeigten Einrichtungen die Universität bildet. Dabei will Ryle nicht behaupten, dass es neben den Einrichtungen nichts gibt, was man zutreffend als Universität bezeichnen kann. Vielmehr seien die Einrichtungen in ihrer spezifischen Verfasstheit mit der Universität identisch. Genau nach diesem Muster ist die Position des sozialen, nicht-eliminativistischen Individualismus zu verstehen, um den es in meiner weiteren Nachzeichnung der Sicht von Marx ausnahmslos gehen wird. In dieser Nachzeichnung wird im nächsten Abschnitt auch deutlich, dass Marx der These des methodologischen Individualismus ebenfalls zustimmt.

5.5 Einstellung, Handlung und Institution

Welches Bild ergibt sich in Anbetracht der zurückliegenden Überlegungen vom dritten Kernelement des Historischen Materialismus? Für eine einheitliche Auslegung, die eine Brücke von der mental-kognitivistischen zur institutionalistischen Lesart schlägt, haben uns Marx und Engels schon gleich zu Beginn des Kapitels einen Schlüssel an die Hand gegeben. Denn in der eingangs zitierten Passage aus dem *Manifest* heißt es, dass *das Recht nichts anderes sei, als der zum Gesetz erhobene Wille* der herrschenden Klasse (vgl. 4, 477). Derselbe Gedanke kommt zum Ausdruck, wenn Marx an anderer Stelle schreibt: „Es ist ferner klar, daß es hier wie immer im Interesse des herrschenden Teils der Gesellschaft ist, das Bestehende als Gesetz zu heiligen und seine durch Gebrauch und Tradition gegebnen Schranken als gesetzliche zu fixieren." (25, 801) Hier zeichnet sich eine unmittelbare Verbindung zwischen der Institution des Rechts und den Interessen, Wünschen und Bedürfnissen konkreter Individuen ab.

Um das Bindeglied zwischen den beiden Ansätzen genauer in den Blick zu bekommen, müssen wir uns jedenfalls das Handeln der Menschen vergegenwärtigen. Denn die Handlungen der Gesellschaftsmitglieder sind einerseits durch die Elemente des Überbaus in der mental-kognitivistischen Lesart, also

---

12 Ryle 1978, S. 14 f.

durch die Einstellungen der Akteure, in Übereinstimmung mit dem methodologischen Individualismus kausal zu erklären. Andererseits war zu sehen, wie diese Handlungen zu den Institutionen und Einrichtungen führen, die die Elemente des Überbaus gemäß der institutionalistischen Lesart bilden. Beide Punkte seien zum Abschluss dieses Kapitels näher erläutert.

Ansatzweise schon bei Platon, aber dann vor allem bei Aristoteles findet sich die zum festen Bestandteil fast jeder philosophischen Theorie des menschlichen Handelns gewordene Lehre, dass die Wünsche und Überzeugungen der Individuen ihr Handeln erklären. Eine Person tut dieser Sicht der Dinge zufolge das, was sie absichtlich bzw. willentlich tut, *weil* sie diese oder jene Einstellungen hat bzw. *weil* sie der Überzeugung ist, durch ihr Tun den ihr vorschwebenden Zweck realisieren zu können. Man muss folglich die relevanten Einstellungen der Akteure kennen, um ihr Handeln zu verstehen.

Dass Marx in dieser Hinsicht gut aristotelisch denkt, also menschliches Handeln durch Zwecksetzungen bzw. durch die Wünsche und Interessen der Handelnden erklärt, zeigt sich etwa, wenn er im ersten Band des *Kapital* schreibt:

> Eine Spinne verrichtet Operationen, die denen des Webers ähneln, und eine Biene beschämt durch den Bau ihrer Wachszellen manchen menschlichen Baumeister. Was aber von vornherein den schlechtesten Baumeister vor der besten Biene auszeichnet, ist, daß er die Zelle *in seinem Kopf* gebaut hat, bevor er sie in Wachs baut. Am Ende des Arbeitsprozesses kommt ein Resultat heraus, das beim Beginn desselben schon *in der Vorstellung des Arbeiters*, also schon ideell vorhanden war. Nicht daß er nur eine Formveränderung des Natürlichen bewirkt; *er verwirklicht* im Natürlichen zugleich *seinen Zweck, den er weiß* [...]. (23, 193*)[13]

Dass Marx Handlungen auch durch Einstellungen wie etwa Meinungen des Handelnden erklärt sieht, wird deutlich, wenn er schreibt:

> Der Konsument ist nicht freier als der Produzent. Seine Meinung hängt ab von seinen Mitteln und seinen Bedürfnissen. Beide werden durch seine soziale Lage bestimmt, die wiederum selbst abhängt von der allgemeinen sozialen Organisation. Allerdings, der Arbeiter, der Kartoffeln kauft, und die ausgehaltene Mätresse, die Spitzen kauft, folgen beide nur ihrer respektiven Meinung; aber die Verschiedenheit

---

13 Es gibt zugegebenermaßen auch Äußerungen von Marx, die darauf hindeuten, dass er der traditionsreichen Sicht der Dinge nicht zustimmt. So schreibt er z. B.: „Das einzelne Individuum, dem [Empfindungen, Illusionen, Denkweisen und Lebensanschauungen] durch Tradition und Erziehung zufließen, kann sich einbilden, daß sie die eigentlichen Bestimmungsgründe und den Ausgangspunkt seines Handelns bilden." (8, 139)

ihrer Meinungen erklärt sich durch die Verschiedenheit der Stellung, die sie in der Welt einnehmen und die selbst wiederum ein Produkt der sozialen Organisation ist. (4, 75)

Hier wird nicht nur gesagt, dass verschiedene Meinungen zu verschiedenen Handlungen führen. Auch wird betont, dass die Meinungen und Bedürfnisse ihrerseits auf die soziale Lage des Individuums, gemeint ist die Positionierung des Handelnden in der Klassenstruktur der Gesellschaft, zurückzuführen sind[14]. Diese Spur werden wir in einem späteren Kapitel weiterverfolgen, in dem es um den Gesellschaftsbegriff bei Marx gehen wird.

Damit komme ich zum abschließenden zweiten Teil der angekündigten Erläuterungen, der die Verbindung zwischen den beiden Interpretationen des Überbaus betrifft. Mit Blick auf die Institutionen, die für ein Verständnis des dritten Elements des Historischen Materialismus relevant sind, erwies es sich als ein Kennzeichen, dass sie *absichtlich*, also intentional installiert und am Leben gehalten werden. Dabei ist es wichtig zu erkennen, dass der Erklärungsbegriff in diesem Fall eine doppelte Rolle spielt. Denn auf der einen Seite gibt es der hier vertretenen Sicht zufolge z. B. die Institution des Grundgesetzes der Bundesrepublik Deutschland in seiner heutigen Form, weil bestimmte Menschen diese Verfassung (absichtlich) ausgearbeitet, andere Menschen diese Ausarbeitung (absichtlich) verabschiedet und wieder andere Menschen das Grundgesetz im Laufe der Jahre ab und an (absichtlich) verändert haben. Auf der anderen Seite sind die einzelnen Handlungen, die zu dem Grundgesetz in der heutigen Form geführt haben, durch die Einstellungen der involvierten Personen zu erklären. *Weil* die relevanten Akteure dies und dies dachten und beabsichtigten, haben sie dieses getan und jenes gelassen. Und *weil* diese oder jene Menschen dieses getan und jenes gelassen haben, gibt es die betreffende Institution in ihrer vorliegenden Verfassung.

Damit liegt der Zusammenhang zwischen den Einstellungen der Menschen und ihrem Handeln sowie den Handlungen dieser Menschen und den Institutionen ihrer Gesellschaft hoffentlich klar genug vor Augen. Bestimmte Men-

---

14 Dass Marx nicht nur kognitive, sondern auch konative Einstellungen wie etwa Bedürfnisse auf die Produktionsverhältnisse zurückführt, wird deutlich, wenn er schreibt: „Ist das System der Bedürfnisse in seiner Gesamtheit auf die Meinung oder auf die gesamte Organisation der Produktion begründet? In den meisten Fällen entspringen die Bedürfnisse aus der Produktion oder aus einem auf die Produktion begründeten allgemeinen Zustand." (4, 76) Diese Rückführung der Bedürfnisse auf die sozialen Verhältnisse hat einigen Autoren Munition gegen den methodologischen Individualismus geliefert. Siehe etwa Wetherley 1992(a).

schen wollen, so der Grundgedanke, dass z. B. die Steuerbelastung der verschiedenen Gesellschaftsmitglieder so und so aussieht, und sind darüber hinaus in der Position, diesen Willen in Form eines Gesetzes durchzusetzen, indem sie dazu geeignete Maßnahmen ergreifen. Mit der damit angesprochenen Gesetzgebung, also der Ausübung legislativer Gewalt, sind wir freilich schon bei den staatlichen Institutionen im Allgemeinen angelangt. Denn unter diesen staatlichen Institutionen darf man sich nicht nur die legislative Gewalt vorstellen, sondern sollte auch die Exekutive, die Gerichte, die Polizei, die Armee, den gesamten bürokratischen Verwaltungsapparat etc. im Auge haben. Dem eben skizzierten Bild, dem zufolge das Agieren der Menschen das Bindeglied zwischen den beiden Auslegungen vom Überbau liefert, schließt sich die berühmte Äußerung von Marx nahtlos an, die die moderne Staatsgewalt als einen „Ausschuß" charakterisiert, „der die gemeinschaftlichen Geschäfte der ganzen Bourgeoisieklasse verwaltet." (4, 464) Auch wenn hier nicht vom Staat generell, sondern von der modernen Staatsgewalt unter kapitalistischen Vorzeichen die Rede ist, kann man diesen Gedanken problemlos verallgemeinern. Staatliche, sprich politische Einrichtungen sind, wie sie sind, weil gewisse Leute ein Interesse daran haben, dass sie so sind, und sich in der Lage befinden, diese Interessen aktiv, also handelnd, durchzusetzen[15].

5.6 Rückblick

In diesem Kapitel habe ich versucht, ein zusammenhängendes Bild davon zu zeichnen, was Marx und vor allem seine Nachfolger den Überbau einer Gesellschaft nennen. Dabei zeigte sich zu Beginn, dass Marx und Engels in aller

---

15 Dabei hat Marx selten die Interessen einer einzelnen Person im Sinn. Es geht vielmehr um das Interesse einer Gruppe von Menschen, was zum Begriff des Klasseninteresses führt, über den noch zu reden sein wird. Dies zeichnet sich jedenfalls ab, wenn Marx vom Gesetz als einem *gemeinschaftlichen* Interesse spricht, das sich „gegen die Willkür des einzelnen Individuums" stellt. (vgl. 6, 245). Zugleich führt diese Feststellung zu einem Gedanken aus dem zurückliegenden Kapitel zurück. So wie dort deutlich wurde, dass sich Marx nicht für einzelne Handlungen, sondern für die in einer Gesellschaft typischen Handlungsweisen interessiert, so zeigt sich hier, dass das Gesetz und damit der Staat als Massenphänomene die Aufmerksamkeit des Sozialphilosophen wecken. Gesetz und Staat sind durch die Interessen vieler Menschen stabilisierte Phänomene, die sich durch ihr dadurch gewonnenes Gewicht gegen den Willen einzelner Akteure zu stellen vermögen. Diesen Punkt hat Marx im Auge, wenn er von der Illusion spricht, „daß es nur vom guten Willen der Leute abhängt, die bestehenden Verhältnisse zu ändern [. . .]." (3, 363)

Regel eine mental-kognitivistische Konzeption des dritten Elements ihrer Theorie zum Ausdruck bringen, zuweilen aber auch die Auffassung nahelegen, dass Institutionen des Rechts und des Staates den Überbau einer Gesellschaft bilden. Vor dem Hintergrund einer Unterscheidung zweier Arten von Institutionen – von Praktiken, die man sich auf der Ebene der Produktionsverhältnisse vorstellen muss, und von Einrichtungen bzw. Organisationen, die zum institutionalistisch ausgelegten Begriff des Überbaus führen – öffnete ein Exkurs in die Philosophie der Sozialwissenschaften, der zwischen verschiedenen Bedeutungen des Ausdrucks ‚Individualismus' sowie zwischen den Begriffen der Erklärung, der Reduktion und der Eliminierung unterschied, den Weg, das Auseinanderfallen des dritten Kernelementes des Historischen Materialismus in zwei Teile zu vermeiden. Das Handeln der Mitglieder einer Gesellschaft lieferte hierzu den Klebstoff.

Damit haben wir alle drei Bausteine des Historischen Materialismus beisammen. Der technologische Stand der Produktivkräfte führt zu spezifischen Produktionsverhältnissen, also zu den je spezifischen Formen der Arbeitsteilung und den damit einhergehenden ökonomischen Rollen, zu dem je eigentümlichen Zweck der Produktion und nicht zuletzt zu den Formen des Besitzes und der Besitzverteilung. Auf Grund der Produktionsverhältnisse prägen sich bei den Gesellschaftsmitgliedern bestimmte Überzeugungen und Interessenlagen aus. Diese Überzeugungen und Wünsche lassen die Menschen auf für sie typische Arten und Weisen handeln. Manche ihrer Handlungen bilden gewisse Muster und Regelmäßigkeiten, die unter den Begriff der Institution fallen, der Praktiken oder soziale Gepflogenheiten umfasst und auf das Konzept der Produktionsverhältnisse zurückverweist. Manche Handlungen haben aber auch das Ziel, bestimmte Organisationen einzurichten, zu verändern, am Leben zu erhalten oder abzuschaffen. Marx hebt in dieser Hinsicht zumeist die politischen und juristischen Einrichtungen hervor, die in einer der beiden Lesarten den gesellschaftlichen Überbau bilden.

Das Material und die Grundstruktur des Historischen Materialismus liegen uns jetzt vollständig vor Augen. Die Fragen, wie dieses Material zusammenhängt und wie der Historische Materialismus als Theorie funktioniert, sind die Themen der folgenden drei Kapitel.

6 Erklärung

In den zurückliegenden drei Kapiteln wurden die Grundelemente des Historischen Materialismus erörtert. Damit ist meine Einführung in diese beeindruckend schlichte Theorie der Welterklärung, wie sie zu Beginn des zweiten Kapitels genannt wurde, fast schon fertig. Denn was jetzt nur noch fehlt, ist eine Antwort auf die Frage, welche Beziehungen zwischen den Produktivkräften und den Produktionsverhältnissen und zwischen den Verhältnissen und dem Überbau besteht. Dies könnte als eine einfache Frage erscheinen, zumal man aus Gründen, die im nachfolgenden Abschnitt deutlich werden, davon ausgehen kann, dass es sich in beiden Fällen um ein und dieselbe Beziehung handelt. Doch es wird sich herausstellen, dass die Beantwortung der anstehenden Frage gar nicht so unkompliziert ist. Um es gleich vorweg zu sagen: Nicht nur dieses, sondern auch die beiden nachfolgenden Kapitel dienen dazu, meine Antwort auf diese Frage verständlich und hoffentlich auch plausibel zu machen.

Diese Antwort kreist um den Begriff der funktionalen Erklärung, der jedoch erst im nachfolgenden Kapitel erläutert werden soll. Auf den folgenden Seiten geht es erst einmal darum, durch einige Erläuterungen des Begriffs der Erklärung und einiger damit zusammenhängender Konzepte den erklärungstheoretischen Anspruch des Historischen Materialismus zu erörtern, um den Blick für die heikle Problemlage zu schärfen. In welchem Sinn des Wortes geht es in der Theorie von Marx um Erklärungen? Und wie sollen die Erklärungen, die der Historische Materialismus liefert, im Einzelnen aussehen? Ich beginne mit einigen Vorklärungen, wende mich daraufhin der Erklärungs- und Kausalitätsdiskussion zu, um vor diesem Hintergrund dann auf Marx zurückzukommen. Erst wenn im Zuge dieser Teildiskussionen deutlich geworden ist, aus welchen Gründen nicht davon auszugehen ist, dass der Historische Materialismus in der entscheidenden Hinsicht Kausalerklärungen liefert, wenden wir uns schließlich der funktionalistischen Auslegung dieser Theorie zu.

6.1 Die Problemlage

Bevor wir damit beginnen, uns den erklärungstheoretischen Anspruch des Historischen Materialismus zu vergegenwärtigen, sollten wir uns darüber vergewissern, dass es bei den Beziehungen zwischen den drei Kernelementen dieser Theorie in der Tat um explanatorische Beziehungen geht. Dies ist angebracht, weil durch diese Vergewisserung der soeben angesprochene Punkt deutlich wird, dass es sich nicht um zwei verschiedene, sondern in beiden Fällen um ein und dieselbe Beziehung – eben um die Erklärungsrelation – handelt. Darüber hinaus ist dieses Vorgehen angemessen, weil Marx und Engels selten schreiben, dass der Überbau durch die Produktionsverhältnisse und diese durch den Entwicklungsstand der Produktivkräfte zu *erklären* sind. Stattdessen bevorzugen sie eine Reihe anderer Ausdrücke, die ich in diesem Abschnitt erst einmal sammeln möchte, um sie dann in den nachfolgenden Abschnitten genauer zu untersuchen.

Schauen wir uns zu Beginn erneut das *Vorwort* an, in dem sich die Grundideen der Theorie von Marx in ihrer reifsten Fassung finden:

> In der gesellschaftlichen Produktion ihres Lebens gehen die Menschen bestimmte, notwendige, von ihrem Willen unabhängige Verhältnisse ein, Produktionsverhältnisse, die einer bestimmten Entwicklungsstufe ihrer materiellen Produktivkräfte *entsprechen*. Die Gesamtheit dieser Produktionsverhältnisse bildet die ökonomische Struktur der Gesellschaft, die reale Basis, worauf sich ein juristischer und politischer Überbau erhebt, und welcher bestimmte gesellschaftliche Bewußtseinsformen *entsprechen*. Die Produktionsweise des materiellen Lebens *bedingt* den sozialen, politischen und geistigen Lebensprozeß überhaupt. Es ist nicht das Bewußtsein der Menschen, das ihr Sein, sondern umgekehrt ihr gesellschaftliches Sein, das ihr Bewußtsein *bestimmt*. (13, 8 f.*)

Hier heißt es zum einen, dass die Bewusstseinsformen den Produktionsverhältnissen *entsprechen*, die ihrerseits einer bestimmten Entwicklungsstufe der Produktivkräfte *entsprechen*. Zum anderen erfährt man, dass die Produktionsweise den Lebensprozess *bedingt*. Diese beiden Sachverhalte werden schließlich durch das berühmte Diktum zusammengefasst, dem zufolge das Sein das Bewusstsein *bestimmt*. Von Erklärungen ist also dem Wortlaut nach gar nicht die Rede. Vielmehr spricht Marx von Entsprechungs-, Bedingungs- und Bestimmungsverhältnissen.

Ein auf den ersten Blick ganz anderes Resultat ergibt eine erneute Lektüre der beiden folgenden Passagen aus der *Deutschen Ideologie*:

> Die Tatsache ist also die: bestimmte Individuen, die auf bestimmte Weise produktiv tätig sind, gehen diese bestimmten gesellschaftlichen und politischen Verhältnisse ein. Die empirische Beobachtung muß in jedem einzelnen Fall *den Zusammenhang* der gesellschaftlichen und politischen Gliederung mit der Produktion empirisch und ohne alle Mystifikation und Spekulation *aufweisen*. (3, 25*)
>
> Diese Geschichtsauffassung beruht also darauf, den wirklichen Produktionsprozeß [...] zu entwickeln und die mit dieser Produktionsweise *zusammenhängende* und von ihr *erzeugte* Verkehrsform, also die bürgerliche Gesellschaft in ihren verschiedenen Stufen, als Grundlage der ganzen Geschichte aufzufassen und sie [...] in ihrer Aktion als Staat *darzustellen* [...] (3, 37*)

Expressis verbis geht auch aus diesen Sätzen kein Erklärungsanspruch hervor. Stattdessen heißt es, dass *Zusammenhänge* zwischen den Kernelementen des Historischen Materialismus *aufzuweisen* bzw. *darzustellen* sind.

Schauen wir uns zuletzt noch einmal diese Passage aus dem Brief an Annenkow an:

> *Setzen Sie* einen bestimmten Entwicklungsstand der Produktivkräfte der Menschen *voraus, und Sie erhalten* eine bestimmte Form des Verkehrs [commerce] und der Konsumtion. *Setzen Sie* bestimmte Stufen der Entwicklung der Produktion, des Verkehrs und der Konsumtion *voraus, und Sie erhalten* [...] eine entsprechende Gesellschaft [société civile]. *Setzen Sie* eine solche Gesellschaft *voraus, und Sie erhalten* eine entsprechende politische Ordnung [état politique], die nur der offizielle Ausdruck der Gesellschaft ist. (27, 452*)

Auch in dieser Kurzdarstellung der Theorie tauchen die Vokabeln ‚erklären‘ und ‚Erklärung‘ nicht auf. Marx scheint vielmehr auf eine Art logische Verknüpfung zwischen den besagten Kernelementen aufmerksam zu machen. Denn er fordert seinen Leser auf, Folgen zu erwägen, die sich aus bestimmten Setzungen ergeben.

Nun ist aber relativ leicht zu sehen, dass in all diesen Passagen unterschwellig gleichwohl der Anspruch erhoben wird, eine Theorie zu präsentieren, die die Produktionsverhältnisse und den Überbau einer Gesellschaft erklärt. Dieser Eindruck wird durch solche Passagen verstärkt, in denen das Erklärungsvokabular ausdrücklich verwendet wird. So heißt es etwa etwas später im *Vorwort*:

> Mit der Veränderung der ökonomischen Grundlage wälzt sich der ganze ungeheure Überbau langsamer oder rascher um. [...] Sowenig man das, was ein Individuum ist, nach dem beurteilt, was es sich selbst dünkt, ebensowenig kann man eine solche Umwälzungsepoche aus ihrem Bewußtsein beurteilen, sondern muß vielmehr dieses Bewußtsein aus den Widersprüchen des materiellen Lebens, aus dem vorhandenen Konflikt zwischen gesellschaftlichen Produktivkräften und Produktionsverhältnissen *erklären*. (13, 9*)

Und schon in der *Deutschen Ideologie* ist zu lesen, dass es in der dort präsentierten Theorie darum gehe, „die sämtlichen verschiedenen theoretischen Erzeugnisse und Formen des Bewußtseins, Religion, Philosophie, Moral etc. etc. [...] zu erklären [...].“ (3, 38)

Dass Marx beansprucht, eine der Erklärung gesellschaftlicher Phänomene dienende Theorie zu präsentieren, wird darüber hinaus auch deutlich, wenn man sich vergegenwärtigt, dass ein Großteil des Vokabulars, das in diesem Abschnitt aus seinen Schriften extrahiert wurde, dazu verwendet werden kann, explanatorische Anliegen zu formulieren. Um dies kenntlich zu machen, sollen im nächsten Schritt einige Betrachtungen zum Erklärungsbegriff angestellt werden, die nicht zuletzt dazu dienen, uns über die vielen Bedeutungen des Ausdrucks ‚erklären' ein klareres Bild zu verschaffen. Vor dem Hintergrund dieses Bildes werde ich im übernächsten Abschnitt auf die Frage zurückkommen, wie die bisher herausgestellten Äußerungen von Marx und Engels zu deuten sind.

6.2 Erklärung und Verursachung

Der Begriff der Erklärung spielt in der Philosophie allgemein und insbesondere in der Wissenschaftstheorie eine wichtige Rolle. Im allgemeinen Fall ist dies wohl deshalb so, weil Philosophen seit jeher daran interessiert waren, sich und ihren Mitmenschen Gott und die Welt zu erklären. Für die Wissenschaftstheorie im Besonderen ist der Erklärungsbegriff in den beiden folgenden Hinsichten von herausragender Bedeutung. Zum einen hat man es hier, wie der Name schon sagt, mit einer theoretischen Reflexion der Wissenschaften zu tun. Daher drängen sich die Fragen, ob, inwiefern und wie gut wissenschaftliche Theorien ihren jeweiligen Gegenstandsbereich erklären, fast von selbst auf. Zum anderen wurde nicht zuletzt auf Grund der Wichtigkeit dieser Fragen der Begriff der wissenschaftlichen Erklärung in den vergangenen Jahrzehnten lebhaft diskutiert, weswegen man heute von einer Theorie der Erklärung als einer eigenständigen Teildisziplin der allgemeinen Wissenschaftstheorie sprechen kann[1].

Aus zwei Gründen ist es wichtig, dass man sich vor Augen hält, inwiefern es den einen Begriff der Erklärung nicht gibt. Denn wenn man genauer auf die im Einzelfall gebrauchten Fragepronomina und die jeweiligen Hinsichten des Erklärens Acht hat, bemerkt man, dass zwischen grundverschiedenen Erklärungsanliegen zu unterscheiden ist, die schwerlich auf ein und demselben Erklärungsbegriff beruhen dürften. Dass es diese Verschiedenheit der Anliegen gibt, sei durch die folgende Liste von Beispielen illustriert, die keineswegs mit der Absicht zusammengestellt ist, Vollständigkeit zu erzielen[2].

Man kann erklären, *warum* eine Tatsache vorliegt; warum ein Gegenstand ein bestimmtes Merkmal aufweist; warum ein Geschehnis eingetreten ist. Dem

---

1 Für einen Überblick siehe Rosenberg 2011.
2 Vgl. für die folgende Liste Iorio 1998, S. 12.

gegenüber kann man erklären, warum ein Sachverhalt *nicht* gegeben ist; warum ein Gegenstand eine bestimmte Eigenschaft nicht aufweist; warum ein Ereignis nicht eingetreten ist. Auf einer allgemeineren Ebene der Betrachtung kann man erklären, warum gewisse Fakten *immer wieder* zu konstatieren sind; warum *alle* Objekte einer bestimmten Art dieselbe Eigenschaft aufweisen; oder warum Ereignisse einer spezifischen Art *stets aufs Neue* eintreten. Auch auf dieser Ebene sind zusätzlich die negativen Fälle zu bedenken, in denen es etwa um die Frage geht, warum Ereignisse eines bestimmten Typs unter bestimmten Umständen *niemals* eintreten.

Neben den genannten Fällen, denen gemeinsam ist, dass sie auf das Fragepronomen ,warum' (bzw. auf dessen Synonyme ,wieso' und ,weshalb') verweisen, sich aber hinsichtlich der Frage unterscheiden, welcher ontologischen Kategorie (Tatsachen, Eigenschaften, Ereignisse) das Explanandum zugehört, gibt es auch Erklärungen anderer Art. Dabei habe ich unter anderem solche Fälle im Auge, in denen es um eine Erklärung dafür geht, *wie* etwas zu tun ist; wie man z. B. über das Internet eine Überweisung tätigt oder wie man auf dem einfachsten Weg vom Bahnhof zum Theater gelangt. In diesem Sinn des Wortes kann man auch erklären, wie eine bestimmte Maschine oder wie der Mechanismus eines Uhrwerks funktioniert. Und es sei schon hier vermerkt, dass uns Erklärungen dieser Art im nachfolgenden Kapitel im Rahmen der Untersuchung funktionalistischer Theorien eingehend beschäftigen werden.

Doch damit noch lange nicht genug. Man kann auch erklären, *was* ein Zeichen, etwa ein Wort; was ein Gedicht oder was ein Gemälde bedeutet. Kinder wollen erklärt bekommen, was es mit Hass, mit Liebe oder mit dem Weihnachtsmann auf sich hat. In einer performativen Wendung des Ausdrucks kann der Kapitän eines Schiffes zwei Menschen zu Mann und Frau, ein Staat einem anderen Staat den Krieg und eine politische Amtsträgerin ihren Rücktritt erklären.

Ich sprach von zwei Gründen, die es wichtig machen, sich die Vielfalt der unterschiedlichsten Erklärungsanliegen zu vergegenwärtigen. Einer dieser beiden Gründe wird im nachfolgenden Kapitel deutlich werden, in dem ich dafür argumentieren werde, dass funktionale Erklärungen häufig mit einem falschen Erklärungsanliegen assoziiert werden. Der momentan wichtigere Grund liegt darin, dass erst in Anbetracht dieser Fülle unterschiedlicher Anliegen zu erkennen ist, inwiefern die Diskussion des Erklärungsbegriffs zumindest bis vor kurzer Zeit sehr einseitig verlaufen ist. Denn in dieser Diskussion sind fast ausschließlich solche Fälle verhandelt worden, mit denen die eben zusammengestellte Liste anfing: Erklärungen, die als Antworten auf Fragen aufzufassen sind, die mit dem Pronomen ,warum' (bzw. mit den genannten

Synonymen) eröffnen und Erklärungen von Einzelfällen darstellen. Wenn in den folgenden Abschnitten von Erklärungen die Rede ist, dann sind in aller Regel Antworten genau dieser Art gemeint.

Die genannte Einseitigkeit in der wissenschaftsphilosophischen Diskussion hat historische und systematische Gründe. Die historischen Gründe würden bis zur aristotelischen Lehre von der vierfachen Wurzel des Satzes vom zureichenden Grund zurückführen, weswegen ich diese Spur hier nicht weiter verfolgen möchte. Wichtiger sind ohnehin die systematischen Gründe, die die enge Verknüpfung des herausgestellten Aspekts der Erklärung mit dem Begriff der Kausalität bzw. der Verursachung betreffen. Diese Verknüpfung wird uns in diesem und im nachfolgenden Kapitel beschäftigen, insofern wir mehr Klarheit darüber brauchen, ob der Historische Materialismus Kausalerklärungen liefert oder nicht. Um den Zusammenhang zwischen den beiden Konzepten etwas näher zu beleuchten, möchte ich jetzt die angekündigten Erläuterungen zum Erklärungsbegriff formulieren. Angesichts dieser Erläuterungen werde ich dann auf das ursprüngliche Anliegen zurückkommen, die im letzen Abschnitt zusammengetragenen Äußerungen von Marx über die Beziehungen zwischen den drei Kernelementen seiner Theorie zu untersuchen.

Die erste Erläuterung stellt eine schlichte, aber wichtige Verknüpfung zwischen der Kausalitäts- und der Erklärungsrede her. Wenn der Sachverhalt (bzw. das Ereignis) a den Sachverhalt (bzw. das Ereignis) b verursacht, wenn also a die Ursache der Wirkung b ist, dann gehe ich davon aus, dass ein *sprachlicher Verweis* auf a dazu dient, b zu erklären. Die Kausalrelation besteht also zwischen nicht-sprachlichen Entitäten, während Erklärungen sprachlicher Natur sind. Als Kurzform wird es häufig trotzdem nur heißen, a erkläre b, womit behauptet sei, dass ein Verweis auf a klärt, warum b der Fall ist. Wenn also der Regen in der vergangenen Nacht die Ursache dafür ist, dass der Keller überflutet wurde, sprich der Regen auf kausalen Wegen dazu führte, dass der Keller unter Wasser steht, dann erklärt der Regen, genauer der Verweis auf ihn, die Überflutung des Kellers.

Wichtig ist zweitens, dass die Umkehrung zwar manchmal, aber nicht immer gilt. Wenn a (bzw. ein Verweis auf a) dazu dient, b zu erklären, dann ist damit nicht ohne weiteres gesagt, dass a die Ursache von b ist. Von Fall zu Fall mag dies zwar so sein, nämlich dann, wenn es sich bei der betreffenden Erklärung um eine Kausalerklärung handelt. Aber genau dies ist nicht zwingend. Denn nicht jede Erklärung ist eine Kausalerklärung. Dieser Punkt wird naheliegenderweise relevant sein, wenn es um funktionale Erklärungen geht.

Drittens gilt es aus Gründen, die im nachfolgenden Abschnitt deutlicher werden, festzuhalten, dass sowohl dem Erklärungs- als auch dem Verursachungsbegriff eine asymmetrische Beziehung zugrunde liegt. Dies besagt nichts anderes, als dass aus der Wahrheit der Behauptung, die Straße sei nass, weil es geregnet hat, nicht die Wahrheit der Behauptung – sondern im Gegenteil sogar deren Falschheit – folgt, dass es geregnet habe, weil die Straße nass sei. Wenn *a* die Ursache von *b* ist und insofern eine Erklärung für *b* liefert, dann ist es nicht der Fall, dass *b* auch *a* verursacht hat. Folglich erlaubt ein Verweis auf *b* auch nicht, *a* kausal zu erklären.

Viertens sei betont, dass wir es im vorliegenden Zusammenhang in aller Regel mit zweistelligen Relationen zu tun haben. Damit ist gesagt, dass sowohl das Konzept der Verursachung als auch das der Erklärung in den meisten Fällen ein Verhältnis zwischen genau zwei Entitäten betrifft. Im Fall der Kausalität handelt es sich natürlich um eine Ursache und ihre Wirkung. Im Fall der Erklärung spricht man von einem Explanandum (der Sache, die zu erklären ist) und seinem Explanans (dem, was der Erklärung dient). Diese Konzentration auf zweistellige Verhältnisse ist jedoch ausdrücklich als eine Vereinfachung auszuweisen, insofern in konkreten Fällen zumeist mehr als zwei Faktoren im Spiel sind. Denn eine Ursache hat oft mehr als nur eine Wirkung; manche Wirkungen haben mehrere (Teil-)Ursachen; und häufig gibt es für ein Phänomen mehr als nur eine Erklärung.

Die fünfte und vorerst letzte Erläuterung ist etwas diffiziler und bereitet den Boden für Beobachtungen, die an späteren Punkten der Überlegung von Bedeutung sein werden. Wenn man sagt, dass *a* dazu dient, *b* zu erklären, kann man zwei scheinbar grundsätzlich verschiedene Vorstellungen davon haben, was in solchen Fällen erklärt wird. Manchmal verwenden wir nämlich Formulierungen dieser Art, wenn wir zu erklären beabsichtigen, warum es *b* überhaupt gibt; während es manchmal um eine Erklärung dafür geht, warum *b* so ist, wie es ist. Im ersten Fall wird also die *Existenz* bzw. das *Vorliegen* von *b* erklärt. Im zweiten Fall wird hingegen erklärt, weshalb *b* diese oder jene *Ausprägung* hat. Eine Erklärung vom ersten Typ liegt z. B. vor, wenn es um die Beantwortung der Frage geht, warum es zu einer bestimmten Katastrophe gekommen ist, warum also diese und jene katastrophalen Ereignisse eingetreten sind (wenn man so will, weshalb es zur Existenz dieser Ereignisse gekommen ist). Eine Erklärung des zweiten Typs liegt z. B. vor, wenn es um die Frage geht, warum eine Person diese oder jene Augenfarbe hat, warum diese Person also hinsichtlich ihrer Augenfarbe so und nicht anders beschaffen ist.

Während Erklärungen der zweiten Art also die Frage beantworten, warum etwas ist, *wie* es ist, sind Erklärungen der ersten Art Antworten auf die Frage, warum etwas *überhaupt* ist. Insofern es im ersten Fall um die Erklärung der schieren Existenz des Explanandum geht, die als solche irgendwelchen Erklärungen bezüglich der Ausprägung dieses Explanandum vorgelagert zu sein scheinen, könnte man sie als die *grundlegenderen* Erklärungen betrachten. Diese Unterscheidung zwischen mehr und weniger grundlegenden Erklärungen wäre für unsere Belange wichtig, insofern sie darauf hindeutet, dass der Historische Materialismus einen nur eingeschränkten Erklärungsanspruch erheben kann. Denn diese Theorie versucht offenbar nur Fragen der zweiten Art zu beantworten, also die jeweilige *Ausprägung* bzw. *Beschaffenheit* der Produktionsverhältnisse bzw. des Überbaus zu erklären. Nicht jedoch scheint es im Rahmen der Theorie von Marx um die Beantwortung der grundlegenderen Fragen zu gehen, warum es Produktionsverhältnisse oder Bewusstseinsformen *überhaupt* gibt.

Dieser Eindruck ist jedoch falsch. Denn die Unterscheidung zwischen zwei verschieden weit reichenden Arten der Erklärung lässt sich auf eine gleichsam optische, besser auf eine ontologische Täuschung zurückführen. Dies wird deutlich, wenn wir den Ursprung der aufgewiesenen Ambiguität des Erklärungskonzepts in einer Zweideutigkeit des Verursachungsbegriffs lokalisieren, wodurch sich die mutmaßliche Ambiguität klären lässt. Interessanterweise weist nämlich der Begriff der Verursachung eine ganz ähnliche Doppeldeutigkeit auf, weswegen es sich anbietet, die Zweideutigkeit des Erklärungskonzepts auf die des Kausalitätsbegriffs zurückzuführen. Die folgende Überlegung soll diesen Punkt deutlich machen.

Zuweilen redet man von Ursachen so, als ob sie ihre Wirkungen in die Existenz befördern. Auf diesem Bild beruht die sogenannte kontrafaktische Analyse des Kausalitätsbegriffs, der zufolge es die Wirkung *nicht gegeben hätte*, wenn die Ursache *nicht gewesen wäre*. Manchmal redet man aber auch so, als ob Ursachen machen, dass ihre Wirkungen ihre spezifische Gestalt erhalten bzw. als ob Ursachen dazu führen, dass an gegebenen Gegenständen neue Eigenschaften festzustellen sind. Ursachen sind im ersten Fall gleichsam *Schöpferinnen* ihrer Wirkungen, wohingegen sie im anderen Fall die Gegenstände ihrer Einwirkung *manipulieren*.

Diese Doppeldeutigkeit des Ursachenbegriffs sollte jedoch nicht so verstanden werden, als ob es zwei verschiedene Arten von Ursachen oder gar zwei Arten der Verursachung gäbe. Vielmehr ist es ratsam, von zwei Möglichkeiten auszugehen, sich das Verhältnis zwischen Ursachen und ihren Wirkungen vorzustellen. Denn dieses Verhältnis kann man sich, wie erläutert, entweder als die Beziehung zwischen einer Schöpferin und ihrem Produkt denken oder als das Verhältnis zwischen einer Manipulatorin und der Eigenschaft, die sie durch ihre Manipulation erzielt.

Diese Möglichkeit, sich das Kausalverhältnis in zwei grundsätzlich verschiedenen Bildern zu denken, hängt schlicht damit zusammen, dass sich das Verhältnis zwischen Ursachen und Wirkungen gewissermaßen in unterschiedlichen ontologischen Währungen ausdrücken lässt. Hierbei ist vor allem der Unterschied zwischen Eigenschaften (bzw. deren Exemplifikationen) auf der einen Seite und Tatsachen oder Ereignissen auf der anderen Seite von Belang. Um zu erkennen, dass es nicht um zwei verschiedene Arten von Ursachen oder der Verursachung, sondern um zwei Arten der Konzeptualisierung der Kausalrelation geht, muss man sich klarmachen, wie gleichgültig es der Sache nach ist, ob man nach der Ursache dafür forscht, dass eine Person die *Eigenschaft* hat, krank zu sein; oder nach der Ursache der *Tatsache*, dass die Person krank ist; oder nach der Ursache ihrer Erkrankung, also eines *Ereignisses*. Denn auch wenn man die Kausalrelation in die verschiedenen ontologischen Währungen kleiden und folglich das Erklärungsanliegen in verschiedenen Formulierungen äußern kann, macht dieses Beispiel deutlich, dass wir es in allen Fällen mit ein und derselben Wirkung und mit ein und derselben Ursache zu tun haben.

In der Eigenschaftensprache, wie man sagen könnte, erscheinen Ursachen als Manipulatoren. Die Ursache hat in diesem Fall die Eigenschaft der Person, gesund zu sein, durch die Eigenschaft, krank zu sein, verdrängt. Konvertiert man dieselbe Sachlage in die Währung der Tatsachen- und Ereignissprache, erscheinen Ursachen als Schöpferinnen ihrer Wirkungen. Denn jetzt scheint es, als habe die Ursache eine Tatsache geschaffen bzw. ein Ereignis hervorgebracht, die bzw. das es ohne die Ursache (ceteris paribus) nicht gegeben hätte.

Diese Ausführungen sollten zeigen, dass es nicht zwei Arten von Ursachen, sondern zwei Arten der Konzeptualisierung von Ursachen und ihren Wirkungen gibt, mit denen zwei verschiedene Vorstellungen davon einhergehen, wie Ursachen zu ihren Wirkungen stehen. Vor diesem Hintergrund wird schließlich deutlich, dass auch die erläuterte Zweideutigkeit des Erklärungsbegriffs dem ersten Anschein zum Trotz nicht wirklich zu zwei Arten von Erklärungen, sondern zu zwei Auffassungen vom Erklären führt. Im einen Fall wird erklärt, warum es etwas, so wie es ist, überhaupt gibt. Im anderen Fall wird erklärt, warum etwas, das ist, so ist, wie es ist. Das ist nur ein Unterschied des Akzents, wie man jetzt sieht. Es gibt folglich keinen Unterschied zwischen den mutmaßlich grundlegenden und den weniger grundlegenden Erklärungen. Also ist eine Antwort auf die Frage, warum der Überbau und die Produktionsverhältnisse einer Gesellschaft so sind, wie sie sind, zugleich auch eine Erklärung dafür, dass es genau diesen so und so beschaffenen Überbau und genau die so und nicht anders gelagerten Verhältnisse überhaupt gibt.

Die zurückliegenden Absätze führten in metaphysisch leicht vernebeltes Gelände. Jetzt ist es Zeit, für die Erklärungsproblematik sensibilisiert auf die Hauptstraße zurückzukehren, die durch das Kapitel führt. In welchem Sinn geht es bei Marx um Erklärungen?

6.3 Zurück zu Marx

Im vorletzten Abschnitt wurden einige Ausdrücke zusammengetragen, die Marx verwendet, wenn er von den Zusammenhängen zwischen den drei Elementen seiner Theorie spricht. Dabei war vor allem von Entsprechungs-, Bestimmungs- und Bedingungsverhältnissen die Rede. Wie stellen sich die damit angesprochenen Verhältnisse angesichts der Klärungen des zurückliegenden Abschnitts dar?

Zunächst fallen solche Passagen im Werk von Marx und Engels ins Auge, in denen davon die Rede ist, dass zwischen den Elementen des Historischen Materialismus *Entsprechungsverhältnisse* bestehen, oder in denen das Anliegen formuliert wird, den *Zusammenhang* zwischen diesen Elementen aufzuweisen. Der Grund für die Auffälligkeit dieser Äußerungen geht aus der dritten Erläuterung hervor, der zufolge die Erklärungsrelation eine asymmetrische Beziehung ist. Dem entgegen verweisen die Rede von einem Entsprechungsverhältnis und das Anliegen, Zusammenhänge aufzuweisen, auf symmetrische Konstellationen. Wenn irgendein *a* einem *b* entspricht, dann entspricht umgekehrt *b* auch *a*. Und wenn ein Zusammenhang zwischen *a* und *b* aufgewiesen wird, dann ist damit trivialerweise auch ein Zusammenhang zwischen *b* und *a* dargestellt. In solchen Fällen ist also nicht ohne weiteres zu erkennen, ob eine Erklärungsbehauptung aufgestellt und wie diese Behauptung gegebenenfalls zu verstehen ist.

Es liegt jedoch auf der Hand, dass die Sichtweise, die sich aus den symmetrischen Verhältnissen ergeben würde, nicht dem Anliegen von Marx entspricht. Dies wird deutlich, wenn man sich noch einmal an die Grundintention erinnert, die am Anfang seines Denkens steht. Diese anti-idealistische Intention führt ja nicht allein zu der Annahme, dass zwischen dem Bewusstsein der Menschen und ihrem gesellschaftlichen Sein Zusammenhänge aufzuweisen sind, die darin begründet sind, dass sich das Bewusstsein und das Sein irgendwie entsprechen. Vielmehr geht mit der Grundintention die Vorstellung einher, dass zwischen den drei Elementen des Historischen Materialismus *Abhängigkeiten*, und zwar *einseitige* Abhängigkeiten bestehen. Marx will nicht nur sagen, dass das Bewusstsein der Menschen den jeweils gegebenen Produktionsverhältnissen entspricht, die ihrerseits dem Entwicklungsstand der Produktivkräfte entsprechen. Vielmehr geht es ihm um den Nachweis, dass das Bewusstsein der Menschen von den Produktionsverhältnissen abhängig ist, wobei diese Verhältnisse ihrerseits vom Entwicklungsstand der Produktivkräfte abhängig sind[3]. Es geht also nicht nur darum, im konkreten historischen Fall eine Entsprechung oder einen Zusammenhang zwischen den Elementen des Historischen Materialismus zu belegen. Vielmehr lautet Marxens These, dass bestimmte Produktivkräfte bestimmte Verhältnisse und mittelbar auch bestimmte Bewusstseinsformen in einem noch zu klärenden Sinn dieser Worte *nach sich ziehen.*

Diese Vorstellung spezifischer Abhängigkeiten wird in solchen Kontexten deutlicher, in denen Marx statt von Entsprechungsverhältnissen oder irgendwelchen Zusammenhängen von Bedingungs- oder Bestimmungsverhältnissen spricht. Denn im Gegensatz zu den Konzepten der Entsprechung oder des Zusammenhangs bringen die Begriffe der Bedingung und Bestimmung die eben herausgestellte Asymmetrie klar zum Ausdruck. Die Rede davon, dass etwas durch etwas anderes *bedingt* wird, oder davon, dass das Sein das Bewusstsein *bestimmt*, harmoniert mit dem Konzept der Abhängigkeit. Wenn *b* von *a* bedingt oder bestimmt wird, dann bedeutet dies zumeist, dass *b* in einer noch zu klärenden Art von *a* abhängig ist.

Heißt dies aber auch, dass *b* durch *a* zu erklären ist? In aller Regel ist dem so. Dies gilt zwar nicht ohne weiteres, wenn man den Unterschied zwischen notwendigen und hinreichenden Bedingungen berücksichtigt, der aus mathematischen, logischen und philosophischen Diskursen vertraut ist. Doch mit Blick auf das Anliegen von Marx ist lediglich der umgangssprachliche Gebrauch des Ausdrucks relevant, in dem unter Bedingungen immer notwendige verstanden werden. In Anbetracht dessen ist zu erkennen, dass das Vorliegen einer derartigen Bedingung häufig dazu verwendet wird, das Gegebensein des Bedingten zu erklären. Ein einfaches Beispiel macht dies deutlich. Wenn es heißt, ein Staatsmann sei nur unter der Bedingung bereit, an einem anberaumten Gipfeltreffen teilzunehmen, dass keine Delegation eines verfeindeten Staates eingeladen wird, dann kann man im Nachhinein sagen, dass der Staatsmann an dem Gipfeltreffen teilnahm, *weil* die Bedingung erfüllt war. In dem

---

3 In diesem Sinn ist in der *Deutschen Ideologie* zu lesen: „In der wirklichen Welt *hängt* der Verkehr der Individuen von ihrer Produktionsweise *ab* [...]." (3, 375*) Vgl. hierzu auch (3, 346), wo von der „Abhängigkeit des Rechts von den Produktionsverhältnissen" die Rede ist.

Fall erklärt folglich die erfüllte Bedingung (zumindest teilweise) die Teilnahme des Politikers an jenem Treffen.

Im Zurückliegenden ist also deutlich geworden, dass sich Marx die Rede von Zusammenhängen oder Entsprechungen zwischen den Elementen seiner Theorie um der Genauigkeit willen verkneifen sollte. Denn diese Ausdrucksweise verschleiert sein Anliegen, dem er durch die Verwendung der Begriffe der Bestimmung und der Bedingung weit besser gerecht wird. Angesichts dieser Ergebnisse gehe ich von nun an davon aus, dass Marx in der Tat beansprucht, Bewusstseinsformen und Produktionsverhältnisse zu erklären, insofern er sich davon überzeugt zeigt, dass die Bewusstseinsformen einseitig von den Verhältnissen und diese wiederum einseitig vom Entwicklungsstand der Produktivkräfte abhängig sind.

Der nachfolgende Abschnitt wird indes zeigen, inwieweit Marx dann aber doch dazu berechtigt ist, von einem anderen Blickwinkel aus betrachtet von Entsprechungen und Zusammenhängen zu reden. Denn auch wenn es richtig ist, dass diese Redeweise sein hauptsächliches Erklärungsanliegen verschleiert, ist es der Sache nach doch so, dass auch der Überbau die Produktionsverhältnisse und diese ihrerseits die Entwicklung der Produktivkräfte auf eine spezifische Art und Weise beeinflussen. Denn während die von Marx hervorgehobene Erklärungslinie von den Kräften über die Verhältnisse zum Überbau verläuft, gibt es auch eine kausale Linie, die sich umgekehrt vom Überbau über die Verhältnisse hin zu den Kräften zieht. Diese Zusammenhänge möchte ich jetzt erläutern, indem ich der Frage nachgehe, ob die Erklärungen, die der Historische Materialismus verspricht, Kausalerklärungen sind oder nicht.

6.4 Liefert der Historische Materialismus Kausalerklärungen?

Bevor wir uns der Kernfrage dieses Abschnitts zuwenden, ist es angebracht, sich kurz die Reichweite des Erklärungsanspruchs zu vergegenwärtigen, der mit dem Historischen Materialismus einhergeht. In diesem Zusammenhang sind vor allem zwei Unterscheidungen von Belang.

Der erste Unterschied betrifft die Frage, ob ein gesellschaftlicher *Zustand* oder ein *Zustandswechsel*, also eine soziale bzw. historische *Veränderung* erklärt werden soll. Diese Unterscheidung ist wichtig, weil Marx z. B. im programmatischen *Vorwort* klarstellt, dass er nicht nur die jeweils gegebenen Produktionsverhältnisse bzw. den gegebenen Überbau einer Gesellschaft, sondern auch Umwälzungen, also Veränderungen der Verhältnisse und des Überbaus im Blick hat:

> Auf einer gewissen Stufe ihrer Entwicklung geraten die materiellen Produktivkräfte der Gesellschaft in Widerspruch mit den vorhandenen Produktionsverhältnissen [...] Aus Entwicklungsformen der Produktivkräfte schlagen diese Verhältnisse in Fesseln derselben um. Es tritt dann eine Epoche sozialer Revolution ein. Mit der Veränderung der ökonomischen Grundlage wälzt sich der ganze ungeheure Überbau langsamer oder rascher um. (13, 9)

Erklärungen von gesellschaftlichen Zuständen seien *statische*, Erklärungen von Zustandsänderungen *dynamische* Erklärungen genannt[4].

Was die zweite Unterscheidung anbelangt, die die Reichweite des Erklärungsanspruchs der Marxschen Theorie betrifft, muss man sich klarmachen, dass Marx in seinen mehr programmatisch gehaltenen Ausführungen – man denke z. B. abermals an das *Vorwort* – den Eindruck erweckt, ihm ginge es vornehmlich um Erklärungen dafür, wie es zu den *großen epochalen* Umschwüngen in der Geschichte der bisherigen Gesellschaften gekommen ist. Dies wird deutlich, wenn Marx in diesem Zusammenhang „asiatische, antike, feudale und modern bürgerliche Produktionsweisen als progressive Epochen der ökonomischen Gesellschaftsformation" unterscheidet. (13, 9) Mit Blick auf die entsprechenden Erklärungen, aus denen hervorgeht, wie es von einer Gesellschaftsformation zu einer anderen gekommen ist, kann man von *interepochalen* Erklärungen sprechen.

---

4 Diese Unterscheidung zweier Arten der Erklärung ist jedoch mit einer gewissen Vorsicht zu genießen. Denn ihrer Machart nach, wie man sagen könnte, beruhen beide Arten auf demselben Grundgedanken. Dieser besagt, dass die Produktionsverhältnisse einer Gesellschaft zum Zeitpunkt t sind, wie sie sind, weil der Entwicklungsstand der Produktivkräfte zu t ist, wie er ist (das Entsprechende gilt für die Beziehung zwischen dem Überbau und den Produktionsverhältnissen), dass also der Entwicklungsstand der Produktivkraft erklärt, warum die Verhältnisse in dem und dem Zustand sind. Aus diesem Gedanken, der die statischen Erklärungen zum Thema hat, scheint die Überzeugung zu folgen, dass eine Änderung der Produktivkraft eine Änderung der Produktionsverhältnisse erklärt (wieder gilt dasselbe für die Beziehung zwischen dem Überbau und den Verhältnissen). Denn weil der Entwicklungsstand der Kräfte zum Zeitpunkt t_2 anders ist als zum Zeitpunkt t_1, scheint es erklärlich, dass auch die Verhältnisse zu t_2 anders sind als zu t_1. Dynamische Erklärungen sind so gesehen nicht wirklich von einer anderen Art, sondern eher Kombinationen zweier statischer Erklärungen und beruhen insoweit auf demselben Gedanken. Gleichwohl liegt an dieser Stelle ein Schwachpunkt der Theorie von Marx, der aber erst im Rahmen ihrer funktionalistischen Auslegung in voller Schärfe zu erkennen sein wird.

Es lässt sich aber zeigen, dass der Historische Materialismus nicht nur inter-, sondern auch *intraepochale* Erklärungen anbietet, wie man sie nennen könnte. Mit Blick auf statische Erklärungen ist dies ohnehin augenfällig. Denn wenn Marx etwa im *Kapital* das bürgerliche Gesellschaftssystem analysiert und dabei erklärt, weshalb die kapitalistischen Produktionsverhältnisse mit den und den Bewusstseinsformen einhergehen, dann ist klar, dass es ihm nicht um irgendwelche Epochenumschwünge, sondern um Zustände geht, die *innerhalb* der kapitalistischen Gesellschaftsformation zu beobachten sind.

Dass die beiden erläuterten Unterscheidungen zu einer Matrix führen, die vier verschiedene Fälle zulässt, wird schließlich deutlich, wenn wir die Aufmerksamkeit auf solche Erklärungen des Historischen Materialismus richten, die dynamischer und intraepochaler Natur sind. Das berühmteste Beispiel für eine Erklärung dieser Art liefert Marxens Analyse der Einführung der Fabrikgesetze in England, die schrittweise zwischen 1802 und 1850 stattgefunden hat[5]. Insofern die Verabschiedung dieser Gesetze eine (punktuelle) *Veränderung* des (juridischen) Überbaus und zwar einer Veränderung *innerhalb* des kapitalistischen Systems darstellt, haben wir es mit einer sowohl dynamischen als auch intraepochalen Erklärung zu tun.

Vor dem Hintergrund dieses Ausblicks darauf, was der Historische Materialismus alles erklären soll, nun zur Hauptfrage dieses Abschnitts. Sind die Erklärungen, die diese Theorie anbietet, Kausalerklärungen? Erklärt der Historische Materialismus diejenigen Phänomene, die er zu erklären beansprucht, indem er ihre Ursachen aufweist? Verursachen – noch einmal anders gefragt – bestimmte Produktivkräfte die jeweiligen Produktionsverhältnisse, die ihrerseits zur Ursache neuer Bewusstseinsformen werden?

Richtig ist in jedem Fall, dass einige Passagen aus den Schriften von Marx und Engels das Bild eines schlichten kausalen Zusammenhangs nahelegen[6]. Diesem Bild zufolge verursacht eine Weiterentwicklung der Produktivkräfte eine Veränderung der Produktionsverhältnisse, wobei diese Veränderung der Verhältnisse ihrerseits eine Veränderung des Überbaus kausal nach sich zieht. Man könnte folglich annehmen, dass Marx sagen möchte, dass der Entwicklungsstand der Produktivkräfte die gegebenen Produktionsverhältnisse zu erklären erlaubt, gerade weil und insofern dieser Entwicklungsstand jene Verhältnisse verursacht hat, so wie etwa der nächtliche Regen die Überschwem-

---

5 Siehe (23, 504–26) und dazu Wetherly 1992(b).
6 Dies gilt allemal für den späten Engels, der mit Blick auf den Historischen Materialismus häufig stark vereinfachend von den *ökonomischen Ursachen politischer Wirkungen* spricht (vgl. etwa 22, 509).

mung des Kellers zu erklären erlaubt, weil und insofern er die Ursache der Überschwemmung war.

Wenn Marx jedoch auf Kausalzusammenhänge zu sprechen kommt oder das Vorhandensein solcher Zusammenhänge durch seine Ausdrucksweise nahelegt, zeigt sich interessanterweise ein etwas komplexeres Bild. Diesem Bild zufolge bewirken umgekehrt Veränderungen des Überbaus, also der Bewusstseinsformen (bzw. Veränderung der Interessen- und Bedürfnislage unter den Menschen) Veränderungen in den Produktionsverhältnissen. Diese Änderungen der Verhältnisse können laut Marx ihrerseits Veränderungen der Produktivkräfte kausal nach sich ziehen. Durch die kausale Brille betrachtet, kehren sich die explanatorischen Beziehungen zwischen den drei Elementen des Historischen Materialismus also um.

Dass Marx sich die kausalen Beziehungen eher nach diesem zweiten Muster vorstellt, wird besonders in solchen Zusammenhängen deutlich, in denen er die Erfindung neuer Produktivkräfte auf die Erfordernisse der veränderten Produktions- bzw. Marktverhältnisse zurückführt. So heißt es etwa in der *Deutschen Ideologie:*

> Als der Hauderer und Frachtwagen den entwickelten Bedürfnissen des Verkehrs nicht mehr genügte, als u. a. die Zentralisation der Produktion durch die große Industrie neue Mittel zum rascheren und massenweisen Transport ihrer Massen von Produkten nötig machte, erfand man die Lokomotive und damit die Anwendung der Eisenbahn auf den großen Verkehr. (3, 284 f.)

Neue Produktivkräfte erscheinen hier als Wirkungen veränderter Produktionsverhältnisse, nicht als Ursachen einer Änderung der Verhältnisse. In der Schrift *Das Elend der Philosophie* finden sich viele Passagen, in denen Produktivkräfte ebenfalls als Wirkungen, nämlich als Wirkungen einer veränderten Bedürfnislage dargestellt werden. Z. B.:

> Als in England der Markt eine solche Entwicklung gewonnen hatte, daß die Handarbeit ihm nicht mehr genügen konnte, empfand man das Bedürfnis nach Maschinen. Man sann nun auf die Anwendung der mechanischen Wissenschaft, die bereits im 18. Jahrhundert fertig da war. (4, 154)[7]

---

7 Vgl.: „In England sind die Strikes regelmäßig Veranlassung zur Erfindung und Anwendung neuer Maschinen gewesen. Die Maschinen waren, man darf es behaupten, die Waffe, welche die Kapitalisten anwendeten, um die Revolte der Geschick erfordernden Arbeit niederzuschlagen." (4, 176) Bzw.: „Man kann sagen, daß bis 1825 [...] die Bedürfnisse der Konsumtion im allgemeinen schneller zunahmen, als die Produktion und *die Entwicklung der Maschinen* notgedrungen *den Bedürfnissen des Marktes folgten.*" (27, 455*)

Dem hier gezeichneten Bild zufolge führen geänderte Produktionsverhältnisse bei bestimmten Teilen der Bevölkerung zu dem Interesse, über solche Produktivkräfte zu verfügen, die diesen neuen Verhältnissen adäquat sind. Dieses Interesse, das man in Anbetracht unserer Überlegungen zum dritten Element des Historischen Materialismus zu den Bewusstseinsformen zu zählen hat, kann über kurz oder lang zu Handlungen, nämlich zur Erfindung, Einführung und Verwendung neuer Produktivkräfte führen. Der Überbau bedingt also in dem Fall, wenn man so sagen will, die Entwicklung der Produktivkräfte. Dieses Bild passt im Übrigen nahtlos mit anderen Ergebnissen unserer bisherigen Überlegungen zusammen. Denn an früherer Stelle wurde deutlich, inwiefern der Überbau einer Gesellschaft in einer Lesart aus Wünschen und Überzeugungen der Gesellschaftsmitglieder besteht, wobei diese Einstellungen dazu dienen, das Handeln dieser Menschen kausal zu erklären. Weil die Menschen in Anbetracht neuer Produktionsverhältnisse neue Interessen, also neue Wünsche ausprägen, tun sich einige dieser Menschen daran, neue Produktionsmittel zu ersinnen, um sich in ihrer veränderten Umgebung adäquat verhalten zu können.

Die damit zutage getretenen Kausalzusammenhänge widersprechen offensichtlich dem Angebot, eine Veränderung der Produktivkräfte als Ursache veränderter Produktionsverhältnisse zu begreifen. Und was die kausalen Zusammenhänge anbelangt, vermittelt das *Manifest* ein Bild, dem zufolge sogar von kausalen *Wechselwirkungen* zwischen den Elementen des Historischen Materialismus auszugehen ist[8]. Dort heißt es nämlich bezüglich der Entwicklungsgeschichte der Bourgeoisie und des kapitalistischen Gesellschaftssystems:

> Die bisherige feudale oder zünftige Betriebsweise der Industrie reichte nicht mehr aus für den mit den neuen Märkten anwachsenden Bedarf. Die Manufaktur trat an ihre Stelle. [...]
> Aber immer wuchsen die Märkte, immer stieg der Bedarf. Auch die Manufaktur reichte nicht mehr aus. Da revolutionierte der Dampf und die Maschinerie die industrielle Produktion. [...]
> Die große Industrie hat den Weltmarkt hergestellt, den die Entdeckung Amerikas vorbereitete. Der Weltmarkt hat dem Handel, der Schiffahrt, den Landkommunikationen eine unermeßliche Entwicklung gegeben. Diese hat wieder auf die Ausdehnung der Industrie zurückgewirkt, und in demselben Maße, worin Industrie, Handel, Schiffahrt, Eisenbahnen sich ausdehnten, in demselben Maße entwickelte sich die Bourgeoisie [...]. (4, 463 f.)

---

8 Das ist dann auch die offizielle Position, die Engels als Doktrin hinterlassen hat. Auf Engels gestützt hat Bernstein im Rahmen des Revisionismusstreits, auf den ich im Abschlusskapitel zu sprechen komme, die These von der Einseitigkeit der Wirkungszusammenhänge ebenfalls fallengelassen. Vgl. Bernstein 1988.

Ich denke, auf der einen Seite ist einzuräumen, dass diese holzschnittartige Darstellung der Entwicklung des kapitalistischen Wirtschaftssystems vom späten Mittelalter bis in die Mitte des 19. Jahrhunderts im Großen und Ganzen den historischen Tatsachen entspricht. Auf der anderen Seite muss man aber festhalten, dass diese Darstellung kaum noch mit dem Historischen Materialismus in der bisher veranschaulichten Form übereinstimmt. Hierzu liegt in der zitierten Passage viel zu viel Gewicht auf der Bedeutung des Anwachsens der Märkte und des Bedarfs mit Blick auf die Entwicklung der Produktivkräfte. Denn es bleibt vollkommen unklar, wie dieses Anwachsen in dem Bild einen Platz finden könnte, das der Historische Materialismus vom Lauf der historischen Gegebenheiten zeichnet.

Damit sind wir an einem entscheidenden Punkt angelangt: Wenn man all die soeben beleuchteten Kausalverhältnisse zwischen den Elementen des Historischen Materialismus einräumt und der Folgerung zustimmt, dass aus den betreffenden Kausalverhältnissen auch die entsprechenden Kausalerklärungen abzuleiten sind, dann verdienen Marxens explanatorische Hauptthesen nur dann Beachtung, wenn sich die von ihm favorisierten Erklärungen auf eine interessante Art und Weise von den Kausalerklärungen unterscheiden. Denn anderenfalls würden die Erklärungen des Historischen Materialismus einfach nur ins große Meer der übrigen Kausalerklärungen gegossen und es wäre nicht zu sehen, was diese Theorie in Sachen Erklärung Eigenständiges zu sagen hat. Anders ausgedrückt sollte Marx einen anderen Begriff der Erklärung im Schilde führen, wenn er für seine Theorie einen nennenswerten Erkenntniswert beanspruchen möchte. Im nachfolgenden Abschnitt sei skizziert, was es mit diesem anderen Begriff auf sich hat. Im nächsten Kapitel werden wir uns dann ausführlich mit ihm beschäftigen.

6.5 Verursachung, Zweck und Funktion

Es war zu sehen, inwieweit Marx davon auszugehen scheint, dass die Produktionsverhältnisse einen kausalen Einfluss auf die Entwicklung der Produktivkräfte ausüben. Denn er räumt ein, dass ein kausaler Pfad von den Verhältnissen über den Überbau, genauer über die Bedürfnisse und Interessen der Menschen, hin zu ihrem Handeln und damit unter anderem zur Erfindung und Einführung neuer Produktivkräfte führt. Wenn man sich vor diesem Hintergrund an die erste Vorklärung im zweiten Abschnitt dieses Kapitels erinnert, die auf einen engen Zusammenhang zwischen der Erklärungs- und der Verursachungsthematik verwies, gelangt man zu dem Ergebnis, dass Marx zugestehen muss, dass die Produktionsverhältnisse dazu dienen, die Entwicklung der Produktivkräfte kausal zu erklären[9].

Dieses Zugeständnis führt natürlich nicht unmittelbar zu einem Widerspruch mit Marxens Anliegen, umgekehrt durch den Entwicklungsstand der Produktivkräfte die Produktionsverhältnisse und durch die Verhältnisse den Überbau zu erklären. Es stellt sich aber die Frage, was es mit diesem Anliegen in Anbetracht der eben eingeräumten Kausalerklärungen auf sich haben könnte. Wozu nach weiteren Erklärungen nach Maßgabe des Historischen Materialismus suchen, wenn jene Kausalerklärungen möglich sind? Anders gefragt, was könnte die ureigene Erklärungsleistung des Historischen Materialismus sein, durch die er über die zugestandenen Kausalerklärungen hinausgeht? Diese Frage möchte ich beantworten, indem ich zeige, welches Erklärungsanliegen Marxens Theorie zu verfolgen scheint.

Das folgende Beispiel soll dieses Anliegen verdeutlichen. Angenommen, jemand fragt nach einer Erklärung dafür, dass die Mitglieder einer ihm fremden Gesellschaft ab und an rituelle Regentänze aufführen. Diese Person möchte mit anderen Worten wissen, *warum* es in jener Gesellschaft diese Regentänze gibt. Diese Frage kann man nun so verstehen, als ob es darum geht, verständlich zu machen, welche kausalen Faktoren in der Geschichte jener Gesellschaft zur Genealogie dieser Regentänze beigesteuert haben. Nimmt man also die Regentänze als eine zu erklärende Wirkung in den Blick, geht es darum, die Ursachen zu benennen, die diese Wirkung erklären.

Nun kann man sich leicht vorstellen, dass jene Person zwar eine Antwort auf diese Frage akzeptiert, sie aber als zutiefst unzufriedenstellend zurückweist. ‚Nein, das ist nicht das, was ich wissen wollte. Ich wollte wissen, warum es in dieser Gesellschaft *überhaupt* irgendwelche rituellen Regentänze gibt.' Nicht ist offenbar danach gefragt, welche Kausalfaktoren bzw. Ursachen dazu führten, dass es in dieser Gesellschaft diese und nicht jene Rituale gibt. Mit der Frage danach, warum es in dieser Gesellschaft überhaupt rituelle Regentänze gibt, ist vielmehr die Bitte um Aufklärung darüber verknüpft, *wozu* es die betreffenden Rituale gibt. Dieser Umstand sollte uns an die zweite Erläuterung des Erklärungsbegriffs erinnern, die besagte, dass nicht jede Erklärung eine Kausalerklärung ist.

Rein kausalistisch betrachtet könnte man nun auf die zweite Frage danach, wozu es diese Regentänze gibt, lediglich die Antwort wiederholen, die man bereits in Reaktion auf die erste Frage gegeben hat. Es gab eben genau die und

---

9 Dies gilt entsprechend auch für das Verhältnis zwischen dem Überbau und den Produktionsverhältnissen.

die genannten, kausal relevanten Faktoren in der Geschichte der betreffenden Gesellschaft, die dazu führten, dass sich genau diese Rituale verbreitet haben. Wären die Faktoren anders gewesen, hätten sie eventuell andere Rituale zur Wirkung gehabt. Wären keine vergleichbaren Faktoren vorhanden gewesen, würde es vermutlich gar keine vergleichbaren Rituale geben. Mehr ist vom kausalistischen Standpunkt aus einfach nicht zu sagen.

Nun ist es aber so, dass auch die zweite Frage vollkommen sinnvoll ist. Denn es ist ja eine Sache zu erklären, warum sich nach Maßgabe der historischen Gegebenheiten gerade diese spezifischen Rituale in der Geschichte der betreffenden Gesellschaft auf kausalen Wegen durchgesetzt haben; und eine ganz andere Sache zu erklären, *wozu* es diese Rituale gibt. Eine überzeugende Antwort auf die zweite Frage wird auf einen *Zweck* dieser Rituale verweisen, d. h., deutlich machen, welche *Funktion* den Ritualen z. B. im sozialen Leben der Mitglieder jener Gesellschaft zukommt. Damit sind wir endlich beim Ausgangspunkt des funktionalistischen Projekts angelangt.

Das Beispiel von den Regentänzen sollte verdeutlichen, dass dem Fragepronomen *warum* eine Mehrdeutigkeit eigen ist, die in philosophischen Kontexten schon in den verschiedensten Zusammenhängen Verwirrung gestiftet hat. Mit dem *Warum* fragen wir nämlich nicht immer nach dem Ursprung bzw. der *Ursache* eines Phänomens, also danach, *wie* bzw. *auf Grund wovon* es zu diesem Phänomen gekommen ist. Zuweilen dient dieser Ausdruck vielmehr als Synonym für das Pronomen *wozu* und damit zur Formulierung einer Frage, die auf die Angabe eines *Zwecks*, einer *Funktion* bzw. *Absicht* aus ist. Eine adäquate Reaktion auf eine derart gemeinte Frage ist nicht so sehr an das Pronomen *weil*, sondern vielmehr an die Vokabel *damit* geknüpft.

Ein weiteres Beispiel kann diesen Sachverhalt vielleicht noch deutlicher machen. Angenommen, jemand fragt danach, *warum* sich dort dieser Schalter neben der Tür des Zimmers befindet. Wir könnten diesen Menschen entweder so verstehen, als ob er wissen wollte, welche Faktoren auf kausalen Wegen dazu führten, dass sich dieser Schalter jetzt an der Wand befindet. Architekten, Baupläne und nicht zuletzt das Tun eines Elektrikers würden in diesem Fall vermutlich die entscheidenden Rollen in unserer Antwort spielen, die über die Ursachen des zu erklärenden Phänomens Auskunft gibt. Doch die Antwort, dass sich der Schalter dort befindet, weil vor geraumer Zeit ein Elektriker kam, um ihn gemäß den Bauplänen des Architekturbüros dort anzubringen, dürfte kaum die Neugierde der fragenden Person befriedigen. Denn sie wollte nicht wissen, was die Ursachen dafür sind, dass sich der Schalter dort an der Wand befindet. Vielmehr wollte sie erfahren, wozu dieser Schalter dient. Folglich wird erst die Antwort, dass der Schalter dazu dient, die Zimmerbeleuchtung einzuschalten, dem Erkenntnisinteresse der fragenden Person gerecht[10].

Vor diesem Hintergrund ist schließlich klar, wie das explanatorische Anliegen von Marx zu deuten ist. Seine Theorie sollte so verstanden werden, dass sie die Fragen beantwortet, welchem Zweck bzw. welcher Funktion die Produktionsverhältnisse hinsichtlich der Produktivkräfte und der Überbau hinsichtlich der Produktionsverhältnisse dienen. Auf der Grundlage der damit thematisierten funktionalen Zusammenhänge erscheint es dann möglich, das Bestehen und die Veränderungen dieser Zusammenhänge zu erklären.

6.6 Rückblick

Dem einen oder der anderen mag der erste Teil dieses Kapitels vielleicht überflüssig erschienen sein, insofern sein Ergebnis mehr oder weniger von Beginn an auf der Hand lag. In diesem Teil ging es zum einen darum, sicherzustellen, dass der Historische Materialismus eine explanatorische Theorie darstellt, selbst wenn erklärungstheoretisches Vokabular im engeren Sinn des Wortes von Marx und Engels nur selten gebraucht wird. Zum anderen ging es darum, den Blick für die relevanten Bedeutungen des facettenreichen Ausdrucks ‚Erklärung' zu schärfen. Erklären kann man vieles und in vielerlei Hinsicht. Aber nicht jede Hinsicht ist mit Blick auf Marxens Theorie von Belang. Um diesen Punkt zu verdeutlichen, erschien es angemessen, auch das Verhältnis zwischen der Erklärungsproblematik und dem Kausalitätsbegriff eingehender zu veranschaulichen. Genau diese Veranschaulichungen waren später notwendig, um den kausalitätstheoretischen Status der Theorie von Marx in den Blick zu bekommen.

Tatsächlich war aber der zweite Teil des Kapitels für den weiteren Verlauf der Überlegungen von weit größerer Bedeutung. Denn im Anschluss an die Beobachtung, dass die Kausalverhältnisse zwischen den drei Elementen des Historischen Materialismus nicht bzw. nur unzureichend mit den explanatorischen Kernthesen dieser Theorie zusammenpassen, wurde in diesem Teil das

---

10 Diese doppelte Bedeutung des Fragepronomens *weil* zeigt sich plastisch im Fall von Handlungserklärungen. Wer danach fragt, *warum* eine Person etwas Bestimmtes tut, will unter Umständen, aber nicht unter allen Umständen wissen, was die Ursache der betreffenden Handlung war, auf Grund welcher Faktoren es also zu der Handlung gekommen ist. In aller Regel möchte man als Fragesteller aber erfahren, *wozu* die Handlung dienen sollte, was die handelnde Person mit ihrem Tun *bezweckte*. Vgl. hierzu Iorio 2011(b).

Tor dafür geöffnet, den Historischen Materialismus in die Tradition funktionalistischer Theorien einzureihen. Was es mit den Theorien, die in dieser Tradition stehen, im Allgemeinen und mit dem Konzept der funktionalen Erklärung
im Besonderen auf sich hat, ist das Thema des nachfolgenden Kapitels. Dort
wird sich auch abschließend klären, in welchem Sinn des Wortes der Historische Materialismus der Erklärung gesellschaftlicher und historischer Sachverhalte dient.

7 Funktionen

Bei der Lektüre der zurückliegenden Kapitel könnte aufgefallen sein, dass vielen von uns ein gehöriger Schuss Marxismus in Fleisch und Blut übergegangen ist[1]. Dies könnte überraschen. Aber der Sache nach akzeptieren wir tagein tagaus Erklärungen gesellschaftlicher Phänomene und historischer Veränderungen, die ihrer Struktur nach der bis hierher erläuterten Theorie von Marx entsprechen. Niemand ist irritiert, wenn es z. B. heißt, dass der Anstieg rechtsradikalen Denkens in einigen Regionen Deutschlands auf die dort grassierende Massenarbeitslosigkeit zurückzuführen sei. Das ist eine Erklärung, die sozialpsychologische Sachverhalte, die die Bewusstseinsformen bestimmter Menschen betreffen, auf Umstände zurückführt, die mit den Produktionsverhältnissen einhergehen, unter denen diese Menschen leben. Und fast alle, die über die Globalisierung diskutieren, sind sich einig, dass die Globalisierung in erster Linie eine ökonomische Entwicklung, also eine Globalisierung der Produktionsverhältnisse ist, die als Reaktion auf Weiterentwicklungen der Produktivkräfte, vor allem der Telekommunikations- und Transportmöglichkeiten zu begreifen ist. Ob diese beiden Erklärungen zutreffen oder nicht, sei dahingestellt. Sie sollen nur belegen, dass viele von uns Anhänger des Historischen Materialismus oder doch zumindest solcher Erklärungsmuster sind, die mit dieser Theorie verträglich sind.

Tun wir aber gut daran? Sind die Erklärungen, die da akzeptiert werden, auch akzeptable Erklärungen? Um diese Frage zu beantworten, erläutere ich in diesem Kapitel zuerst ein Argument von Gerald Cohen, dem zufolge der Historische Materialismus als eine funktionalistische Theorie verstanden werden muss, also als eine Theorie, die funktionale Erklärungen anbietet. Daraufhin führe ich die gängigen Konzepte der Funktion und der funktionalen Erklärung vor Augen und zeige, in welche Schwierigkeit man gerät, wenn Marxens Standpunkt diesen Konzepten gemäß ausgelegt wird. Um diesem Problem zu begegnen, erläutere ich eine alternative Auffassung funktionaler Erklärungen und zeige, inwiefern der Historische Materialismus so aufgefasst der Schwierigkeit entgeht. Angesichts dieser Auffassung wird sich jedoch herausstellen, dass die Anwendbarkeit dieser Theorie in einer entscheidenden Hinsicht einzuschränken ist. Sie leistet nicht alles, was sie allem Anschein nach zu leisten beansprucht.

Dieser Schwachpunkt wird sich aber später als Vorteil erweisen. Denn erst durch diesen Einschnitt wird Platz geschaffen, um den Historischen Materialis-

---

1 Über Marxens Werk im Allgemeinen urteilt ähnlich auch Quante 2009, S. 213.

mus mit Marxens Lehre vom Klassenkampf zu verknüpfen. Bevor ich auf diese Verknüpfung eingehe, wird das achte Kapitel dem Zweck dienen, die von mir favorisierte Theorie funktionaler Erklärung wissenschaftstheoretisch abzurunden.

7.1 Cohens Argument

Cohens Argument für eine funktionalistische Auslegung der Theorie von Marx beruht auf den zwei folgenden Prämissen:
1. *Der Entwicklungsstand der Produktivkräfte einer Gesellschaft erklärt die in ihr vorherrschenden Produktionsverhältnisse.*
2. *Die Produktionsverhältnisse einer Gesellschaft erklären ihren Überbau* [2].

Ausgangspunkt seiner Überlegungen ist die Tatsache, dass in beiden Prämissen *Konsequenzen* bzw. *Wirkungen* zur Sprache kommen, die das jeweilige Explanandum auf das Explanans ausübt. Denn nach Cohens Interpretation haben geeignete Produktionsverhältnisse eine Weiterentwicklung der Produktivkräfte *zur Folge*. Zum Beleg dafür, dass dies der Sicht von Marx entspricht, könnte man wieder das *Vorwort* anführen. Dort heißt es sinngemäß, dass die Produktionsverhältnisse genau dann obsolet werden, wenn sie aufhören, *Entwicklungsformen* der Produktivkräfte zu sein und stattdessen zu *Fesseln* derselben umschlagen. Folglich schreibt Marx *nicht*-obsoleten Verhältnissen die Funktion zu, die Entwicklung der Produktivkräfte zu begünstigen.

Der Überbau, der durch die Produktionsverhältnisse erklärt werden soll, hat laut Cohen eine *Stabilisierung* der Produktionsverhältnisse zur Folge. Marx bringt den Gedanken, dass eine Stabilisierung der Verhältnisse erforderlich ist, im *Kapital* wie folgt zum Ausdruck:

> Von allem andern abgesehn, macht sich dies übrigens von selbst, sobald die beständige Reproduktion der Basis des bestehenden Zustandes, des ihm zugrunde liegenden Verhältnisses, im Lauf der Zeit geregelte und geordnete Form annimmt; und diese Regel und Ordnung ist selbst ein unentbehrliches Moment jeder Produktionsweise, die gesellschaftliche Festigkeit und Unabhängigkeit von bloßem Zufall oder Willkür annehmen soll. Sie ist eben die Form ihrer gesellschaftlichen Befestigung und daher ihrer relativen Emanzipation von bloßer Willkür und bloßem Zufall. Sie erreicht diese Form bei stagnanten Zuständen sowohl des Produktionsprozesses wie der ihm entsprechenden gesellschaftlichen Verhältnisse durch die bloße wiederholte Reproduktion ihrer selbst. Hat diese eine Zeitlang gedauert, so befestigt sie sich als Brauch und Tradition und wird endlich geheiligt als ausdrückliches Gesetz. (25, 801 f.)

2 Cohen 1982, S. 32.

In Anbetracht der funktionalen Wirkungen, die die Produktionsverhältnisse und der Überbau entfalten, sowie der Ausführungen im zurückliegenden Kapitel über die Begriffe der Erklärung und der Kausalität dürfte hier schon klar sein, dass die beiden Thesen (1) und (2) nicht kausalistisch aufgefasst werden können. Denn Ursachen können zwar ihre Wirkungen erklären. Nicht können jedoch Wirkungen umstandslos ihre Ursachen erklären. Folglich ist eine alternative Antwort auf die Frage nötig, wie es angeht, dass Produktivkräfte Produktionsverhältnisse und diese wiederum den Überbau erklären.

Cohens Antwort beruht auf der Überzeugung, dass die Prämissen (1) und (2) nur dann mit den beiden eben erläuterten Aussagen:

3. *Die Produktionsverhältnisse einer Gesellschaft fördern die Entwicklung der Produktivkräfte*

und

4. *Der Überbau einer Gesellschaft stabilisiert ihre Produktionsverhältnisse*

in Übereinstimmung zu bringen sind, wenn man den Historischen Materialismus als funktionalistische Theorie deutet. Denn die Sätze (3) und (4) besagen, dass die Produktionsverhältnisse auf die Produktivkräfte und der Überbau auf die Produktionsverhältnisse Effekte ausüben, die laut (1) und (2) der Erklärung dienen. Diese Behauptungen ergeben zusammengenommen nur dann ein stimmiges Bild, wenn es sich um funktionale Effekte handelt, die dazu dienen können, das betreffende Explanandum funktional zu erklären.

Vor diesem Hintergrund stellt Cohen fest, dass der Historische Materialismus damit steht oder fällt, ob eine funktionalistische Auslegung plausibel ist oder nicht. Damit spielt er darauf an, dass es Philosophen gibt, die funktionalistische Theorien unsinnig finden, weil ihnen funktionale Erklärungen suspekt erscheinen. Damit sind wir mittendrin in der Diskussion des Begriffs der funktionalen Erklärung. Was hat es mit diesen Erklärungen auf sich? Sind sie wissenschaftstheoretisch zufriedenstellende Erklärungen? Oder haben doch diejenigen Recht, die solche Erklärungen als unseriös verwerfen?

7.2 Funktionale Eigenschaften und die Träger der Funktion

Funktionale Erklärungen machen ihr Explanandum nicht dadurch verständlich, dass sie eine seiner Ursachen zur Sprache bringen. Erklärungen durch einen Verweis auf die Ursache des Explanandum, also Kausalerklärungen, entsprechen sozusagen dem normalen, jedenfalls zumeist gebrauchten Begriff der Erklärung, wie er im zurückliegenden Kapitel Thema war. Funktionale Erklärungen sind dagegen anders. Denn sie erklären, indem sie auf eine Funktion oder auf einen funktionalen Effekt des Explanandum verweisen und so die Frage beantworten, zu welchem Zweck das Explanandum existiert.

Bevor wir uns vergegenwärtigen, wie so eine Erklärung im Einzelnen zu verstehen ist, sollten wir zuerst den Begriff der Funktion etwas näher beleuchten. Dies wird zeigen, dass Funktionen nicht mit Zwecken oder Zielen gleichgesetzt werden sollten, wie ich es bisher getan habe. Daraus wird wiederum folgen, dass funktionale Erklärungen nicht unter dem Verdacht stehen, altmodisch teleologische Erklärungen zu sein. Richtig verstanden sind sie mit einem nüchternen Bild von der Welt und der Wissenschaft vollkommen verträglich.

Es erscheint aus mehreren Gründen angemessen, die Erläuterung des Konzepts der Funktion mit den Überlegungen von Larry Wright zu beginnen. Denn Wrights Arbeit ist einer der wichtigsten Ausgangspunkte der jüngeren Diskussion um die Begriffe der Funktion und der funktionalen Erklärung. Darüber hinaus ist die Wahl dieses Ausgangspunkts deshalb angemessen, weil sich auch Cohen in seiner Analyse funktionaler Erklärungen auf Wright stützt. Aus diesen beiden Gründen werde ich etwas ausführlicher auf die Arbeit von Wright eingehen. Dabei wird ein dritter Grund zutage treten, aus dem sich die Beschäftigung mit Wright empfiehlt. Er stellt nämlich eine Verknüpfung zwischen den Begriffen der Funktion und der funktionalen Erklärung her, die nicht nur ihn auf falsche Fährten führt.

Wright eröffnet seine Diskussion mit zwei Vorklärungen, die unter anderem den bereits angesprochenen Verdacht berühren, funktionale Erklärungen führten zwangsläufig in heikle Gefilde teleologischen Denkens. Der ersten Klärung gemäß sind Funktionen von Zielen zu unterscheiden. Und gerade weil Funktionen etwas anderes als Ziele sind, ist es laut Wright falsch, Funktionen mithilfe des Begriffs des zielgerichteten Verhaltens zu analysieren[3]. Dadurch macht er deutlich, dass Erklärungen, die sich auf Funktionen stützen, keine teleologischen Erklärungen sind, wodurch sie dem oft vorgetragenen Vorwurf entgehen, verkappte Überbleibsel vergangener Tage zu sein, in denen teleologisches Denken noch salonfähig war.

Um den Unterschied zwischen Zielen und Funktionen zu beleuchten, weist Wright darauf hin, dass Zielgerichtetheit eine Eigenschaft ist, die man nur bestimmten Verhaltensweisen zuschreiben kann. Das Handeln eines Menschen kann zielgerichtet sein oder der Flug einer Rakete, die so programmiert wurde,

---

3 Wright 1973, S. 140 f.

dass sie ein gesetztes Ziel erreicht. Wenn wir diesem Anschein entgegen einem Gegenstand – etwa dem Flugkörper – oder einer handelnden Person Zielgerichtetheit attestieren, sprechen wir Wright zufolge genau genommen ebenfalls von bestimmten Verhaltensweisen, nämlich von dem Verhalten des involvierten Gegenstands bzw. der betreffenden Person.

Funktionen können laut Wright hingegen auch in solchen Situationen im Spiel sein, in denen nicht von einem Verhalten, geschweige denn einem zielgerichteten Verhalten sinnvoll die Rede sein kann. So schreiben wir z. B. Stühlen und anderen Gebrauchsgegenständen Funktionen zu, ohne dabei anzunehmen, dass sich diese Dinge irgendwie verhalten. Darüber hinaus könne eine Verhaltensweise auch eine Funktion haben, ohne deshalb schon zielgerichtet zu sein. Wright nennt das Blinzeln der Augen als Beispiel. Diese Abkopplung des Begriffs der Funktion vom Konzept des zielgerichteten Verhaltens ist für unsere Zusammenhänge nicht nur deshalb wichtig, weil sie den Historischen Materialismus von teleologischen Verflechtungen befreit. Vielmehr ist dies auch darum von Belang, weil wir mit Blick auf diese Theorie klarerweise von den Funktionen solcher Entitäten sprechen, die mit dem Verhaltensbegriff nichts zu tun haben.

Der zweiten Vorklärung zufolge hat eine Erläuterung des Begriffs der Funktion von der Unterscheidung zwischen der Funktion einer Sache und anderen Eigenschaften dieser Sache auszugehen. Um jedoch zuerst auf einen Punkt aufmerksam zu machen, der noch nicht mit der Unterscheidung selbst zusammenhängt, ist es hilfreich, Wright selbst sprechen zu lassen:

> Höchstwahrscheinlich beruht die Analyse auf der grundlegenden Unterscheidung zwischen der Funktion einer Sache und anderen Dingen, die sie tut und die nicht ihre Funktion (oder eine ihrer Funktionen) sind. Die Funktion eines Telephonapparats besteht darin, schnelle und bequeme Kommunikation zu ermöglichen. Aber es gibt viele weitere Dinge, die Telephonapparate tun: sie nehmen Platz auf meinem Schreibtisch ein, stören mich in der Nacht, absorbieren und reflektieren Licht usw. Die Funktion des Herzens besteht darin, Blut zu pumpen, und nicht darin, ein dumpfes Geräusch oder Zickzacklinien auf Elektrokardiogrammen zu produzieren, was ebenfalls Dinge sind, die es tut[4].

Der Punkt, von dem ich sprach, besteht darin, dass Wright Funktionen von anderen Dingen unterscheidet, die vom Funktionsträger *getan* werden. Konsequenterweise müsste man daher davon ausgehen, dass auch Funktionen zu den Dingen gehören, die vom Träger der Funktion getan werden. Aber das wäre ein Sprachgebrauch, der leicht in die Irre führen könnte und den auch

---

4 Wright 1973, S. 141.

Wright in Anbetracht seiner Unterscheidung zwischen Funktionen und Zielen vermeiden sollte. Denn in der Erläuterung dieses Unterschieds machte er selbst darauf aufmerksam, dass auch in solchen Fällen von Funktionen die Rede ist, in denen kein Verhalten, also keine Tätigkeit, sprich kein Tun im Spiel ist. Denken wir noch einmal an eines seiner Beispiele, nämlich den Stuhl und seine Funktion zurück, dann ist klar, dass die Funktion dieses Möbelstücks nicht als etwas charakterisiert werden kann, das dieser Gegenstand in irgendeinem Sinn des Wortes tut.

Funktionen sollten also nicht als Teilmenge aller Tätigkeiten gedeutet werden, die dem Träger einer Funktion zuzusprechen sind. Besser ist es daher, eine Begrifflichkeit zu wählen, die möglichst allgemein ist. Aus diesem Grund werde ich Funktionen im Weiteren als *Eigenschaften* ansprechen und folglich zwischen funktionalen und nicht-funktionalen Eigenschaften ihrer Träger unterscheiden.

Vor dem Hintergrund dieser terminologischen Vereinbarung ist dem Punkt, auf den Wright aufmerksam macht, zuzustimmen. Eine Klärung des Begriffs der Funktion, also der funktionalen Eigenschaft, kann nicht umhin, dem Unterschied zwischen den funktionalen und den nicht-funktionalen Eigenschaften einer Sache gerecht zu werden. Denn hierin besteht ja gerade die Aufgabe einer solchen Analyse: die Frage zu beantworten, worin das Charakteristikum der Funktionen besteht, also anzugeben, was die funktionalen Eigenschaften gegenüber den übrigen Eigenschaften auszeichnet. Im nachfolgenden Abschnitt werde ich Wrights Beantwortung dieser Frage vorstellen.

7.3 Wrights Analyse

Wright nimmt einen intrinsischen Zusammenhang zwischen den beiden Begriffen an, die ich bisher voneinander getrennt gehalten habe, also zwischen dem Begriff der Funktion und dem der funktionalen Erklärung. Nachdem er einige Vorschläge, den Funktionsbegriff zu definieren, verworfen hat, eröffnet er den positiven Teil seines Beitrags mit den folgenden Behauptungen:

> Die Vorschläge, die wir bisher erwogen haben, haben eine wichtige Beobachtung übersehen, ignoriert oder jedenfalls zu treffen versäumt: Funktionszuschreibungen sind – intrinsisch, wenn man so will – explanatorisch. Von einem X einfach nur zu sagen, dass es eine bestimmte Funktion hat, bedeutet, eine wichtige Art der Erklärung von X anzubieten[5].

---

5 Wright 1973, S. 154.

Vom Herzen zu sagen, dass es die funktionale Eigenschaft hat, Blut durch den Organismus zu pumpen, komme einer Erklärung des Herzens, sprich des Funktionsträgers gleich. Nur wenn man diese erklärende Natur der Zuschreibung einer funktionalen Eigenschaft berücksichtige, gelange man zu einer richtigen Auffassung.

Bevor Wright seine Auffassung ausführt, gibt er noch einen aufschlussreichen Hinweis darauf, was für einen Begriff der Erklärung er im Sinn hat. Bisher hat er ja lediglich behauptet, dass funktionale Zuschreibungen in *irgendeiner* Art erklärend sind; nicht jedoch erläutert, in welchem Sinn des Wortes solche Zuschreibungen Erklärungen liefern. Man erinnere sich an dieser Stelle noch einmal an den Anfang des zurückliegenden Kapitels, wo ich darauf aufmerksam machte, dass zwischen grundverschiedenen Erklärungsanliegen zu unterscheiden ist, und bereits sagte, dass funktionale Erklärungen meines Erachtens oft mit einem falschen Anliegen assoziiert werden.

Mit was für einem Erklärungsanliegen verknüpft Wright also sein Konzept der funktionalen Erklärung? Er weist zuerst den Vorschlag zurück, funktionale Erklärungen seien als Antworten auf die Frage zu verstehen, *wozu der Funktionsträger gut ist*. Dieser Vorschlag ist laut Wright falsch, weil er an der zweiten Vorklärung scheitert. Denn Antworten auf die Frage, wozu der Funktionsträger gut ist, können auch auf Eigenschaften verweisen, die keine funktionalen Eigenschaften sind. Nasen seien etwa dazu gut, Brillen zu stützen, und Kugelschreiber dazu, sich die Fingernägel zu reinigen. In diesen Fällen kommen jedoch keine Funktionen zur Sprache. Der für uns entscheidende Punkt ist, dass man dies Wright zufolge daran erkennt, dass die genannten Eigenschaften nicht erklären, *warum* es Nasen bzw. Kugelschreiber *gibt*, also nicht erklären, *warum die betreffenden Funktionsträger existieren*.

In Anbetracht dieser Diagnose schreibt er:

> Die Sache so zu sehen, führt zu dem Vorschlag, dass Erklärungen durch Funktionszuschreibungen in einem bestimmten Sinn ätiologisch sind, den kausalen Hintergrund des betreffenden Phänomens betreffen. Und dies ist in der Tat, worauf ich hinaus will: Obwohl funktionale Erklärungen offensichtlich nicht im üblichen, eingeschränkten Sinn des Wortes Kausalerklärungen sind, betreffen sie die Frage, wie der Gegenstand mit seiner Funktion zustande kam. Daher sind sie ätiologisch, d. h. ‚kausal‘ in einem erweiterten Sinn des Wortes[6].

Funktionale Erklärungen sind also keine Kausalerklärungen in dem üblichen Sinn, der im zurückliegenden Kapitel diskutiert wurde, in dem man darunter

---

6 Wright 1973, S. 156.

die Erklärung des Explanandum durch den Verweis auf eine seiner (Teil-)Ursachen versteht. Aber insofern die Zuschreibung einer Funktion der Erklärung dafür dient, weshalb es den Träger der Funktion gibt, verweisen sie unterschwellig doch auf die kausale Vorgeschichte des Funktionsträgers. In diesem Sinn sind sie ätiologisch, man könnte auch sagen genealogisch bzw. in einem erweiterten Sinn des Wortes kausal.

Hier passiert meines Erachtens der entscheidende Fehler, der auf einer Verwechslung zwischen den beiden Bedeutungen des Fragepronomens *warum* beruht, von denen am Ende des zurückliegenden Kapitels die Rede war. Auf diesen Fehler, der funktionale Erklärungen in eine unglückliche Konkurrenz zu den üblichen Kausalerklärungen versetzt, und auf die Frage, wie der Fehler zu beheben ist, möchte ich in den beiden nachfolgenden Abschnitten zu sprechen kommen. Vorab sei aber erst Wrights Überlegung zu Ende geführt.

Wrights Definition des Begriffs der Funktion besteht aus zwei notwendigen Bedingungen, die zusammen hinreichend sein sollen. Aussagen der Form ‚Die Funktion von X ist Z' bedeuten ihr zufolge:

a. *Es gibt X, weil es die Eigenschaft Z hat.*
b. *Z ist eine Konsequenz (oder ein Ergebnis) davon, dass es X gibt*[7].

In diesem Abschnitt bin ich nicht nur deshalb ausführlich auf Wright eingegangen, weil er einen enormen Einfluss auf die weitere Diskussion im Allgemeinen und auf Cohens Auslegung des Historischen Materialismus im Besonderen hatte. Vielmehr bot sich Wrights Position auch deshalb als Hintergrund für die weiteren Betrachtungen an, weil sich bei ihm zwei Annahmen schön voneinander trennen lassen, die auch heute noch von vielen Autoren geteilt werden. Die eine Annahme besagt, dass Funktionszuschreibungen explanatorisch sind. Die andere lautet, dass Funktionszuschreibungen in einem weiten Sinn des Wortes Kausalerklärungen sind und insofern der Erklärung dafür dienen, wieso es den Träger der Funktion *gibt*.

Im nachfolgenden Abschnitt werde ich erläutern, welches Bild der funktionalen Erklärung sich angesichts dieser Auslegung des Begriffs der Funktion ergibt. Dabei wird sich zeigen, auf welche Schwierigkeiten man stößt, wenn man sich mit der Auffassung von den Begriffen der Funktion und der funktionalen Erklärung, die sich auf die beiden erläuterten Annahmen stützt, Theorien wie dem Historischen Materialismus oder anderen sozial-, kultur- bzw. geschichtswissenschaftlichen Theorien zuwendet, die sich funktionaler Erklärungen bedienen.

---

7 Wright 1973, S. 161.

7.4 Die gängige Sicht

Der gängigen Sicht zufolge, die sich aus den beiden hervorgehobenen Annahmen ergibt, dienen Funktionszuschreibungen also dazu, eine Antwort auf die Frage zu liefern, warum es den Funktionsträger gibt. Vom Herzen auszusagen, es habe die Funktion, Blut durch den Körper zu pumpen, bedeutet diesen Annahmen zufolge, dass es das Herz gibt, weil es Blut durch den Körper pumpt.

Auf den ersten Blick scheint diese Sicht plausibel. Zumindest wird sie durch Funktionszuschreibungen, die aus anderen Zusammenhängen stammen, gestützt. Anthropologen und Ethnologen versuchen etwa, die Funktion bestimmter Rituale zu ermitteln, die in einer Gesellschaft zu beobachten sind, um verständlich zu machen, weshalb die Mitglieder dieser Gesellschaft an diesen Praktiken teilnehmen und sie damit am Leben erhalten. Das klassische Beispiel hierfür liefert der Regentanz der Hopi-Indianer. Die Funktion dieses Rituals besteht mutmaßlich darin, die soziale Kohäsion zu stärken, d. h., das Zusammengehörigkeitsgefühl unter den Gesellschaftsmitgliedern zu stützen. Und es klingt nicht abwegig, wenn man in Analogie zum vorigen Beispiel hört, dass diese Funktion erklärt, warum es die rituelle Praxis des Regentanzes in der Hopi-Gesellschaft gibt.

Gewendet auf den Historischen Materialismus wird an diesem Punkt erst einmal deutlich, dass Wrights Standpunkt in ontologischer Hinsicht etwas liberalisiert werden muss. Hierbei ist eine Unterscheidung von Belang, die aus dem zurückliegenden Kapitel vertraut ist. Wenn Marx behauptet, die Funktion der Produktionsverhältnisse bestehe darin, die Entwicklung der Produktivkräfte zu befördern, kann man das zum einen so verstehen, dass es *genau diese* Produktionsverhältnisse gibt, weil sie die erforderliche Funktion erfüllen. Zum anderen kann man dies jedoch auch dahingehend deuten, dass die Produktionsverhältnisse einer konkreten Gesellschaft *so sind, wie sie sind*, weil sie in diesem Zustand die Weiterentwicklung der Produktivkräfte befördern[8]. In der ersten Lesart geht es um die Erklärung der schieren *Existenz* des Funktionsträgers, wohingegen es in der zweiten Lesart darum geht, die spezifische *Ausgestaltung* bzw. die Genese dieser Ausgestaltung des Funktionsträgers zu erklären. In der Diskussion dieser Unterscheidung wurde bereits deutlich, inwiefern man es hierbei mit zwei verschiedenen Lesarten ein und derselben Fragestellung und nicht etwa mit zwei verschiedenen Fragen zu tun hat.

---

8 Dasselbe gilt natürlich auch für die Beziehung zwischen dem Überbau und den Produktionsverhältnissen.

Diese doppelte Deutbarkeit jener Fragestellung steht freilich nicht im Widerspruch zu Wrights Auslegung. Sie weist aber darauf hin, dass Wright nur Erklärungen der Existenz von Entitäten im Auge hat, wohingegen zu sehen war, dass derartige Erklärungen in Abhängigkeit von der ontologischen ‚Verkleidung' oft auch so zu verstehen sind, dass es nicht um die Existenz, sondern um die spezifische Ausprägung der betreffenden Entität geht. Um diesen Punkt zu berücksichtigen, lässt sich daher ergänzen, ein Satz der Form ‚Die Funktion von X ist Z' könne auch so verstanden werden, dass er bedeutet:

a. *X ist, wie es ist, weil es die Eigenschaft Z hat.*
b. *Die Eigenschaft Z ist eine Konsequenz davon, dass X ist, wie es ist.*

Dieser Umformulierung gemäß besagt der Historische Materialismus zum einen, dass die Produktionsverhältnisse zum Zeitpunkt *t* sind, wie sie sind, weil sie so der Funktion dienen, die Entwicklung der Produktivkräfte zu befördern. Zum anderen lehrt die Theorie, dass die Bewusstseinsformen zu *t* sind, wie sie sind, weil sie so der Funktion dienen, die gegebenen Produktionsverhältnisse zu stabilisieren.

Nun gibt es ein Problem mit dieser Deutung funktionaler Erklärung, das abermals auf die beiden Bedeutungen des Fragepronomens ‚warum' zurückführen wird. Dieses Problem ist derart verheerend, dass es viele Autoren dazu veranlasst hat, funktionale Erklärungen vielleicht gerade noch in der Evolutionsbiologie zu akzeptieren, sie jedoch in der Anthropologie bzw. in den Geschichts- und Sozialwissenschaften zu verwerfen. Das Problem zeigt sich angesichts der Tatsache, dass die Genetik im Fall der Biologie etwas leistet, was in den übrigen Disziplinen zumeist nicht geleistet ist. Die Genetik macht nämlich durch die Konzepte der Variation, der Selektion und der Vererbung den sogenannten *Mechanismus* begreiflich, der kausal erklärt, wie es kommt, dass sich solche Funktionsträger etablieren, die die funktionalen Eigenschaften aufweisen[9]. Das – etwas vereinfachte – Bild sieht hier so aus, dass durch zufällige genetische Variationen gewissermaßen ‚Versuchsobjekte' mit unterschiedlichen Eigenschaften auf den Markt geworfen werden, woraufhin die natürliche Selektion dazu führt, dass sich diejenigen Kandidaten, die zufälligerweise in irgendeiner Hinsicht funktionale Eigenschaften aufweisen, häufiger reproduzieren, als es den Exemplaren gelingt, die jene Eigenschaften nicht teilen. Da die Genetik darüber hinaus erklärt, wie solche Eigenschaften von einer Generation in die nächste weitervererbt werden, ist begreiflich, weshalb sich die Trä-

---

9 Zum Konzept des Mechanismus vgl. Elster 1989(b).

ger der funktionalen Eigenschaften über kurz oder lang ‚am Markt' durchsetzen.

Ein vergleichbarer Mechanismus, so der Einwand gegen den Funktionalismus, der begreiflich macht, wie es zu einer funktionalen Eigenschaft und der Durchsetzung ihrer Träger kommt, fehlt zumeist in den nicht-biologischen Kontexten. Selbst wenn es wahr ist, dass es den Regentanz der Hopi-Indianer gibt, weil er die funktionale Wirkung hat, den Zusammenhalt der Gesellschaft zu fördern, wissen wir aufgrund dieses Sachverhalts noch nicht, welcher kausale Mechanismus dazu führte, dass sich dieses Ritual in jener Gesellschaft etablieren konnte. Mit Blick auf den Historischen Materialismus lässt sich derselbe Mangel nachweisen. Selbst wenn man den Aussagen über die Funktionen der Produktionsverhältnisse und des Überbaus zustimmt, lassen sich allein aufgrund dieser Aussagen noch nicht die Fragen beantworten, wie es dazu kam, dass sich im konkreten Fall solche Verhältnisse und solche Bewusstseinsformen Bahn brachen, die die Funktionen erfüllen, die Marx ihnen zuschreibt.

Nun könnte man in Erinnerung an die mehrfach angesprochene Vielfalt verschiedenster Erklärungsanliegen kontern, es sei unfair, funktionale Erklärungen als mangelhafte Erklärungen zu bezeichnen. Denn wenn es doch so unterschiedliche Erklärungsanliegen gibt, wie ich behauptet habe, dann sei es nicht weiter verwunderlich, dass eine Art der Erklärung, die einem bestimmten Anliegen Rechnung trägt, anderen Anliegen nicht oder nur bedingt Rechnung trägt.

Aber es kommt noch schlimmer. Jon Elster, der in direkter Auseinandersetzung mit Cohen auf das Fehlen eines sogenannten Mechanismus besonders nachdrücklich hingewiesen hat, reagiert auf diesen Mangel nicht etwa dahingehend, dass er versucht, ihn zu beheben, also einen einleuchtenden Mechanismus aufzuweisen, um die funktionalen Erklärungen zu vervollständigen. Vielmehr geht er einen Schritt weiter und argumentiert dafür, dass in den Fällen, in denen ein entsprechender Mechanismus tatsächlich aufzuweisen wäre, also eine Antwort auf die Frage vorläge, welche kausalen Faktoren zur Existenz eines Funktionsträgers und seiner Eigenschaften geführt haben, der Mechanismus automatisch die vollständige Erklärungsleistung übernimmt. Denn insofern dieser Mechanismus aus Ursachen besteht, die den Funktionsträger zur Wirkung hatten, liefert der Verweis auf ihn eine tadellose Kausalerklärung herkömmlicher Art. Man erinnere sich an diesem Punkt an die erste der fünf Erläuterungen des Erklärungsbegriffs im zurückliegenden Kapitel. Diese besagte, aus der Aussage ‚*a* verursacht *b*' könne auf die Aussage ‚*a* erklärt *b*' geschlossen werden. Durch diesen Zusammenhang wird jedoch die ursprüngliche Erklärung, die aus der Funktionszuschreibung hervorging, überflüssig.

Folglich sind funktionale Erklärungen laut Elster entweder unvollständig, d. h., mit dem erläuterten Mangel behaftet, oder überflüssig, weil der ergänzte Mechanismus an ihrer Statt die komplette Erklärungsleistung übernimmt[10].

Gewendet auf unseren Fall und in Erinnerung an eines der Zitate im zurückliegenden Kapitel: Wozu die Produktionsverhältnisse einer Gesellschaft durch ihren funktionalen Beitrag zur Weiterentwicklung der Produktivkräfte erklären, wenn die Kausalgeschichte vertraut ist, die über einen geänderten Bedarf an Produktivkräften seitens der Gesellschaftsmitglieder zu den Verhältnissen geführt hat? Durch diese Kausalgeschichte wissen wir doch schon, warum es diese Verhältnisse gibt und warum sie so sind, wie sie sind. Folglich wäre eine zusätzliche funktionale Erklärung überflüssig.

Wie bereits erwähnt, kann nur eine alternative Konzeption funktionaler Erklärungen um dieses Problem herumführen. Eine solche Alternative ist Gegenstand des nachfolgenden Abschnitts.

7.5 Eine Alternative

Im zurückliegenden Abschnitt dürfte schon deutlich geworden sein, dass die verheerenden Folgen für den Begriff der funktionalen Erklärung und damit auch für eine funktionalistische Auslegung des Historischen Materialismus auf die Verknüpfung dieser Erklärungen mit einem bestimmten Erklärungsanliegen zurückzuführen sind. Denn sie geraten einzig und allein dadurch in die Bredouille, dass sie als Rivalen zu den Kausalerklärungen aufgefasst und damit in ein Rennen geschickt werden, das sie nicht gewinnen können[11]. Dies ist jedenfalls die Folge aus Wrights Vorschlag, funktionale Erklärungen als Kausalerklärungen in einem erweiterten Sinn des Wortes zu deuten, der sich aus seiner Ansicht ergab, dass Funktionszuschreibungen ätiologisch zu deuten sind. Denn in dieser Deutung sollen Funktionszuschreibungen – wie Kausalerklärungen auch – begreiflich machen, warum es zu den betreffenden Funktionsträgern gekommen ist.

Am Ende des zurückliegenden Kapitels zeichnete sich jedoch bereits ab, dass Funktionen nur mittelbar mit der Kausalgeschichte ihrer Träger zu tun haben. Denn wir haben gesehen, dass Verweise auf die Funktion eines Phänomens vielmehr die Frage beantworten, *wozu* es dieses Phänomen gibt. In Anbetracht dieser Zusammenhänge wird erkennbar, wie das funktionalistische Pro-

---

10 Ähnlich argumentieren Bigelow und Pargetter 1987, S. 181 f.
11 Vgl. hierzu McLaughlin 2001, S. 6 f.

jekt zu retten ist. Um diese Rettung vor Augen zu führen, möchte ich jetzt auf eine Position zu sprechen kommen, die seit geraumer Zeit in der Philosophie der Biologie diskutiert wird, in der Philosophie der Sozial- und Geschichtswissenschaften jedoch noch lange nicht die ihr gebührende Aufmerksamkeit gefunden hat.

Diese Position, die die zweite der oben herausgestellten Annahmen verwirft, geht auf Christopher Boorse und Robert Cummins zurück[12]. Beide Philosophen teilen die Ansicht, dass ätiologische Erklärungen im Sinne von Wright als *Ableitungen* aus den funktionalen Erklärungen zu verstehen sind, deren primäre Erklärungsleistung an anderer Stelle liegt. Funktionale Zuschreibungen dienen diesen Autoren zufolge primär der Beantwortung der Frage, welchen Beitrag der Funktionsträger durch seine funktionale Eigenschaft zum Funktionieren bzw. Operieren eines Systems liefert, dessen Bestandteil der Funktionsträger ist. Als Slogan formuliert könnte man diese Sicht auf die Formel bringen, dass man Funktionen genau deshalb Funktionen nennt, weil sie erklären, wie Systeme funktionieren. Vom Herzen also zu sagen, seine Funktion bestehe darin, Blut durch den Organismus zu pumpen, bedeutet *nicht*, die Frage zu beantworten, warum es das Herz gibt. Vielmehr verweist diese Aussage auf die Rolle, die das Herz im Gesamtsystem des Blutkreislaufs eines Organismus spielt[13].

Ein wichtiger Aspekt dieser Sichtweise betrifft die bereits angesprochenen Ableitungen von Antworten auf die von Wright in den Mittelpunkt gerückte Frage, warum es den Funktionsträger gibt. Denn diese Ableitungen machen verständlich, warum die gängige Sicht der Dinge auf den ersten Blick so plausibel erscheint. Weil Funktionen nämlich im eben erläuterten Sinn erklären, wie die Systeme, zu denen die Funktionsträger gehören, funktionieren, geben sie stillschweigend auch einen Hinweis darauf, warum diese Systeme *erfolgreich* bzw. *gut* funktionieren. Dadurch lassen sich aus funktionalen Erklärungen indirekt oft auch Antworten auf die Frage gewinnen, warum es die involvierten Funktionsträger gibt bzw. warum diese Träger produziert, am Leben erhalten oder reproduziert werden – sei es von der Natur oder von uns Menschen. Denn wenn z. B. ein Thermostat seine Funktion gut erfüllt, haben Menschen allen Grund, weitere Thermostate dieser Art zu produzieren. Und wenn ein Organismus durch seine funktionalen Eigenschaften erfolgreich mit seiner Umwelt in-

---

12 Cummins 1975 und Boorse 1976.
13 Um diesen Punkt zu betonen, spricht Boorse von funktionalen auch als *operationalen* Erklärungen. Cummins vermeidet sogar die Rede von irgendwelchen Erklärungen und spricht stattdessen von funktionalen *Analysen*.

teragiert oder ein Organ des Organismus seinen Dienst für das System tadellos leistet, dann hat Mutter Natur sozusagen keinen Grund, Organismen und Organe der betreffenden Arten auszurotten. Insofern tragen Funktionen also mittelbar tatsächlich oft zur Beantwortung der Frage bei, weshalb es die Funktionsträger gibt. Doch derartige Erkenntnisse sind, wie gesagt, unter *Hinzunahme weiterer Prämissen* (etwa der Evolutionsbiologie) aus den funktionalen Erklärungen erst abzuleiten. Keineswegs sind sie die Erkenntnisse, zu denen funktionale Erklärungen von sich aus führen.

Funktionale Eigenschaften erklären also nicht ohne weiteres, warum es ihre Träger gibt. Vielmehr dienen funktionale Zuschreibungen dazu, auf den Beitrag des Funktionsträgers mit Blick auf ein umfassendes System hinzuweisen. Es gibt eine Reihe von Argumenten, die für diese Sicht und gegen die zuerst erläuterte Position sprechen. Freilich gibt es auch Probleme, auf die ein Anhänger der alternativen Sichtweise stößt. Vor allem der für diesen Standpunkt zentrale Systembegriff stellt ein Problem dar. Doch auf diese Schwierigkeit möchte ich erst im nachfolgenden Kapitel eingehen, das den Begriffen des Systems und des Gesellschaftssystems gewidmet ist. Im Rest dieses Abschnitts geht es erst einmal um die Argumente für die alternative Sichtweise und dann zum Abschluss des Kapitels um die Frage, wie sich Marxens Theorie aus der neuen Perspektive darstellt.

In der Literatur zum Funktionsbegriff gibt es ein beliebtes Gedankenexperiment, das in unterschiedlichen Fassungen von verschiedenen Autoren vorgetragen wurde[14]. Zumeist wendet sich dieses Gedankenexperiment gegen die ätiologische Analyse des Funktionsbegriffs á la Wright und gegen die sogenannten selektionistischen Ansätze, die in der Tradition von Wright entwickelt wurden[15]. Aber genau genommen trifft das Argument, das sich auf das Gedankenexperiment stützt, gar nicht so sehr bestimmte Auffassungen vom Begriff der Funktion. Vielmehr lässt es sich grundsätzlich gegen das herkömmliche Verständnis funktionaler Erklärungen wenden.

In seiner plastischsten Fassung beginnt das Experiment mit der Aufforderung, sich eine mögliche Welt vorzustellen, die mit der Welt, die uns vertraut ist, nahezu identisch ist. Der einzige Unterschied zwischen der möglichen und der aktualen Welt liegt darin, dass die erste erst vor wenigen Minuten (etwa durch einen gigantischen kosmischen Zufall) entstanden ist. In dieser möglichen Welt gibt es zahllose Dinge, deren Gegenstücke es in unserer Welt auch gibt. Darüber hinaus haben viele der Dinge in der möglichen Welt Eigenschaf-

---

14 Siehe z.B. Neander 1991, S. 168 f.
15 Siehe z.B. Buller 1998.

ten, die den funktionalen Eigenschaften ihrer Gegenstücke in unserer Welt entsprechen. Da die Dinge der möglichen Welt jedoch erst kürzlich entstanden sind, ist nicht davon auszugehen, dass ein Verweis auf ihre funktionalen Eigenschaften die Frage beantwortet, warum es die betreffenden Funktionsträger gibt. Dies müssten jene Erklärungen aber leisten, wenn es richtig wäre, dass funktionale Erklärungen gemäß der herkömmlichen Sicht zu verstehen sind. Also steht man in Anbetracht dieses Gedankenexperiments vor einem Dilemma. Man muss entweder leugnen, dass es in jener möglichen Welt überhaupt irgendwelche funktionalen Eigenschaften gibt, oder den Gedanken verwerfen, dass Funktionen dazu dienen, die Entstehung bzw. Existenz ihrer Träger zu erklären. Es ist leicht einzusehen, dass der erste Weg deutlich weniger Aussicht auf Erfolg verspricht.

Ein ähnliches Problem für die herkömmliche Auffassung betrifft solche Fälle, in denen eine Eigenschaft erstmals zur funktionalen wird. Man stelle sich z. B. das erste Organ in der Evolutionsgeschichte vor, von dem man bereit ist zu sagen, es sei ein Herz, also ein Organ, dem die Funktion zukommt, Blut durch den Körper zu pumpen. Nun ist es für das Argument, das auf diesem Beispiel beruht, unwichtig, ob es richtig ist, dass die Existenz späterer Organe dieser Art im Sinne von Wright dadurch zu erklären ist, dass das erste Herz die Eigenschaft hatte, Blut durch den Körper zu pumpen. Wichtig ist nur, dass mit Blick auf das erste ‚Protoherz' keine Aussicht besteht, eine funktionale Erklärung gemäß der herkömmlichen Sicht zu formulieren. Denn was auch immer erklären mag, warum es zu diesem Organ gekommen ist, – es ist mit Sicherheit nicht seine Eigenschaft, Blut durch den Körper zu pumpen. Denn diese Eigenschaft trat ja zeitgleich mit dem Träger in die Welt, kann also keine Rolle in der Ätiologie oder Kausalgeschichte des Organs gespielt haben.

Zuletzt gibt es noch ein schlagkräftiges Argument gegen die Standardposition, das sich auf Beispiele stützt, in denen ein bereits etablierter Funktionsträger lange nach seinem ersten Auftreten neue bzw. zusätzliche Funktionen übernimmt. Schon Boorse hat dieses Argument durch ein fiktives Beispiel stark gemacht[16]. Und Wissenschaftstheoretiker wie Elliot Sober haben es später durch reale Beispiele aus der Evolutionsbiologie untermauert. Hier ist ein Beispiel:

> Ein Merkmal mag jetzt nützlich sein, weil es die Aufgabe *a* erfüllt, selbst wenn dies nicht der Grund war, weshalb es sich entwickelt hat. Seeschildkröten benutzen zum Beispiel ihre Vorderextremitäten, um Löcher in den Sand zu graben, in die sie ihre

---

16 Boorse 1976, S. 76.

Eier legen. In dieser Hinsicht sind ihre Extremitäten nützlich, auch wenn sie keine Anpassungen sind, um Nester zu graben. Der Grund hierfür ist, dass Seeschildkröten schon lange bevor irgendwelche Schildkröten das Wasser verließen, um Nester am Strand zu graben, diese Vorderextremitäten besaßen[17].

In Fällen dieser Art ist evident, dass die neuen Funktionen etwa eines Organs nicht erklären können, weshalb es zur Existenz des Organs gekommen ist. Denn der Funktionsträger existierte in dem Fall schon geraume Zeit, bevor die neuen Funktionen auf den Plan getreten sind. Folglich kann an der von Wright vertretenen Vorstellung nicht festgehalten werden, dass es eine intrinsische Eigenschaft von Funktionen sei, die Entstehung oder Existenz ihrer Träger zu erklären.

Alle drei Überlegungen sprechen nicht nur gegen die herkömmliche Auffassung funktionaler Erklärungen, sondern zugleich auch für die alternative Sichtweise. Denn in allen drei Szenarien, auf die sich die Argumente stützten, ist problemlos zu verstehen, inwiefern die funktionalen Erklärungen genau das leisten, was von ihnen der alternativen Sicht zufolge zu erwarten ist. Dies liegt schlicht daran, dass aus der alternativen Perspektive sichtbar ist, dass die Vor- bzw. Entstehungsgeschichte der Funktionsträger und damit nicht zuletzt der Zeitpunkt, zu dem ein Träger seine Funktion erwirbt, für das funktionalistische Verständnis belanglos ist. Die jeweiligen Funktionszuschreibungen verweisen vielmehr, wie gesagt, auf einen Beitrag, den der betreffende Funktionsträger durch seine funktionale Eigenschaft zum Gesamtfunktionieren des Systems leistet, von dem er ein Teil ist.

Bevor ich mich mit diesem Ergebnis wieder der Theorie von Marx zuwende, möchte ich diesen Abschnitt mit zwei Bemerkungen abschließen. Die erste Bemerkung betrifft den Umstand, dass funktionale Erklärungen in der hier eingenommenen Sicht dem Dilemma entgehen, auf das Elster aufmerksam gemacht hat. Erklärungen dieser Art sind nämlich aus zusammenhängenden Gründen weder ergänzungsbedürftig noch überflüssig. Sie haben keine Ergänzungen durch die Angabe eines Mechanismus nötig, weil sie nicht beanspruchen, etwas über die Entstehung der Funktionsträger und ihrer Eigenschaften zu sagen. Damit ist klar, dass sich diese Erklärungen dem ursprünglichen Eindruck entgegen gar nicht in das Geschäft einmischen, in dem die Kausalerklärungen bereits erfolgreich operieren. In Anbetracht dessen ist zu erkennen, weshalb diese Erklärungen keineswegs überflüssig sind. Denn sie antworten nicht unmittelbar auf die Frage, *warum* es das Explanandum gibt bzw. wie es zu dem Explanandum gekommen ist, sondern vielmehr auf die Frage, *wozu* es das

---

17 Sober 1993, S. 84.

Explanandum gibt. Antworten dieser Art gehen aus Kausalerklärungen nicht hervor, sind daher eigenständig und informativ.

Die zweite Bemerkung betrifft die Reichweite meiner Kritik an Wrights Theorie und den durch sie inspirierten Positionen. Es ist nicht sicher, ob Wright so uneingeschränkt falsch liegt, wie ich es bisher behauptet habe. Genauer gesagt kann man sich die Frage stellen, ob es nicht zwei oder mehr verschiedene Arten von Funktionen und folglich auch verschiedene Formen des funktionalen Erklärens gibt[18]. Wichtig für die Auslegung der Theorie von Marx ist aber nur, dass der in diesem Abschnitt entwickelte Begriff der funktionalen Erklärung sinnvoll ist. Denn genau dieser Begriff ist vonnöten, um eine plausible Auslegung des Historischen Materialismus zu formulieren und zugleich der Lehre vom Klassenkampf dasjenige Gewicht einzuräumen, das Marx für sie beansprucht.

7.6 Eine Theorie dynamischer Systeme

Wie stellt sich der Historische Materialismus angesichts der neuen Deutung funktionaler Erklärungen dar? Dass die Produktionsverhältnisse die Funktion haben, die Entwicklung der Produktivkräfte zu befördern, und den Bewusstseinsformen die Funktion zukommt, die Produktionsverhältnisse zu stabilisieren, soll dieser Deutung zufolge nicht erklären, wie es zu diesen Verhältnissen und Formen gekommen ist. Vielmehr sollen diese Funktionszuschreibungen erklären, wie das System, zu dem die Funktionsträger gehören, also das sozioökonomische Gesellschaftssystem operiert. Dies leisten die Funktionszuschreibungen, indem sie verdeutlichen, worin der Beitrag der Produktionsverhältnisse und der Bewusstseinsformen für das Funktionieren dieses Gesamtsystems besteht. Der Historische Materialismus ist also in einem noch zu erläuternden Sinn des Wortes eine Systemtheorie.

Es ist nicht unwichtig zu betonen, dass die Behauptungen, denen zufolge die Produktionsverhältnisse und die Bewusstseinsformen die ihnen zugesprochenen Funktionen haben, empirische Aussagen in der Bedeutung des Wortes sind, in dem etwa auch William Harveys Feststellung eine empirische Behauptung ist, dass dem Herz die Funktion zukommt, Blut durch den Organismus zu pumpen. Marx kann so gesehen also als ein Gesellschaftsphysiologe betrachtet werden. Damit möchte ich keine heikle ‚organizistische' Gesellschaftsmetaphern wiederbeleben. Vielmehr möchte ich darauf aufmerksam machen, dass

---

18 Vgl. hierzu Ratcliffe 2000.

es – anders als es in der Diskussion um das Konzept der funktionalen Erklärung häufig erscheint – gar nicht so sehr die Evolutionsbiologie als viel mehr die Physiologie ist, die als Paradigma einer funktionalistischen Theorie betrachtet werden sollte.

Vor diesem Hintergrund dürfte außerdem deutlich werden, dass die Leistung des Historischen Materialismus vornehmlich analytischer Natur ist. Der springende Punkt der hier vertretenen Lesart von Marx besteht demnach darin, dass seine Theorie nicht erklärt, *wie* oder *auf Grund wovon* es in einer Gesellschaft zu den jeweiligen Produktionsverhältnissen und den entsprechenden Bewusstseinsformen kommt. Erklärungen dieser Art, die über die *kausalen Mechanismen* der sozioökonomischen Prozesse Aufschluss geben, werden uns später im Rahmen der Untersuchung der Theorie vom Klassenkampf begegnen. Die relevante Botschaft des Historischen Materialismus ist vielmehr, dass man etwas Aufschlussreiches über das Funktionieren bzw. Operieren von komplexen Gesellschaftssystemen erfährt, indem man diese Systeme nach dem Muster *Produktivkräfte*, *Produktionsverhältnisse* und *Überbau* ‚zerlegt‘ und dadurch auf die funktionalen Beiträge der einzelnen Systembestandteile aufmerksam wird.

Dieser analytische Wert des Historischen Materialismus sollte nicht unterschätzt werden. Denn auf der einen Seite ist es informativ zu erfahren, dass die verschiedenen Merkmale (z. B. Arbeitsteilung und Besitzformen), die zusammengenommen die Produktionsverhältnisse charakterisieren, oder die verschiedenen Bestandteile des Überbaus (Überzeugungen und Wünsche bzw. politische und juristische Institutionen) gemeinsame funktionale Eigenschaften aufweisen. Auf der anderen Seite ist es auch von Wert zu erfahren, dass den Produktionsverhältnissen und den Überbauten verschiedener Gesellschaften die immer gleichen Funktionen zukommen. In diesen beiden Hinsichten könnte die Theorie von Marx also unter analytischen Gesichtspunkten durchaus neue Erkenntnisse liefern, falls sie zutrifft.

Des Weiteren ist der analytische Wert der Theorie von Marx aus einer weiteren Perspektive zusätzlich mit Blick auf gesellschaftlichen und historischen Wandel beachtlich. Denn der Historische Materialismus ist anders als die physiologische Theorie von Harvey, die nichts über eventuelle Veränderungen des Blutkreislaufs zu sagen hat, zugleich eine Theorie *dynamischer* Systeme. Marxens Theorie erläutert ja auch, wie das Gesamtsystem seine Leistung auch dann aufrechterhält, wenn die Systembestandteile im Zuge einer Weiterentwicklung der Produktivkräfte ihre Funktion nicht mehr hinlänglich gut erfüllen oder gar dysfunktional werden. Um diesen Punkt zu durchschauen, muss man sich klarmachen, dass die funktionalen Eigenschaften, die Marx den Produktionsverhältnissen und den Bewusstseinsformen zuspricht, nicht nur erklären, wie ein rund laufendes sozioökonomisches System funktioniert. Dieselben Eigenschaften ermöglichen auch eine Analyse dynamischer Veränderungen solcher Systeme. Denn insofern den Produktionsverhältnissen die funktionale Eigenschaft zukommt, der Weiterentwicklung der Produktivkräfte zu dienen, erscheint es einleuchtend, dass es zu einer Umgestaltung dieser Verhältnisse kommt, wenn sie in ihrer bisherigen Gestalt ihre Funktion nicht mehr erfüllen. Dieselben Sachverhalte gelten auch für die Bewusstseinsformen und ihre Funktion.

Auch mit Blick auf diese dynamischen Aspekte sei jedoch betont, dass die Leistung des Historischen Materialismus hauptsächlich analytischer Natur ist. Denn auch im Fall der Erklärung von systemimmanenten Veränderungen kann diese Theorie von Marx nicht beanspruchen, etwas Aufschlussreiches über die kausalen Mechanismen zu sagen, die zu den Änderungen der Produktionsverhältnisse und der Bewusstseinsformen führen. Die analytische Kraft dieser Theorie besteht vielmehr in der Einsicht, dass sich die Bewusstseinsformen den Verhältnissen und diese dem Entwicklungsstand der Produktivkräfte *irgendwie* anzupassen haben, um die Gesamtleistung des Systems aufrechtzuerhalten. Dabei sagt der Historische Materialismus in der hier vertretenen Lesart nichts darüber aus, aufgrund welcher Kausalmechanismen solche Anpassungen vonstatten gehen. Trotzdem kann diese Theorie im Fall ihrer Wahrheit wertvolle Einsichten vermitteln, da es nicht selbstverständlich ist, dass man gesellschaftlichen und historischen Wandel verständlich machen kann, indem man komplexe sozioökonomische Systeme in genau jene drei Elemente statt in irgendwelche anderen Elemente segmentiert. Darüber hinaus ist es auch keine Selbstverständlichkeit, dass die Abhängigkeits- bzw. Anpassungsbeziehungen zwischen den drei Elementen des Historischen Materialismus in der von Marx behaupteten, statt in einer anderen Richtung bestehen.

Wichtig bleibt jedoch, im Auge zu behalten, dass der Historische Materialismus nicht dazu dient, das kausale Getriebe funktionierender Gesellschaftssysteme oder die Ursachen sozialen und geschichtlichen Wandels zu beleuchten. Diese Theorie sagt einzig und allein, welche Beiträge die Systembestandteile zum Funktionieren des Gesamtsystems leisten, woraus auf der höheren Ebene hervorgeht, dass sich die Systembestandteile gemäß der erläuterten Abhängigkeitsbeziehungen verändern, wenn sie ihre Funktion nicht länger erfüllen. Welche Ursachen hinter diesen Prozessen stecken, erfahren wir erst, wenn wir uns dem Tun und Lassen der in Klassen geteilten Mitglieder der betreffenden Gesellschaften zuwenden.

7.7 Rückblick

In diesem etwas komplizierten, weil viele Themen umfassenden Kapitel ging es eingangs darum, deutlich zu machen, warum der Historische Materialismus als funktionalistische Theorie zu verstehen ist. In dieser Hinsicht war Cohens Argument einschlägig, dem zufolge diese Theorie in Anbetracht der Kausalverhältnisse zwischen den Elementen des Historischen Materialismus, die Marx einräumt, nur in einer funktionalistischen Auslegung Aussicht auf Konsistenz hat. Nachdem dann Wrights Analyse des Begriffs der Funktion vorgestellt und das sich aus ihr ergebende Konzept der funktionalen Erklärung verworfen worden war, sollte die alternative Auffassung funktionaler Erklärungen verständlich machen, was es bedeutet, die Theorie von Marx funktionalistisch zu deuten. Die Funktionen der Produktionsverhältnisse und des Überbaus sollen dieser Lesart zufolge nicht erklären, weshalb bzw. aufgrund welcher Ursachen die Verhältnisse und die Bewusstseinsformen sind, wie sie sind. Vielmehr handeln diese Funktionszuschreibungen von Beiträgen, die die Verhältnisse und die Formen für das Operieren des Gesellschaftssystems leisten. Dieser Beitrag hilft nicht zuletzt zu verstehen, wie diese Systeme durch interne Anpassungen reagieren, wenn die Gesamtleistung nicht mehr gewährleistet ist.

Bevor ich mich vor diesem Hintergrund der Lehre vom Klassenkampf zuwende, um zu zeigen, dass sie nicht als leerlaufendes Rad oder redundantes Beiwerk verstanden werden muss, ist es vorab angebracht, die Rede von der Gesellschaft als einem sozioökonomischen System zu klären.

8 Gesellschaft

In diesem Kapitel soll das bis hierher entfaltete Bild vom Historischen Materialismus abgerundet werden, damit wir uns auf der Grundlage dieser Theorie in den restlichen Teilen dieser Einführung einigen weiteren Standpunkten von Marx zuwenden können. Zu diesem Zweck werde ich mich mit dem Konzept des Systems sowie mit den Begriffen der Gesellschaft und des Gesellschaftssystems beschäftigen. Denn die im zurückliegenden Kapitel erläuterte Auffassung funktionaler Erklärungen beruht ja auf dem Systembegriff, insofern Funktionen als Beiträge des Funktionsträgers zum Operieren eines Systems bestimmt wurden. Was hat es also mit den Systemen, die aus Produktivkräften, Produktionsverhältnissen und Bewusstseinsformen bestehen, auf sich, von denen der Historische Materialismus handelt? Was ist ein soziales System, wie Marx Gesellschaften auch bezeichnet?[1] Und was ist die genuine Leistung dieses Systems?

Diese Fragen betreffen gleichsam die vertikale Dimension der marxistischen Gesellschaftskonzeption, was deutlich wird, wenn man sich die metaphorische Rede vom Über- und Unterbau einer Gesellschaft in Erinnerung ruft. Nachdem ich meine Antworten auf die genannten Fragen formuliert habe, wird dann im zweiten Teil des Kapitels von einer horizontalen Dimension die Rede sein, die ausschließlich die Produktionsverhältnisse betrifft. Mit Blick auf diese Dimension werden wir dann auch von Strukturen bzw. Gesellschaftsstrukturen sprechen. Besondere Aufmerksamkeit werde ich dabei der Frage zuwenden, ob die in den Sozialwissenschaften gängige Gegenüberstellung von individualistischen und strukturalistischen Betrachtungsweisen der Menschen und ihres gesellschaftlichen Zusammenlebens derart zwingend ist, wie es vielen erscheint. Marx legt jedenfalls eine interessante Überwindung dieser Dichotomie nahe.

8.1 Was sind Systeme?

Der Begriff des Systems ist mit dem des Organismus vergleichbar. Im gewissen Sinne könnte man Organismen sogar als paradigmatische Beispiele für Systeme auffassen. Jedenfalls ist es nicht nur so, dass Organismen aus Organen bestehen, so wie sich Systeme aus Elementen zusammensetzen. Vielmehr ist in beiden Fällen der Gedanke einer *Ordnung* bzw. *Organisation* der Teile, eines *Aufbaus* des *Gefüges* mitgedacht. Wie die Elemente eines Systems bilden auch

---

1 Siehe z. B. *Die Deutsche Ideologie* (3, 364).

die Organe eines Organismus kein Chaos, sondern einen *Kosmos*, eine geord-nete bzw. strukturierte *Einheit*. Vor diesem Hintergrund erscheint es auch nicht als Zufall, dass der Systembegriff in seiner heute zumeist intendierten Bedeu-tung von einem Biologen, genauer einem Physiologen, wissenschaftlich salon-fähig gemacht wurde[2]. Systeme sind gleichsam leblose Organismen. Wie ein Organismus fasst auch ein System verschiedene Bestandteile zu einer komple-xen Einheit zusammen, wodurch die Bestandteile gemeinsam ein Muster bil-den, durch das sie sich von einem Hintergrund abheben. Die Elemente, die den Hintergrund bilden, nennt man in der allgemeinen Systemtheorie *Umwelt*.

Systeme bestehen also aus Elementen, die untereinander in einem geord-neten Zusammenhang stehen, und haben eine Umwelt. Was die Entitäten, die die Elemente eines Systems bilden, zu den Bestandteilen eines gemeinsamen Systems macht, ist genau die Tatsache, dass zwischen diesen Elementen ein derartiger Zusammenhang besteht, der zwischen diesen Elementen und dem restlichen Zeug, das zur Umwelt gehört, nicht (oder in weniger ausgeprägter Form) besteht.

Je nachdem, wie die Systembestandteile untereinander und mit den Din-gen, die die Systemumwelt bilden, im Zusammenhang stehen, kann man zwi-schen verschiedenen Arten von Systemen unterscheiden. Die allgemeine Sys-temtheorie bietet in dieser Hinsicht eine reiche Palette an, die von einfachen Maschinen über selbsterhaltende Systeme bis hin zu den sogenannten autopoi-etischen Systemen reicht. Einfache Systeme, die das eine Ende des Spektrums bilden, reagieren auf Umweltimpulse stumpf und mechanisch in immer dersel-ben Art und Weise. Ausgefeiltere bzw. komplexere Systeme auf der anderen Seite des Spektrums sind nicht nur fähig, ihr internes Verhalten der Umwelt und eventuell eintretenden Umweltveränderungen anzupassen. Im Extremfall sind sie sogar dazu in der Lage, ihre Bestandteile selbst zu generieren. Zwi-schen diesen beiden Polen finden sich weitere Systemtypen, die sich hinsicht-lich des Grades ihrer internen Komplexität und des Ausmaßes ihrer Integration unterscheiden[3].

Auch wenn man schon bei Marx die Auffassung von Gesellschaften als sozialen Systemen findet und das Reden über Systeme fast so alt ist, wie die Philosophie, hat der Systembegriff seinen Einzug in die soziologischen und

---

2 Siehe hierzu Dür 2001, S. 142–148.
3 In jüngerer Zeit ist es in einigen Wissenschaftsdisziplinen beliebt geworden, systemtheoretische und konstruktivistische Überlegungen zu kombinieren. Siehe hierzu etwa Luhmann 1990, S. 31 ff. Es sei daher betont, dass meine Anleihen bei der Systemtheorie jedwede konstruktivistische Implikation vermeiden.

politologischen Wissenschaften erst in den 40er und 50er Jahren des zwanzigsten Jahrhunderts gefunden[4]. Dies belegt auf der einen Seite, dass Marx mit keiner theoretischen Reflexion des Systembegriffs vertraut gewesen sein kann. Auf der anderen Seite sei aber betont, dass der Systembegriff nicht nur in der antiken Philosophie Verwendung fand, mit der Marx nicht erst seit seiner Studienzeit vertraut war. Platon und Aristoteles kannten neben einer generelleren Verwendung des Systemkonzepts, das vor allem in musiktheoretischen Überlegungen von Bedeutung war, schon einen genuin politikphilosophischen und gesellschaftstheoretischen Gebrauch des Systembegriffs. So spricht Platon von einem Staatenbund als einem System und meint damit ein Bündnis aus Einzelstaaten, die sich gegenüber Staaten abgrenzen, die nicht zum Bündnissystem gehören[5]. Die systemtheoretische Unterscheidung zwischen dem System und seiner Umwelt klingt also hier schon an. Und unserer modernen Verwendung des Konzepts noch mehr entgegenkommend bezeichnet Aristoteles die Polis als ein System im Sinne einer Gemeinschaftsorganisation[6]. In dieser Verwendung liegt der Akzent weniger auf der Abgrenzung des Systems von seiner Umwelt als auf dem Umstand, dass Systeme eine interne Organisation aufweisen.

Nach einer Blütephase in der stoischen Philosophie, in der die Polis als ein System von Menschen betrachtet wurde, „die auf demselben Gebiet wohnen und von demselben Gesetz verwaltet werden"[7], verliert der Systembegriff jede genauere Bedeutung in der mittelalterlichen Philosophie. Mit der Neuzeit verlagert sich seine Verwendung aus der politisch-praktischen Philosophie hinüber in die Naturphilosophie und damit in die Erkenntnis- und Wissenschaftstheorie. Von Systemen ist jetzt oft im Sinne von *Theorien*, also im Sinne von Wissensansprüchen die Rede, die aus systematischem Beobachten und Nachdenken hervorgegangenen sind. Systeme sind so gesehen möglichst lückenlose und geordnete Erkenntnissammlungen. Aus diesem Systembegriff hat sich schließlich derjenige entwickelt, der bei Kant, Fichte und nicht zuletzt bei Hegel und Schelling zu finden ist. Systemhaftigkeit bzw. Systematizität gilt jetzt als auszeichnendes Kriterium wahrer Sätze und zutreffender Theorien. Die *Gesamtheit* der Teiltheorien von Hegel bildet ihrem Anspruch nach wiederum ein geschlossenes philosophisches System[8]. Daher spricht man von Hegel auch

4 Vgl. Parsons 1951 und Easton 1953.
5 Platon, *Die Gesetze*, 686b.
6 Aristoteles, *Nikomachische* Ethik, 1168 b 32.
7 Ritter 1973, S. 824.
8 Vgl. aber auch Hegels *Grundlinien der Philosophie des Rechts*, §§ 182–201, in der die bürgerliche Gesellschaft als ein System der Bedürfnisse bezeichnet und mit Blick auf die drei Stände von Systemeinteilungen gesprochen wird.

als einem Systemdenker. Doch es liegt auf der Hand, dass dieser Systembegriff nicht viel mit dem Konzept zu tun hat, das im Spiel ist, wenn bei Marx und Engels von gesellschaftlichen Systemen und von Gesellschaften als Systemen die Rede ist.

Gleichwohl sind diese Informationen über die Geschichte des Systembegriffs nützlich, insofern sie zwei wichtige Punkte zu erkennen geben. Zum einen führen diese Informationen vor Augen, wie großzügig mit dem Systemkonzept umgegangen werden kann. In einem losen Sinn des Wortes – wie er auch in der Physik unserer Tage gebräuchlich ist – kann man *jede Ansammlung* von Entitäten, die in irgendeinem engeren Zusammenhang stehen, als ein System betrachten. Zum anderen zeichnet sich vor diesem Hintergrund ab, dass wir zwischen zwei Arten von Systemen unterscheiden sollten. Vor allem der Hinweis, dass der Systembegriff in eine Richtung an Organismen denken lässt und in eine andere einfach nur zu systematischen Anordnungen (etwa von theoretischen Lehrmeinungen) führt, deutet darauf hin, dass man im folgenden Sinn zwischen *schwachen* und *starken* Systemen unterscheiden kann. Schwache Systeme sind geordnete Ansammlungen einzelner Elemente und auch nicht mehr als das: Ordnungen bzw. Anordnungen. Was dies bedeutet, wird klarer, wenn man sich vor Augen führt, dass den schwachen Systemen ein Merkmal fehlt, das für starke Systeme spezifisch ist. Stark seien diese Systeme nämlich genau deshalb genannt, weil sie nicht nur Anordnungen sind, sondern Anordnungen solcher Entitäten, die *gemeinsam eine spezifische Leistung* erbringen. Eine ordentlich zu Papier gebrachte, formalisierte und axiomatisierte Theorie mag als Musterbeispiel für ein schwaches System dienen. Ein Automotor ist dagegen ein starkes System, insofern seine Elemente nicht nur angeordnet sind, sondern eine solche Ordnung aufweisen, die es ihnen durch ihre Beiträge gemeinsam ermöglicht, ein Fahrzeug in Bewegung zu setzen.

Es liegt auf der Hand, dass eine funktionale Analyse, wie wir sie im zurückliegenden Kapitel kennengelernt haben, nur mit Blick auf starke Systeme sinnvoll ist. Denn nur wenn die Systeme, sprich die Systembestandteile in ihrer Gesamtheit, eine eigentümliche Leistung erbringen, ist es angemessen, nach den Beiträgen der Bestandteile, also nach den funktionalen Eigenschaften der Systemelemente zu fragen. Vielleicht wäre es sogar ratsam, angesichts dieses Zusammenhangs statt von schwachen und starken, von nicht-funktionalen und funktionalen Systemen zu reden. Jedenfalls dient die Kategorie der starken Systeme keinem anderen Zweck, als genau die Systeme in den Blick zu bekommen, die sich funktionalistisch analysieren lassen.

Aus dieser Festlegung folgt, dass die Gesellschaftssysteme, die ein Befürworter der hier vertretenen Lesart des Historischen Materialismus ins Auge fasst, unter den Begriff des starken bzw. des funktionalen Systems fallen. Und damit steht man vor der Frage, worin die spezifische Gesamtleistung der Systeme besteht, deren Analyse Marxens Gesellschafts- und Geschichtstheorie gewidmet ist. Was leistet das System, das aus den drei Elementen Produktivkräfte, Produktionsverhältnisse und Bewusstseinsformen zusammengesetzt ist? Der Beantwortung dieser Frage ist der nachfolgende Abschnitt gewidmet.

8.2 Gesellschaft als funktionales System

Um die aufgeworfene Frage zu beantworten, sollte man sich noch einmal Marxens ökonomistisch-hegelianisiertes Menschenbild vor Augen führen, das im zweiten Kapitel erläutert wurde. Wer wissen will, was es mit dem Wesen des Menschen auf sich hat, so Marxens Auskunft vereinfacht auf den Punkt gebracht, muss sich vergegenwärtigen, dass Menschen produzierende Wesen sind; genauer gesagt, dass sie produzieren, ihre Produkte austauschen und konsumieren und dadurch die noch nicht menschliche Natur vermenschlichen. In diesem Kontext ist noch einmal dieser Satz aus dem *Vorwort* aufschlussreich: „In der gesellschaftlichen Produktion ihres Lebens gehen die Menschen bestimmte, notwendige, von ihrem Willen unabhängige Verhältnisse ein, Produktionsverhältnisse, die einer bestimmten Entwicklungsstufe ihrer materiellen Produktivkräfte entsprechen." (13, 8). Vor diesem Hintergrund wird deutlich, dass die Systeme, von denen der Historische Materialismus handelt, sozioökonomische Systeme sind, die dann als funktionierende Systeme gelten, wenn es den Gesellschaftsmitgliedern möglich ist, die ökonomischen Abläufe, die in ihrem Sozialsystem stattfinden, aufrechtzuerhalten. Denn nur unter dieser Bedingung können sie die gesellschaftliche „Produktion ihres Lebens" gewährleisten. Folglich besteht die spezifische Leistung des Systems, das die Kräfte, die Verhältnisse und die Bewusstseinsformen bilden, Marxens Sicht gemäß darin, den Produktions- bzw. den Wirtschaftsprozess am Laufen zu halten und damit den welthistorischen Prozess der Vermenschlichung der Natur voranzutreiben, also den menschlichen „Stoffwechsel mit der Natur" (23, 192) aufrechtzuerhalten.

Was die funktionale Analyse, die Marxens Theorie liefert, in Anbetracht dieser Klarstellung besagt, kann man sich durch die folgende Überlegung verdeutlichen. Immer und überall, wenn bzw. wo eine Menge von Menschen zusammenlebt und gemeinsam produziert, werden sie sich durch ihr soziales Verhalten notwendigerweise in *irgendwelche* Verhältnisse zueinander setzen. Immer und überall, wenn bzw. wo Menschen sind, werden sie des Weiteren *irgendwelche* Dinge wollen und meinen, also *irgendwelche* Bewusstseinsformen ausprägen. Was der Historische Materialismus vor dem Hintergrund dieser Axiome (bzw. Plattitüden) liefert, ist eine Theorie darüber, *unter welchen Bedingungen* Menschen ihr gemeinsames Produzieren dauerhaft bewerkstelligen können. Denn diese Theorie lehrt, dass die gemeinsame Produktion auf Dauer nur aufrechterhalten werden kann, wenn sich die Menschen in *solche* Verhältnisse, Produktionsverhältnisse, zueinander setzen, die eine effektive Nutzung und Weiterentwicklung der Produktivkräfte ermöglichen, und wenn sie *solche* Bewusstseinsformen ausprägen, die zu einem Handeln führen, das die Produktionsverhältnisse stabilisiert. Sind diese beiden Bedingungen erfüllt, läuft das sozioökonomische System rund. Sind sie hingegen nicht (mehr) erfüllt, sind Änderungen der Produktionsverhältnisse und des Überbaus oder ein totaler Zusammenbruch der gesellschaftlichen Kooperation zu erwarten.

Ein Sachverhalt, den wir uns in Erinnerung rufen sollten, um eine mystische Personifizierung der zur Diskussion stehenden Systeme bzw. eine teleologische Lesart des Historischen Materialismus zu vermeiden, führt zu Marxens individualistischem Ausgangspunkt zurück. Es sind diesem Ausgangspunkt gemäß die einzelnen Individuen, die ökonomische Absichten verfolgen, die sie unter den gegebenen Umständen nur realisieren können, wenn sie ihr Tun und Lassen auf das Handeln anderer Menschen abstimmen. Dass wir dem Gesamtsystem die Leistung zusprechen, die ökonomischen Abläufe aufrechtzuerhalten, reflektiert lediglich die Überzeugung, dass sich in dieser Leistung des Systems die Absichten der einzelnen Individuen manifestieren. In Marxens eigenen Worten klingen diese Überlegung und ein sich daran anschließender Gedanke folgendermaßen:

> Sosehr nun das ganze dieser Bewegung [gemeint ist die Zirkulation, M.I.] als gesellschaftlicher Prozeß erscheint, und sosehr die einzelnen Momente dieser Bewegung *vom bewußten Willen und besondern Zwecken der Individuen ausgehn*, sosehr erscheint die Totalität des Prozesses als ein objektiver Zusammenhang, der naturwüchsig entsteht; zwar aus dem Aufeinanderwirken der bewußten Individuen hervorgeht, aber weder in ihrem Bewußtsein liegt, noch als Ganzes unter sie subsumiert wird. Ihr eignes Aufeinanderstoßen produziert ihnen eine über ihnen stehende, fremde gesellschaftliche Macht; ihre Wechselwirkung als von ihnen unabhängigen Prozeß und Gewalt. (42, 111*)

Der individualistisch-handlungstheoretisch akzentuierte Ausgangspunkt der gesellschaftstheoretischen Betrachtung kommt in diesen Zeilen erneut zum Ausdruck, insofern Marx betont, dass alles vom bewussten Willen und von den Zwecksetzungen *der einzelnen Individuen* ausgeht. Sein daran anschließender Gedanke, dass die Interaktionen der Individuen zu einer „Totalität des Prozesses" führen, die dem Tun und Lassen des Einzelnen als eine „fremde gesell-schaftliche Macht" gegenübertritt, wird uns im übernächsten Abschnitt be-schäftigen, wenn wir den strukturalistischen Aspekten der Gesellschaftstheorie von Marx nachgehen. Marx antizipiert mit dieser Überlegung die erst nach ihm entwickelte Theorie kollektiven Handelns. Diese Theorie beleuchtet den Umstand, dass die intentionalen Handlungen einer Gruppe von Akteuren zu nicht intendierten Folgen führen können, die keine der involvierten Personen im Alleingang kontrollieren kann. Für den Moment interessieren uns aber nur die systemtheoretischen und funktionalistischen Zusammenhänge. Diese Zu-sammenhänge führen uns, wie gesagt, vor Augen, dass der funktionalistischen Analyse des Historischen Materialismus zufolge ein dauerhaftes Funktionieren des gemeinsamen Wirtschaftens der Individuen zum einen solche Produktions-verhältnisse erfordert, die es ermöglichen, die gegebenen Produktivkräfte ef-fektiv zu nutzen und weiterzuentwickeln. Zum anderen sind dieser Analyse gemäß Bewusstseinsformen vonnöten, die den Produktionsverhältnissen und -abläufen ein hinreichendes Maß an Konstanz und Stabilität verleihen.

In diesem Sinn funktioniert also das sozioökonomische System, wenn die Bewusstseinsformen und die Produktionsverhältnisse ihren Teil zur Gesamt-leistung des Systems beitragen. Das System wird instabil bzw. ineffektiv, wenn die bisherigen Verhältnisse und Bewusstseinsformen in Anbetracht eines fort-geschrittenen Entwicklungsstands der Produktivkräfte ihre Funktionen nicht länger erfüllen. Naheliegenderweise geschieht dies in den Augen von Marx dann, wenn eine neue Stufe in der Entwicklung der Produktivkräfte die alten Verhältnisse und Bewusstseinsformen dysfunktional machen und die Zeit für neue Verhältnisse und Formen reif ist. Wenn diese Zeit gekommen ist, geht aus der funktionalen Analyse hervor, dass die Verhältnisse und Formen sich *irgendwie* dahingehend ändern müssen, dass sie ihren Beitrag für das Gesamt-system wieder erfüllen. Und es sei noch einmal betont, dass der Historische Materialismus nichts über die Ursachen dieser Prozesse und Veränderungen zu sagen hat.

8.3 Ein zweiter Begriff der Gesellschaft

Das Wort ‚Gesellschaft' ist ein derart schillernder Ausdruck, dass es nicht ver-wundert, wenn man in einem renommierten philosophischen Nachschlage-werk zu Beginn eines umfangreichen Artikels die lakonische Mitteilung erhält, der zum Ausdruck gebrachte Begriff sei „einer der vieldeutigsten Grundbegriffe der Soziologie."[9] Welche Deutung sollte ein Leser von Marx ins Auge fassen?

---

9 Ritter 1973, S. 459.

Bis zu diesem Punkt des Kapitels bin ich davon ausgegangen, dass Gesellschaften in den Augen von Marx die Systeme sind, die sich aus den Produktivkräften, den Produktionsverhältnissen und dem Überbau zusammensetzen. Dies entspricht der von mir als vertikal charakterisierten Sicht. In den Schriften von Marx findet man jedoch noch weitere Verwendungen des Gesellschaftsbegriffs, die eher zu einer horizontalen Betrachtungsweise einladen, insofern das Gesellschaftskonzept in dieser Perspektive hauptsächlich die Produktionsverhältnisse betrifft. Die Produktivkräfte und der Überbau werden dabei also weitestgehend ausgeblendet. Folglich führt dieser Begriff der Gesellschaft auch nicht ohne weiteres zum Systembegriff, wie er uns bisher beschäftigt hat. Weit eher führt dieser Begriff zum Konzept einer spezifischen *Struktur*, nämlich einer Struktur sozialer Verhältnisse. Auch wenn dieser strukturalistisch akzentuierte Gesellschaftsbegriff für den Historischen Materialismus nicht die Bedeutung hat, die das bisher betrachtete Systemkonzept beansprucht, möchte ich ihm etwas genauer nachgehen, um es vom zuerst behandelten Konzept der Gesellschaft klarer abzuheben und das Gesamtbild abzurunden.

Streng genommen hat Marx in der horizontalen Dimension keinen einheitlichen und folglich auch keinen genau gefassten Gesellschaftsbegriff anzubieten. Dies mag vielleicht erstaunen, gilt er doch als einer der Gründerväter der modernen Soziologie[10]. Wie sich jedoch zeigen wird, deuten einige seiner Bemerkungen gleichwohl auf eine aufschlussreiche Sicht der Dinge hin. Und es lohnt sich allein schon deshalb, diese Spur zu verfolgen, weil auch heute weder im wissenschaftlichen noch im außerwissenschaftlichen Diskurs ein sonderlich klares Gesellschaftskonzept zur Verfügung steht. Darüber hinaus führt diese Spur zu einer interessanten Verbindung zweier Arten, Gesellschaften zu konzeptualisieren, die nicht selten als einander ausschließende Konkurrentinnen behandelt werden.

Dass Marx kein klar definiertes Konzept der Gesellschaft anzubieten hat, zeichnete sich schon im vierten Kapitel ab, insofern sich dort zeigte, dass die Rede von einer Gesellschaft in den Texten von Marx und Engels mehrdeutig ist. Manchmal ist von der Gesellschaft in einem engeren Sinn die Rede, in dem alle *Produktions*verhältnisse und *nur* diese Verhältnisse unter den Begriff gefasst sind. In dem Fall besteht eine Gesellschaft also ausschließlich aus den Produktionsverhältnissen. In dieser Bedeutung des Wortes schreibt Marx an einer bereits zitierten Stelle: „Die Produktionsverhältnisse in ihrer Gesamtheit

---

10 Vgl. Richter 2001, S. 79.

bilden das, was man die gesellschaftlichen Verhältnisse, die Gesellschaft nennt [...]." (6, 408*)

Zuweilen ist von der Gesellschaft aber auch in einem umfassenderen Sinn des Wortes die Rede. In diesem erweiterten Sinn bilden die Produktionsverhältnisse nicht schon die ganze Gesellschaft, sondern nur die ökonomische *Basis*, also das *Fundament* der Gesellschaft. Hieraus folgt, dass es weitere relevante Verhältnisse zwischen den Mitgliedern einer Gesellschaft – man denke beispielsweise an Familienverhältnisse – gibt, die zwar zu den gesellschaftlichen, nicht aber zu den fundamentalen gesellschaftlichen Verhältnissen zählen. Diesen Begriff hat Lenin offensichtlich im Sinn, wenn er den Zweck der Soziologie als „die Zurückführung der gesellschaftlichen Verhältnisse auf die Produktionsverhältnisse und dieser wiederum auf den jeweiligen Stand der Produktivkräfte" definiert[11]. Denn es ist nur dann ein sinnvolles Unterfangen, die gesellschaftlichen Verhältnisse auf die Produktionsverhältnisse zurückzuführen, wenn es neben den Produktionsverhältnissen auch weitere gesellschaftlich relevante Verhältnisse gibt.

Doch das ist nicht die einzige Mehrdeutigkeit des Gesellschaftsbegriffs, die in den Schriften von Marx nachzuweisen ist. Eine andere Zweideutigkeit fällt auf, wenn man die Thematik aus der zeitlichen Perspektive betrachtet und fragt, ob Gesellschaften im Laufe ihrer Geschichte *umgeformt* oder durch nachfolgende Gesellschaften *ersetzt* werden. Aus dieser Perspektive ist erkennbar, dass Marx den Gesellschaftsbegriff zuweilen so gebraucht, als ob Gesellschaften unvergänglich und lediglich mehr oder weniger einschneidenden Umformungen ausgesetzt seien. Gesellschaften vergehen so gesehen nicht. Sie gelangen lediglich aus dem einen Stadium in ein anderes.

Manchmal tendieren Marx und Engels aber auch dazu, Gesellschaften feinkörniger zu individuieren. Denn in vielen Zusammenhängen bringen sie die Vorstellung zum Ausdruck, dass ein einschneidender sozialer Wandel dazu führt, dass eine Gesellschaft untergeht und durch eine „neue Gesellschaft" *ersetzt* wird. (4, 181) Während eine Gesellschaft also dem ersten Begriff gemäß transformiert werden kann, wobei sie gleichwohl ihre Identität beibehält, legt der zweite Begriff die Vorstellung nahe, dass es nach einem historischen Umbruch im Zuge etwa einer politischen Revolution zur Neuformation einer Gesellschaft, also zu einer neuen Gesellschaft kommt.

Eine dritte Unklarheit des Gesellschaftsbegriffs tritt schließlich in solchen Zusammenhängen zum Vorschein, in denen Marx zwar von *einer* Gesellschaft spricht, aber der Sache nach einen Gesellschafts*typ* meint. Dies zeigt sich vor

---

11 Lenin 1980(a), S. 20.

allem dann, wenn er die bereits erläuterten Begriffe der Verkehrs- oder Produktions*form* verwendet oder von unterschiedlichen gesellschaftlichen *Formationen* spricht, die sich weltgeschichtlich einander ablösen. Diesmal betrifft die
Unterscheidung die Frage, ob Marx von einer Gesellschaft in dem mehr alltags-
sprachlichen Sinn des Wortes spricht, in dem man etwa zwischen den einzelnen europäischen Gesellschaften unserer Gegenwart unterscheiden kann, oder
ob sein Gesellschaftsbegriff nicht vielmehr typologisierender Natur ist, so dass
z. B. die Bevölkerungen aller westlichen Staaten unserer Gegenwart Exemplare
desselben Typs der Gesellschaft, etwa der Informations- und Wissensgesell-
schaft sind. Bilden also die Bevölkerungen der Bundesrepublik und der Nieder-
lande im ersten Sinn des Wortes zwei verschiedene Gesellschaften, ist es mit
Blick auf den anderen Gebrauch dieser Vokabel richtig zu sagen, dass man es
in beiden Fällen mit ein und derselben Gesellschaft bzw. mit ein und demselben Gesellschaftstyp zu tun hat.

Soviel zu den begrifflichen Unschärfen bei Marx. Jetzt sollten wir trotzdem
schauen, was sich Positives aus seinen Überlegungen gewinnen lässt. Sowohl
der engere als auch der weitere Begriff der Gesellschaft, zwischen denen an
erster Stelle unterschieden wurde, umfassen Beziehungen zwischen Individuen
bzw. die Verhältnisse, unter denen die Mitglieder der betreffenden Gesellschaft
wirtschaften und leben. Damit stimmt diese Äußerung von Marx aus den
Grundrissen überein: „Die Gesellschaft besteht nicht aus Individuen, sondern
drückt die Summe der Beziehungen, Verhältnisse aus, worin diese Individuen
zueinander stehn." (42, 176) Dieser Satz belegt, dass Marx nicht die weitver-
breitete Vorstellung teilt, dass eine Gesellschaft aus der *Summe* ihrer *Mitglieder*
besteht. Vielmehr scheint er insofern einen, strukturalistischen Begriff der Gesellschaft zu vertreten, als man die Bündelungen und Kombinationen aller
Verhältnisse, von denen er spricht, durch den Begriff der gesellschaftlichen
Struktur zusammenfassen kann[12]. Dieses Bild führt zwar zu dem anfangs etwas
paradox erscheinenden Ergebnis, dass ich als Individuum kein Mitglied meiner
Gesellschaft bin, da ja nur Verhältnisse *zwischen* Individuen gesellschaftlicher
Natur sind. Doch wir werden im Rest dieses Kapitels sehen, inwiefern dieses
mutmaßliche Paradox aufzulösen ist. Denn auch diese Sicht der Dinge weist
bei näherer Betrachtung den einzelnen Individuen und ihrem Handeln eine
zentrale Rolle mit Blick auf den Aufbau einer Gesellschaft zu.

---

12 Was hier als strukturalistischer Gesellschaftsbegriff von Marx bezeichnet wird, hat
nur bedingte Ähnlichkeiten mit der Gesellschaftskonzeption des strukturalistischen
Marxismus, der im Abschlusskapitel zur Sprache kommt.

Durch den strukturalistischen Charakter des zur Diskussion stehenden Gesellschaftsbegriffs setzt sich Marx von holistischen Gesellschaftskonzeptionen ab, denen zufolge Gesellschaften nicht nominalistisch als Summe (sei es als Summe von Gesellschaftsmitgliedern, sei es als Summe von Verhältnissen) aufzufassen sind. Ein Holist begreift Gesellschaften als Kollektive, die mehr sind als das Aggregat ihrer Bestandteile und in ontologischer Perspektive ein eigenständiges Sein, eine eigene Individualität aufweisen. Der Kontrast zwischen diesen beiden Sichtweisen sei betont, weil er ein wichtiges Indiz dafür ist, dass der Strukturalismus nicht so zwangsläufig auf holistische Pfade führen muss, wie in der Literatur oft angenommen wird[13]. Marx könnte nämlich den Beweis erbringen, dass sich das strukturalistische Denken auch mit nicht-holistischen, sprich individualistisch-handlungstheoretisch fundierten Grundannahmen verträgt.

Der handlungstheoretische und anti-holistische Charakter der Gesellschaftskonzeption von Marx, auf die ich bereits in den zurückliegenden Kapiteln mehrfach hingewiesen habe, wird noch einmal unterstrichen, wenn Marx an einer schon einmal zitierten Stelle schreibt:

> Was ist die Gesellschaft, welches immer auch ihre Form sei? Das Produkt des wechselseitigen Handelns der Menschen. (27, 452)

Hier tritt neben den Individuen und deren Verhältnissen zueinander abermals das Handeln der Individuen in den Vordergrund, das uns schon öfter als ein zentrales Element der Sicht von Marx begegnet ist. Da die Gesellschaft als ein Produkt des wechselseitigen Handelns charakterisiert wird, müssten wir in Anbetracht der eben zitierten Passage aus den *Grundrissen* zum einen schließen, dass die Verhältnisse zwischen den Menschen in ihrer Gesamtheit ein Produkt des wechselseitigen Handelns der Individuen sind. Das *Verhalten* der Menschen führt, anders gesagt, zu den *Verhältnissen*, in denen sie zueinander stehen. Zum anderen wären wir vor diesem Hintergrund zu der Folgerung berechtigt, dass die Gesamtheit der durch die Handlungen der Menschen hergestellten Verhältnisse, also die gesellschaftliche Struktur, mit der betreffenden Gesellschaft identisch ist.

Ergibt das zusammengenommen ein plausibles Bild? Was eine positive Antwort auf diese Frage interessant machen würde, ist der bereits angekündigte Umstand, dass dieses Bild eine reizvolle Kombination aus strukturalistisch angelegten Betrachtungen, die sich auf die Verhältnisse zwischen den

---

13 Vgl. Kneer und Nassehi 2000, S. 26–31.

Individuen konzentrieren, und einer handlungstheoretisch fundierten Gesellschaftskonzeption, die auf das Handeln der Individuen fokussiert, darstellen würde. Damit wäre es Marx möglich, einen grundlegenden Dualismus des sozialwissenschaftlichen Denkens zu überwinden[14]. Dieses Bild würde darüber hinaus, wie gesehen, auch mit den Vorgaben des methodologischen und sozialen Individualismus übereinstimmen, für die ich mich bereits ausgesprochen habe. Dieser Anschauung zufolge ginge die soziologische, sozialwissenschaftliche und sozialphilosophische Betrachtung von den einzelnen Individuen aus, die nach Maßgabe ihrer individuellen Überzeugungen und Wünsche agieren und interagieren. Diese Betrachtung des individuellen und sozialen Handelns nähme von diesem Ausgangspunkt aus zur Kenntnis, dass durch wiederholte Interaktionen zwischen den Individuen auf Dauer Verhältnisse entstehen, die man gebündelt als Strukturen bezeichnen kann. Diese Strukturen bilden in ihrer Gesamtheit schließlich dasjenige, was wir (in der horizontalen Dimension) eine Gesellschaft nennen. Diesen Weg möchte ich im nächsten Abschnitt noch etwas weiterverfolgen.

8.4 Freiheit und Unfreiheit

Es war zu sehen, dass Marx eine interessante Kombination aus einesteils handlungstheoretischen und anderteils strukturalistischen Überlegungen zum Konzept der Gesellschaft zumindest andeutet. Dabei zeichnete sich bereits ab, dass diese Sichtweise der üblichen Zusammenstellung von handlungstheoretisch-individualistischen sowie strukturalistischen und insofern holistischen Gesellschaftskonzeptionen zuwiderläuft. Denn auch eine strukturalistische Betrachtung scheint ohne holistische Zutaten auszukommen, wenn man Marx in der Annahme folgt, dass die Verhältnisse, die in ihrer Gesamtheit die relevanten Strukturen bilden, ein Produkt des individuellen Handelns sind. Das Verhalten der Gesellschaftsmitglieder generiert die sozialen Verhältnisse, lautete in diesem Zusammenhang unser Motto.

Nun ist zuweilen zu lesen, dass man Marx nicht individualistisch und handlungstheoretisch deuten könne, weil er überzeugt sei, dass das Tun und Lassen der Individuen strukturellen Bedingungen ausgesetzt oder gar strukturellen Zwängen unterworfen sei, die aus der Perspektive des methodologischen Individualismus nicht zureichend in den Blick geraten. Die sozialen Strukturen

---

14 Versuche dieser Art sind in der Soziologie Legion. Vgl. etwa Habermas 1981 oder Giddens 1988.

seien nicht die Resultate individueller Handlungen, sondern weit eher das Material, durch das das Handeln der Individuen zu erklären ist. Die individualistische Lesart räume den Akteuren viel mehr Handlungsfreiheit ein, als Marx ihnen zugesteht.

Tatsächlich gibt es Äußerungen von Marx, die diese Sicht auf den ersten Blick zu bestätigen scheinen. In Betracht kommen etwa die bereits herangezogenen Passagen aus dem *Vorwort* und die Parallelstelle aus dem Brief an Annenkow, in denen Marx das Motiv der Unfreiheit betont. Die Menschen gehen von ihrem Willen unabhängige Verhältnisse ein, heißt es dort; und es stehe den Menschen nicht frei, die Gesellschaftsform zu wählen, in der sie leben.

Einen ebenfalls anti-individualistischen Weg scheint Marx einzuschlagen, wenn er im *Kapital* mit dem Konzept der Charaktermaske operiert und betont, dass ihn das konkrete Individuum hinter der Maske nicht sonderlich schert. (z. B. 23, 591) Ein ähnlich anti-individualistisches Projekt scheint er zu verfolgen, wenn er im konterrevolutionären Deutschland des Jahres 1849 schreibt:

> Ein angestammter König von Gottes Gnaden, das ist kein einzelnes Individuum, das ist der leibhafte Repräsentant der alten Gesellschaft innerhalb der neuen Gesellschaft. Die Staatsmacht in den Händen des Königs von Gottes Gnaden, das ist die Staatsmacht in den Händen der alten, nur mehr ruinenweise existierenden Gesellschaft, das ist die Staatsmacht in den Händen der feudalen Stände [...]. (6, 192)

Auch hier scheint es Marx nicht um das konkrete Individuum, sondern um dasjenige zu gehen, was ein *x*-beliebiges Individuum „repräsentiert". Des Weiteren formuliert Marx im *18ten Brumaire* die folgenden Zeilen, die zum Beleg seiner mutmaßlich anti-individualistischen Sicht zitiert werden können:

> Die Menschen machen ihre eigene Geschichte, aber sie machen sie nicht aus freien Stücken, nicht unter selbstgewählten, sondern unter unmittelbar vorgefundenen, gegebenen und überlieferten Umständen. Die Tradition aller toten Geschlechter lastet wie ein Alp auf dem Gehirne der Lebenden. (8, 115)

Offenbar hält Marx es für naiv zu glauben, dass die Menschen nach freien Stücken entscheiden, was sie tun oder lassen. Menschen, genauer die einzelnen Individuen, die gemeinsam den gesellschaftlichen Verbund konstituieren, seien folglich nicht die interessanten Objekte der soziologischen, sozialphilosophischen, politologischen oder historischen Betrachtung, könnte man daraus schließen. Vielmehr gälte es, jene durch die Tradition der Gesellschaft diktierten Strukturen zu beleuchten, die unter anderem das Handeln der Menschen prägen[15].

---

15 Vgl. hierzu Heinrich 2005, S. 61.

Doch ich denke, durch diese Überlegung wird eine Gegenüberstellung vorgenommen, die sich bei genauerer Betrachtung als unhaltbar, zumindest als vermeidbar erweist. Sicherlich ist es zwar richtig, dass die Menschen in mindestens fünf relevanten Hinsichten nicht *vollkommen* frei darüber entscheiden können, was sie tun. Aber daraus folgt nicht, was manche Anhänger der antiindividualistischen Art der gesellschaftstheoretischen Betrachtung gerne folgern würden, dass nämlich das Individuum und seine individuellen Entscheidungen nach Maßgabe seiner individuellen Wünsche und Überzeugungen nicht den vernünftigsten Ausgangspunkt aller soziologischen, sozialwissenschaftlichen und sozialphilosophischen Theoriebildung liefern. Im Folgenden möchte ich auf diese Beschränkungen der individuellen Freiheit zu sprechen kommen. Dabei wird sich schließlich auch zeigen, was Marx im Auge hatte, als er im dritten Abschnitt von der „Totalität des Prozesses" sprach, die dem einzelnen Individuum als einer ihm „fremden gesellschaftlichen Macht" entgegentritt.

Die erste Beschränkung unserer Freiheit als handelnde Wesen geht trivialerweise aus unserer körperlichen und psychischen Konstitution sowie aus den Gesetzen hervor, die den natürlichen Lauf der Dinge beschreiben. Ich kann mir z. B. noch so sehr wünschen, mich aus eigenen Kräften in die Lüfte zu schwingen. Ich mag darüber hinaus aus irgendwelchen Gründen sogar felsenfest davon überzeugt sein, dass ich dies zu tun vermag. Nützt aber alles nichts – denn fliegen können wir Menschen ohne technisches Zutun nun einmal nicht.

Zweitens und schon weniger trivial ist die Handlungsfreiheit der Individuen auch dadurch begrenzt, dass sie auf der Grundlage derjenigen Überzeugungen und Wünsche über ihr Handeln entscheiden, die sie de facto hegen. Diese Einstellungen können wir Menschen zwar durch Überlegung und Phantasie, durch Autosuggestion oder durch andere Maßnahmen bedingt beeinflussen. Aber im Großen und Ganzen sind die Einstellungen einer Person ein schwer zu manipulierendes Produkt ihrer zurückliegenden Lebenserfahrungen, die beträchtlich durch die soziale Position und die sozialen Rollen bestimmt sind, die das Individuum einnimmt. Das, was die Leute wollen und meinen, kann man nur selten unmittelbar durch die Produktionsverhältnisse kausal erklären, unter denen diese Menschen leben und wirtschaften. Sicherlich sind jedoch unsere Einstellungen kausale Ursprünge unserer Handlungen und grenzen somit den Handlungsspielraum, der uns offen steht, nicht unerheblich ein. Diese Abhängigkeit unseres Handelns von unseren individuellen, aber gleichwohl nicht frei gewählten Einstellungen kann man, wenn man will, als eine Art von Unfreiheit erachten. Doch diese Form der Unfreiheit beißt sich nicht mit dem individualistisch-handlungstheoretischen Ansatz und liefert seinen Kritikern keine Munition.

Mit Blick auf die Handlungsfreiheit ist für unsere Zusammenhänge jedoch ungleich wichtiger noch der Umstand, dass Menschen nur zwischen solchen Optionen wählen können, die ihnen in der Gesellschaft, in der sie leben, de facto offenstehen. Das ist die dritte relevante Hinsicht, in der sich unsere Handlungsfreiheit als beschränkt erweist. Und sie ist für die Gesellschaftstheorie von ganz besonderer Bedeutung. Ich kann mich nicht fragen, ob ich heiraten oder das besser bleiben lassen soll, wenn es in meiner Gesellschaft die Institution der Ehe nicht gibt. Ich kann mich nicht entscheiden, Aktien zu erwerben oder zu verkaufen, wenn ich in einer Gesellschaft lebe, die keinen Börsenhandel kennt. Und ich kann mich nicht einmal frei entscheiden, ob ich eine Einladung zum Abendessen annehme oder nicht, wenn nicht eine andere Person vorab entschieden hat, mich einzuladen. Mehr noch. Diese Person kann sich ihrerseits nur dann frei entscheiden, mich in aller Form zum Essen einzuladen, wenn hinreichend viele Menschen in der Vergangenheit durch ihr Handeln die Institution bzw. die Praxis der Einladung etabliert haben. Nahezu alle Entscheidungen, vor die wir als Handelnde gestellt werden, so ist jetzt zu sehen, kommen nur als Resultat einer langen Kette von Entscheidungen zustande, die andere Menschen irgendwann und irgendwo vorab gefällt haben.

Es gibt noch zwei weitere Hinsichten, in denen unsere Handlungsfreiheit nicht unerheblich eingeschränkt ist. Und ich vermute, es sind vor allem die dabei zu berücksichtigenden Arten der Beschränkung, die solche Anhänger der strukturalistischen Sicht im Auge haben, die die Grundannahmen des methodologischen Individualismus zurückweisen. In jedem Fall sind es diese Hinsichten, die den Gedanken von Marx verdeutlichen, dass die Gesellschaft als Ganzes dem Individuum als fremde Macht entgegentritt.

Die vierte Form der Freiheitsbeschränkung gerät durch die folgende Überlegung in den Blick. Manchmal sind die Optionen, vor die sich Menschen gestellt sehen, dergestalt, dass ihnen vernünftigerweise nur eine einzige Option zumutbar oder akzeptabel erscheinen kann. Aus der Menge dieser Fälle sind wiederum manche Situationen dergestalt, dass es bei der freien Entscheidung um die Wahl des kleineren von zwei (oder mehr) Übeln geht. Dies betrifft einen Punkt, der die Rede von den strukturellen Zwängen meiner Einschätzung nach vornehmlich motiviert. Das folgende Beispiel mag den relevanten Punkt veranschaulichen. Natürlich kann sich eine arbeitnehmende Person theoretisch die Frage stellen, ob sie auch am nächsten Tag an die lästige Arbeit in der Fabrik zurückkehrt oder ob sie das ab jetzt besser bleiben lässt und die daraus erwachsenden Konsequenzen, etwa Armut und soziale Verelendung, auf sich nimmt. Aber de facto gibt es für jenen Menschen in dieser Frage nicht wirklich viel zu erwägen, weil es für ihn keine realistische Alternative ist, so kann man annehmen, sich dauerhaft dem notwendigen Broterwerb zu entziehen. Aber trotzdem handelt dieses Individuum freiwillig, selbst wenn es das, was es tut, nur widerwillig tut[16]. Denn selbst wenn mir der Straßenräuber die Pistole an den Kopf hält und mich vor die Wahl Geld oder Leben stellt, ist das, was ich tue, meine freie Entscheidung. Dies bleibt wahr, auch wenn es in solchen Fällen nicht wirklich viel zu erwägen und zu entscheiden gibt, weil die unterschiedlichen Attraktivitäten der Optionen eine allzu klare Sprache sprechen.

Die letzte Form der Freiheitsbeschränkung, die ich ansprechen möchte, berührt die nicht intendierten Konsequenzen kollektiven Handelns, auf die ich oben schon einmal kurz verwiesen habe. Es gibt zahllose Beispiele dafür, dass sich durch das intentionale Handeln einer größeren Anzahl von Menschen Situationen einstellen, die keiner der Beteiligten in dieser Form gewollt hat. Und oft ist es dann so, dass die kollektiv herbeigeführte Situation Rahmenbedingungen für das weitere Handeln der involvierten Akteure schafft, die in gewissem Sinne ebenfalls als Freiheitsbeschränkungen aufgefasst werden können. Phänomene dieser Art sind es, die Marx im Auge hat, wenn er von einer „Totalität des Prozesses" spricht oder sagt, dass die Individuen den Effekt des kollektiven Handelns „als von ihnen unabhängigen Prozeß und Gewalt" erfahren (42, 111). Die Preisbildung auf einem Warenmarkt ist hierfür ein Beispiel. Jeder Marktteilnehmer entscheidet aufgrund seiner eigenen Einstellungen, was er kaufen will und welchen Preis er dafür zu zahlen bereit ist. Durch das Gesetz von Angebot und Nachfrage entwickeln sich (unter idealisierten Bedingungen) für die unterschiedlichen Waren zwar schwankende, aber zu jedem beliebigen Zeitpunkt fixe Preise. Dies kann dann sowohl dazu führen, dass ein Akteur eine Ware zwar gern kaufen möchte, aber nicht bereit ist, den dafür verlangten Preis zu bezahlen; als auch dazu, dass die Person schlicht nicht dazu in der Lage ist, die für sie zu teure Ware zu erwerben. Vor allem diese letzte Situation kann man durchaus als eine Variante der Unfreiheit charakterisieren. Wichtig ist jedoch, die unterschiedlichen Varianten der Unfreiheit mit der nötigen Deutlichkeit voneinander zu unterscheiden. Nicht jeder, der unfrei ist, ist immer in derselben Bedeutung des Wortes bzw. in derselben Hinsicht unfrei.

---

16 Eine Variante dieses Problems bringt Marx so zum Ausdruck: „Der Arbeiter verläßt den Kapitalisten, dem er sich vermietet, sooft er will, und der Kapitalist entläßt ihn, sooft er es für gut findet, sobald er keinen Nutzen oder nicht den beabsichtigten Nutzen mehr aus ihm zieht. Aber der Arbeiter, dessen einzige Erwerbsquelle der Verkauf der Arbeitskraft ist, kann nicht die *ganze Klasse der Käufer*, d. h. die *Kapitalistenklasse* verlassen, ohne auf seine Existenz zu verzichten ..." (6, 401)

Nahezu alle erläuterten Hinsichten der Freiheitsbeschränkung geben zu erkennen, inwiefern nahezu jede Entscheidungssituation, in die ein Individuum geraten mag, das Produkt unzähliger Handlungen vieler Menschen ist, auf die das Individuum selbst kaum oder keinen Einfluss hat. Oder um es in Marxens zuweilen blumiger Sprache zu formulieren: „Die Tradition aller toten Geschlechter lastet wie ein Alp auf dem Gehirne der Lebenden." Diese Aussage hebt den erläuterten Umstand hervor, dass das vergangene (und zeitgleiche) Handeln anderer Menschen die Handlungsoptionen eines Individuums festlegt und damit logischerweise immer auch einschränkt. Insofern sind also soziale Strukturen, die wir als Bündelungen durch Verhalten generierter Verhältnisse gefasst haben, in der Tat für das Handeln der Individuen von einer nicht zu unterschätzenden Bedeutung.

Wichtig ist jedoch für unsere Belange, dass der Strukturalismus in diesem Sinn des Wortes mit dem methodologischen Individualismus, wie er gemeinhin vertreten wird, problemlos verträglich ist, ja ihn sogar zu implizieren scheint. Denn die Rede von einer *eingeschränkten* Wahlfreiheit ist ja nur sinnvoll, wenn man die Wahlfreiheit *schlechthin* einräumt, also voraussetzt, dass die Individuen sehr wohl frei entscheiden, welche der sich ihnen auftuenden Optionen sie ergreifen mögen. Dabei gehen die Befürworter des individualistischen Ansatzes, wie wir bereits wissen, von den Wünschen und Überzeugungen der Handelnden aus, um deren Tun und Lassen zu erklären, wobei sie für die sie interessierenden Belange weder das Zustandekommen der Einstellungen noch die Herkunft der Optionen weiter hinterfragen. Genau das tun jedoch die Befürworter mehr strukturalistischer Betrachtungsweisen, insofern sie versuchen, die soziale Positionierung bzw. die sozialen Strukturen näher zu beleuchten, die die Optionen liefern, zwischen denen es den Handelnden offensteht, Präferenzen zu entwickeln, um sich dann in Übereinstimmung mit diesen Präferenzen für oder wider eine Handlung zu entscheiden. Worin aber sollte hier ein Widerspruch bestehen?

An diesem Punkt der Diskussion könnte man dazu geneigt sein, das individualistische Projekt in Anbetracht der soeben geschilderten Zusammenhänge als gescheitert zu erklären, weil es aus strukturalistischer Sicht möglich scheint, nicht nur das Handeln der Individuen, sondern auch deren Einstellungen und die Handlungsoptionen zu erklären, auf die die Individuen stoßen[17]. Der Individualismus greife zu kurz, lautet mit anderen Worten der Einwand. Denn man kann ja die Einstellungen der Akteure, die der individualistischen

---

[17] Vgl. hierzu Wetherly 1992(a) und Kincaid 1997.

Sicht als unhinterfragte Prämissen ihres Handelns gelten, *ihrerseits* erklären, also auf vorgelagerte Faktoren zurückführen.

Aber dieser Vorwurf setzt ein arg naives Selbstverständnis der methodologischen Individualisten voraus, dem zufolge sie das Handeln der Individuen nur deshalb auf die individuellen Einstellungen zurückführen, weil sie nicht glauben oder nicht einsehen, dass weitere Rückführungen prinzipiell möglich sind. Ich zweifle jedoch, dass sie diese Ansicht hegen[18]. Sie zeigen sich lediglich davon überzeugt, dass man das individuelle Tun durch individuelle Einstellungen erklären *kann*. Darüber hinaus gehen die meisten Befürworter des methodologischen Individualismus davon aus, dass die Möglichkeit solcher Erklärungen durch die moderne Entscheidungs- und Spieltheorie fruchtbar demonstriert sei. Warum sollte jedoch jemand, der diesen Standpunkt vertritt, annehmen, dass ausgerechnet im Fall der handlungsrelevanten Einstellungen der Akteure der altehrwürdige Satz vom zureichenden Grund versagt? Natürlich haben auch diese Einstellungen einen Ursprung. Und dieser Ursprung erklärt in vielen Fällen zweifelsohne nicht nur die Einstellungen der Akteure, die aus ihm entspringen, sondern oft mittelbar auch das Handeln, zu dem diese Einstellungen führen. Kein Individualist muss dies bezweifeln.

Es gibt also bei näherer Betrachtung keinen grundsätzlichen Konflikt zwischen der bereits zitierten Äußerung von Marx, der zufolge die Menschen nicht aus freien Stücken ihre Geschichte machen, und seiner Ansicht, es sei „das persönliche, individuelle Verhalten der Individuen, ihr Verhalten als Individuen zueinander, das die bestehenden Verhältnisse schuf und täglich neu schafft." (3, 423) Wir handeln Marx zufolge sehr wohl aus freien Stücken, insofern dies besagt, dass wir aufgrund derjenigen Wünsche und Überzeugungen handeln, die wir (aus welchen Gründen auch immer) haben. Doch welche Handlungsoptionen sich uns auftun, wie attraktiv diese Optionen im Einzelnen und im Vergleich zueinander sind sowie die Frage, welche Einstellungen wir in Anbetracht der uns begegnenden Optionen ausprägen, sind Fragen, die sich in letzter Instanz nur unter Rekurs auf das Verhalten anderer Menschen in der Gegenwart und in der Vergangenheit beantworten lassen. Insofern ist unser Handeln in jeder konkreten Situation sozialen und historischen Vorgaben unterworfen und in diesem Sinn des Wortes unfrei. Auch wenn man diese Vorgaben in der Begrifflichkeit von Strukturen oder durch die Rede von strukturellen Zwängen zur Sprache bringen kann, darf dieser Sprachgebrauch nicht darüber hinwegtäuschen, dass uns als Individuen gar nichts anderes übrig bleibt, als

---

18 Vgl. etwa Elster 1986(a), S. 28, der trotz seiner individualistischen Ausrichtung einräumt, dass die Präferenzen der Akteure durch die Sozialstruktur zu erklären sind.

unser individuelles Handeln im Rahmen der uns gegebenen Möglichkeiten und in Übereinstimmung mit unseren Wünschen und Überzeugungen selbst zu bestimmen.

Bevor wir uns dem letzten Schritt der Überlegungen dieses Kapitels zuwenden, sei an dieser Stelle wenigstens kurz auf den Umstand hingewiesen, dass es einigen Anlass zu der Vermutung gibt, Marx sei der Ansicht gewesen, alle genannten Facetten der Unfreiheit seien prinzipiell überwindbar. Das klingt nicht nur utopisch; es ist utopisch. Erklären kann man das freiheitstheoretische Pathos von Marx, das sich z. B. in seiner Vision von der vollkommenen Selbstentfaltung aller Individuen und der radikalen Emanzipation der Menschheit von allen religiösen, politischen, sozialen und ökonomischen Fesseln manifestiert, wieder nur unter Rekurs auf seine hegelianischen Wurzeln. Die Absolute Idee Hegels wird von ihm auch die Idee der Freiheit genannt. Diese Idee steht am Ende der von Hegel konzipierten Geschichte der Weltvernunft. Marx will für seine Geschichte auch ein Happyend. Und da er Hegel insofern vom Kopf auf die Füße stellt, als er den Weltgeist von der Bühne des Welttheaters verabschiedet, um sie den Menschen zu überlassen, muss er sich irgendwie eine vollkommen befreite Menschheit, eine vollkommen befreite Gesellschaft denken. Wie dieser Gedanke genau auszubuchstabieren wäre, hat er uns leider nie verraten. Wer Realist in Sachen Freiheit ist, sollte sich eingestehen, dass Freiheit ein Gut ist, das in Graden kommt. Je mehr *Individuen* möglichst viele *Freiheiten* genießen, desto besser. Die Idee *einer* absoluten Freiheit der *Menschheit* ist vielleicht nur ein romantisches Hirngespinst.

8.5 Gesellschaftsstruktur und Gesellschaftssystem

Wie hängen die vertikale Sicht auf das gesellschaftliche Gefüge, von der zu Beginn des Kapitels die Rede war, und die horizontale Gesellschaftsauffassung zusammen? Was haben die Systeme, von denen der Historische Materialismus handelt, mit den Strukturen zu tun, über die in den beiden zurückliegenden Abschnitten gesprochen wurde?

So weit ich sehe, führt eine der im vierten Abschnitt erläuterten Mehrdeutigkeiten des Gesellschaftsbegriffs von Marx am direktesten zur Antwort. Gemäß der typologischen Verwendung, auf die die Auflösung der dritten Mehrdeutigkeit aufmerksam machte, würde man nicht sagen, dass z. B. die Menge aller Menschen, die gegenwärtig in der Bundesrepublik Deutschland leben, ein Gesellschaftssystem *ist* oder *bildet*. Denn geläufiger klingt die Formulierung, dass die BRD ein Gesellschaftssystem *hat* bzw. ein *Exemplar* eines spezifischen

Typus der Gesellschaft ist. Dass die Bundesrepublik ein bestimmtes Gesellschaftssystem hat, besagt ungefähr, dass sie eine Gesellschaft ist, der spezifische gesellschaftliche und politische Institutionen eigen sind. Diese Betrachtung stimmt mit der Rede überein, der zufolge die Bundesrepublik ein *Exemplar* eines spezifischen Gesellschaftssystems ist, das heißt in etwa, den *Typus* eines pluralistischen, konsensdemokratisch regierten oder westlichen Systems exemplifiziert. Damit bringt die typologische Rede unter anderem zum Ausdruck, dass die BRD bestimmte Merkmale mit anderen Gesellschaften teilt und sich von solchen Gesellschaften unterscheidet, die ein anderes System, etwa ein totalitäres oder fundamentalistisches, exemplifizieren.

Was verschiedene Gesellschaften zu Exemplaren ein und desselben Typs macht, ist eine Übereinstimmung in relevanten Hinsichten, die freilich im Einzelnen noch zu klären wären. Vor dem Hintergrund dieses Gedankens zeigt sich jedoch an diesem Punkt unserer Diskussion endlich, aus welchem Grund Marx gut daran tut, nicht *Individuen*, sondern *Verhältnisse*, unter denen die Individuen leben, in den Blick zu nehmen, wenn es um die Frage geht, was eine Gesellschaft ist. Denn zwei oder mehr Gesellschaften mögen hinsichtlich der relevanten Verhältnisse im Großen und Ganzen übereinstimmen, also insofern zu einem gemeinsamen Typ gehören. Doch der theoretisch zwar denkbare Fall ist praktisch auszuschließen, dass eine Übereinstimmung zwischen verschiedenen Gesellschaften in der ‚Besetzung‘ bzw. im ‚Personal‘ festzustellen ist. Einfacher gesagt kann man sich unschwer zwei distinkte Gesellschaften denken, die in ihren relevanten Beziehungen und Institutionen übereinstimmen. Aber zwei voneinander unabhängige Gesellschaften, die denselben Kreis von Personen umfassen, kann man sich nur schwer vorstellen. Im Sinne von Marx könnte man angesichts dieser Überlegung behaupten, dass zwei oder mehrere Gesellschaften genau dann zu demselben Gesellschaftstyp gehören, wenn in ihnen vergleichbare Sozialbeziehungen bzw. vergleichbare Produktionsverhältnisse vorherrschen.

Eine derartige Übereinstimmung der gesellschaftlichen Produktionsverhältnisse zwischen zwei Gesellschaften legt der marxistischen Sicht zufolge eine Übereinstimmung des Entwicklungsstands der Produktivkräfte und des Überbaus nahe. Denn wir haben in den beiden zurückliegenden Kapiteln gesehen, inwiefern Marx die Ansicht vertritt, dass zwischen den drei Elementen seiner Gesellschaftsanalyse Entsprechungs-, genauer Abhängigkeitsverhältnisse bestehen. Damit zeichnet sich hier schließlich die gesuchte Verknüpfung zwischen dem strukturalistischen Bild, dem zufolge die Verhältnisse, unter denen die Gesellschaftsmitglieder leben und wirtschaften, zum Begriff der Gesellschaft führen, und den drei Kernelementen des Historischen Materialismus ab.

Denn wir wissen aufgrund der zurückliegenden Betrachtungen, inwiefern der jeweilige Stand der Produktivkräfte Marx zufolge die Produktionsverhältnisse (also vor allem die Art der Arbeitsteilung und die Besitzverhältnisse) bestimmt. Und im nachfolgenden Kapitel werden wir sehen, inwiefern die Kräfte und Verhältnisse auch einen entscheidenden Einfluss auf die Frage nehmen, welches Verhalten den Menschen in individueller Abhängigkeit von ihrer Klassenpositionierung offensteht. Durch dieses Verhalten, vor allem durch ihr wechselseitiges Handeln, setzen sich die Menschen in ganz bestimmte Verhältnisse zueinander – sie generieren soziale Beziehungen. Da der Überbau einer Gesellschaft bzw. die Bewusstseinsformen aus dem besteht, was die Gesellschaftsmitglieder meinen und wollen, und die damit angesprochenen Einstellungen kausal zu denjenigen Handlungen führten, die die betreffenden Gesellschaftsstrukturen zur Folge hatten, ist auch eine nachvollziehbare Verbindung zwischen der vorliegenden Gesellschaftsstruktur und dem Überbau gegeben.

8.6 Rückblick

In diesem Kapitel habe ich versucht, das Bild des Historischen Materialismus zu vervollständigen. In Anbetracht der Tatsache, dass die funktionalistische Auslegung dieser Theorie auf den Begriff des (Gesellschafts-)Systems angewiesen ist, haben wir uns eingangs mit der Frage beschäftigt, was Systeme im hier relevanten Sinn des Wortes sind. Dabei zeigte sich vor dem Hintergrund einiger Überlegungen aus der allgemeinen Systemtheorie zum einen, dass man zwischen schwachen und starken Systemen unterscheiden kann. Denn während schwache Systeme einfach nur geordnete Ansammlungen einzelner Elemente sind, sind starke Systeme Anordnungen solcher Elemente, die durch ihr Zusammenwirken eine gemeinsame Leistung erbringen. Zum anderen wurde in Anbetracht dieser Klärungen deutlich, dass nur starke Systeme funktionalistisch analysiert werden können, der Historische Materialismus folglich derartige Systeme zum Gegenstand hat.

Nachdem wir uns im nächsten Schritt über die spezifische Leistung solcher Systeme verständigt haben, die aus Produktivkräften, Produktionsverhältnissen und einem Überbau bestehen, ging es im zweiten Teil des Kapitels um den horizontalen Blick auf das Phänomen Gesellschaft, der zu einer strukturalistischen Auffassung führte. In diesem Zusammenhang habe ich versucht, die strukturalistische Sicht, die Marx oft nahelegt, mit einer individualistischen, sprich handlungstheoretisch fundierten Sichtweise zu versöhnen, der zufolge die theoretische Betrachtung beim Handeln der Individuen ihren Ausgangspunkt nimmt. Dabei zeigte sich, inwiefern Menschen tatsächlich nicht handeln können, ohne soziale Strukturen in Rechnung zu stellen, die durch das Handeln ihrer Mitmenschen und Vorfahren geschaffen wurden. Aber was wir als handelnde Wesen im Rahmen dieser Strukturen im Einzelnen tun, ist sehr wohl unter Bezug auf unsere individuellen Einstellungen, also nach Maßgabe des methodologischen Individualismus zu erklären.

Mit dieser Kombination zweier oft als unversöhnlich geltenden Auffassungen von den Menschen und der Gesellschaft, in der sie leben, als Grundlage möchte ich mich jetzt der Theorie vom Klassenkampf und einigen damit verknüpften Aspekten des Denkens von Marx zuwenden. Auch in diesen Zusammenhängen wird das individuelle Handeln der Menschen eine zentrale Rolle spielen.

9 Klassenkampf

In den zurückliegenden Kapiteln wurde der Historische Materialismus als eine funktionalistische Theorie dynamischer Systeme gedeutet. Dieser Deutung zufolge dienen die Begriffe *Produktivkraft*, *Produktionsverhältnisse* und *Überbau* dazu, sozioökonomische Zusammenhänge zu analysieren. Auf der Grundlage der sich dabei ergebenden Analysen lassen sich sodann zweierlei Fragen beantworten. Zum einen klären diese Analysen, wie komplexe Gesellschaftssysteme funktionieren, indem sie das Augenmerk auf die Beiträge richten, die die Systembestandteile zu leisten haben, um den Produktionsprozess und den Wirtschaftskreislauf aufrechtzuerhalten. Zum anderen wird erklärt, unter welchen Umständen durch eine Änderung der Produktionsverhältnisse und der Bewusstseinsformen eine Fortführung der Produktion gewährleistet werden kann, wenn ein neuer Entwicklungsstand der Produktivkräfte die alten Verhältnisse und Formen dysfunktional gemacht hat. Ein zentrales Ergebnis war in diesem Zusammenhang, dass funktionalistische Theorien nichts über die kausalen Mechanismen zu sagen haben, die den involvierten Transformationen zugrunde liegen. Konkret heißt dies, dass der Historische Materialismus weder erklärt, welche Ursachen zu den Produktionsverhältnissen und den Bewusstseinsformen einer Gesellschaft in ihrer Vergangenheit beigetragen haben, noch welche Ursachen zu Veränderungen dieser Verhältnisse und Formen führen. Der Historische Materialismus leistet folglich nicht alles, was man sich von einer umfassenden Theorie der Gesellschaft erhofft.

In diesem Kapitel geht es darum, diesen auf den ersten Blick mangelhaften Zustand der marxistischen Geschichts- und Gesellschaftstheorie als einen Vorteil auszuweisen. Denn nur wenn man den Historischen Materialismus auf seine analytischen Aufgaben zuspitzt, ist es möglich, einer weiteren Lehre von Marx die ihr gebührende Bedeutung einzuräumen – der schon mehrfach angesprochenen Doktrin vom Klassenkampf.

Die zentralen Begriffe dieser Theorie möchte ich in diesem Kapitel so vor Augen führen, dass zweierlei deutlich wird. Zum einen soll erkennbar werden, inwiefern sie nicht ominöse Klassen, sondern die Mitglieder einer Gesellschaft als handelnde Akteure in den Blick nimmt und damit auf die kausalen Mechanismen gesellschaftlicher Wandlungsprozesse verweist, die der Historische Materialismus nicht an den Tag legt. Zum anderen möchte ich schon hier die im nachfolgenden Kapitel durchzuführende, demokratietheoretische Umarbeitung dieser Theorie vorbereiten, indem ich kenntlich mache, inwiefern die Klassenkampflehre viel mehr Handlungsfelder in den Blick zu nehmen erlaubt, als es die Rede von Kämpfen zwischen gesellschaftlichen Klassen erwarten lässt. Beginnen möchte ich im nachfolgenden Abschnitt jedoch damit, die augenfällige Spannung zwischen den beiden Auffassungen von Marx, also das Problem, dessen Lösung dieses Kapitel gewidmet ist, etwas deutlicher herauszustreichen.

9.1 Das Problem

Eines der größten Rätsel, auf die man als Leser von Marx und Engels stößt, berührt die Frage, wie die Begründer des Historischen Materialismus kommentarlos Aussagen dieser Art treffen konnten:

> Die Geschichte aller bisherigen Gesellschaft ist die Geschichte von Klassenkämpfen. Freier und Sklave, Patrizier und Plebejer, Baron und Leibeigener, Zunftbürger und Gesell, kurz, Unterdrücker und Unterdrückte standen in stetem Gegensatz zueinander, führten einen ununterbrochenen, bald versteckten, bald offenen Kampf, einen Kampf, der jedesmal mit einer revolutionären Umgestaltung der ganzen Gesellschaft endete oder mit dem gemeinsamen Untergang der kämpfenden Klassen. (4, 462)

Dieses Zitat aus dem *Manifest* überrascht, weil uns der Historische Materialist Marx bisher davon überzeugen wollte, dass die Geschichte aller bisherigen Gesellschaft die der Produktionsverhältnisse und der Bewusstseinsformen sei, die sich stets aufs Neue den sich weiterentwickelnden Produktivkräften anpassen. Der jetzt zur Diskussion stehende Klassenkampftheoretiker Marx hat hingegen über gesellschaftliche Systeme und die Funktionen ihrer Bestandteile nicht mehr viel zu sagen. Nicht einmal die Konzepte der Produktivkraft, der Produktionsverhältnisse und des Überbaus spielen im *Manifest* oder in anderen Schriften, die den Klassenkampf in den Vordergrund rücken, relevante Rollen. Vielmehr wird der Fortgang der Geschichte, die Umgestaltung und Ausformung von Gesellschaften auf das Agieren der in Klassen eingeteilten Individuen zurückgeführt. Hat Marx also zwei konkurrierende Theorien der Geschichte vertreten? Oder sind die beiden Theorien miteinander vereinbar?

Auf den ersten Blick scheinen sich die beiden Sichtweisen jedenfalls zu widersprechen. Während die eine Theorie den Motor der Weltgeschichte in der Entwicklung der Produktivkräfte lokalisiert, deren Stand sich die Produktionsverhältnisse und Bewusstseinsformen anzupassen haben, weist die Klassenkampflehre den Antagonismus zwischen unterdrückenden und unterdrückten Klassen als Triebfeder sozialer und historischer Veränderungen aus. Zwar fällt auf, dass es in beiden Theorien um *Antagonismen* bzw. *Widersprüche* geht, deren Auflösung den Gang der Geschichte vorantreibt. Insofern beerben beide Lehren einen Kerngedanken der Philosophie Hegels. Doch Produktivkräfte, die sich im Zuge ihrer Weiterentwicklung gegen die sie fesselnden Produktionsverhältnisse stemmen, sind etwas anderes als Klassen, die im Konflikt und insofern in antagonistischen Verhältnissen stehen. Also ist eine Spannung, wenn nicht gar ein Widerspruch im Theoriengefüge von Marx zu diagnostizieren[1].

Man könnte versuchen, diese Spannung durch den Verweis darauf aufzulösen, dass Marx im *Manifest* nicht behauptet, die Klassenkämpfe dienten der *Erklärung* der Geschichte. Die Aussage, dass die Geschichte aller bisherigen Gesellschaft die von Klassenkämpfen sei, lege zwar die Lesart nahe, dass die Geschichte nur dann richtig verstanden werde, wenn man sie in Begriffen des Klassenkampfs beschreibe *und erkläre*. Doch diese Lesart sei nicht zwingend. Vielleicht ging es Marx nur um einen zusätzlichen Modus, die zurückliegende Gesellschaftsgeschichte zu *beschreiben*. Während die Klassenkampfdoktrin also dieser Ansicht zufolge nur dazu dient, Geschichte zu beschreiben, komme allein dem Historischen Materialismus die Aufgabe zu, sozialhistorische Gegebenheiten zu *erklären*.

Schlägt man diesen Weg ein, gelangt man zu folgendem Bild der Geschichte aller bisherigen Gesellschaft. Worum es in ihr im Grunde genommen geht, ist die besagte Entwicklung der Produktivkräfte und die Veränderung von Produktionsverhältnissen und Bewusstseinsformen, die sich durch jene Entwicklung erklären lassen. Aus Gründen, über die Marx vielleicht auf Nachfrage Auskunft geben könnte, gingen die bisherigen Produktionsverhältnisse immer mit einer „Gliederung der Gesellschaft in verschiedene Stände" (4, 462), d.h. mit einer Einteilung der Gesellschaftsmitglieder in unterschiedliche Klassen einher[2]. Aus weiteren Gründen, über die Marx vielleicht ebenfalls Auskunft geben könnte, war die Klassenstruktur aller bisherigen Gesellschaften immer dergestalt, dass mindestens eine Klasse mindestens eine Klasse unterdrückte. Die Lehre vom Klassenkampf soll jedoch – dies ist der entscheidende Punkt – dieser Lesart gemäß *nicht* dazu dienen, die Frage zu klären, *warum* sich Gesellschaften so entwickeln, wie sie sich entwickeln. Dieser Doktrin zufolge verläuft die Entwicklung von Gesellschaften lediglich entlang von Klassenstrukturen.

---

1 Siehe zu dieser Spannung auch Iorio 2010(a).
2 Engels begründet diesen Umstand wie folgt: „Solange nicht so viel produziert werden kann, daß nicht nur für alle genug vorhanden ist, sondern auch noch ein Überschuß von Produkten zur Vermehrung des gesellschaftlichen Kapitals und zur weiteren Ausbildung der Produktivkräfte bleibt, solange muß es immer eine herrschende, über die Produktivkräfte der Gesellschaft verfügende und eine arme, unterdrückte Klasse geben." (4, 371)

In Übereinstimmung mit dieser Sicht könnte auch eine weitere Aussage aus dem *Manifest* gedeutet werden: „Die Geschichte der ganzen bisherigen Gesellschaft bewegte sich in Klassengegensätzen, die in den verschiedenen Epochen verschieden gestaltet waren." (4, 480) Die Geschichte bewegte sich zwar in Klassengegensätzen, aber es ist der Konflikt zwischen den Kräften und den Verhältnissen, der die Geschichte in Bewegung versetzt und in Bewegung hält.

Nimmt man so der Lehre vom Klassenkampf den explanatorischen Anspruch, tut man gut daran, den eingangs zitierten Ausspruch aus dem *Manifest* umzuformulieren. Die zurückliegende Geschichte war nämlich nicht wirklich die Geschichte von Klassenkämpfen, sondern ging nur *mit Klassenkämpfen einher*. Die Geschichte ist im Kern die der Produktivkräfte, der Produktionsverhältnisse und der Bewusstseinsformen, also die Geschichte eines gesellschaftlichen Überbaus, der durch den Unterbau der Gesellschaften bestimmt ist.

Es hat Vor- und Nachteile, die Klassenkampfdoktrin auf die erläuterte Art mit dem Historischen Materialismus zu versöhnen. Ein Vorteil liegt z. B. darin, dass man am Historischen Materialismus auch dann festhalten könnte, wenn man der Sache von den ständigen Klassenkämpfen nicht traut oder glaubt, dass die Klassenkampflehre mehr theoretische Probleme auf-, als explanatorische Leistungen abwirft. Was definiert eine Klasse? Was taugt diese Lehre in Anbetracht solcher Situationen, in denen von einem versteckten, geschweige denn offenen Kampf zwischen den Klassen beim besten Willen nicht zu reden ist? Was taugt überhaupt der grobschlächtige Begriff der Klasse angesichts der pluralistischen Gesellschaften unserer Gegenwart? Können wir uns im 21. Jahrhundert noch als Mitglieder des Proletariats oder der Bourgeoisie begreifen, Mitglieder der zwei einzigen Klassen, auf deren Kampf sich die Menschheitsgeschichte unter kapitalistischen Bedingungen laut Marx zuspitzt?

Ein großer Nachteil dieser Auslegung besteht jedoch darin, dass sie mit Marxens individualistisch-handlungstheoretischer Überzeugung nicht vereinbar ist, der zufolge es den Menschen möglich ist, ihre Geschichte selbst in die Hand zu nehmen, die Individuen also die „Verfasser und Schausteller ihres eigenen Dramas" sind. (4, 135) Denn wenn wir der Lehre vom Klassenkampf in der geschilderten Weise dem Historischen Materialismus unterordnen, gelangen wir zu einem Bild sozialen Wandels, dem zufolge das Handeln der Gesellschaftsmitglieder nur die Gischt auf den Wellen der eigentlichen Geschichte darstellt, nämlich der Geschichte von der Entwicklung der Produktivkräfte unter immer neuen Verhältnissen.

Doch der größte Nachteil dieser Auffassung liegt darin, dass sie nötigen würde, hinter die gewonnene Einsicht über den Sinn und Zweck funktionalistischer Theorien zurückzufallen. Denn diese Auffassung würde vom Historischen Materialismus genau das erwarten lassen, was er nicht zu leisten vermag. Wir haben ja gesehen, dass diese Theorie keinen Aufschluss über die Kausalmechanismen liefert, die zu den Bestandteilen der Gesellschaftssysteme führen. Genau deshalb liegt es nahe, diese Mechanismen und die Kausalerklärungen, die sich auf sie stützen, aus einer Untersuchung der Klassenkampfdoktrin zu gewinnen. Dies liegt vor allem daran, dass die Klassenkampflehre die Gesellschaftsmitglieder als *handelnde* Menschen konzeptualisiert. Denn was liegt näher, als die sozialen und historischen Gegebenheiten und deren Wandel auf das Agieren von Akteuren zurückzuführen? Daher möchte ich im Folgenden die Kernbegriffe der Klassenkampflehre erläutern und dann am Ende des Kapitels auf die Frage zurückkommen, wie eine attraktivere Versöhnung zwischen den beiden Theorien von Marx aussehen könnte.

9.2 Klassen: Ökonomisch, sozial und politisch

Hinsichtlich des Begriffs der Klasse ist leider derselbe Befund zu konstatieren, den ich bereits mit Blick auf die grundlegenden Konzepte des Historischen Materialismus formuliert habe. Wieder hat man es mit einem Begriff zu tun, der für das Denken von Marx von großer Bedeutung ist, aber von ihm nicht eigens erläutert oder gar definiert wurde[3]. Wieder ist man also darauf angewiesen, anhand geeigneter Passagen aus den Schriften von Marx, in denen der Klassenbegriff zwar nicht erläutert, aber doch verwendet wird, die Bedeutung zu rekonstruieren, die der Autor ihm gegeben haben mag.

Richard Schmitt zufolge sind drei Verwendungen des Ausdrucks ‚Klasse‘ zu unterscheiden[4]. In der ersten Bedeutung seien Klassen rein ökonomisch bestimmt, also nur mit Blick auf die wirtschaftlichen Verhältnisse einer Gesellschaft und ihre ökonomischen Rollen. Das ist der Klassenbegriff, den Marx gebraucht, wenn er die drei Klassen der Lohnarbeiter, Kapitalisten und Grundeigentümer nach Maßgabe ihres Erwerbs (Lohn, Profit, Grundrente) bzw. ihrer Erwerbsquellen (Arbeitskraft, Kapital, Grundeigentum) definiert[5]. In dieser ökonomischen Hinsicht ist es laut Schmitt noch unwichtig, welche Erfahrun-

---

3 Im dritten Band des *Kapital* hatte er sich offensichtlich dieser Aufgabe stellen wollen. Doch das Manuskript bricht an der Stelle ab, an der es anfängt, interessant zu werden (vgl. 25, 892 f.).
4 Vgl. Schmitt 1997, S. 145 f. Siehe für einen Überblick über Marxens Klassentheorie Kößler und Wienold 2001, S. 199–220.
5 Vgl. Marx (25, 892 f.) und Engels (4, 462).

gen die Mitglieder der entsprechenden Klassen machen oder welche politischen Positionen ihnen zukommen.

Spezifischer sind Schmitt zufolge soziale Klassen bestimmt. Was eine Gruppe von Menschen zu Mitgliedern einer sozialen Klasse vereinigt, ist nach seinem Dafürhalten die Gemeinsamkeit bestimmter *Lebenserfahrungen*. Diese Gemeinsamkeit sei darauf zurückzuführen, dass diese Menschen unter vergleichbaren Umständen – in erster Linie unter vergleichbaren ökonomischen Umständen – leben.

In diesem Zusammenhang wird deutlich, dass Schmitt Marx in Übereinstimmung mit meinem bereits mehrfach wiederholten Plädoyer individualistisch und nicht etwa holistisch deutet. Menschen haben dieser Deutung zufolge nicht etwa die und die Überzeugungen, Interessen und Erfahrungen, *weil* sie zu dieser oder jener Klasse gehören. Vielmehr ist es angemessen, verschiedene Individuen zu einer sozialen Klasse zusammenzufassen, *weil* sie aufgrund vergleichbarer Lebenslagen vergleichbare Erfahrungen machen und in Folge davon auch vergleichbare Überzeugungen und Wünsche ausprägen[6]. Lohnarbeiter etwa, die arbeiten müssen, ob sie das nun wollen oder nicht, erfahren ihre berufliche Tätigkeit eher selten als erfüllende Karriere, sondern als einen Job, den sie erledigen müssen, um über die Runden zu kommen. Durch diese Erfahrung haben sie eine andere Einstellung zur Arbeit als Fabrikbesitzer oder die Mitglieder der Mittelklasse.

Wie gesehen liefern geteilte Erfahrungen, die Menschen in Anbetracht einer gemeinsamen ökonomischen Positionierung machen, laut Schmitt das Kriterium, durch das sich verschiedene soziale Klassen voneinander unterscheiden. Konsequenterweise unterscheidet er daher auch zwischen Männern und Frauen als zwei verschiedenen sozialen Klassen. Denn Frauen mögen sich z. B. aus Furcht vor einer Vergewaltigung in manchen Gegenden nach Einbruch der Dunkelheit nicht mehr allein auf die Straße trauen. Dies ist eine Erfahrung, die sie von der Mehrzahl aller Männer unterscheidet. Indem Schmitt des Weiteren betont, dass sich durch das genannte Kriterium auch zwischen den Frauen der

---

6 Marx bringt diese nominalistische Grundauffassung seiner Weltsicht zum Ausdruck, wenn er schreibt: „Die Parzelle, der Bauer und die Familie; daneben eine andre Parzelle, ein andrer Bauer und eine andre Familie. Ein Schock davon macht ein Dorf, und ein Schock von Dörfern macht ein Departement. So wird die große Masse [...] gebildet durch einfache Addition gleichnamiger Größen, wie etwa ein Sack von Kartoffeln einen Kartoffelsack bildet. Insofern Millionen von Familien unter ökonomischen Existenzbedingungen leben, die ihre Lebensweise, ihre Interessen und ihre Bildung von denen der andern Klassen trennen und ihnen feindlich gegenüberstellen, bilden sie eine Klasse." (8, 198)

Arbeiterklasse und denen der Mittelschicht als zwei verschiedene soziale Klassen unterscheiden lasse, macht er auf zwei wichtige Punkte aufmerksam. Zum einen wird deutlich, dass ein und dieselbe Person je nach gewähltem Standpunkt der Betrachtung Mitglied verschiedener sozialer Klassen sein kann. Es ist also unangemessen, jede Person genau einer Klasse zuzuordnen, wie es Marx gemeinhin tut. Dies ist ein Punkt, der im Rahmen der demokratietheoretischen Umdeutung der Klassenkampflehre im nächsten Kapitel relevant sein wird. Zum anderen weist der von Schmitt hervorgehobene Umstand darauf hin, dass es einen engen Zusammenhang zwischen den Mitgliedschaften einer Person in sozialen Klassen und ihrer Mitgliedschaft in einer ökonomischen Klasse gibt.

Wie ist es um diesen Zusammenhang bestellt? Nun, das Konzept der ökonomischen Klasse erscheint in der folgenden Hinsicht grundlegender als das der sozialen zu sein. Die Zugehörigkeit einer Person zu einer ökonomischen Klasse steckt gleichsam den Rahmen ab, der die unterschiedlichen Möglichkeiten einschränkt, sie verschiedenen sozialen Klassen zuzuordnen. Die Mitglieder der ökonomischen Klasse der Arbeiterschaft mögen folglich hinsichtlich verschiedener Nationalitäten, Ethnien, religiöser Zugehörigkeiten, Geschlechter- und Altersdifferenzen etc. in verschiedene soziale Klassen ‚zerfallen‘. Damit stoßen wir auf das Problem, dass das Konzept der sozialen Klasse durch diesen Pluralismus der in Betracht zu ziehenden Identitätskriterien in nahezu beliebig viele, immer kleinere Klassen parzelliert werden kann. Dies ist ebenfalls ein Punkt, der im nachfolgenden Kapitel unter dem Stichwort ‚Demokratie‘ von Bedeutung sein wird. Dort wird nämlich der grobschlächtige Begriff der Klasse zugunsten des flexibleren Konzepts der Interessengruppe fallengelassen werden.

In der dritten Bedeutung verweist der Ausdruck ‚Klasse‘ laut Schmitt schließlich auf kollektive politische Akteure. Dies ist so zu verstehen, dass z. B. alle Individuen, die zusammen die Arbeiterklasse bilden, durch verschiedene Organisationen (Arbeitervereine, Gewerkschaften, Parteien usw.), die sie eingerichtet haben, um ihre gemeinsamen Interessen zu vertreten, zu einer geschlossenen, handlungstheoretisch relevanten Einheit ‚verschmelzen‘. Durch solche Organisationen, die dazu dienen, die gemeinsamen Interessen durchzusetzen, werden die Menschen also zu einer politischen Klasse[7].

---

7 Marx sagt alternativ auch, dass sich eine Gruppe von Menschen durch eine Organisation „als Klasse politisch konstituiert." (4, 337) Zuweilen spricht er politisch unorganisierten Klassen den Klassenstatus ab und nennt sie stattdessen eine Masse. Vgl. (8, 198).

Genau in diesem Punkt unterscheidet sich die politisch organisierte Bourgeoisie von der Menge der Proletarier, die in Marxens Augen zwar eine ökonomische und soziale, aber noch keine politische Klasse bilden, solange sie sich nicht durch Organisationen vereinigt haben, um ihre Interessen zu vertreten. Hier findet, anders gesagt, der Übergang von der Klasse *an sich* zur Klasse *für sich* statt, wie Marx den Unterschied auch in einer auf Hegel anspielenden Terminologie fasst:

> Die ökonomischen Verhältnisse haben zuerst die Masse der Bevölkerung in Arbeiter verwandelt. Die Herrschaft des Kapitals hat für diese Masse eine gemeinsame Situation, gemeinsame Interessen geschaffen. So ist diese Masse bereits eine Klasse gegenüber dem Kapital, aber noch nicht für sich selbst. In dem Kampf [...] findet sich diese Masse zusammen, konstituiert sich als Klasse für sich selbst. Die Interessen, welche sie verteidigt, werden Klasseninteressen. Aber der Kampf von Klasse gegen Klasse ist ein politischer Kampf. (4, 180 f.)

Der für die Klassenkampflehre zentrale Begriff ist folglich der der politischen Klasse. Denn zum einen sind nur Gruppierungen dieser Art für die entscheidende, sprich revolutionäre Auseinandersetzung mit dem Klassenfeind bereit und damit in der Lage, an einer Umgestaltung der gesellschaftlichen Verhältnisse mitzuwirken. Zum anderen wird somit erkennbar, dass es die Aktivitäten politischer Klassen sind, die uns zu den Mechanismen führen, die den Systemen zugrunde liegen, von denen der Historische Materialismus handelt.

Just an diesem Punkt, also am Übergang von der nur sozialen zur politischen Klasse, tritt die Wichtigkeit der Begriffe des Klassenbewusstseins und des Klasseninteresses zum Vorschein. Daher möchte ich im nachfolgenden Abschnitt auf diese beiden Elemente der Lehre von Marx zu sprechen kommen.

9.3 Klassenbewusstsein und Klasseninteresse

Das Klassenbewusstsein stellt sich vor dem Hintergrund des zurückliegenden Abschnitts als notwendige Bedingung dafür dar, dass aus einer ökonomisch-sozial zu charakterisierenden Gruppe von Menschen eine politische Klasse (aus einer Klasse an sich eine Klasse für sich) werden kann. Bei genauerer Lektüre zeigt sich jedoch, dass auch der Begriff des Klassenbewusstseins mehrdeutig ist. Denn man kann zwischen einer individualistischen und einer (in einem harmlosen Sinn des Wortes) kollektivistischen Bedeutung unterscheiden.

Dem reinen Wortsinn nach ist unter dem Klassenbewusstsein nichts anderes als das Bewusstsein bzw. die bewusste *Überzeugung* zu verstehen, zu einer bestimmten sozialen Klasse zu gehören. Das kann man in der individualistischen Lesart so verstehen, dass es um die Überzeugung eines Individuums geht, nämlich um seine Meinung, zu dieser oder jenen sozialen Klasse zu gehören. In dem Fall handelt es sich also um die Ansicht einer Person, dasjenige Merkmal zu tragen, das für die entsprechende Gruppe von Personen definierend ist.

Wenn man sich jedoch vergegenwärtigt, dass das Klassenbewusstsein im zurückliegenden Abschnitt als notwendige Bedingung dafür erschien, dass aus einer sozial bestimmten Gruppe eine politisch relevante, weil politisch aktive Einheit werden kann, wird deutlich, was es mit der zweiten, also der kollektivistischen Interpretation auf sich hat. Denn für den Übergang von der Klasse an sich zur Klasse für sich ist es erforderlich, dass eine *hinreichend große Menge* der Mitglieder einer sozialen Gruppe die Überzeugung *teilt*, Mitglied einer gemeinsamen Klasse zu sein. Denn so wenig eine einzelne Schwalbe einen Sommer macht, so wenig reicht es zur politischen Organisation einer Gruppe von Menschen hin, wenn nur vereinzelte Mitglieder zu der Überzeugung gelangen, einer bestimmten Klasse zuzugehören. Das Klassenbewusstsein erfüllt also nur dann seinen Zweck, wenn es hinreichend weit verbreitet ist.

Der Begriff des Klassenbewusstseins umfasst jedoch nicht nur die *Überzeugung*, auf Grund ökonomischer und sozialer Kriterien zu dieser oder jenen Klasse zu gehören. Darüber hinaus ist auch die Überzeugung relevant, durch die Mitgliedschaft in einer Klasse bestimmte *Interessen*, eben die Klasseninteressen mit den anderen Klassenmitgliedern zu teilen. Mitglieder einer nur sozialen, sprich (noch) nicht politisch organisierten Klasse mögen zwar ebenfalls Interessen haben, die sie mit den übrigen Mitgliedern ihrer Gruppe teilen. Mitglieder einer politischen Klasse – das ist der springende Punkt – zeigen sich nicht zuletzt dadurch klassenbewusst, dass sie darüber Bescheid wissen, welche Interessen die ihrer Klasse sind.

Doch was ist ein Klasseninteresse? Um diese Frage zu beantworten, sollte man zwei Gruppen von Interessen unterscheiden. Denn es geht auf Anhieb scheinbar um *alle* Interessen, die *alle* (oder doch wenigstens hinlänglich viele) Mitglieder einer sozialen Klasse teilen. Unserem individualistischen Ausgangspunkt zufolge haben wir es also mit reinen Privat- bzw. Sonderinteressen zu tun. Weil alle Menschen, die in vergleichbaren ökonomischen, sozialen und politischen Verhältnissen leben und insofern eine soziale Klasse bilden, vergleichbare Privatinteressen entwickeln, scheinen solche Interessen den Status eines Klasseninteresses zu erwerben.

Dass diese Charakterisierung mit Blick auf Marxens Anliegen jedoch zu kurz greift, mag das folgende Beispiel illustrieren. Man stelle sich vor, es träfe sich zufälligerweise so, dass alle Mitglieder einer sozialen Klasse Fans eines bestimmten Fußballklubs sind und deshalb ein Interesse daran haben, dass dieser Klub das nächste Spiel gewinnt. Dem gegenüber favorisieren alle Mitglieder einer anderen sozialen Klasse zufälligerweise einen zweiten Fußballverein, weswegen sie am Sieg ihres Teams interessiert sind. Selbst wenn diese Sachlage nun zu einem Konflikt zwischen den beiden Gruppen, z. B. zu einer Rangelei im Stadion führt, hat man es nicht ohne weiteres mit einem Klassenkampf im Sinne von Marx zu tun. Der entscheidende Punkt ist, dass eine Auseinandersetzung nur dann unter den Begriff des Klassenkampfs fällt, wenn es sich bei den involvierten Interessen um ganz bestimmte, nämlich um *ökonomische* oder *politische* Interessen handelt. Daher kann man festhalten, dass für Marx nur solche Interessen als genuine Klasseninteressen gelten, die in ökonomischen, sozialen oder politischen Hinsichten von Bedeutung sind.

Eine interessante Spielart solcher Klasseninteressen liefern solche Fälle, die keinem Interesse unmittelbar entsprechen, das ein Individuum der betreffenden Klasse allein als Individuum hegen würde. Die aus der Spieltheorie vertrauten Konzepte des Trittbrettfahrers und des Gefangenendilemmas werden an diesem Punkt für die Theorie von Marx relevant. So mag es im Interesse jedes einzelnen Industriellen liegen, den Arbeitstag seiner Belegschaft entgegen der bestehenden Rechtslage so weit wie nur möglich in die Länge zu ziehen. Denn wenn dies gelingt, könnte sich jeder von ihnen Marktvorteile einheimsen, die ihn in der Konkurrenz mit den anderen Kapitalisten in eine günstigere Position versetzten. Da jeder aber durch ein entsprechendes Verhalten die gesetzliche Regelung der Länge des Arbeitstages in Gefahr bringen würde, weil er seinen Konkurrenten dasselbe Verhalten nahelegen würde, ist es ein gemeinsames Interesse, sprich ein Klasseninteresse der Kapitalistenklasse, sich an das betreffende Gesetz zu halten. Und eine Bourgeoisie, die über ein adäquates Klassenbewusstsein verfügt, wird sich über dieses Interesse im Klaren sein, dieses Interesse also nicht nur teilen, sondern auch wissen, dass es bei allen Mitgliedern ihrer Klasse vorhanden ist.

Bis hierher habe ich so getan, als ob unter den Begriff des Klassenbewusstseins nur zutreffende Überzeugungen und nur solche Interessen fallen, die die betreffenden Menschen tatsächlich haben. Einfacher gesagt habe ich so getan, als ob jedes Klassenbewusstsein auch ein adäquates Klassenbewusstsein sei. Doch in Anbetracht der Unterscheidung der drei verschiedenen Klassenkonzepte lässt sich zeigen, inwiefern die Lehre von Marx flexibel genug ist, um auch falsche Interessen und falsche Überzeugungen zu umfassen, die zum Konzept des falschen Bewusstseins führen.

Um diese Zusammenhänge zu durchschauen, sollte man sich klarmachen, dass es möglich ist, dass sich irgendwelche Personen unabhängig von der

Frage, zu welchen ökonomischen und sozialen Klassen sie objektiv gehören, ganz willkürlich zu einer politischen Klasse vereinigen. Denn alles, was dazu notwendig scheint, liegt in der gemeinsamen (wenn vielleicht auch falschen) Überzeugung, Mitglieder genau einer (wie auch immer charakterisierten) Klasse zu sein.

Dieser Gedanke ist für Marx und Engels von großer Bedeutung. Denn nur die Vorstellung, dass sich Menschen in ihrer Selbsteinschätzung Klassen zuordnen können, zu denen sie ökonomisch, sozial oder politisch gesehen nicht wirklich gehören, erlaubt es, Erklärungen gesellschaftlicher und politischer Entwicklungen zu formulieren, wie sie für die Klassenkampfdoktrin typisch sind. Hier ist ein Beispiel einer derartigen Erklärung, das aus einer Frühschrift von Engels aus dem Jahr 1847 stammt. In dieser Arbeit präsentiert sich die Lehre vom Klassenkampf in ihrer fast schon ausgereiften Form[8].

Engels beginnt mit der Unterscheidung zwischen der Klasse an sich und der Klasse für sich, die er in den folgenden Worten darstellt:

> Und die besitzlose, vulgo arbeitenden Klassen? [...] einstweilen genügt [es], auf ihre Zersplitterung hinzuweisen. Diese Zersplitterung in Ackerknechte, Tagelöhner, Handwerksgesellen, Fabrikarbeiter und Lumpenproletariat, verbunden mit ihrer Zerstreuung über eine große, dünnbevölkerte Landfläche mit wenigen und schwachen Zentralpunkten, macht es ihnen schon unmöglich, sich gegenseitig über die Gemeinschaftlichkeit ihrer Interessen klarzuwerden, sich zu verständigen, sich zu *einer* Klasse zu konstituieren. Diese Zersplitterung und Zerstreuung läßt ihnen nichts anderes übrig, als die Beschränkung auf ihre nächsten, alltäglichen Interessen, auf den Wunsch nach gutem Lohn für gute Arbeit.

Im unmittelbaren Anschluss geht es dann darum, dass sich Menschen hinsichtlich ihrer Interessen und damit ihrer Klassenzugehörigkeit täuschen können, was nichts anderes heißt, als dass es ihnen an einem adäquaten Klassenbewusstsein gebricht:

> Das heißt, [die Zersplitterung] beschränkt die Arbeiter darauf, ihr Interesse in dem ihrer Arbeitgeber zu sehen, und macht so jede einzelne Fraktion der Arbeiter zu einer Hilfsarmee für die sie beschäftigende Klasse. Der Ackerknecht und Tagelöhner unterstützt die Interessen des Adligen oder Bauern, auf dessen Gut er arbeitet. Der Gesell steht in der intellektuellen und politischen Botmäßigkeit seines Meisters. Der Fabrikarbeiter läßt sich vom Fabrikanten in der Schutzzollagitation benutzen. Der

---

8 Dies deutet im Übrigen darauf hin, dass diese Lehre nicht erst von Marx entwickelt wurde. Weit mehr als im Fall des Historischen Materialismus gilt für diese Doktrin, dass sie Vorläufer in der Geschichte des sozialistischen Denkens hatte. Marx hat auch nie behauptet, das Phänomen des Klassenkampfes erstmals entdeckt zu haben. Über seine Selbsteinschätzung siehe (28, 508).

Lump ficht für ein paar Taler die Häkeleien zwischen Bourgeoisie, Adel und Polizei mit seinen Fäusten aus. (4, 49)

Während es in der zuerst zitierten Passage nur um den Fall geht, in dem Menschen nicht wissen, was in ihrem Interesse liegt, nimmt Engels in der zweiten Textstelle auch den Fall in den Blick, in dem sich Menschen fälschlicherweise Interessen zusprechen, die bei Licht betrachtet nicht ihre eigenen, sondern die Interessen anderer Menschen sind. Der Umstand, dass diese beiden Situationen in Betracht gezogen werden, macht klar, dass das involvierte Konzept des Klasseninteresses nicht subjektivistisch, sondern objektivistisch zu deuten ist. Es gibt Marx und Engels zufolge also objektiv bestehende Interessen. Denn nur wenn man diese Annahme trifft, ist es sinnvoll, von einzelnen Individuen zu sagen, dass sie selbst nicht wissen, was in ihrem Interesse liegt, oder zu behaupten, Menschen bildeten sich Interessen ein, die sie in Wahrheit nicht haben.

Die Annahme der Existenz objektiver Interessen ist jedoch problematisch. Um zu sehen, wie heikel der objektivistische Interessenbegriff ist, und um zugleich einen Weg zu weisen, auf dem diese Annahme vermieden werden kann, mag ein Vergleich des marxistischen Konzepts des Klasseninteresses mit Rousseaus Theorie vom Gemeinwillen (*volonté générale*) hilfreich sein[9]. Neben den kontingenten Einzel- bzw. Partikularinteressen, die die einzelnen Mitglieder einer Gesellschaft haben, unterscheidet Rousseau mit Blick auf das politische Gemeinwesen zwischen dem Gesamt- und dem Gemeinwillen. Der Gesamtwille ist dabei unter theoretischen Gesichtspunkten betrachtet harmlos. Denn dieser Wille stellt nichts anderes als das Ergebnis eines demokratischen Abstimmungsprozesses dar, in dem alle Individuen ihre Stimme in Übereinstimmung mit ihren jeweiligen Partikularinteressen abgegeben haben. Der Gesamtwille ist also schlicht das, was die Mehrheit der Stimmberechtigten will.

Während der Gesamtwille ein Aggregat von Partikularinteressen darstellt und somit rein subjektivistisch zu verstehen ist, ist das Konzept des Gemeinwillens weit problematischer. Diesem Willen verleiht Rousseau nämlich einen objektivistischen Status. Aus diesem Grund ist auch dieser Art des Willens mit einiger metaphysischer Skepsis zu begegnen. Anders als der Gesamtwille ist der Gemeinwille nämlich durch das mutmaßlich objektive Wohl der Gemeinschaft bzw. durch das objektiv bestehende Gemeinwohl definiert. Dies besagt zum einen, dass sich im Prinzip das gesamte gesellschaftliche Kollektiv darüber irren könnte, worin ihr objektives Interesse besteht. Zum anderen liefert

---

9 Siehe Rousseau 1977, 2. Buch, 3. Kapitel. Vgl. Marx (6, 200) und (6, 245).

dies den Grund für Rousseaus totalitaristische Entgleisung, die in der Behauptung besteht, dass ein Individuum auch durch Zwang dazu gebracht werden dürfe, seine eigenen (subjektiven) Interessen dem (objektiven) Gemeinwohl unterzuordnen.

Was sich Marx und Engels unter dem Klasseninteresse vorstellen, scheint jedenfalls nichts anderes zu sein, als ein auf Klassen relativierter Gemeinwille. Ging Rousseau also davon aus, dass eine politische Gemeinschaft genau einen Gemeinwillen hat, zerfällt diese Einheit in der Klassenlehre von Marx in den Willen mehrerer zeitgleich bestehender Klassen. Doch von diesem Unterschied abgesehen, der nach der marxistischen Vorstellung in der klassenlosen Gesellschaft des Kommunismus ohnehin wegfallen wird, teilen beide Theoretiker die objektivistische Lesart des Interessen- bzw. Willensbegriffs.

Man könnte an diesem Punkt versuchen, den objektivistischen Status des Interessenbegriffs bei Marx irgendwie in eine metaphysisch harmlose Position zurechtzubiegen. Die folgende, durch Karl Popper inspirierte Überlegung weist in diese Richtung[10]. Herrschende Klassen sind in aller Regel daran interessiert, den bestehenden Status quo beizubehalten oder ihren Herrschaftsbereich sogar auszudehnen. Beherrschte Klassen sind hingegen erfahrungsgemäß daran interessiert, sich aus ihrer untergeordneten Lage zu befreien. Ob einzelne Individuen dies nun wissen oder nicht, die betreffenden Interessen also subjektiv verspüren oder nicht, so könnte man argumentieren, ist angesichts dieser beiden Sachverhalte zweitrangig. Denn dem Gesellschaftstheoretiker könnte es aufgrund dieser beiden Tatsachen problemlos erscheinen, einem Individuum solche Interessen zuzusprechen, die es *hätte*, wenn es um seinen Machterhalt bzw. um seine Befreiung bemüht *wäre*. Entsprechendes könnte dann auch für die *Menge* solcher Individuen, die gemeinsam eine herrschende oder beherrschte Klasse bilden, ausgesagt werden. Die Behauptung wäre also nicht, dass alle Individuen die Interessen, deren Umsetzung zum gemeinsamen Wohl beitragen würde, subjektiv empfinden. Gleichwohl könnte man vor dem Hintergrund der dargestellten Überlegung vom Bestehen einer objektiven Interessenlage sprechen.

Doch ich denke, wir sollten diesen Weg besser nicht einschlagen. Denn Menschen irgendwelche Interessen zuzusprechen, die sie eventuell *hätten*, wenn sie sich über dieses oder jenes im ausreichenden Maße im Klaren *wären*, erscheint nicht nur empirisch bedenklich, sondern auch anmaßend. Wer kann schon wissen, was der Falle wäre, wenn? Daher sei an diesem Punkt bereits angekündigt, dass die Ersetzung des Klassenbegriffs durch das Konzept der

---

10 Siehe Popper 1970, S. 139.

Interessengruppe im nachfolgenden Kapitel nicht zuletzt den Vorteil hat, dass die Theorie mit dem subjektivistischen Interessenbegriff auskommen wird. Dadurch kann also das Problem mit der angeblichen Objektivität der Klasseninteressen umgangen werden.

Ein weiteres Problem, zu dem das Konzept des Klasseninteresses führt, betrifft die zuweilen vertretene Ansicht, Marx sei der Meinung, die Interessen mancher Klassen stellten zugleich das Interesse der gesamten Gesellschaft dar[11]. Dass dies ein Irrtum sein muss, geht allein schon aus dem Vergleich der Positionen von Rousseau und Marx hervor. Denn während Rousseaus Gemeinwille in der Tat der Wille *aller* Mitglieder einer Gemeinschaft sein soll, sind Klasseninteressen immer Interessen einer bestimmten Klasse, denen andere Klassen mit ihren je eigenen Interessen gegenüberstehen.

Wahr ist indes, dass Marx die Ansicht vertritt, Klassen neigten dazu, anderen Klassen (und oft auch sich selbst) gegenüber ihre eigenen Interessen als die der gesamten Gesellschaft zu verkaufen. Er hält dies im Fall einer Klasse, die sich gerade anschickt, die Herrschaft in einer Gesellschaft zu übernehmen, sogar für notwendig:

> Jede neue Klasse nämlich, die sich an die Stelle einer vor ihr herrschenden setzt, ist genötigt, schon um ihren Zweck durchzuführen, ihr Interesse als das gemeinschaftliche Interesse aller Mitglieder der Gesellschaft darzustellen, d. h. ideell ausgedrückt: ihren Gedanken die Form der Allgemeinheit zu geben, sie als die einzig vernünftigen, allgemein gültigen darzustellen. Die revolutionierende Klasse tritt von vornherein, schon weil sie einer *Klasse* gegenübersteht, nicht als Klasse, sondern als Vertreterin der ganzen Gesellschaft auf, sie erscheint als die ganze Masse der Gesellschaft gegenüber der einzigen, herrschenden Klasse. (3, 47 f.)

Marx spricht hier die Vorstellung aus, dass es einer Klasse gelingt, ihre Interessen so darzustellen, *als ob* sie solche der gesamten Gesellschaft oder gar der gesamten Menschheit seien. Dies setzt voraus, dass die Interessen nicht wirklich diejenigen aller Gesellschaftsmitglieder, geschweige denn der gesamten Menschheit sind. Darüber hinaus gibt der zitierte Passus zu erkennen, dass die Klassenkampflehre keine billige Verschwörungstheorie ist. Denn Marx geht davon aus, dass Klassen, denen es gelingt, ihre Interessen als die aller Menschen darzustellen, nicht nur die anderen Klassen, sondern oft auch *sich selbst* täuschen. Im direkten Anschluss an die zuletzt zitierte Passage erläutert er auch, wie der revoltierenden Klasse dieses ,Täuschungsmanöver' gelingt:

> Sie kann dies, weil im Anfange ihr Interesse wirklich noch mehr mit dem gemeinschaftlichen Interesse aller übrigen nichtherrschenden Klassen zusammenhängt,

---

11 Siehe Kolakowski 1988(a), S. 198.

sich unter dem Druck der bisherigen Verhältnisse noch nicht als besonderes Interesse einer besonderen Klasse entwickeln konnte. Ihr Sieg nutzt daher auch vielen Individuen der übrigen, nicht zur Herrschaft kommenden Klassen, aber nur insofern, als er diese Individuen jetzt in den Stand setzt, sich in die herrschende Klasse zu erheben. (3, 48)

Eine an die Herrschaft strebende Klasse handelt im Interesse auch der übrigen nicht an der Herrschaft beteiligten Bevölkerungsgruppen, insofern alle beherrschten Mitglieder einer Gesellschaft ein gemeinsames Interesse am Untergang der momentan herrschenden Klasse haben. Aber klarerweise stehen diesen Interessen diejenigen der momentan herrschenden Klasse entgegen. Folglich kann es für Marx in Gesellschaften, die auf Klassenunterschieden beruhen, keine Interessen geben, die alle Gesellschaftsmitglieder teilen. Klassengesellschaften sind mit anderen Worten für Marx immer zutiefst zerrüttete Sozietäten, die keinen Konsens kennen.

9.4 Wie man zu Bewusstsein kommt

Anders als Schmitts Ausführungen erwarten lassen, unterscheiden Marx und Engels nicht ausdrücklich zwischen ökonomischen und sozialen Klassen. Die im vorletzten Abschnitt angeführten Zitate belegen aber, dass sie zwischen Klassen, die noch keine politischen Klassen bilden (insofern ihnen das Klassenbewusstsein und die notwendige Organisation fehlen), und politischen, besser politisch organisierten Klassen unterscheiden. Da für den Klassenkampf im Allgemeinen, aber vor allem für den Kampf der Arbeiterklasse des 19. Jahrhunderts gegen die sie ausbeutende Bourgeoisie ein politisch selbstbewusstes Proletariat vonnöten schien, stellt sich nicht nur theoretisch, sondern auch praktisch die Frage, wie es zum Übergang von einer noch nicht politisch bewussten zu einer politisch bewussten Klasse kommt. Was macht Menschen, die gemeinsam eine soziale Klasse bilden, sehen, was in ihrem geteilten Interesse liegt?

Auf diese Frage, die gewissermaßen zur Feinmechanik führt, die der Klassenkampflehre zugrunde liegt, gibt es drei Antworten, die bei Marx und Engels oft durcheinandergehen. Die erste geht unmittelbar aus dem Historischen Materialismus bzw. aus einer bestimmten Auslegung der Überbaudoktrin hervor. Diese Position führt, konsequent zu Ende gedacht, paradoxerweise zur politischen Apathie. Denn die Überbaudoktrin besagt, wie gesehen, dass das Sein das Bewusstsein und damit selbstredend auch das Klassenbewusstsein bestimmt, dass also auf „den verschiedenen [...] sozialen Existenzbedingungen

[...] sich ein ganzer Überbau verschiedener und eigentümlich gestalteter Empfindungen, Illusionen, Denkweisen und Lebensanschauungen" erhebt. (8, 139)
Dieser Sicht zufolge ist es offenbar nur eine Frage der Zeit, bis sich mit den
entsprechenden Produktionsverhältnissen und der spezifischen Klassenstruktur, die diese Verhältnisse mit sich bringen, *von ganz allein* ein adäquates Klassenbewusstsein bei den involvierten Menschen einstellt.

Der zweiten Antwort zufolge, die vor allem von Lenin und zeitweise auch
von den politischen Führern der deutschen Sozialdemokratie befürwortet
wurde, ist mit dem eben skizzierten Automatismus nicht zu rechnen. Diesem
Standpunkt gemäß ist es vielmehr eine der Hauptaufgaben der politischen und
intellektuellen Elite, dem Proletariat die progressive, gemeint ist natürlich die
marxistische, Theorie beizubringen. Dieser Sichtweise zufolge muss der Arbeiterklasse das ihr gemäße Klassenbewusstsein also von ‚außen' vermittelt und
zur Not auch eingebläut werden.

Naheliegenderweise kommt an diesem Punkt nicht nur die Frage nach dem
Status des Theoretikers im Klassenkampf ins Spiel, die uns im übernächsten
Kapitel noch beschäftigen wird. Auch die Rolle des sogenannten Berufsrevolu-
tionärs tritt hier auf den Plan. Es ist wohl kaum nötig zu betonen, dass vielen
Bemerkungen von Marx und Engels zu entnehmen ist, dass sie einen Großteil
ihrer theoretischen und politischen Bemühungen in Übereinstimmung mit diesem Gedanken verstanden haben. Denn nur vor diesem Hintergrund ist etwa
der Sinn des *Manifests* zu verstehen, dessen abschließende Botschaft lautet:
„Proletarier aller Länder vereinigt euch!" Das ist eine Aufforderung, die an
die Arbeiterklasse herangetragen wird; wenn nicht gar ein Befehl, der dem
Proletariat von Außenstehenden erteilt wird.

Der dritten Antwort zufolge entwickelt sich das Klassenbewusstsein nach
und nach in der konkreten Auseinandersetzung zwischen den Mitgliedern der
verschiedenen Klassen[12]. Das Klassenbewusstsein reift gewissermaßen im und
durch den Klassenkampf heran, der sich immer mehr zuspitzt, je ausgeprägter
die rivalisierenden Seiten sich ihres Standpunkts und damit ihrer konfliktträchtigen Interessenlage bewusst sind. Dieser Sicht zufolge ist der Klassenkampf also keine einfache *Folge* des Übergangs der betreffenden Klassen vom
vorpolitischen zum politischen Zustand, wie es bisher der Fall zu sein schien.
Vielmehr stellt der Kampf zwischen den rivalisierenden Klassen eine *Vorbedingung* dafür dar, dass es überhaupt zur Entstehung des Klassenbewusstseins
kommen kann.

---

12 Vgl. Schmitt 1997, S. 151–158.

Der Umstand, dass Marx und Engels mit allen drei Optionen operieren, muss jedoch ausnahmsweise nicht zu dem Ergebnis führen, dass sie im Unklaren darüber waren, welchen Standpunkt sie nach Abwägung aller Argumente favorisieren würden. Denn bei Licht betrachtet ist nicht zu sehen, warum sich diese drei Möglichkeiten ausschließen sollten. Aus einer bestimmten Perspektive gesehen passen alle drei Optionen nicht nur zusammen, sondern ergänzen sich sogar zu einem dynamischen Gesamtbild. Wie auch mit Blick auf die Erkenntnistheorie im übernächsten Kapitel deutlich werden wird, ist der marxistischen Sicht zufolge ein gesellschaftlicher Wandel nur möglich, wenn die Bewusstseinsformen in Anbetracht der gegebenen Produktionsverhältnisse in einem Zustand sind, der es wenigstens *einzelnen* Mitgliedern der involvierten Klassen ermöglicht, über die Klassenverhältnisse *einige* Einsichten zu erlangen. Dieser Gedanke entspricht der ersten Option. Ist diese notwendige Bedingung erfüllt, kann der Stein ins Rollen, besser die Lawine ins Gleiten geraten. Denn jetzt ist auf der einen Seite davon auszugehen, dass die wenigen Vorreiter sich darum bemühen, andere Menschen über die gegebenen Klassenverhältnisse aufzuklären. Diese Überlegung entspricht der zweiten Option. Auf der anderen Seite ist nun auch zu erwarten, dass sich die ersten Einsichten durch den aktiven Einsatz der betreffenden Personen im Klassenkampf konkretisieren, schärfen und vermehren. So wird begreiflich, wie das Klassenbewusstsein durch den Klassenkampf Zug um Zug heranreift und um sich greift. Das ist der Gedanke, auf dem die dritte Option beruht.

Das Zusammenspiel dieser drei Optionen führt, wie bereits angedeutet, zu einer dynamischen Sicht der Dinge, wie sie Marx z. B. in der Schrift *Das Elend der Philosophie* zum Ausdruck bringt:

> Die Großindustrie bringt eine Menge einander unbekannter Leute an einem Ort zusammen. Die Konkurrenz spaltet sie in ihren Interessen; aber die Aufrechterhaltung des Lohnes, dieses gemeinsame Interesse gegenüber ihrem Meister, vereinigt sie in einem gemeinsamen Gedanken des Widerstandes – *Koalition*. So hat die Koalition stets einen doppelten Zweck, den, die Konkurrenz der Arbeiter unter sich aufzuheben, um dem Kapitalisten eine allgemeine Konkurrenz machen zu können. Wenn der erste Zweck des Widerstandes nur die Aufrechterhaltung der Löhne war, so formieren sich die anfangs isolierten Koalitionen in dem Maß, wie die Kapitalisten ihrerseits sich behufs der Repression vereinigen zu Gruppen [...]. In diesem Kampfe – ein veritabler Bürgerkrieg – vereinigen und entwickeln sich alle Elemente für eine kommende Schlacht. Einmal auf diesem Punkte angelangt, nimmt die Koalition einen politischen Charakter an. (4, 180)

In einem harmlosen Sinn des Wortes kann man also die Bewusstwerdung einer Klasse über ihre ureigensten Interessen als einen „dialektischen" Prozess bezeichnen. Dieser Prozess fängt punktuell mit der Einsicht einzelner Personen an, die ihre anfangs noch vagen Erkenntnisse an weitere Personen weitergeben. Dadurch verändert sich das Bewusstsein und Handeln der involvierten Personen und im günstigen Fall auch die gesellschaftliche Situation, was wiederum zu neuen und konkreteren Einsichten führen mag. Dieses Wechselspiel, einmal in Gang gekommen, zwischen einer schrittweisen Bewusstwerdung und einer Veränderung der sozialen Situation ist seiner grundsätzlichen Struktur nach also durchaus nachvollziehbar[13]. Und es liegt vermutlich auf der Hand, inwiefern hier die kausalen Mechanismen der gesellschaftlichen Wandlungsprozesse zutage treten, die wir mit Blick auf den Historischen Materialismus vermisst haben.

9.5 Klassenkampf

Was hat es schließlich mit dem Klassenkampf auf sich, der den thematischen Höhepunkt dieser Lehre von Marx markiert? Es sei gleich zu Beginn betont, dass das Wort ‚Klassenkampf' leicht dazu verleitet, einen viel zu engen Bereich der von Marx intendierten Auseinandersetzungen in den Blick zu nehmen. Denn es geht ihm nicht nur um Kämpfe im engeren Sinn dieses Wortes, in dem man an revolutionäre Auseinandersetzungen, blutige Straßen- oder Barrikadenschlachten oder doch wenigstens an Streiks und Aussperrungen denkt. Vielmehr begreift Marx alle ökonomischen, sozialen und nicht zuletzt auch politischen Konflikte zwischen Menschen, die unterschiedlichen gesellschaftlichen Gruppierungen zugehören, als Klassenkämpfe[14].

Marx und Engels bringen diesen großzügigen Umgang mit dem Begriff des Klassenkampfes z. B. in der zu Beginn des zweiten Abschnitts zitierten Passage aus dem *Manifest* zum Ausdruck. Dort ist vom „bald versteckten, bald offenen Kampf" zwischen den Klassen die Rede. Es wäre verfehlt, sich unter einem versteckten Kampf irgendwelche dunklen Machenschaften vorzustellen oder an konspirative Intriganten zu denken, die in verrauchten Hinterzimmern oder im politischen Untergrund Anschläge gegen die Mitglieder anderer Klassen vorbe-

---

13 Eine plastische Darstellung dieses Prozesses findet sich bei Engels (22, 514 f.).
14 Es hilft, sich verwandte Ausdrücke wie etwa „Wahlkampf" oder „Wettkampf" zu vergegenwärtigen, um sich klarzumachen, dass nicht notwendigerweise von einem militanten Begriffskern auszugehen ist. Dieser Sprachgebrauch zeigt sich, wenn Marx von der Aufgabe spricht, „den Klassenkampf in der Tagesgeschichte zu verfolgen" (6, 397) oder Engels schreibt: „Die Freiheit der Presse, die freie Konkurrenz der Meinung, das ist die Freilassung des Klassenkampfes auf dem Gebiet der Presse." (6, 441)

reiten. Versteckte Kämpfe sind für Marx vielmehr all diejenigen Konflikte und Interessenkollisionen, die nicht mit militanten oder politischen Mitteln ausgefochten werden.

Um diese Lesart der Position von Marx zu stützen, möchte ich sie vor dem Hintergrund zweier Autoren betrachten, die vor Marx aktiv waren. Denn der marxistische Standpunkt knüpft einerseits an einen Gedanken an, der sich bereits bei Gracchus Babeuf, vielleicht dem ersten Klassenkampftheoretiker überhaupt, findet. Babeuf meinte ebenfalls, dass von einem Kampf auch dann schon die Rede sein müsse, wenn er nicht offen zutage tritt[15]. Bei Babeuf wird auch klar, dass die Rede von einem versteckten Kampf den Zustand der politischen *Unterdrückung* einer Bevölkerungsgruppe meint. Dabei ist ein versteckter Kampf in seinen Augen dadurch geprägt, dass sich die unterdrückte Klasse ihrer Unterdrückung nicht hinlänglich bewusst ist. Insofern ist das Opfer eines versteckten Kampfs vielleicht notwendigerweise eine noch nicht politisch organisierte Klasse.

Auf der anderen Seite erinnert Marxens Sicht auch an die Definition des Kriegszustands von Thomas Hobbes. Dieser Definition zufolge geht ein Krieg nicht notwendigerweise mit kriegerischen Handlungen einher, sondern herrscht auch dann schon vor, wenn die prinzipielle *Bereitschaft* zu solchen Handlungen besteht[16]. Solch eine prinzipielle Kampfbereitschaft setzt freilich zum einen voraus, dass es Interessenkonflikte gibt, um die es sich zu kämpfen lohnt. Zum anderen setzt diese Bereitschaft aber auch voraus, dass mindestens eine der involvierten Konfliktparteien bereits eine Überzeugung davon hegt, worin ihre Interessen bestehen.

Diese Vergleiche mit Babeuf und Hobbes deuten auf zwei zusammenhängende Punkte hin, die für das Anliegen des nachfolgenden Kapitels wichtig sind. Der erste betrifft den Umstand, dass die Klassenkampfdoktrin nahezu *alle* (ökonomisch, sozial oder politisch motivierte) *Auseinandersetzung* zwischen Menschen thematisiert, die unterschiedlichen gesellschaftlichen Gruppierungen zugehören. Es geht in dieser Lehre also um derartige Auseinandersetzungen, die genau deshalb Klassenkämpfe genannt werden, weil sie Auseinandersetzungen zwischen unterschiedlichen Klassen darstellen. Der zweite Punkt liegt in der Beobachtung, dass Marx und Engels nicht nur einen sehr umfassenden Begriff des Kampfes (bzw. der Auseinandersetzung zwischen Gruppen von Menschen) im Sinn haben, sondern nicht einmal davon ausgehen, dass es zu einer manifesten oder gar militanten Auseinandersetzung zwischen den

---

15 Vgl. Babeuf 1967(a).
16 Siehe Hobbes 1966, erster Teil, 13. Kapitel.

Streitparteien kommt. Überall und immer, wo und wenn eine Gesellschaft in unterschiedliche Gruppierungen unterteilt ist, wird es aufgrund dieser Unterteilung zu unterschiedlichen Interessenlagen bei den Beteiligten kommen. Allein das Vorliegen derart unterschiedlicher Interessenlagen, die möglicherweise, jedoch nicht notwendigerweise zu realen Auseinandersetzungen führen, reicht nach dem Dafürhalten der Vertreter der Klassenkampfdoktrin schon hin, von einem (versteckten) Kampf zwischen rivalisierenden Klassen zu sprechen.

Diese Deutung führt zu dem Resultat, dass zwischen einem schlichten Klassengegensatz, von dem Marx häufig spricht, und einem genuinen Klassenkampf nicht scharf zu trennen ist. Denn *jeder* Klassengegensatz kann der marxistischen Sicht gemäß schon als ein *latenter* Krieg zwischen den Klassen bezeichnet werden. Zu einem *versteckten* Kampf kommt es dann, wenn sich die Mitglieder mindestens einer der Klassen ihrer gemeinsamen Situation bewusst sind. Und zum *politischen* Kampf wird dieser Gegensatz laut Marx schließlich dann, wenn sich mindestens zwei rivalisierende Klassen in diesem Bewusstseinszustand befinden. Auch hier stoßen wir also wieder auf eine dynamische Sicht. Vom schlichten Klassengegensatz zum offenen Kampf führt eine Reihe aufeinander aufbauender Stufen.

Zum politischen Kampf kann es also erst kommen, wenn sich auf beiden Seiten der Streitlinie solche Gruppen von Personen befinden, die das definierende Merkmal einer politischen Klasse aufweisen, also politisch organisiert sind. Genau aus diesem Grund ist es nach dem Dafürhalten von Marx so wichtig, dass sich die Proletarier aller Länder vereinigen, sich also politisch organisieren, um der bereits organisierten Klasse der Bourgeoisie Paroli zu bieten. Denn nur so besteht die Möglichkeit, die kapitalistischen Produktionsverhältnisse auf der Grundlage des neusten Entwicklungsstands der Produktivkräfte zugunsten kommunistischer Verhältnisse zu verändern. Diese Überlegung führt uns zurück zu der Frage, die am Anfang dieses Kapitels stand. Wie hängen die beiden Theorien von Marx zusammen?

9.6 Klassenkampf und Historischer Materialismus

Der Historische Materialismus ist in der vorgelegten Auslegung eine funktionalistische Theorie, die das Operieren komplexer sozioökonomischer Systeme erklärt, indem sie den Blick auf die Beiträge richtet, die die Systemteile zur Gesamtleistung des Systems hinzufügen. Die Lehre vom Klassenkampf ist der hier eingenommenen Sicht zufolge eine Theorie, die letztlich vom politischen Tun und Lassen der Gesellschaftsmitglieder handelt, die sich aufgrund vergleichbarer Lebenserfahrungen in verschiedene Klassen zusammenfassen lassen. Wie stehen diese beiden Sichtweisen im Zusammenhang?

Eine der wenigen Passagen in den Schriften von Marx und Engels, die das begriffliche Instrumentarium des Historischen Materialismus mit den Kerngedanken der Klassenkampfdoktrin verbindet, stellt das folgende Zitat aus der *Deutschen Ideologie* dar:

> In der Entwicklung der Produktivkräfte tritt eine Stufe ein, auf welcher Produktivkräfte und Verkehrsmittel hervorgerufen werden, welche unter den bestehenden Verhältnissen nur Unheil anrichten, welche keine Produktivkräfte mehr sind, sondern Destruktivkräfte [...] – und was damit zusammenhängt, daß eine Klasse hervorgerufen wird, welche alle Lasten der Gesellschaft zu tragen hat, ohne ihre Vorteile zu genießen, welche aus der Gesellschaft herausgedrängt, in den entschiedensten Gegensatz zu allen andern Klassen forciert wird; eine Klasse [...] von der das Bewußtsein über die Notwendigkeit einer gründlichen Revolution [...] ausgeht [...]. (3, 69)

Wie die Verbindung zwischen den beiden Sichtweisen von Marx selbst gesehen wurde, lässt indes auch dieses Zitat weitestgehend offen. Aber auch wenn Marx und Engels nirgends ausdrücklich der Frage nachgehen, wie sie sich diesen Zusammenhang vorstellen, sollten wir vor dem mittlerweile entfalteten Hintergrund dazu in der Lage sein, uns ein eigenes Bild zu verschaffen.

Diesem Bild zufolge sind die gesellschaftlichen Verhältnisse und der Wandel dieser Verhältnisse, von dem im Rahmen des Historischen Materialismus die Rede ist, hinsichtlich der kausalen Ursprünge immer auf das Handeln der in Klassen geteilten Mitglieder der Gesellschaft zurückzuführen. Auf der einen Seite sind die bestehenden *Verhältnisse* auf das Handeln der Individuen zurückzuführen, insofern sie als Resultate zurückliegender Klassenkämpfe zu deuten sind, in denen sich die gegenwärtig herrschende Klasse gegen ihre Vorgänger durchgesetzt hat. Im Zuge dieser Durchsetzung war es den Mitgliedern der jetzt zur Herrschaft gelangten Klasse möglich, die sozialen Verhältnisse ihren Interessen gemäß einzurichten.

Auf der anderen Seite ist der *Wandel* der sozialen Verhältnisse auf das Handeln der Gesellschaftsmitglieder zurückführbar, insofern sich im Zuge der Weiterentwicklung der Produktivkräfte immer neue Klassen bilden, die sich unter den gegebenen Verhältnissen nicht dauerhaft mit der Gesellschaft, in der sie leben, zufriedengeben können. Weil diese Menschen angesichts übereinstimmender Erfahrungen mit den veralteten Produktionsverhältnissen und in Anbetracht der Möglichkeiten, die die neuen Produktivkräfte in Aussicht stellen, gemeinsame Interessen und Zukunftsvorstellungen ausprägen und insofern ein neues Bewusstsein ausbilden, tun sie sich zuweilen zusammen, um gegen die bestehenden Verhältnisse vorzugehen. Wie solch ein Wandel im Einzelnen vonstatten geht, werden wir im kommenden Kapitel untersuchen. Jedenfalls liegen jetzt durch das Tun und Lassen der Gesellschaftsmitglieder die kausalen Mechanismen zutage, die deutlich machen, worauf die Prozesse beruhen, von denen im Rahmen des Historischen Materialismus die Rede ist.

Die vor Augen geführte Verknüpfung zwischen den beiden Sichtweisen von Marx macht schließlich jedoch einen Schwachpunkt in Marxens Gesamtsicht kenntlich, der zum Abschluss dieses Kapitels nicht unerwähnt bleiben sollte und uns wieder einmal auf den hegelianischen Ausgangspunkt des Denkens von Marx zurückführen wird. Dieser Schwachpunkt liegt in der jetzt zum Vorschein tretenden Annahme, dass im politischen Kampf der rivalisierenden Klassen einer Gesellschaft über kurz oder lang *immer* diejenige Gruppe die Oberhand gewinnt, die in der ökonomischen Hinsicht als progressiv zu erachten ist. Denn nur diese Annahme stützt den Lehrsatz des Historischen Materialismus, dass konservativ gewordene Produktionsverhältnisse zugunsten der fortgeschrittenen Produktivkräfte ersetzt werden, um die funktionalen Zusammenhänge innerhalb des Gesellschaftssystems wieder ins Lot zu bringen.

Für diese Annahme, darüber dürften wir uns heutzutage einig sein, spricht nicht viel. Zum einen sind politische Auseinandersetzungen kontingente Geschehnisse, deren Ausgang von der Frage, wie die beteiligten Gruppierungen zu den technologischen und wirtschaftlichen Verhältnissen stehen, nicht vorbestimmt ist. Marx ignoriert hier z. B. politische und militärische Machtverhältnisse. Zum anderen hat Marx auch keinen guten Grund für die Vorstellung, dass die Geschichte der einander ablösenden Epochen der ökonomischen Gesellschaftsformationen eine weltwirtschaftliche Erfolgsstory ohne Rückschläge ist. Warum sollten im politischen Kampf nicht ab und an gesellschaftliche Gruppierungen das Ruder in die Hand bekommen, die an weiteren Entfaltungsmöglichkeiten für die Produktivkräfte nicht interessiert sind oder gar Produktionsverhältnisse einführen, die den technologischen Entwicklungsstand zurückschrauben?

Ein Konservatismus dieser Art war für Marx offenbar nicht denkbar. Aber dies scheint wohl nur deshalb der Fall, weil er als „Schüler jenes großen Denkers" (23, 27) von einer bestimmten Richtung der welthistorischen Entwicklungen überzeugt war und als Bewunderer der Industriellen Revolution diese Richtung technologiegeschichtlich bestimmte. Gleichwohl machen diese Mängel der Sicht von Marx seine Theorien für uns nicht uninteressant. Denn auch wenn es unglaubwürdig ist, dass es in *jeder* Auseinandersetzung zwischen verschiedenen Gruppierungen innerhalb einer Gesellschaft zu genau solchen Ergebnissen kommt, die den Historischen Materialismus bestätigen, scheint ein Blick in die Geschichte doch den Eindruck zu stützen, dass die politischen Entwicklungslinien den Historischen Materialismus *im Großen und Ganzen* stützen. Eine Erklärung für diesen Sachverhalt liefert vielleicht die ökonomistische Fundierung der marxistischen Anthropologie. Weil die Menschen in erster Linie produzierende, Produkte tauschende und konsumierende Wesen sind, geben die wirtschaftlichen Prozesse den Grundton der Weltgeschichte an. Die sozialen, politischen und kulturellen Entwicklungen müssen sich der betreffenden Tonart meistens fügen.

9.7 Rückblick

In diesem Kapitel ging es darum, Marxens Lehre vom Klassenkampf so darzustellen, dass deutlich wird, wie sie mit dem Historischen Materialismus zu verknüpfen ist. Zu diesem Zweck habe ich die Begriffe der Klasse, des Klassenbewusstseins, des Klasseninteresses und des Klassenkampfes erläutert sowie deren Verhältnis zur Grundstruktur des Historischen Materialismus dargestellt. Klassen erwiesen sich in unserer Lesart als Zusammenstellungen solcher Individuen, die sich in vergleichbaren Lebenssituationen befinden. Die Interessen, die Marx diesen Klassen zuspricht, gelten ihm als objektive. Ich habe jedoch darauf aufmerksam gemacht, dass dies zu Schwierigkeiten führt, und in Aussicht gestellt, dass eine demokratietheoretische Umdeutung der Position von Marx mit subjektiven Interessen auskommen wird.

Mit Blick auf den Klassenkampf war zuletzt wichtig, dass Marx nicht nur Kämpfe im engeren Sinn des Wortes gemeint haben kann. Vielmehr erwies sich sein Konzept des Klassenkampfs als enorm umfassend, so dass nicht nur jede Auseinandersetzung zwischen mindesten zwei Gruppen von Personen, die auf ökonomischen Interessenkonflikten beruht, unter dieses Konzept fällt. Vielmehr ist in einem hinlänglich großzügigen Wortsinn jeder Klassengegensatz als eine Art des Klassenkampfes anzusprechen, unabhängig davon, ob sich die involvierten Individuen dieses Gegensatzes bewusst sind oder nicht. Jede nichtkommunistische Gesellschaft ist laut Marx einen von Klassengegensätzen geprägte Gesellschaft. In jeder nichtkommunistischen Gesellschaft tobt daher laut Marx der permanente Klassenkampf.

10 Revolution

In den zurückliegenden Darstellungen des Historischen Materialismus und der Klassenkampfdoktrin habe ich dem Begriff der Revolution möglichst wenig Bedeutung eingeräumt. In einem gehaltvollen Sinn war von Revolutionen bisher noch gar nicht die Rede. Vielen Lesern von Marx und Engels könnte dies abwegig erschienen sein. Denn Marx sagt in der Schrift *Die Klassenkämpfe in Frankreich*: „Die Revolutionen sind die Lokomotiven der Geschichte." (7, 85) Und schon in der *Deutschen Ideologie* hat er geschrieben, die materialistische Geschichtsauffassung, sprich der Historische Materialismus,

> erklärt nicht die Praxis aus der Idee, [sondern] erklärt die Ideenformationen aus der materiellen Praxis und kommt demgemäß auch zu dem Resultat, daß alle Formen und Produkte des Bewußtseins *nicht* durch *geistige Kritik* [...], sondern nur durch den praktischen Umsturz der realen gesellschaftlichen Verhältnisse [...] aufgelöst werden können – daß nicht die Kritik, *sondern die Revolution die treibende Kraft der Geschichte* auch der Religion, Philosophie und sonstigen Theorie ist. (3, 38*)

Beim Wort genommen kann es für Marx also überhaupt keinen einschneidenden historischen und gesellschaftlichen Wandel geben, der nicht von einer Revolution herrührt.

Diese herausragende Rolle, die der Revolutionsbegriff in vielen Schriften von Marx einnimmt, hat freilich einerseits einen zeithistorischen Hintergrund. Denn von Revolutionen war in den Jahrzehnten nach der Französischen Revolution in weiten Teilen Europas viel die Rede. Dies hörte auch dann nicht auf, als sich nach den Misserfolgen der Revolution von 1830 zeigte, dass die Aufstände in den Jahren 1848 und 49 ebenfalls zum Scheitern verurteilt waren. Denn nicht nur die politisch instabile Lage in den meisten Ländern Europas, sondern vor allem die viel diskutierte soziale Frage, also das Problem der Massenarmut und zunehmenden Verelendung breiter Bevölkerungsschichten infolge der Industrialisierung Mitteleuropas, trugen dazu bei, dass Marx und viele seiner Zeitgenossen davon überzeugt waren, die nächste Revolution sei nur noch eine Frage der Zeit.

Andererseits ist jedoch zu erkennen, dass das Konzept der Revolution sowohl im Historischen Materialismus als auch in der Klassenkampflehre eine zentrale Rolle spielt. Denn Marx vertritt ein bestimmtes, mittlerweile vertrautes Bild von der Dynamik historischer Prozesse, das ohne das Revolutionskonzept nicht ohne weiteres zu verstehen ist. Diesem Bild gemäß ist es zwar so, dass die Entwicklung der Produktivkräfte einen *permanenten* Einfluss auf die Verhältnisse und die Verhältnisse einen *stetigen* Einfluss auf die Bewusstseinsformen ausüben könnten. Marx zeichnet gleichwohl das Bild einer *sprunghaften* und in diesem Sinn des Wortes *revolutionären* Beziehung zwischen den drei tragenden Säulen seiner Geschichtsphilosophie. Gegeben, eine bestimmte Form der Produktionsverhältnisse, entwickeln sich die Produktivkräfte so weit, wie es die Verhältnisse erlauben. Mit Blick auf diese Phase spricht Marx, wie wir wissen, von den Produktionsverhältnissen auch als Entwicklungsformen der Produktivkräfte. Ab einem bestimmten Punkt stehen die gegebenen Verhältnisse jedoch einer weiteren Entwicklung der Kräfte im Weg. Von diesem Moment an, so der Hegelianer Marx, stehen die Kräfte und die Verhältnisse im *Widerspruch*. Jetzt können die Produktivkräfte „unter den bestehenden Verhältnissen nur Unheil anrichten", hören gar auf Produktivkräfte zu sein und werden stattdessen „Destruktivkräfte" (3, 69). Von diesem Moment an, so der Romantiker Marx, *empören* sich die gehemmten Kräfte gegen die sie zurückhaltenden Verhältnisse. Von diesem Moment an, so abermals der Hegelianer, schlagen die vormaligen Entwicklungsformen der Produktivkräfte in *Fesseln* derselben um. Und weil sich die destruktiv gewordenen Kräfte mit Notwendigkeit über kurz oder lang gegen die überkommenen Verhältnisse durchsetzen, befreien sie sich früher oder später von ihren Fesseln und führen neue Verhältnisse herbei. Erst im Rahmen der neuen Verhältnisse können sie dann endlich wieder ihrer eigentlichen Lust frönen: sich frei zu entfalten.

Das war zugegebenermaßen eine unfaire, weil flapsige Darstellung des Historischen Materialismus, die auf der zweifelhaften Annahme beruht, dass die funktionalen Zusammenhänge, von der diese Theorie handelt, Aufschluss darüber verschaffen, welche Mechanismen zu einer Veränderung der Produktionsverhältnisse und des Überbaus führen. Aber es wurde bereits deutlich, weshalb diese Annahme falsch ist. Denn der Historische Materialismus analysiert lediglich die Beiträge, die die Verhältnisse und die Bewusstseinsformen mit Blick auf die Gesamtleistung des sozioökonomischen Systems leisten. Im zurückliegenden Kapitel war zu sehen, wie ungleich plausibler es ist, die kausalen Mechanismen – also die Kausalerklärungen gesellschaftlicher Gegebenheiten und deren Veränderungen – aus der Lehre vom Klassenkampf zu beziehen.

Ein ähnlich eruptives Bild ergibt sich aber auch mit Blick auf Marxens gängigste Darstellungen seiner Klassenkampfdoktrin. Im zurückliegenden Kapitel wurde deutlich, dass Marx – wie vor ihm schon Babeuf – glaubt, dass der Kampf zwischen den unterschiedlichen Klassen einer Gesellschaft *permanent* statthat, also auch dann seine Wirkungen zeitigt, wenn es nicht zu offenen Scharmützeln oder anderen Auseinandersetzungen zwischen den Mitgliedern der rivalisierenden Klassen kommt. Doch solche unterschwelligen Konflikte sind laut Marx noch als versteckte Kämpfe, also mehr als Vorspiel zum eigentlichen Akt zu begreifen. Der eigentliche Akt ist eine politische Revolution, die dem *Manifest* zufolge mit dem Sieg einer der rivalisierenden Gesellschaftsgruppen oder mit dem gemeinsamen Untergang der Krieg führenden Klassen endet.

In diesem Kapitel möchte ich vor allem zeigen, dass man auch der Klassenkampflehre hinlänglich viel Substanz verleihen kann, wenn die Annahme einer notwendigen Revolution gestrichen und durch andere Überlegungen ersetzt wird, die es weit besser ermöglichen, sozialen und politischen Wandel begreiflich zu machen. Ich setze mich in dieser Angelegenheit also dem in der Geschichte des Marxismus vom linken Flügel oft gegen die Mitte hin vorgetragenen Vorwurf aus, ein Revisionist zu sein[1]. Jedenfalls wird es sich anbieten, vor dem Hintergrund einer Diskussion der Begriffe der Revolution und der proletarischen Diktatur gegen Ende des Kapitels die bereits angekündigte Rekonstruktion der Klassenkampflehre in der Begrifflichkeit der jüngeren Demokratietheorie vorzunehmen. Diese Begrifflichkeit wird zugleich unser Bild davon vervollständigen, wie die kausalen Mechanismen aussehen, die zu neuen Produktionsverhältnissen und Bewusstseinsformen führen.

10.1 Revolutionäre und nichtrevolutionäre Veränderungen

Die große Rolle, die das Revolutionskonzept im Denken von Marx einnimmt, rührt vermutlich aus einer unglücklichen, aber nachvollziehbaren Vermengung verschiedenster Einflüsse her. Die beiden wichtigsten Elemente dieser Vermengung stellen zum einen Marxens Kenntnisse und unmittelbare Erfahrungen mit der europäischen Zeitgeschichte des späten 18. und der ersten Jahrzehnte des 19. Jahrhunderts dar. Vor allem die Französische Revolution hatte nicht nur in seinem Denken tiefe Spuren hinterlassen und prägte die politische Wahrnehmung ganzer Generationen europäischer Intellektueller. Des Weiteren sollte man sich in diesem Zusammenhang erneut Marxens frühe Begeisterung für Hegel und seine dialektische Methode in Erinnerung rufen, deren logische Struktur sich wie gesehen in den Grundmustern des Historischen Materialismus und der Lehre vom Klassenkampf niederschlägt. Denn unbestreitbar beruht Marxens Revolutionskonzept auf Hegels Gedanke der Auflösung eines Widerspruchs durch den Sprung auf eine höher gelegene Allgemeinheit[2].

---

1 Beispiele dieser Auseinandersetzung liefern der Streit zwischen Rosa Luxemburg und Eduard Bernstein oder die Kontroverse zwischen Lenin und Karl Kautsky. Vgl. Luxemburg 1990 und Lenin 1980(b).
2 Vgl. hierzu Wood 1991, S. 513.

Dieser revolutionäre Aspekt in der Theorienwelt von Marx, dem zufolge sozialer Wandel ohne Revolution nicht zu denken ist, erscheint aus heutiger Sicht jedoch nicht nur deshalb unplausibel, weil wir eine größere Distanz zu der historischen Lage haben, deren Zeitgenosse Marx gewesen ist. Auch der Umstand, dass den meisten von uns das Verständnis für Hegels idealistische Weltsicht abhanden gekommen ist, spielt eine wichtige Rolle. Die Sache mit der notwendigen Revolution erscheint heute aber vor allem deshalb so unglaubwürdig, weil uns eine bestimmte Art der Geschichtsschreibung nicht mehr plausibel erscheint (bzw. erscheinen sollte). Diese Art, über Geschichte zu denken, die zu Zeiten von Marx nicht nur unter Historikern, sondern auch unter Philosophen noch als selbstverständlich galt, betrifft die an früherer Stelle bereits thematisierte Einteilung der Geschichte in einzelne historische Epochen. Dem Denken zufolge, das mit derartigen Untergliederungen der geschichtlichen Wirklichkeit einhergeht, hat jede Epoche einen mehr oder weniger klar zu bestimmenden Anfang und ein Ende. Darüber hinaus hat eine Epoche dieser Auffassung zufolge ein eigenes Wesen, das sich in einem eigenen künstlerischen, musikalischen, architektonischen, intellektuellen, philosophischen usw. Stil ausdrückt. Anders gesagt gibt es dieser Vorstellung gemäß so etwas wie den eigentümlichen Geist einer Epoche. Und nur weil der Historiker Marx das geschichtliche Material in derartige Epochen fasst, glaubt der Soziologe, Politologe, Ökonom und Philosoph Marx, die Auseinandersetzungen rivalisierender Klassen in ein ,revolutionäres Korsett' zwängen zu müssen, um den Epochenschwellen und Sprüngen aus einer alten Gesellschaftsform in eine neue Rechnung tragen zu können.

Die Existenz viele dieser Schwellen und Sprünge ist aber fraglich. Sicherlich kann man sagen, dass an manchen Tagen gleichsam mehr Geschichte stattfindet als an anderen Tagen. Heute geschehen vielleicht folgenreichere und -schwerere Dinge als gestern oder morgen. Aber Sachverhalte dieser Art reichen nicht zur Begründung der weiterreichenden Annahme aus, dass derlei Veränderungen durch die Begriffe der Epoche, der Epochenschwelle oder der epochalen Veränderung in den Griff zu bekommen sind. Denn historische und soziale Veränderungen sind zumeist gradueller, evolutiver bzw. evolutionärer Art. Daher ist nicht zu erwarten, dass der Epochenbegriff solch subtilen Veränderungen angemessen Rechnung trägt.

Marxismus also ohne die Annahme einer notwendigen Revolution. Wie der Historische Materialismus nach diesen Vorgaben zu interpretieren ist, wurde mittelbar bereits deutlich. Denn die dargelegte Auslegung dieser Theorie ist an keinem Punkt auf revolutionäre Zusammenhänge zu sprechen gekommen. Und es liegt hoffentlich auf der Hand, dass auch die Klassenkampfdoktrin keineswegs mit dem Revolutionskonzept steht oder fällt. Denn es mag wahr sein, dass sich geschichtlicher und gesellschaftlicher Wandel auf die im zurückliegenden Kapitel analysierten Auseinandersetzungen zwischen gesellschaftlichen Gruppierungen zurückführen lässt, auch wenn sich Marx darin irrt, dass solch ein Wandel immer in eruptiv-revolutionären Schüben vonstatten geht. Führt man sich darüber hinaus noch einmal den Umstand vor Augen, dass Marx nicht nur inter-epochale, sondern auch intra-epochale Veränderungen (etwa die Einführung der englischen Fabrikgesetze) zu erklären beansprucht, wird ohnehin klar, dass nicht jede Veränderung revolutionärer Natur ist[3]. Denn offenbar geht Marx selbst davon aus, dass es nicht-revolutionäre Veränderungsprozesse gibt.

Umgekehrt möchte ich weder die unsinnige Behauptung vertreten, dass die Geschichte keine Revolutionen kennt, noch bezweifeln, dass entscheidende Veränderungen *zuweilen* im Zuge politischer Revolutionen zu beobachten sind. Die jüngsten Ereignisse in der arabischen Welt haben uns eine Reihe von Beispielen für revolutionäre Umschwünge geliefert. Meine Kritik betrifft viel mehr die von Marx getroffene Annahme, dass so, wie ein Zug in Waggons, die Geschichte in Epochen geteilt ist, die gewissermaßen durch Revolutionen aneinandergehängt sind. Nicht der Begriff der Revolution soll also in Abrede gestellt werden, sondern Marxens Annahme, dass eingreifender historischer Wandel ohne Revolutionen nicht zu denken sei.

10.2 Soziale und politische Revolution

Vielleicht war meine bisherige Kritik an Marx zu schroff. Denn zuweilen ist nicht deutlich, ob er sich die Prozesse, die zu einem gesellschaftlichen Wandel führen, tatsächlich derart eruptiv vorstellt, wie ich es ihm unterstellt habe. Dies wird oft dann fraglich, wenn er (wie etwa im *Vorwort*) statt von Revolutionen von *Umwälzungen* oder *Transformationen* spricht. Denn dass ein Wandel jeder Art mit einer Umwälzung, Umformung oder Transformation der im Wandel begriffenen Sache einhergeht, ist trivial und analytisch wahr. So gesehen wäre auch ein Wahlerfolg, der zu einem Regierungswechsel führt, als Revolution zu bezeichnen.

---

3 Zwar gibt es den Sprachgebrauch, dem zufolge etwa die Einführung der englischen Fabrikgesetze als Revolution zu bezeichnen ist. Aber das ist keine Revolution, wie Marx sie anvisiert. Für ihn ist die Französische Revolution das Paradigma.

Klar ist aber, dass Marx mit Blick auf Revolutionen oft auch von *Erhebungen, Insurrektionen* oder *Aufständen* spricht und damit deutlich signalisiert, dass er einen engeren Begriff der Revolution im Sinn hat, bei dem man an die *gewaltsame* Machtübernahme einer Gruppe von Menschen denkt. Klar ist darüber hinaus, dass Marx schon früh zwischen *sozialen* und *politischen* Revolutionen unterscheidet[4]. In der Frage nach dem Verhältnis zwischen diesen beiden Revolutionstypen scheint er jedoch zu schwanken, was schon hier auf eine Unklarheit seines Begriffs des Politischen vorverweist, die uns im übernächsten Kapitel beschäftigen wird. Der Überbaulehre getreu geht er manchmal davon aus, dass politische Revolutionen nur als ideologische Anhängsel von sozialen Revolutionen, also als Nachspiel von vorangegangenen Umwälzungen der Produktionsverhältnisse möglich sind. Das ist das Bild, das sich etwa aus dem *Vorwort* ergibt, in dem es heißt, zwischen den sozialen und ökonomischen Umwandlungen und den politischen Wandlungsprozessen sei zu unterscheiden. Denn der politische Wandlungsprozess sei ein Vorgang, in dem das Bewusstsein der Menschen gleichsam im Nachhinein über ihr neues gesellschaftliches Sein mit sich ins Reine kommt. Das Politische generell und die politische Revolution im Besonderen sind in dieser Lesart Marxens Eule der Minerva, die erst zu ihrem Flug ansetzt, nachdem die realgeschichtlich wichtigen Dinge bereits geschehen sind.

In dieses Bild scheinen sich auf den ersten Blick auch solche Passagen zu fügen, in denen Marx die Bedeutung politischer Revolutionen sogar noch weiter herunterspielt. Im Auge habe ich solche Zusammenhänge, in denen er die Ansicht zu vertreten scheint, dass gewissermaßen kleine politische ‚Revolutiönchen‘ gerade dann möglich sind, wenn die gesellschaftlichen Verhältnisse stabil genug sind, um umfassende soziale Revolutionen unmöglich zu machen. Dies ist eine Auffassung, die aus den folgenden Zeilen gefolgert werden könnte, die ebenfalls aus den *Klassenkämpfen in Frankreich* stammen:

> Bei dieser allgemeinen Prosperität, worin die Produktivkräfte der bürgerlichen Gesellschaft sich so üppig entwickeln, wie dies innerhalb der bürgerlichen Verhältnisse überhaupt möglich ist, kann von einer wirklichen Revolution keine Rede sein. [...] Die verschiedenen Zänkereien, in denen sich jetzt die Repräsentanten der einzelnen Fraktionen der kontinentalen Ordnungspartei ergehen und gegenseitig kompromittieren, weit entfernt zu neuen Revolutionen Anlaß zu geben, sind im Gegenteil nur möglich, weil die Grundlage der Verhältnisse momentan so sicher [...] ist. (7, 98)

---

4 Siehe etwa seine *Kritische Randglossen zu dem Artikel eines Preußen* (1, 405–408).

Richtig gelesen zeichnet sich in diesen Sätzen hingegen noch einmal der Zusammenhang zwischen der Klassenkampfdoktrin und dem Historischen Materialismus ab. Diese Lesart führt zugleich auch zur offiziellen Position von Marx hinsichtlich des Verhältnisses zwischen sozialen und politischen Revolutionen, die an die Unterscheidung zwischen nur sozial bestimmten und politisch organisierten Klassen anknüpft, die im zurückliegenden Kapitel erläutert wurde.

Die offizielle Lesart ergibt sich, wenn man Marx nicht so deutet, dass politische Revolutionen nur möglich sind, wenn sie aufgrund stabiler Sozialverhältnisse zur Folgenlosigkeit verurteilt sind. Marx möchte vielmehr zwischen solchen politischen Revolutionen unterscheiden, die eine begründete Aussicht auf Erfolg haben, und solchen, die als ‚Zänkereien' abgetan werden können, insofern ihnen keine reelle Erfolgsaussicht zukommt. Sein Punkt ist dabei der, dass erfolgreiche politische Revolutionen nur zu erwarten sind, wenn durch einen Konflikt zwischen den Produktivkräften und den bestehenden Produktionsverhältnissen genügend sozialer Sprengstoff in der Luft liegt, um neben der politischen auch eine soziale Revolution zu ermöglichen. Dies wird deutlich, wenn er an der eben zitierten Stelle schreibt: „Eine solche Revolution ist nur in den Perioden möglich, wo diese *beiden Faktoren*, die *modernen* Produktivkräfte und die *bürgerlichen Produktionsformen*, miteinander *in Widerspruch* geraten." (7, 98) Ökonomisch-technologische Widersprüche sind also eine notwendige Bedingung dafür, dass politische Revolutionen erfolgreich sind. Die Begründung dieser Ansicht liegt in Marxens Vorstellung, dass nur angesichts solcher Widersprüche genügend Menschen davon zu überzeugen sind, dass ihr revolutionäres Tun von Erfolg gekrönt sein wird. In diesem Sinn heißt es im unmittelbaren Anschluss an die eben zitierte Passage: „Eine neue Revolution ist nur möglich im Gefolge einer neuen Krisis." Der Historische Materialismus hat so gesehen also die notwendige Bedingung dafür zum Gegenstand, dass der Kampf der miteinander rivalisierenden Klassen gesellschaftlichen Wandel einleiten kann. Erst wenn die Verhältnisse ihre Funktion nicht mehr erfüllen, so Marxens Gedanke, verbreitet sich bei genügend vielen Menschen die Ansicht, die Verhältnisse sollten zugunsten neuer Produktionsbedingungen verändert werden.

Um diesen Punkt zu verdeutlichen, unterscheidet Marx am Beispiel des Kampfes der Bourgeoisie gegen den Feudalismus zwischen zwei Phasen der gesellschaftlichen Entwicklung. Es gibt die frühe Phase, in der sich im Zuge der Weiterentwicklung der Produktivkräfte neue Klassen bilden, die mit den nutznießenden Klassen der bestehenden Verhältnisse in immer stärkere soziale Konflikte geraten. Dann erst beginnt die Phase, in der es zum politischen Kampf und schließlich zum politischen Umsturz kommt:

> Mit Bezug auf die Bourgeoisie haben wir zwei Phasen zu unterscheiden: die, während derer sie sich unter der Herrschaft des Feudalismus und der absoluten Monarchie als Klasse konstituierte, und die, wo sie, bereits als Klasse konstituiert, die Feudalherrschaft und die Monarchie umstürzte, um die Gesellschaft zu einer Bourgeoisiegesellschaft zu gestalten. (4, 181)

Hier stoßen wir wieder auf die Vorstellung davon, wie sich im Zuge der Weiterentwicklung der Produktivkräfte neue Klassen formieren, und auf die Konzeption des Übergangs von der Klasse an sich zur Klasse für sich. Während sich die noch nicht für sich seiende Klasse in der ersten Phase allererst formiert und Schritt um Schritt zur politischen Klasse konstituiert, liegt sie im *unterschwelligen* Krieg mit der herrschenden Klasse. Bis zu diesem Punkt kann von einer politischen Revolution nicht, höchstens von einer sozialen Krise die Rede sein. Erst politisch organisierte Klassen sind in der zweiten Phase dazu in der Lage, erfolgreiche politische Revolutionen anzuzetteln:

> Die ökonomischen Verhältnisse haben zuerst die Masse der Bevölkerung in Arbeiter verwandelt. Die Herrschaft des Kapitals hat für diese Masse eine gemeinsame Situation, gemeinsame Interessen geschaffen. So ist diese Masse bereits eine Klasse gegenüber dem Kapital, aber noch nicht für sich selbst. In dem Kampf [...] findet diese Masse zusammen, konstituiert sie sich als Klasse für sich selbst. Die Interessen, welche sie verteidigt, werden Klasseninteressen. *Aber der Kampf von Klasse gegen Klasse ist ein politischer Kampf.* (4, 180 f.*)

Marx geht also davon aus, dass eine politische Revolution erst erfolgreich durchgeführt werden kann, wenn der Konflikt zwischen den Produktivkräften und den Produktionsverhältnissen im Ansatz bereits einen sozialen Wandel eingeleitet hat. Angesichts der hier vertretenen Auslegung der Theorie von Marx heißt dies, dass ein gesellschaftlicher und politischer Wandel im Zuge des Klassenkampfes dann möglich wird, wenn die sozioökonomischen Systeme, von denen der Historische Materialismus handelt, nicht mehr gut funktionieren, insofern die Verhältnisse und die Bewusstseinsformen nicht mehr zum Entwicklungsstand der Produktivkräfte passen. Dies wiederum impliziert die Annahme, dass hinlänglich viele Menschen mit den gegebenen Zuständen unzufrieden sind und vielleicht schon Vorstellungen davon haben, wie eine bessere Einrichtung des sozioökonomischen Systems aussehen könnte[5]. Diesem damit in Aussicht gestellten Wandel möchte ich mich jetzt am Beispiel des Klassenkampfs zwischen der Bourgeoisie und dem Proletariat zuwenden.

---

5 Auch hier kann sich Marx einen grundsätzlichen Konservatismus nicht denken, insofern er die Möglichkeit nicht einmal ins Auge fasst, dass sich die Gesellschaftsmitglieder mit einem mangelhaften Gesellschaftszustand dauerhaft zufriedengeben.

10.3 Die proletarische Revolution

Wie der Historische Materialismus ist auch die Klassenkampflehre als allgemeine Geschichtsauffassung angelegt, also als eine Doktrin, die beansprucht, die Menschheitsgeschichte von ihren Ursprüngen bis in die Gegenwart und Zukunft durch einen einheitlichen Ansatz zu erklären. Dies zeigt sich z. B., wenn es im *Manifest* heißt, dass die Geschichte *aller* bisherigen Gesellschaften die Geschichte von Klassenkämpfen sei. Marx deutet einen entsprechend umfassenden Anspruch für das Revolutionskonzept an, wenn er an anderer Stelle schreibt: *„Jeder* provisorische Staatszustand nach einer Revolution erfordert eine Diktatur, und zwar eine energische Diktatur." (5, 402*)

Neben diesem allgemeinen Anspruch geht es bei Marx aber insbesondere um den Konflikt zwischen der Arbeiter- und der Kapitalistenklasse seiner Zeit und folglich um die proletarische Revolution. Diese Revolution würde Marxens Sicht der Dinge gemäß nicht nur diesem Kampf, sondern jedem vergleichbaren politischen Konflikt in der Zukunft des menschlichen Zusammenlebens ein Ende bereiten. Der Grund für diese wahrlich optimistische Aussicht geht aus dem Umstand hervor, dass es für Marx ein Kennzeichen seiner Gegenwart war, dass die kapitalistische Gesellschaft die schon immer bestehenden Klassendivergenzen auf einen *einzigen* Konflikt von nur noch *zwei* rivalisierenden Gruppierungen zugespitzt hat[6]. Auf der einen Seite werden „durch die moderne Industrie, durch die Maschinen alle unterdrückten Klassen in eine einzige große Klasse mit gemeinsamen Interessen in die Klasse des Proletariats zusammengeworfen [...]". (4, 417) Aus dieser Zuspitzung, die „auf der entgegengesetzten Seite alle Klassen von Unterdrückern ebenfalls in eine einzige Klasse, die Bourgeoisie, vereinigt" (4, 418), folgt, dass nach der nächsten Revolution und dem durch sie erwirkten Untergang einer der beiden rivalisierenden Klassen nur noch eine Gruppierung übrig bleiben wird. Dieser Umstand ist für Marx wiederum gleichbedeutend mit dem Übergang in die klassenlose, also kommunistische Gesellschaft:

> Heißt dies, daß es nach dem Sturz der alten Gesellschaft eine neue Klassenherrschaft geben wird, die in einer neuen politischen Gewalt gipfelt? Nein. Die Bedingung der Befreiung der arbeitenden Klasse ist die Abschaffung jeder Klasse [...]. Die arbeitende Klasse wird im Laufe der Entwicklung an die Stelle der alten bürgerlichen Gesellschaft eine Assoziation setzen, welche die Klassen und ihre Gegensätze ausschließt [...]. (4, 181 f.)

---

6 Es ist eine notorische Unklarheit von Marx, ob die Gesellschaft seiner Zeit in zwei oder drei Klassen geteilt ist. Denn zuweilen differenziert er zwischen der Klasse der Kapitalisten und der der Grundbesitzer.

Was jedoch erst einmal die allgemeine Revolutionstheorie anbelangt, ist es interessant zu beobachten, wie bei Marx zwei Traditionsstränge aus dem früh-sozialistischen und -kommunistischen Denken zusammenfließen. Denn der Vergleich zwischen diesen beiden Traditionen nährt nicht zuletzt den Verdacht, dass Marx zwar terminologisch den Gedanken vom militanten Klassenkampf und der notwendigen Revolution bedient, in der Sache aber oft mit genuin demokratischen Umgangsformen sympathisiert. Jedenfalls lassen sich bei Marx Beeinflussungen durch solche Autoren aufweisen, die – wie etwa der schon erwähnte Babeuf oder auch Louis-Auguste Blanqui – klarerweise auf einen Klassenkampf im engen Sinn des Wortes setzen, wenn es um die Frage geht, wie es zum revolutionären Übergang von der vorsozialistischen zur sozialistischen Gesellschaft kommen wird. Klassenkämpfe sind hier als bürgerkriegsähnliche Auseinandersetzungen zu denken. Und anders als die Theorie von Marx ist der sogenannte Blanquismus ohne das Revolutionskonzept nicht zu denken.

Auf der anderen Seite zeigt sich Marx aber auch von solchen Theoretikern beeinflusst, die dem Kampf und der Gewalt abschwören. Denn diese Sozialisten sind davon überzeugt, dass ein ganz anderes Mittel angebracht ist, um das sozialistische Ziel zu erreichen. Diese Theoretiker – allen voran seien Wilhelm Weitling, Henri de Saint-Simon und Charles Fourier genannt – stehen dabei insofern in der Tradition der europäischen Aufklärung, als bei ihnen die Hoffnung zum Ausdruck kommt, durch die Vermittlung von *Einsicht* hinlänglich viele Menschen dazu zu bewegen, den vorsozialistischen Zustand *freiwillig* aufzugeben. Besagte Einsicht handelt von der moralischen (zum Teil auch religiösen) Richtigkeit und wirtschaftlichen Überlegenheit des sozialistischen Gesellschaftssystems gegenüber dem bestehenden Konkurrenzsystem, also dem Wirtschaftssystem, das wir heute als freie Marktwirtschaft bezeichnen. Es ist dieser aufklärerische Impetus, der hinter den Projekten von Saint-Simon, Fourier, Robert Owen und deren Anhängern steht, die versuchten, durch die Gründung sozialistischer Mustersiedlungen der Mitwelt zu beweisen, wie ein vernünftiges ökonomisches und soziales Miteinander von Menschen aussehen kann und sollte.

Die Ausdrücke ‚Sozialismus‘ und ‚Kommunismus‘ werden nicht nur in den Schriften dieser Autoren, sondern auch bei Marx und Engels zumeist synonym verwendet. Dennoch kann man entlang der eben gezogenen Grenze zwischen den *gewaltbereiten Klassenkämpfern* und den *moralisierenden Aufklärern* eine grobe Unterscheidung zwischen einer anarchistisch-kommunistischen und einer sozialistischen Ausrichtung treffen. Die ‚echten‘ Klassenkämpfer gehen in der Nachfolge von Babeuf und Blanqui davon aus, dass Klassenunterschiede zwangsläufig mit der Unterdrückung von Klassen durch Klassen einhergehen. Wenn diese Autoren den Kampf einer unterlegenen Klasse gegen die herrschende Bevölkerungsgruppe propagieren, dann tun sie das keineswegs in der Absicht, das zu betreiben, was man durch den modernen Begriff der Interessenpolitik kennzeichnen könnte. Diese Kommunisten verstehen sich nicht einfach nur als die politischen Stellvertreter einer Gruppe von Menschen, für deren Belange sie sich aus irgendwelchen Gründen verantwortlich fühlen. Vielmehr geht mit dem hier vertretenen Konzept des Klassenkampfs die Erwartung einer *endgültigen* Beseitigung aller Klassenherrschaft einher, die der *gesamten Menschheit* zugute kommt. Diese Erwartung führt zum Konzept der klassenlosen, also *kommunistischen* Gesellschaft, die herrschaftsfrei und insofern *anarchistisch* organisiert ist[7].

Auf der Seite der Autoren, die ich als Aufklärer bezeichnet habe, sieht die Geschichte in einer entscheidenden Hinsicht anders aus. Diese Autoren sind in der Mehrzahl nicht Kommunisten, sondern Sozialisten, insofern sie sich zwar mit der sozialen Frage bzw. mit der Verbesserung der Lage sozialschwacher, armer und notleidender Menschen beschäftigen. Ihr Ziel ist aber nicht unbedingt eine klassenlose, sprich kommunistische Gesellschaft. Vielmehr sind sie auf eine Verringerung oder gar Überwindung von Not und Armut aus[8].

Die Verknüpfung dieser beiden Traditionen im Denken von Marx zeigt sich nicht nur darin, dass er terminologisch zwischen Sozialismus und Kommunismus selten unterscheidet. Vor allem wird die Verknüpfung dadurch deutlich, dass sich Marx einerseits durch die Übernahme der Terminologie der Klassenkampflehre in die Tradition von Babeuf stellt, obwohl wir Gründe gesehen haben, seine Rede vom Klassenkampf mit einiger Vorsicht zu genießen, weil sie eine zu enge Vorstellung von den Konflikten nahelegt, um die es Marx geht. Andererseits haben wir im zurückliegenden Kapitel gesehen, dass Marx die Ansicht teilt, eine gehörige Portion Aufklärung sei vonnöten, um die politische Zukunft zu gestalten. Denn seine Doktrin von der Notwendigkeit eines adäquaten Klassenbewusstseins führt zu der Aufgabe, die Mitglieder der Arbeiterklasse darüber aufzuklären, dass sie eine gemeinsame Klasse bilden, und ih-

---

7 Dabei ist der politische Anarchismus mit dem Konzept der planwirtschaftlichen Ordnung verträglich, wie es schon von Babeuf propagiert wurde. Vgl. Babeuf 1967(a) und 1967(b). Zum politischen Anarchismus siehe Carter 2000.

8 Ein sprechendes Beispiel aus diesem Lager ist Charles Fourier, der seine Hoffnung auf das Projekt der sogenannten Assoziation setzte. Diese beruhte entgegen aller kommunistischen Zielvorstellungen auf der Idee, dass eine genau ausgewogene Menge von solchen Menschen miteinander wirtschaften und leben soll, die sich durch ihre *unterschiedlichen* Fähigkeiten *perfekt ergänzen*. Siehe Fourier 1975.

nen zu der Erkenntnis zu verhelfen, worin ihre Klasseninteressen bestehen. Aufklärung ist folglich auch in den Augen von Marx notwendig, damit der Klassenkampf zu einer erfolgreichen politischen Revolution führen kann.

Neben diesen allgemeinen Überlegungen über die Rolle von Revolutionen in der Geschichte menschlicher Gesellschaften findet man beim frühen Engels schon eine spezielle Theorie der proletarischen Revolution[9]. In seinen 1845 gehaltenen *Reden in Elberfeld* charakterisiert er in Übereinstimmung mit nahezu allen Sozialisten und Kommunisten seiner Zeit das kapitalistische Wirtschaftssystem als eine Produktionsweise, deren wichtigstes Merkmal darin besteht, auf der freien Konkurrenz zu beruhen. Diese Konkurrenz wird auch als eine Form des wirtschaftlichen (und damit sozialen) Anarchismus dargestellt. Engels folgert aus dieser Charakterisierung, dass dieses Wirtschaftssystem zwangsläufigen Krisen ausgesetzt, daher ineffektiv und unvernünftig sei und aus diesem Grund durch eine Planwirtschaft ersetzt werden sollte. Wenn jeder Marktteilnehmer nur nach dem Ermessen der eigenen Interessen und seiner individuellen Einschätzungen der Marktlage vor sich hin wirtschaftet, so der Gedanke, dann kann das Ergebnis dieses unkoordinierten Unterfangens nur wirtschaftliches Chaos und die ständige Wiederkehr von Wirtschaftskrisen sein. Von Adam Smiths unsichtbarer Hand haben Engels, Marx und die übrigen Kommunisten ihrer Zeit also nicht viel gehalten.

Aus dem definierenden Merkmal des bürgerlichen Konkurrenzsystems leitet Engels zwei Entwicklungstendenzen ab. Diese Tendenzen bilden einen Mechanismus, der laut Engels über kurz oder lang zur Revolution, also zur Erhebung und anschließenden Machtergreifung des Proletariats und damit zum Ende der kapitalistischen Verhältnisse führen *muss*. Hier findet sich also schon die von mir bereits zurückgewiesene Überzeugung von der Notwendigkeit einer Revolution, die später dann auch Marx vertritt.

Die erste Tendenz ergibt sich als unmittelbare Folge der freien Konkurrenzwirtschaft und ist mit der Entwicklung identisch, die Marx später die Akkumulation des Kapitals nennen wird. Dabei handelt es sich um den erwartbaren Effekt, dass aufgrund der Konkurrenz, also der Tatsache, dass die Kapitalisten untereinander um billige Arbeitskräfte und Rohstoffe sowie um profitable Absatzmärkte konkurrieren, immer wieder ein Teil der Kapitalisten in diesem Prozess unterliegt und vom Markt verschwindet. Die Verlierer im innerbourgeoisen Konkurrenzkampf rutschen in die Klasse des Proletariats ab, wobei ihr vormaliger Besitz an die immer weniger umfangreiche Kapitalistenklasse geht. Eine

---

9 Vgl. (2, 536–557).

immer kleinere Zahl an Kapitalisten hält folglich immer mehr Kapital und Reichtum in ihren Händen.

Infolge dieses Effekts nimmt der Klassengegensatz insofern immer mehr zu, als der immer kleiner werdenden Kapitalistenklasse eine immer größer werdende Arbeiterklasse gegenübersteht. Diese Intensivierung des Klassengegensatzes ist die zweite der beiden Tendenzen. Während sich also das Kapital und der Reichtum in den Händen einer immer kleineren Anzahl von Reichen anhäufen, führen die Konzentration und der zahlenmäßige Anstieg der arbeitenden Bevölkerung zur Verelendung dieser Klasse. Dieser Verelendungsprozess wird dadurch verstärkt, dass die Mitglieder der Arbeiterklasse ebenfalls der Konkurrenz ausgesetzt sind, nämlich als Konkurrenten auf dem Arbeitsmarkt gegeneinander antreten müssen. Daher können sie nicht ohne weiteres gegen die Kapitalisten, also gegen ihre eigentlichen Gegner vorgehen, sondern müssen vielmehr darum bemüht sein, sich wechselseitig auszustechen, indem sie z. B. dazu bereit sind, für einen immer geringeren Lohn zu arbeiten[10].

Marx und Engels vertraten lange Zeit die Überzeugung, dass sich das Proletariat in seiner Not über kurz oder lang nicht anders zu helfen wissen würde, als sich gegen die Kapitalistenklasse und damit gegen das kapitalistische System insgesamt unter Gewaltanwendung zu erheben[11]. Wenn man so will, ist die mutmaßliche Notwendigkeit der proletarischen Revolution aus dieser Perspektive betrachtet sozialpsychologisch fundiert. Ab einem gewissen Punkt – so der Gedanke – ist der Klassengegensatz für die unterlegene Klasse nicht mehr auszuhalten. Da der Klassenkampf zum Existenzkampf geworden ist, können die Mitglieder dieser Klasse beim besten Willen nicht anders, als sich gegen ihre Ausbeuter zu erheben. Doch trotz dieser sozialpsychologischen Fundierung der Revolutionserwartung bleibt der Verdacht, dass Marx und Engels insgeheim doch wieder auf die hegelianische Karte setzen. Gegensätze im Allgemeinen und Klassengegensätze im Besonderen sind dazu da, sich so lange zuzuspitzen, bis sie endlich aufgehoben werden können. Denn anderenfalls ist

---

10 Es ist unklar, ob Marx und Engels glauben, dass es dem Proletariat tatsächlich immer schlechter ergeht, oder ob sie annehmen, dass zwar die Schere zwischen den Reichen und Armen immer weiter auseinanderklafft, sich aber die Situation der Arbeiterklasse in absoluten Zahlen bemessen gleichwohl verbessert. Vgl. hierzu Heinrich 2005, S. 127–130.

11 In späteren Jahren räumen beide ein, die Überwindung des Kapitalismus sei auch auf friedlich-legalen Wegen möglich. Vgl. Engels Erklärung, dass der Straßenkampf eine veraltete Methode und stattdessen der Stimmzettel zum Kampfinstrument des Proletariats geworden sei, auf die sich Bernstein in der Verteidigung seiner revisionistischen Marxinterpretation gestützt hat (22, 513–519).

nicht zu verstehen, weshalb sich Marx und Engels niemals Gedanken darüber gemacht haben, wie der Gegensatz zwischen den Klassen gegebenenfalls zu entschärfen oder doch wenigstens zu regulieren wäre.

Jedenfalls geben sich Engels und Marx nicht mit der *Empfehlung*, „Arbeiter, lasst euch das nicht länger bieten!" oder mit der *Vorhersage* zufrieden, dass die zunehmende soziale Spannung *mit einiger Wahrscheinlichkeit* zu einer Erhebung des Proletariats führen wird. Vielmehr meinen beide, aus ihrer Beschreibung der gegenwärtigen Verhältnisse und der ihnen innewohnenden Tendenzen auf die *Notwendigkeit* einer proletarischen Revolution schließen zu können. Ein eklatanter Fehlschluss, wie auf der Hand liegt. Denn soziale Gegensätze müssen nicht ins Extrem gehen und damit zum unausweichlichen Konflikt führen, sondern können durch sozial-, tarif- bzw. arbeitsmarktpolitische Maßnahmen entschärft werden. Politische Einflussnahme auf das wirtschaftliche Geschehen ist dafür natürlich eine unerlässliche Vorbedingung.

10.4 Diktatur oder Demokratie des Proletariats?

Das von Marx vorhergesehene (Zwischen-)Ergebnis der proletarischen Revolution ist die unter seinen Nachfolgern umstrittene Diktatur des Proletariats. Das Bild, das Marx und Engels hinsichtlich der proletarischen Revolution, die zur vorübergehenden politischen Herrschaft der Arbeiterschaft führen wird, zeichnen, stimmt in mehr als einer Hinsicht mit Überlegungen von Etienne Cabet überein. Die vielleicht augenfälligste Hinsicht, die wiederum zu einem Zwei-Phasen-Modell des gesellschaftlichen Wandels führen wird, kommt durch eine Frage zum Vorschein, die Cabet unter der Überschrift „Übergangs- oder Vorbereitungsregime" behandelt:

> Ich glaube, daß gerade im Falle der Einführung einer Volksherrschaft, sei es durch Reform oder durch eine Revolution, ein Übergangs- oder Vorbereitungsregime unerläßlich ist und daß man sich darin, wie in alle anderen Unvermeidlichkeiten, ergeben muß. Ich glaube, daß dieses Übergangsregime die Demokratie sein muß, mit allen Konsequenzen, mit der Annahme des Prinzips der Gemeinschaft, mit dem beständigen Streben, dieselbe einzuführen, mit einem System der ununterbrochenen Verminderung der Ungleichheit und der ununterbrochenen Vermehrung der Gleichheit, mit allen Maßregeln, welche die endgültige Gemeinschaft vorbereiten können. Ich glaube, daß dieses Übergangsregime einfach alle Maßnahmen ergreifen kann, um die nationale oder Gemeinschafts-Domäne zu vergrößern.

Und im selben Zusammenhang heißt es weiter:

> Ich glaube, daß dieses Übergangsregime mehr oder weniger kurz dauern wird, je nach dem Fortschritt der öffentlichen Meinung zugunsten der Gemeinschaft; daß es

unmittelbar sehr große Verbesserung für das Volk hervorbringen wird und daß es der Generation, die derselben genießen wird, ebensoviel und vielleicht verhältnismäßig noch mehr Glück verschaffen wird als dereinst der endgültigen Gemeinschaft der für sie erzogenen Generation[12].

Cabet räumt zwar zu Beginn der zuerst zitierten Passage ein, dass es zu dem großen Umschwung von den bestehenden Verhältnissen hinüber in die sozialistische Gesellschaft nicht nur durch eine Revolution, sondern auch durch eine Reform kommen kann. Und in der Tat ist er eher in die von mir als aufklärerisch charakterisierte Traditionslinie einzureihen, deren Vertreter ihre Hoffnung auf Einsicht unter den Menschen und ihre moralische Läuterung statt auf einen militanten Klassenkampf setzen. Gleichwohl finden wir bei Cabet den von Marx und Engels aufgegriffenen Gedanken, dass jener Umschwung in zwei Etappen verläuft. Bevor es nämlich zu der „endgültigen Gemeinschaft der für sie erzogenen Generation", sprich zum Kommunismus kommen kann, ist eine *Phase des Übergangs* unumgänglich, in der ein Übergangsregime die Dinge aus den alten kapitalistischen Geleisen auf die neuen sozialistischen Wege umleitet.

Dieses Übergangsregime wird von Cabet nun zwar als Demokratie bezeichnet, was seine Richtigkeit hätte, wenn es sich um eine Regierung handelte, von der erwartet werden kann, dass sie für das Wohl des ganzen Volkes handelt. Doch zum einen dreht es sich wohl nicht um eine solche Regierung, die – um den Slogan von Abraham Lincoln aufzugreifen – eine Regierung *of, by* und *for the people* darstellt. Denn man muss im Auge behalten, dass diese Regierung einen Teil der Bevölkerung, nämlich das gerade von der Herrschaft vertriebene Bürgertum, keineswegs politisch repräsentieren wird. Zum anderen geben die zitierten Passagen auch deutliche Züge eines totalitären Demokratiekonzepts zu erkennen, wie es ansatzweise bereits von Rousseau entwickelt wurde. Denn Cabet spricht dem Übergangsregime die Befugnis zu, „alle Maßregeln" zu ergreifen, von der es glaubt, dass sie „die endgültige Gemeinschaft vorbereiten können." Dabei haben wir es offenbar mit einer ‚Demokratie' zu tun, in der das einzelne Individuum durch die politische Elite zu seiner Freiheit gezwungen werden kann, wenn es sich anschickt, gegen das vermeintliche Wohl der Gemeinschaft, also gegen den im zurückliegenden Kapitel zur Sprache gekommenen Gemeinwillen, zu handeln[13].

Vor diesem Hintergrund zeigt sich, wie erschreckend leicht diese vermeintliche Demokratie in eine Diktatur umschlagen kann oder doch wenigstens eine

---

12 Cabet 1967, S. 348 f.
13 Vgl. Rousseau 1977, 1. Buch, 7. Kapitel.

Art Zwitterwesen mit sowohl demokratischen als auch diktatorischen Zügen darstellt. Zwar üben die proletarischen Diktatoren der gängigsten Interpretation zufolge keine Zwangsherrschaft aus, durch die sich ein Teil des Proletariats despotisch über andere Teile des Proletariats erhebt. Dennoch gilt diese Diktatur als eine Form der Herrschaftsausübung, die vom vereinten Proletariat ausgeht, um die gerade überwundene Bourgeoisie (und ihre potentielle Anhängerschaft) mit der notwendigen Gewalt im Zaum zu halten und eine Konterrevolution zu verhindern. Dabei gibt es durchaus Stimmen, die diese Diktatur schon als eine Demokratie im vollen Wortsinn auszuzeichnen suchen. In dieser Lesart übt ein *in sich* demokratisch geeintes Proletariat diktatorische Gewalt, gar „revolutionären Terrorismus" (5, 457*) gegenüber den anderen Bevölkerungsteilen aus. Auf dieser Linie haben später Lenin und seine bolschewistischen Genossen ihr drakonisches Vorgehen nach der Machtergreifung in Russland gegenüber Kautsky und anderen Kritikern ihres Handelns zu rechtfertigen versucht.

Unter der Übergangsregierung bzw. der Diktatur des Proletariats findet jedenfalls der vorletzte Schritt in der Entwicklung bzw. in der „Vorgeschichte der Menschheit" statt, wie Marx sich zuweilen ausdrückt. Denn unter dieser Diktatur soll die Politik Schritt für Schritt in eine rein administrative Verwaltung der ökonomischen Geschehnisse verwandelt werden, was zum Absterben des Staates und damit zum Ende des Politischen führen wird: „Die arbeitende Klasse wird im Laufe der Entwicklung an die Stelle der alten bürgerlichen Gesellschaft eine Assoziation setzen, welche die Klassen und ihren Gegensatz ausschließt, und es wird keine eigentliche politische Gewalt mehr geben, weil gerade die politische Gewalt der offizielle Ausdruck des Klassengegensatzes innerhalb der bürgerlichen Gesellschaft ist." (4, 182) Auf diesen politiktheoretischen Aspekt der Theorie von Marx werde ich im übernächsten Kapitel eingehen. Zuvor möchte ich jedoch eine Alternative des politischen Wandels vor Augen führen, die die Auszeichnung, demokratisch legitimiert zu sein, weit mehr verdient, als es Marxens Konzepte der politischen Revolution und der proletarischen Diktatur für sich beanspruchen können.

10.5 Klassen und Gruppen

Marx und Engels glaubten, wie bereits gesagt, es sei ein Kennzeichen der kapitalistischen Gesellschaft, aufgrund des erläuterten Mechanismus, der auf der freien Konkurrenz beruht, immer extremer in genau zwei Klassen gespalten zu sein. Diese Einschätzung war jedoch schon zu ihren Lebzeiten mit Blick auf die gesellschaftlichen Verhältnisse in den von der Industrialisierung ergriffenen Ländern Europas fraglich. Denn es war weder wahr, dass all die Menschen, die Marx zu den Kapitalisten zählte, immer und notwendig dieselben Interessen vertraten; noch war es richtig, dass alle Individuen, die Marx dem Proletariat zurechnete, immer am selben Strang zogen. Mit Blick auf unsere gegenwärtigen, hochgradig pluralistischen Gesellschaften gilt dies erst recht. Zwar spricht einiges dafür, von den globalen Beziehungen zwischen den verschiedenen Staaten unserer Gegenwart in der Begrifflichkeit der Klassentheorie zu sprechen. Es gibt Länder auf dieser Erde, die von den reichen und einflussreichen Staaten ausgebeutet oder doch zumindest rücksichtslos ausgenutzt werden. Davor kann man die Augen nicht verschließen[14]. Aber im vorliegenden Zusammenhang haben wir innergesellschaftliche, genauer einzelstaatliche Verhältnisse im Blick. Dieser Blick fällt sicherlich auf eine ganze Reihe von Kapitalisten – Fabrikbesitzer, Großindustrielle, Finanzmagnaten, Medienmogule usw. Des Weiteren gibt es zweifellos auch Arbeiter, vielleicht sogar Menschen, die man auch heute noch Proletarier nennen könnte, selbst wenn diese Wortwahl etwas angestaubt erscheint. Aber es gibt nicht nur Kapitalisten und Arbeiter. Es gibt Mittelständler, selbständige Handwerker, Manager, freischaffende Künstler, Freiberufler, akademisches Personal vielfältigster Couleur und vieles andere mehr. Und weite Teile der Gesellschaft erfüllen aufgrund von Aktien, die sie besitzen, das definierende Merkmal der Bourgeoisie: Sie sind – wenn auch nur eingeschränkt und indirekt – Miteigentümer von Produktionsmitteln.

Marxens Klassenbegriff ist auf der einen Seite also zu grobschlächtig, um unsere Gegenwart angemessen beschreiben zu können. Auf der anderen Seite ist dieser Begriff zugleich aus Gründen, die aus dem zurückliegenden Kapitel vertraut sind, zu instabil, um an einer starren Einteilung moderner Gesellschaften in nur wenige Klassen festhalten zu können. Denn wir haben gesehen, weshalb schon das Konzept der sozialen Klasse dazu führt, dass Klassen beliebig feinmaschig individuiert, also ganz unterschiedlich parzelliert werden können. Nicht nur der arbeitende Teil einer Gesellschaft bildet eine soziale Klasse, sondern auch der weibliche Teil dieses Gesellschaftssegments. Des Weiteren ist zu betonen, dass eine Person je nach gewähltem Kriterium mit ganz unterschiedlichen Personen eine Gruppe bildet. Da wir aus diesem Grund davon ausgehen müssen, dass ein und dieselbe Person je nach Zuschnitt der in Betracht kommenden Gruppierungen nahezu beliebig vielen sozialen Klassen zuzurechnen ist, sollten wir aus demselben Grund davon ausgehen, dass eine Person nicht nur einer Gruppierung, sondern von Fall zu Fall ganz unterschied-

---

14 Vgl. hierzu Renton 2001.

lichen politischen Gruppen zuzuordnen ist. Denn wir haben gesehen, inwiefern die soziale Positionierung der Individuen den Rahmen für die politische Strukturierung einer Gesellschaft liefert, insofern also das Konzept der politischen Klasse auf dem der sozialen aufruht. Daher erscheint es fast zwingend, den Klassenbegriff spätestens an diesem Punkt der Überlegungen aufzugeben, um stattdessen zu einem feinmaschigeren Instrumentarium zu greifen. In Übereinstimmung mit der Pluralismus- bzw. Gruppentheorie, wie sie aus der demokratietheoretischen Diskussion vertraut ist, können wir ab jetzt von Gruppen bzw. Interessengruppierungen und deren spezifischen Interessen sprechen. Aus Klassen werden also Gruppen und aus Klassen- Gruppeninteressen[15].

Die Pluralismustheorie geht von der Annahme aus, dass die relevanten Akteure im politischen Raum Gruppen und zwar mehr oder weniger straff organisierte Gruppierungen (Vereine, Verbände, Parteien, Gewerkschaften, religiöse Vereinigungen, Bürgerinitiativen etc.) sind. Dieser Gedanke schließt an die Sicht von Marx insofern nahtlos an, als auch er der Ansicht war, dass erst eine politisch selbstbewusste Vereinigung von Menschen dazu in der Lage ist, sich in der politischen Auseinandersetzung gegen ihre Widersacher durchzusetzen. Insofern kann man den Gruppenbegriff in der Tat als ein funktionales Äquivalent des marxistischen Konzepts der Klasse auffassen. Denn beide Begriffe dienen dem Zweck zu erläutern, unter welchen Bedingungen einzelne Gesellschaftsmitglieder welche Chance haben, sich im politischen Diskurs Gehör und Einfluss zu verschaffen.

Aber auch die Überlegungen aus dem zurückliegenden Kapitel, die um den Gedanken kreisen, dass die Klassenkampfdoktrin eine allgemeine Theorie politischer Auseinandersetzungen ist, und die in diesem Kapitel angestellten Überlegungen über die Unhaltbarkeit der These von einer Notwendigkeit politischer Revolutionen legen es nahe, Marxens Klassenkampflehre durch die Konzepte der Gruppe und des Gruppeninteresses zu rekonstruieren. Dabei kommt uns nicht zuletzt auch die Zurückweisung der Auffassung entgegen, dass es für Marx bestimmte Klassen gibt, deren Interessen diejenigen der gesamten Gesellschaft seien. Denn die Demokratietheorie geht zumeist davon aus, dass jedes Individuum eine gleichberechtigte Stimme und einen gleichen Anspruch darauf hat, ihre Interessen pares inter pares in die politische Auseinandersetzung einzubringen. Die einzige Vorbedingung lautet, dass das Interesse nicht darin besteht, die demokratische Ordnung durch eine undemokratische zu ersetzen. Ist diese Bedingung erfüllt, gibt es keine gesellschaftliche Gruppe, die

---

15 Vgl. Vieler 1986, S. 16–29 und Meyer 2000, S. 76–99.

den Anspruch erheben kann, ihre Interessen denjenigen anderer Gruppierungen prinzipiell überzuordnen.

Interessanterweise ist es bis zu einem gewissen Grad nicht notwendig, von einer demokratietheoretischen *Umformung* der marxistischen Position durch die Begriffe der Gruppentheorie zu sprechen. Denn die Pluralismustheorie, so wie sie gemeinhin vertreten wird, ist im Kern – wie schon die Theorie vom Klassenkampf – eine Position, die dazu dient, sozialen und politischen Wandel begreiflich zu machen. Damit sei betont, dass ihre Vertreter genau dasjenige Ziel verfolgen, das auch Marx verfolgte. Die älteren Varianten der pluralistischen Theorieschule gingen dabei noch von der naiven Annahme aus, dass es im Prinzip jeder Person möglich ist, sich einer Gruppe anzuschließen, um ihren Interessen in der politischen Arena Geltung zu verleihen. Neuere Ansätze ziehen hingegen die Sachverhalte in Betracht, dass es Interessen gibt, die sich weniger leicht organisieren lassen als etwa ökonomische Interessen, und dass die innergesellschaftlichen Machtverhältnisse zu erheblichen Differenzen in der Frage führen, mit wie viel Nachdruck die unterschiedlichen Gruppen ihre Interessen im politischen Raum vertreten können.

Es sei an dieser Stelle ein bereits herausgestellter Vorzug dieser Umdeutung der Lehre von Marx noch einmal betont. Wir haben gesehen, dass in Anbetracht der Unterscheidung zwischen ökonomischen, sozialen und politischen Klassenbildungen der Umstand ins Auge tritt, dass ein und dieselbe Person von Kontext zu Kontext ganz unterschiedlich positioniert werden muss, d.h., mal als Mitglied der einen, mal als Mitglied einer anderen Gruppe zu betrachten ist. Es ist schlicht zu einfach gedacht, ein Individuum genau einer Klasse zuzuordnen, wie Marx es tut. Denn kontextabhängig kann sich eine Person aufgrund ihrer individuellen Interessenlage mit jeweils anderen Menschen assoziieren. Der sich daraus ergebenden Notwendigkeit einer Flexibilisierung des Beschreibungsapparats wird die Pluralismustheorie gerecht. Denn es ist eine ihrer zentralen Grundannahmen, dass ein und dasselbe Individuum in unterschiedlichen Zusammenhängen unterschiedlichen Gruppen zuzuordnen ist, insofern es je nach Sachfrage Interessen mit verschiedenen Personengruppen teilt.

Des Weiteren sei erneut die individualistische Methodologie der hier vertretenen Sichtweise betont, weil sie die enge Verwandtschaft des Klassenbegriffs mit dem der Gruppe deutlich macht. Im zurückliegenden Kapitel wurde gesagt, es sei falsch zu behaupten, dass Menschen die Interessen haben, die sie haben, weil sie zu dieser oder jener Klasse gehören. Vielmehr sei umgekehrt davon auszugehen, dass Individuen nur deshalb zu einer Klasse zusammengefasst werden können, weil sie ein Interesse mit den übrigen Mitgliedern dieser

Gruppe teilen. Naheliegenderweise gilt dasselbe mit Blick auf das demokratietheoretische Konzept der Gruppe. Weil und insofern eine Reihe von Menschen
ein gemeinsames Interesse vertreten, bilden sie im relevanten Sinn des Wortes
eine Gruppe. Zu welcher Gruppe eine Person von Fall zu Fall gehört, bestimmt
sich, anders gesagt, durch die individuellen Interessen, die sie sich zuschreibt.

Sich zuschreibt! Ein weiterer Vorteil der demokratietheoretischen Auffassung besteht schließlich darin, dass sie anders als die ursprüngliche Lehre von
Marx mit subjektiven Interessen arbeiten kann. Denn während Marx in der
Tradition von Rousseau und Hegel glaubte, dass es objektiv bestehende Interessenlagen für alle Mitglieder einer Klasse gibt, wobei es unerheblich sei, wie
das einzelne Individuum sich zu dieser Lage verhält, ist es psychologisch und
metaphysisch unproblematischer, von den subjektiven Interessen auszugehen,
die die einzelnen Individuen sich selbst zusprechen. Diese Ansicht steht natürlich nicht mit der Überzeugung von Marx im Widerspruch, dass die Interessen,
die die einzelnen Gesellschaftsmitglieder als Individuen vertreten, im hohen
Maße von den Verhältnissen geprägt sind, unter denen sie leben.

Eine weitere Flexibilisierung, die man an dieser Stelle vornehmen kann,
geht mit der Tatsache einher, dass die Klasseninteressen, von denen Marx
spricht, zumeist ökonomische Interessen sind. Diese Einschränkung muss man
aus der Perspektive der Demokratietheorie nicht unbedingt treffen, weil im
Prinzip jede Art von Interesse Menschen dazu führen kann, sich zu einer Interessengruppe zu vereinigen. Zwar mag man im Geist von Marx von einem Primat der ökonomischen Interessen sprechen[16]. Aber es ist gleichwohl möglich,
auch nicht-ökonomische Interessen mit ins demokratietheoretische Kalkül zu
ziehen. Auch dieser Schritt scheint bei Licht betrachtet nicht nur sinnvoll, sondern mit weiten Teilen unserer Lesart der Marxschen Position im Einklang.
Denn die wirtschaftlichen Gegebenheiten mögen zwar für die von ihnen betroffenen Menschen überdurchschnittlich wichtig sein. Aber der Gedanke, dass
Ökonomie auch schon *alles* ist, was Menschen bewegt, hat vermutlich selbst
Marx nicht immer überzeugt.

10.6 Demokratie

Die von seinen Anhängern heiß diskutierte Phrase von der Diktatur des Proletariats darf nicht vergessen lassen, dass Marx zeit seines Lebens ein leiden-

---

16 Dieses Primat ist auch durch das empirisch bestätigte Übergewicht der
ökonomischen Macht gegenüber anderen Machtfaktoren gut zu begründen. Siehe
hierzu Meyer 2000, S. 95–98.

schaftlicher Fürsprecher der Demokratie war. Es ist jedoch nicht gerade leicht, das von ihm intendierte Demokratiekonzept zu durchschauen, weil seine Schriften ganz allgemein von auffälligen Mängeln an genuin demokratie- und politiktheoretischen Betrachtungen zeugen. Dies ist ein Umstand, der uns im übernächsten Kapitel Kopfzerbrechen bereiten wird. Dass Marx und Engels in Übereinstimmung mit einem verbreiteten Sprachgebrauch ihrer Zeit zwischen der Demokratie und dem Liberalismus unterscheiden, weist jedenfalls darauf hin, dass sie keine liberale Demokratie im Auge haben, wie sie uns mittlerweile vertraut ist. Einige Autoren haben aus diesem Umstand gefolgert, dass man Marx ein totalitaristisches Demokratieverständnis unterstellen muss, das in diesem Kapitel ansatzweise durch die Verweise auf Rousseau und Cabet zur Sprache kam. Andere haben versucht, in Abgrenzung zum liberalen ein genuin sozialistisches Demokratieverständnis zu entwickeln, das frei von totalitaristischen Zügen ist. Doch worin könnte der Unterschied bestehen?

Ich denke, zum zentralen Unterschied führt auf dem kürzesten Weg der folgende Sachverhalt. Die liberale Demokratie schaut ihrem theoretischen Selbstverständnis nach hauptsächlich auf die *Abwesenheit von Hindernissen* der Entfaltung des einzelnen Mitglieds der Gesellschaft. Dieser Umstand ist im Programm des politischen Liberalismus angelegt. Denn dieses Programm hat schon immer einen Schwerpunkt auf die Bedeutung individueller Freiheitsrechte gelegt, die zumeist als politische Abwehrrechte des Individuums vor unstatthaften Eingriffen des Staates in sein Privatleben gedeutet wurden. Für den Befürworter des Liberalismus ist der Staat ein notwendiges Übel, das man vernünftigerweise in Kauf nehmen muss, um sich vor der Rechtsunsicherheit des Naturzustands, also des vorstaatlichen Zustands, zu schützen. Daher geht es den liberalen Denkern vornehmlich darum, den Einfluss des Politischen auf das individuelle Privatleben so gering wie nur möglich zu gestalten.

Marxens sozialistisches Demokratie- und Politikverständnis steht hingegen in der kommunitaristischen Tradition des Denkens von Aristoteles und Hegel. Staatlichkeit bzw. Gemeinschaftlichkeit stellt in dieser Sicht etwas Begrüßenswertes, also einen positiven Wert dar. Denn das Leben des einzelnen Individuums in der Gemeinschaft gilt diesen Denkern nicht zuletzt als eine notwendige *Bedingung* der freien Entfaltung aller Individuen. Die individuelle Freiheit ist ja laut Marx nur in der Gemeinschaft mit den Mitmenschen möglich, weil sich das vereinzelte Individuum nur so als Exemplar des Gattungswesens Mensch bewusst werden kann. Ist der Staat in den Augen der Liberalen also eine notwendige Beschränkung der individuellen Freiheit, ist in den Augen von Aristoteles, Hegel und Marx die wahrhaft menschliche Freiheit nur für den Staatsbürger bzw. für das in der Gemeinschaft mit anderen lebende Individuum möglich.

Der entscheidende Unterschied zwischen dem liberalen und dem sozialistischen Demokratieverständnis führt uns auch an diesem Punkt noch einmal auf Rousseaus Gemeinwillen und damit auf die sozialistische Vorstellung zurück, dass alle Menschen unter den geeigneten gesellschaftlichen Bedingungen am selben Strang ziehen werden. Während der Liberalismus davon ausgeht, dass Menschen in wichtigen Hinsichten unterschiedlich sind und daher natürlicherweise auch divergierende Ziele anstreben, glauben die Sozialisten, dass es mit diesem Chaos sein Ende haben wird, wenn die gesellschaftlichen Umstände nicht mehr derart sind, dass sie die sozial bedingten Individuen deformieren. Unter dieser harmonieorientierten Annahme stellt eine demokratische Abstimmung eine merkwürdige Angelegenheit dar. Denn es wird gewählt in der allseits vorherrschenden Erwartung, dass alle Wähler und Wählerinnen aus eigener Einsicht für die einzig richtige Lösung stimmen, nämlich einzig und allein das objektiv bestehende Gemeinwohl im Sinn haben. Wozu aber dann überhaupt noch wählen?

Das Problem dieser Sicht liegt in der naiven Annahme, dass es eines Tages möglich sein wird, die Existenz tiefgreifender Interessenkonflikte unter den Mitgliedern einer Gesellschaft aus der Welt zu schaffen. Denn nur unter dieser Voraussetzung erscheint es sinnvoll, demokratische Politik weniger als einen Konfliktvermeidungsmechanismus und mehr als eine Art Katalysator des menschlichen Zusammenlebens zu erachten. Naiv ist diese Voraussetzung, weil selbst unter Engeln und Göttern weder divergierende Interessen noch die Bildung unterschiedlicher Interessengruppen dauerhaft auszuschließen sind. Daher tun wir gut daran, unsere politischen Institutionen so einzurichten, dass wir für das Auftreten solcher Interessenkollisionen gewappnet sind, indem wir politische Strukturen schaffen, die einen einigermaßen fairen Umgang der unterschiedlichen Gruppen miteinander ermöglichen. Auch auf diesen Punkt werde ich zurückkommen, wenn es im übernächsten Kapitel um Marxens Begriff des Politischen geht.

10.7 Rückblick

In diesem Kapitel habe ich im Kern zwei Ziele verfolgt. Zum einen sollte deutlich werden, dass Marx keine guten Gründe für die Annahme hat, dass nur Revolutionen im engeren Sinn des Wortes zu einem einschneidenden gesellschaftlichen Wandel führen. Wichtig war in diesem Zusammenhang jedoch der Nachweis, dass keine der beiden Teile seiner Geschichtskonzeption an diesem Mangel zerbricht. Denn sowohl der Historische Materialismus als auch die

Lehre vom Klassenkampf funktionieren ohne die Annahme eines revolutionären Umschwungs tadellos. Gesellschaftliche und politische Veränderungen finden nahezu tagtäglich statt. Aber es bedarf dazu nicht notwendigerweise revolutionärer Schübe.

Zum anderen war ich darum bemüht, vor dem Hintergrund der Thesen von
der proletarischen Revolution und der Diktatur des Proletariats die zentralen
Gedanken der Klassenkampfdoktrin in eine Begrifflichkeit zu fassen, die heute
nicht nur vertrauter, sondern auch besser dazu imstande ist, die gesellschaftliche und politische Gegenwart zu beschreiben. Die pluralistischen Gesellschaften unserer Gegenwart sind zwar sehr wohl im Sinne von Marx in einander
widerstrebende Gruppen geteilt. Aber seiner gesellschafts- und politiktheoretischen Absicht werden wir weit besser gerecht, wenn wir die Kerngedanken
seines Stanpunkts nicht mit dem Begriff der Klasse, sondern dem der Interessengruppe rekonstruieren.

Dabei war nicht zuletzt der Hintergedanke im Spiel, durch diese Neufassung des Standpunkts von Marx kenntlich zu machen, dass die eventuell anti-
quiert erscheinende Doktrin vom Klassenkampf noch zeitgenössische Anwendung findet. Nicht nur der Historische Materialismus ist uns insgeheim in
Fleisch und Blut übergegangen, wie ich bereits behauptet habe. Wir sind auch
latente Anhänger der Klassenkampflehre, insofern uns der Gedanke geläufig
ist, dass politische Entscheidungen durch die wechselnden Interessenlagen
wechselnder Gruppen und Gruppenkoalitionen sowie die unterschiedlichen
Macht- und Einflusspositionen zu erklären sind, die diesen Gruppierungen zukommen. Zwar sprechen wir nicht mehr die Sprache, die Marx für seine Zeit
angemessen erschien. Aber die Stoßrichtung seines Denkens stimmt mit vielen
grundlegenden Annahmen überein, die wir auch heute noch teilen.

Das Agieren und Interagieren der in diesem Kapitel ins Zentrum gerückten
Interessengruppen führte uns nicht zuletzt auch die kausalen Mechanismen
vor Augen, die zu den gesellschaftlichen Verhältnissen und den Änderungen
dieser Verhältnisse beitragen. Die Produktionsverhältnisse und die übrigen gesellschaftlichen Beziehungen ändern sich in aller Regel dann, wenn Menschen
sich anschicken, dies zu tun. Zumeist können sie das nur tun, wenn sie genügend Mitstreiter finden, die daran interessiert sind, mit ihnen an einem Strang
zu ziehen. Solch ein Interesse erwächst dem Historischen Materialismus zufolge aus der Einsicht, dass die technologischen Möglichkeiten über die bestehenden Verhältnisse hinausweisen. Denn erst diese Einsicht kann hinlänglich
viele Menschen dazu motivieren, sich zu organisieren und gegen die bestehenden Verhältnisse vorzugehen. Wie diese Einsicht der Theorie von Marx zufolge
möglich ist, ist eine der Hauptfragen des nachfolgenden Kapitels.

11 Erkenntnis und Moral

Es ist eine unbestreitbare Tatsache, dass Marx und Engels ihre Kritik an den kapitalistischen Verhältnissen ihrer Zeit nicht selten im Brustton moralischer Empörung formulieren. Dies scheint oft schon durch die Wahl der Benennung gesellschaftlicher Gegebenheiten deutlich zu werden. Dass die *Ausbeutung* der Arbeiter durch die Kapitalisten eine moralische Verfehlung darstellt, scheint auf der Hand zu liegen[1]. Auch das Phänomen der *Entfremdung*, laut Marx eine unvermeidliche Begleiterscheinung des kapitalistischen Gesellschaftssystems, scheint auf einen moralischen Missstand hinzuweisen. Und drastisch kommt die sittliche Entrüstung von Marx über die sozialen Verhältnisse seiner Zeit auch zum Ausdruck, wenn er die Mitglieder der Bourgeoisie unverblümt beschimpft, sie gar als „Schweinehunde" abkanzelt. (31, 305)[2]

Es gibt jedoch zwei miteinander zusammenhängende Gründe, die danach fragen lassen, ob Marx seine Kapitalismuskritik als moralische Kritik verstanden wissen will. Beide Gründe treten angesichts der Überbaudoktrin zutage, die im Zentrum des fünften Kapitels dieser Einführung stand. Im nachfolgenden Abschnitt sollen diese Gründe sowie die moral- und erkenntnisphilosophischen Probleme vor Augen geführt werden, deren Klärung dieses Kapitel gewidmet ist.

11.1 Zwei Probleme

Die Lehre vom Überbau besagt, wie gesehen, dass die Wünsche und Überzeugungen der Gesellschaftsmitglieder, also der gesellschaftliche Überbau, funktional von den Produktionsverhältnissen und diese ihrerseits vom Entwicklungsstand der Produktivkräfte abhängig sind. Dies gilt freilich insbesondere auch für die moralische Bewusstseinsform, sprich für die moralischen Einstellungen, Überzeugungen, Vorstellungen, Intuitionen usw. der Mitglieder einer Gesellschaft. Und damit sind wir schon beim ersten Grund angelangt, der es zweifelhaft erscheinen lässt, dass Marx seine Kapitalismuskritik moralisch verstanden wissen will. Denn das moralische Bewusstsein und das aus ihm ent-

---

1 Vgl. jedoch Heinrich 2005, S. 93 f., der die primär technische Bedeutung des Ausbeutungsbegriffs bei Marx hervorhebt.
2 Popper (1970, S. 244) schlägt sogar vor, das *Kapital* als „eine Abhandlung über Sozialethik" zu lesen.

springende Handeln der Gesellschaftsmitglieder zu kritisieren, würde gemäß Marxens eigener Vorstellung am völlig falschen Punkt ansetzen.

Das Problem, vor dem Marx hier steht, lässt sich auch so formulieren, dass die Lehre vom Überbau durch ihre Einordnung des moralischen Denkens und Empfindens sowie jedweder moralphilosophischer Theoriebildung in die Kategorie der Ideologie dem moralischen Diskurs allen Wind aus den Segeln zu nehmen scheint. Denn wenn moralische Anschauungen, Einstellungen, Theorien usw. nur ideologische Auswüchse bzw. Gedankenreflexe der gerade vorliegenden Produktionsverhältnisse und einzig mit Blick auf ihre funktionale Rolle von Belang sind, wie Marx oft genug versichert, erscheint eine Kritik der Moral wie ein Kampf gegen Schattengestalten. Wozu mit einem Echo streiten, wenn man doch weiß, dass das Echo nur ein Echo ist?

Marx zeigt sich für dieses Problem oft sensibel. Denn es gibt viele Passagen, in denen er betont, dass die besagten Schweinehunde nur das tun, was ihnen ihre ökonomische Rolle im kapitalistischen System zu tun gebietet. Dies bedeutet offenbar, dass er der Bourgeoisie die moralische Verantwortung für ihr Tun entzieht. Des Weiteren schreibt er mit Engels schon in der *Deutschen Ideologie*:

> Die Kommunisten predigen überhaupt keine *Moral* [...]. Sie stellen nicht die moralische Forderung an die Menschen: Liebet Euch untereinander, seid keine Egoisten pp.; sie wissen im Gegenteil sehr gut, daß der Egoismus ebenso wie die Aufopferung eine unter bestimmten Verhältnissen notwendige Form der Durchsetzung der Individuen *ist*. (3, 229)

Wer so spricht, räumt dem moralischen Denken keine sonderlich große Bedeutung ein. Im selben moralkritischen Gestus verwirft Marx das Gothaer Programm der deutschen Sozialdemokratie mit der Begründung, das dort formulierte Gerede von Rechtsgleichheit und einer gerechten Verteilung des erwirtschafteten Wohlstands durch faire Löhne zeuge von ideologischen „Flausen". (19, 22) Im *Kapital* weist er den Gedanken zurück, es sei ungerecht, dass sich die Kapitalisten den Mehrwert aneignen, der von den Arbeitern erwirtschaftet wird, indem er betont, dass der Gerechtigkeitsbegriff und die bestehende Rechtslage in einer Gesellschaft abhängige Variablen der in ihr vorherrschenden Produktionsverhältnisse sind:

> [...] von natürlicher Gerechtigkeit hier zu reden, ist Unsinn. Die Gerechtigkeit der Transaktionen, die zwischen den Produktionsagenten vorgehn, beruht darauf, daß diese Transaktionen aus den Produktionsverhältnissen als natürliche Konsequenz entspringen. Die juristischen Formen [...] können als bloße Formen diesen Inhalt selbst nicht bestimmen. Sie drücken ihn nur aus. Dieser Inhalt ist gerecht, sobald

er der Produktionsweise entspricht, ihr adäquat ist. Er ist ungerecht, sobald er ihr widerspricht. Sklaverei, auf Basis der kapitalistischen Produktionsweise, ist ungerecht; ebenso der Betrug auf die Qualität der Ware. (25, 351 f.)

Der grundlegende Gedanke dieser Überlegung ist aus den früheren Kapiteln geläufig. Die Gerechtigkeitsvorstellungen der Gesellschaftsmitglieder, die zur moralischen Bewusstseinsform zählen, sind samt der juristischen Institutionen, in denen sie sich manifestieren, Bestandteile des ideologischen Überbaus. Dieser Überbau dient dazu, die Produktionsverhältnisse zu stabilisieren, indem er den Verhältnissen Legitimität oder immerhin den Anschein von Legitimität verleiht. Folglich ist nicht zu erwarten, dass die Gerechtigkeitsvorstellungen der Mitglieder kapitalistischer Gesellschaften und der kapitalistische Wirtschaftsprozess auseinanderfallen, solange das sozioökonomische System gut funktioniert. Und aus diesem Grund ist nach Marxens moraltheoretischem Selbstverständnis zu fragen, wenn er sich über die Verhältnisse seiner Zeit moralisch empört.

Würde man Marxens Kritik also in erster Linie als moralisch fundierte Kritik der moralischen Einstellungen seiner Mitmenschen deuten, müsste man gegen ihn genau den Vorwurf erheben, den er selbst früh schon gegen die Vertreter der linkshegelianischen Schule erhoben hat. Das *Bewusstsein* der Menschen zu kritisieren, so der Vorwurf, der bereits im zweiten Kapitel zur Sprache kam, geht am Kern des Problems vorbei. Denn die *sozialen Verhältnisse*, unter denen die Menschen leben und das betreffende Bewusstsein entfalten, sind das Problem.

Es ist vor diesem Hintergrund nur konsequent, wenn sich Marx in aller Regel auch nicht als Kritiker der moralischen *Einstellungen* und *Handlungen* seiner Mitmenschen, sondern primär als Kritiker der bestehenden *Verhältnisse* präsentiert. Dieser Punkt wird noch deutlicher werden, wenn wir uns im übernächsten Kapitel seiner Kritik der politischen Ökonomie zuwenden. Wo sich Marx gleichwohl gegen moralische Einstellungen oder gegen Versuche wendet, die bestehenden Verhältnisse durch die vorherrschenden Moralvorstellungen seiner Zeit zu rechtfertigen, betreibt er daher auch nicht *Kritik* im Allgemeinen, sondern *Ideologie*kritik im Besonderen.

Nun ist Ideologiekritik selbst aber natürlich auch eine Form der Kritik, genauer ein Teil der generellen Gesellschaftskritik, um die es Marx vornehmlich geht. Und insofern das kritisierte Bewusstsein der Gesellschaftsmitglieder deren bewusstes Sein ist, wie uns Marx versichert, impliziert eine Kritik der bestehenden Verhältnisse, also des bestehenden gesellschaftlichen Seins der Menschen, auch eine Ideologiekritik dieses bewussten Seins, sprich des (moralischen) Bewusstseins bestimmter Leute. Und umgekehrt wird vor diesem Hin-

tergrund deutlich, dass Ideologiekritik immer auch Bestandteil einer umfassenden Gesellschaftskritik darstellt, die zwar nicht unmittelbar an der Wurzel der
sozialen Probleme ansetzt, aber auch nicht als sinnloser Kampf gegen Schatten
und Echos gedeutet werden muss. Ein durch Kritik geläutertes Bewusstsein
kann laut Marx zu neuem Handeln und damit auch zu neuen Verhältnissen
führen. Bis hierher geht die Sache also bei näherer Betrachtung auf.

Diese Betrachtung führt jedoch zugleich zum zweiten Grund, aus dem sich
Marx nicht ohne weiteres als moralischer Kritiker – auch nicht als moralischer
Kritiker der bestehenden Verhältnisse präsentieren kann. Als moralischer Kritiker müsste er nämlich den vorherrschenden Moralvorstellungen oder der etablierten Theorie der Gerechtigkeit eine eigene Moralkonzeption und Gerechtig-
keitslehre entgegenhalten. Gemäß seiner Überbaudoktrin hieße das aber zum
einen, der vorherrschenden Ideologie nichts Besseres als eine andere Ideologie
entgegenzusetzen. Und zum anderen tritt angesichts der Überbaudoktrin das
Problem zum Vorschein, dass sie nicht nur die *Relevanz* einer Kritik der vorherrschenden Einstellungen und bestehenden Verhältnisse durch den moralischen Standpunkt der Kommunisten fraglich macht. Vielmehr zieht die Überbaudoktrin die *Bedingung der Möglichkeit* eines moralischen Standpunkts der
Kommunisten in Zweifel. Dies wird augenfällig, wenn es in der *Deutschen Ideologie* heißt:

> Die Moral, Religion, Metaphysik und sonstige Ideologie und die ihnen entsprechen-
> den Bewußtseinsformen [...] haben keine Geschichte, sie haben keine Entwicklung,
> sondern die ihre materielle Produktion und ihren materiellen Verkehr entwickeln-
> den Menschen ändern mit dieser ihrer Wirklichkeit auch ihr Denken und die Pro-
> dukte ihres Denkens. Nicht das Bewußtsein bestimmt das Leben, sondern das Leben
> bestimmt das Bewußtsein. (3, 26 f.)

Die Ideen generell, also auch die moralischen Ideen, denen die Mitglieder einer
Gesellschaft anhängen, haben keine eigene, keine unabhängige Geschichte,
sondern werden von den Mitgliedern jeder neuen Gesellschaftsform aufs Neue
produziert. Wie könnte es dann aber überhaupt einen kommunistischen Standpunkt oder gar eine „proletarische Zukunftsmoral" (20, 87) angesichts der Tatsache geben, dass Marx, Engels und all ihre sozialistischen Mitstreiter ein Leben lang unter spätfeudalen oder kapitalistischen Verhältnissen gelebt haben?
Wie ist es möglich, dass diese Zeitgenossen der bürgerlichen Produktionsverhältnisse ihrem eigenen theoretischen Standpunkt getreu irgendeine andere
Theorie als eben die bürgerliche Theorie von der Moral vertreten, als die sie
zuweilen den Utilitarismus Benthamscher Prägung oder die politische Moral
des Liberalismus ausweisen?

Dieses zweite Problem ist eine Instanz eines allgemeineren erkenntnis- und wissenschaftstheoretischen Problems, vor dem Marx steht. In der Tat wird sich zeigen, dass man zuerst dieses allgemeine Problem lösen muss, bevor man sich daran machen kann, den moralischen Standpunkt von Marx zu begreifen. Das allgemeine Problem lässt sich auf die Frage zuspitzen, wie die Lehre vom Überbau mit der übrigen Theorie von Marx zusammenpasst. Dabei haben wir es mit einem Selbstanwendungsproblem zu tun, wie man es etwa aus der erkenntnistheoretischen Diskussion um den Relativismus kennt. Der Relativist sagt: ‚Alles Wissen ist relativ.' Sein Kontrahent entgegnet: ‚Dann gilt dies auch für das, was du eben gesagt hast. Daraus folgt, dass der Relativismus manchmal wahr ist, manchmal aber auch nicht.' Und plötzlich scheint keine Grundlage mehr vorhanden, auf der das Gespräch sinnvoll weitergeführt werden kann.

Entsprechend hat auch Marx ein Problem. Wenn Moralphilosophie im Besonderen und jedwede Theorie im Allgemeinen lediglich Auswuchs bzw. ideologischer Ausdruck der bestehenden Verhältnisse sind, wie er oft behauptet, dann gilt dies auch für die Theorie von Marx, die besagt, dass alle Theorie nur Reflex und stabilisierender Ausdruck der bestehenden Verhältnisse sei[3]. Vor diesem Hintergrund ist nicht zu begreifen, woher eine Theorie des Anderen bzw. eine Theorie einer anderen, nämlich kommunistischen Zukunft stammen mag. Wie ist es dem Überbautheoretiker Marx also möglich, eine Theorie zu entwickeln, die es ihm erlaubt, sich von den bestehenden gesellschaftlichen Verhältnissen und den moralischen Einstellungen seiner Mitmenschen kritisch zu distanzieren?

Im Folgenden werde ich mich vor dem Hintergrund einiger Klärungen des Ideologiebegriffs zuerst mit dem erkenntnistheoretischen Problem beschäftigen, um dann im zweiten Teil des Kapitels auf die moralphilosophische Fragestellung zurückzukommen. Wie sich zeigen wird, kann Marx dem Selbstanwendungsproblem entgehen, muss dafür aber einige moralphilosophische Prämissen akzeptieren. Dies heißt dann aber unter dem Strich, dass er hinter den Historischen Materialismus in den utopischen Sozialismus zurückzufallen droht. Denn in dieser Lesart argumentiert er aus moralischen Erwägungen gegen die bestehenden Verhältnisse und für eine kommunistische Zukunft. Die Frage, ob sich diese Drohung durch eine nicht-moralische Konzeption der Kritik abwenden lässt, steht dann am Ende des Kapitels, wo wir erneut auf Marxens hegelianische Ursprünge stoßen werden.

---

3 Vgl. Schwartz 1993, S. 544.

11.2 Ideologie: Zwei Unterscheidungen

Im fünften Kapitel sind wir im Zuge der Diskussion des Überbaus auf den Umstand gestoßen, dass Marx das Bewusstsein und damit auch die Ideologie der Mitglieder einer Gesellschaft häufig in verschiedene Bewusstseinsformen untergliedert. Dies zeigt sich, wenn er von der juristischen, der politischen, der moralischen etc. Bewusstseinsform spricht, um sie daraufhin als ideologische Bewusstseinsformen zusammenzufassen. In Anbetracht der Analyse, der zufolge eine Bewusstseinsform in erster Linie aus Überzeugungen (bzw. Meinungen oder Überzeugungssystemen, sprich Theorien) und Wünschen (bzw. Bedürfnissen und Interessen) besteht, habe ich aus diesem Umstand die etwas paradox klingende Folgerung gezogen, dass eine Bewusstseins*form* durch ihre *inhaltliche* Thematik der betreffenden Wünsche und Überzeugungen definiert ist. Einfacher gesagt bildet das Bündel aller moralischen Überzeugungen, Theorien, Vorstellungen, Intuitionen usw. die moralische Bewusstseinsform; wohingegen alle Einstellungen, deren Inhalte Juristisches zum Thema haben, die juristische Bewusstseinsform bilden. Dem Konzept der Bewusstseinsform, das war entscheidend, liegt keine Gegenüberstellung von Formen und Inhalten zugrunde.

Da Marx die verschiedenen Bewusstseinsformen zuweilen auch als ideologische Bewusstseinsformen zusammenfasst, wurden wir in diesem Zusammenhang vor die Frage gestellt, ob seiner Ansicht nach *jede* Bewusstseinsform und damit *alles*, was Menschen meinen und wollen, ideologischer Natur ist oder dies nur für die Formen gilt, die er ausdrücklich als ideologisch ausweist. Die Untersuchung dieser Frage führte zu dem Ergebnis, dass es bei Marx einen umfassend-globalen von einem engeren, nicht-globalen Gebrauch der Ausdrücke ‚Ideologie' und ‚ideologisch' zu unterscheiden gilt.

In der globalen Bedeutung erwies sich das Ideologiekonzept mit Marxens Begriff des Bewusstseins als nahezu bedeutungsgleich. ‚Bewusstsein', ‚Ideologie' und nicht zuletzt auch ‚Überbau' sind dem zufolge in vielen Zusammenhängen miteinander austauschbare Ausdrücke (wobei man sich an den Unterschied zwischen der mental-kognitivistischen und der institutionalistischen Lesart des dritten Elements der Theorie von Marx erinnern sollte). Vor diesem Hintergrund gelangten wir schließlich zu einem Bild, dem zufolge man sich unter der Ideologie im weiten Sinn dieses Wortes die Gesamtheit aller Ideen vorzustellen hat, denen die Mitglieder einer Gesellschaft in ihrem Meinen und Wollen anhängen. Dieser Begriff umfasst also tatsächlich alles, was die Gesellschaftsmitglieder wollen und meinen. Und anders als im Fall der nicht-globalen Bedeutung des Ideologiekonzepts, die erst das typisch abwertende Moment des Begriffs ins Spiel bringt, impliziert der global gefasste Ideologiebegriff keinerlei Wertung bzw. Abwertung der betreffenden Ideen.

Während es im fünften Kapitel um das weit gefasste Ideologiekonzept ging, ist für die gegenwärtige Thematik, also für ein Verständnis der moralphilosophischen und erkenntnistheoretischen Positionen von Marx, primär der engere, abwertende Ideologiebegriff von Interesse. Dieser erfordert zur Vorbereitung der weiteren Überlegungen eine zusätzliche Unterscheidung. Man sollte zwischen dem weitreichenden Urteil, eine bestimmte Bewusstseins*form* sei ideologischer Natur, und der schwächeren Behauptung unterscheiden, *bestimmte* Überzeugungen oder Wünsche, die zu irgendeiner Bewusstseinsform gehören, seien ideologischer Natur. Nennen wir die erste Behauptung einen *globalen* Ideologieverdacht und den zweiten Vorwurf einen *punktuellen*, dann wird deutlich, dass Marxens Haltung zu den Fragen der Moral in zweierlei Hinsicht zu betrachten ist. Denn während er von vielen Interpreten so gedeutet wird, als ob er die Moral bzw. die moralische Bewusstseinsform einer globalen Ideologiekritik unterwirft, gibt es auch die Möglichkeit, seine Kritik an der Moral der Befürworter kapitalistischer Verhältnisse als punktuelle zu deuten. In dem Fall hätten wir es unter Umständen mit einer moralischen Kritik der bestehenden Verhältnisse und vorherrschenden Einstellungen auf der Grundlage eines *alternativen* moralischen Standpunkts zu tun.

Doch diese Interpretationsmöglichkeit besteht nur dann, wenn es vorab gelingt, Marx das generelle erkenntnistheoretische Problem vom Hals zu schaffen, das ihn in Form des Selbstanwendungsparadoxons bedroht. Denn nur dann, wenn dieses allgemeine Problem gelöst ist, ist zu verstehen, wie Marx angesichts seiner Überbaulehre überhaupt eine moralische Position vertreten kann, die den Verhältnissen widerspricht, unter denen der Begründer dieser Position selbst lebt und arbeitet. Daher soll in den beiden folgenden Abschnitten eine Lösung dieses Problems vorgestellt werden.

11.3 Die Falle des Konstruktivismus

Um sich ein Bild von den erkenntnistheoretischen Grundlagen des Marxismus zu verschaffen, ist es ratsam, zwei verschiedene Lesarten der Überbaulehre zu unterscheiden. Denn man kann leicht den Fehler begehen, diese Lehre so zu verstehen, dass sie zu einer *radikal* relativistischen, genauer zu einer *konstruktivistischen* Position führt, wie sie geraume Zeit lang in verschiedenen Varianten unter Soziologen, aber auch unter Literatur- und anderen Kulturwissenschaftlern beliebt war[4]. Solch eine konstruktivistische Lesart ergibt sich, wenn man die Abhängigkeit der Bewusstseinsformen von den Produktionsverhältnissen dahingehend deutet, dass die Formen aus gewissermaßen epistemisch ‚gegenstandslosen' Entitäten bestehen. Mit dieser vagen Umschreibung soll die Vorstellung zum Ausdruck kommen, dass die Inhalte der Wünsche und Überzeugungen der konstruktivistischen Lesart zufolge nicht wahrheitsfähig sind, weil man sie nicht so deuten darf, als ob sie etwas Wahres oder Falsches über die Welt aussagen, aus der sie hervorgehen.

Um diesen Standpunkt besser zu durchschauen, ist es hilfreich, sich den Emotivismus als Paradebeispiel einer nonkognitivistischen Theorie zu vergegenwärtigen, wie er aus der moralphilosophischen Diskussion bekannt ist. In Reaktion auf die Schwierigkeiten, die der Versuch bereitet, die Bedeutung moralischer Prädikate und damit generell moralischer Äußerungen zu analysieren, haben einige Moralphilosophen die Position entwickelt, dass es derartige Bedeutungen in einem sprachphilosophisch gehaltvollen Sinn des Wortes gar nicht gibt. Die Verwendung moralischer Prädikate und der moralischen Sprache im Allgemeinen ist dieser Position zufolge kein kognitiver Akt, also kein Sprechhandeln, das gehaltvolle und wahrheitsfähige Gedanken zum Ausdruck bringt, über deren Richtigkeit sich streiten ließe. Vielmehr bringe das moralische Reden die (emotionale) Zugeneigtheit oder Abscheu des Sprechers gegenüber dem Urteilen und Handeln anderer Menschen zum Ausdruck.

Die konstruktivistische Auslegung des Überbaus, wie sie mir vorschwebt, kann man nun als den Versuch deuten, das, was die nonkognitivistische Moralphilosophie über die moralischen Äußerungen von Menschen behauptet, auf *alle* Äußerungen und alle in diesen Äußerungen sich mutmaßlich ausdrückenden Ideen, Vorstellungen und Gedanken zu verallgemeinern. Der Witz dieser Auslegung liegt folglich in der Ansicht, dass die Inhalte der Wünsche und Überzeugungen, die die ideologischen Bewusstseinsformen bilden, nichts über die Welt und die Personen, um deren Bewusstsein es sich handelt, besagen können. Vielmehr ist dieser Lesart zufolge ausschließlich die Frage relevant, ob die Bewusstseinsformen ihre funktionale Aufgabe erfüllen, der Reproduktion und damit der Stabilisierung der Produktionsverhältnisse zu dienen. *Was* die Leute denken und wollen, der spezifische Inhalt ihrer Überzeugungen und Wünsche also, ist in dieser Lesart irrelevant (da inexistent). Nur die Tatsache, *dass* das Denken und Wollen der Menschen sie zu solchen Handlungsweisen führt, die einen reibungslosen Produktionsab- und Wirtschaftskreislauf ermöglichen, wäre ein interessanter Sachverhalt. Die Einstellungen der Akteure

---

4 Vgl. hierzu Laclau und Mouffe 2006 und Laclau 2006.

selbst wären gewissermaßen wie Sprechblasen ohne Text – ohne kognitiven Inhalt.

Vor diesem Hintergrund wäre weder eine Antwort auf die Frage möglich, wogegen sich eine inhaltlich orientierte Kritik der bestehenden Moralvorstellungen richten könnte; noch wäre zu verstehen, woher die Position stammt, auf der diese Kritik beruht. Unterm Strich müsste sich der Theoretiker Marx sogar die Frage stellen, welchen Sinn er darin sieht, überhaupt wissenschaftlich-philosophisch tätig zu sein, wenn das Ergebnis seines Tuns ebenfalls nur Schall und Rauch bzw. ein weiteres Echo der bestehenden Verhältnisse ist. Anders gesagt würde die Falle, die das Selbstanwendungsproblem ihm stellt, spätestens an diesem Punkt zuschnappen. Denn die Lehre von Marx, der zufolge alles Reden und Theoretisieren nur der Produktion von inhaltsleeren Sprechblasen dient, erwiese sich selbst als eine weitere Sprechblase ohne jeden Inhalt.

Die konstruktivistische Auslegung, die in dieser Konsequenz vermutlich niemand ernsthaft vertreten würde, kann jedoch nicht Marxens Standpunkt entsprechen. Dies geht zum einen aus dem Umstand hervor, dass sich die unterschiedlichen Bewusstseinsformen durch ihre *inhaltliche* Thematik unterscheiden. Wenn sich also die moralische Bewusstseinsform von der juristischen, der politischen oder der ästhetischen Form dadurch unterscheidet, dass sie solche Einstellungen umfasst, die Moralisches zum Gegenstand haben, dann ist klar, dass Marx seinen Überbau mit kognitiven, d. h. mit wahrheitswertfähigen Inhalten füllt. Die nonkognitivistische Lesart, auf der die konstruktivistische Auslegung beruht, muss also falsch sein.

Zum anderen spricht aber auch die folgende Beobachtung gegen die konstruktivistische Auslegung. Ideologien im engen, also abwertenden Sinn des Wortes werden von Marx in aller Regel deshalb kritisiert, sprich einer Ideologiekritik unterworfen, weil sie falsche Überzeugungen und falsche Interessen umfassen, die lediglich dazu dienen, zu einem Handeln beizutragen, das die sozialen Verhältnisse bestätigt, wie sie sind. Eine Ideologie in diesem Wortsinn ist das, was von Engels und anderen Anhängern des Marxismus als *falsches* Bewusstsein bezeichnet wurde[5]. Damit ist klar, dass nicht nur der Begriff der Falschheit, sondern unterschwellig auch der der Wahrheit vorausgesetzt wird. Und daraus folgt, dass die Inhalte der Einstellungen, von denen Marx mit Blick

---

5 Diese Wendung taucht so bei Marx nicht auf. Sie findet sich erstmals bei Engels (39, 97) und wird später von Georg Lukács und Karl Korsch ins Zentrum ihrer Fassungen des Marxismus gestellt. Vgl. auch Habermas 1971, S. 435 ff.

auf die Bewusstseinsformen spricht, wahrheitsfähig und damit auch kognitiv gehaltvoll sein müssen.

Des Weiteren sprechen aber auch die Wissenschaftskonzeption, die überschwängliche Leidenschaft von Marx für die Wissenschaft und vor allem sein Stolz darauf, die *utopistischen* Frühformen des Sozialismus zum *wissenschaftlichen* Kommunismus fortentwickelt zu haben, gegen die konstruktivistische Lesart. Was die Wissenschaftskonzeption betrifft, sagt Marx, die Wissenschaft wäre überflüssig, „wenn die Erscheinungsform und das Wesen der Dinge unmittelbar zusammenfielen." (25, 825) Da die Wissenschaft in seinen Augen aber nicht überflüssig ist, muss er sie für ein Unternehmen halten, das Wissen schafft, indem es durch die Erscheinungen hindurch zum Wesen der Dinge vordringt. Also braucht er ein Kriterium, das es ihm erlaubt, wahre von falschen Überzeugungen zu unterscheiden. Dass Marx tatsächlich über solch ein Kriterium zu verfügen glaubt, möchte ich im folgenden Abschnitt im Rahmen einer Skizze der marxistischen Erkenntnistheorie belegen.

11.4 Eine Skizze der marxistischen Erkenntnistheorie

Um zu verstehen, wie Marx dem Selbstanwendungsproblem entgehen kann, ist also ein Kriterium erforderlich, das zum einen begreiflich macht, wie man in Übereinstimmung mit dem marxistischen Standpunkt zumindest auf eine prinzipielle Weise wahre von falschen Überzeugungen unterscheiden kann. Zum anderen muss dieses Kriterium mit der Überbaudoktrin verträglich sein, der zufolge alles Denken ein kognitiver Reflex der sozialen Verhältnisse ist und die Einstellungen der Menschen dazu dienen, diese Verhältnisse zu stabilisieren. Auf solch ein Kriterium stößt man, wenn man nicht der konstruktivistischen, sondern einer gemäßigt *relativistischen* Auslegung der Überbaulehre folgt, die ich in Abgrenzung zur konstruktivistischen als *perspektivistische* Auslegung bezeichnen möchte.

Der perspektivistischen Auslegung zufolge, die über zwei Schritte zum gesuchten Kriterium führt, haben Einstellungen wie Wünsche und Überzeugungen sehr wohl kognitive Inhalte, durch die sie über die Welt ihrer Träger (und damit auch über diese Menschen selbst) Auskunft geben können. Die Frage, welche Überzeugungen zutreffend oder falsch sind, wird dem Perspektivismus zufolge unter Bezug auf die Personen beantwortet, die die Überzeugungen hegen (bzw. zumindest hegen können). Das ist auch schon der erste Schritt. Im zweiten Schritt wird dann die Frage, welche Personen die zutreffenden oder unzutreffenden Ansichten von der Welt haben (bzw. haben können), unter Bezug auf die Positionierung der Erkenntnissubjekte innerhalb der Klassenstruktur beantwortet, in der sie leben. Diese beiden Schritte seien im Folgenden näher erläutert.

Um jedoch zuerst den entscheidenden Unterschied zwischen der perspektivistischen und der konstruktivistischen Lesart zu sehen, sollte man sich klarmachen, an welchem Punkt das relativierende Moment des Perspektivismus zum Tragen kommt. Relativ sind die Überzeugungen nämlich auf die Position des Überzeugungsträgers innerhalb der Klassenstruktur, in der er lebt. Laut Marx gehen manche Positionen einer Klassenstruktur mit Perspektiven auf die Welt einher, die einen Zugang zur Wahrheit eröffnen, während andere den Blick auf die Realität verstellen. Oder um eine von Marx und seinen Nachfolgern häufig benutzte, visuelle Metapher zu verwenden, die die perspektivistische Auslegung veranschaulicht: Menschen, die an epistemisch ungünstigen Positionen stehen, sind ge- bzw. *verblendet*. Diese Personen können die Dinge nicht so sehen, wie sie von einem anderen Punkt aus betrachtet im normalen Licht erscheinen. Relativiert wird in dieser Lesart wohl gemerkt nicht die Wahrheit wahrer Überzeugungen. Wahre Überzeugungen sind wahr – Punkt. Relativiert wird nur der *Zugang* zur Wahrheit, und zwar wie gesagt auf die Position der Erkenntnissubjekte innerhalb der Klassenstruktur.

Doch nicht nur diese Positionierung des Überzeugungsträgers ist von Belang. Vielmehr ist sie nur eine von mindestens zwei notwendigen Erkenntnisbedingungen[6]. Denn auch der richtige Zeitpunkt des Überzeugungserwerbs scheint der marxistischen Erkenntnistheorie zufolge wichtig. Dies wird deutlich, wenn man sich vergegenwärtigt, wie sich Marx und Engels ihre eigene Position als erkennende und wissenschaftlich reflektierende Individuen vorstellen. Denn sie gehen davon aus, dass sie selbst Zeitgenossen eines Gesellschaftszustands sind, in dem sich die Produktivkräfte seit der bürgerlichen Revolution so weit fortentwickelt haben, dass sie in einem Widerspruch zu den bürgerlichen Produktionsverhältnissen stehen. Daher vertreten sie die Ansicht, dass das Ende dieser Verhältnisse insofern am Horizont dämmert, als das sozioökonomische System ihrer Gegenwart nicht mehr rund läuft, sprich von sozialen und ökonomischen Krisen erschüttert wird. Weil dieser konfliktträchtige Gesellschaftszustand mit einer Dämmerung der zukünftigen Gegebenheiten einhergeht, ist es gewissen Gesellschaftsmitgliedern, die an gewissen Stellen in der unter Spannung stehenden Gesellschaftsstruktur positioniert sind, möglich, ein neues Bewusstsein auszuprägen oder doch wenigstens zu antizi-

---

6 Es sei betont, dass ich nicht behaupte, etwas über eine hinreichende Bedingung zu sagen.

pieren. Diese Menschen sind gewissermaßen für Wahrheiten sensibilisiert, die den übrigen Gesellschaftsmitgliedern bis zu diesem Zeitpunkt noch nicht zugänglich sind.

Die Kombination der beiden Bedingungen – Positionierung und Zeitpunkt – bringt Engels in der folgenden Passage zum Ausdruck:

> Die neuen Produktivkräfte sind der bürgerlichen Form ihrer Ausnutzung bereits über den Kopf gewachsen; und dieser Konflikt zwischen Produktivkräften und Produktionsweise ist nicht ein in den Köpfen der Menschen entstandener Konflikt [...], sondern er besteht in den Tatsachen, objektiv, außer uns, unabhängig vom Wollen oder Laufen selbst derjenigen Menschen, die ihn herbeigeführt. Der moderne Sozialismus ist weiter nichts als der Gedankenreflex dieses tatsächlichen Konflikts, seine ideelle Rückspiegelung in den Köpfen zunächst der Klasse, die direkt unter ihm leidet, der Arbeiterklasse. (19, 211)[7]

Der „moderne Sozialismus", von dem Engels spricht, ist freilich nichts anderes als die sozialistische Theorie, die von Marx mit dem Anspruch vertreten wird, sie durch die Einbettung in den Historischen Materialismus zum wissenschaftlichen Sozialismus weiterentwickelt zu haben. Diese Theorie ist zum einen ein „Gedankenreflex", also eine kognitive Reaktion auf einen objektiv gegebenen Zustand. Und darauf, dass diese Theorie auf einen objektiven Zustand reagiert, gründet sich ihr Wahrheitsanspruch. Zum anderen ist diese Theorie eine mit uneingeschränktem Wahrheitsanspruch formulierte Position. Daraus geht hervor, dass der Marxismus weder konstruktivistisch noch relativistisch im gängigen Sinn des Wortes gedeutet werden kann, sondern perspektivistisch verstanden werden muss.

Die perspektivistische Auslegung der marxistischen Erkenntnistheorie findet einen weiteren Beleg in der Tatsache, dass es Marx – abgesehen von einigen vagen Bemerkungen – vermeidet, allzu detailliert Auskunft darüber zu geben, wie die kommunistische Gesellschaft von morgen aussehen und organisiert sein wird. Anders kann er sich angesichts der skizzierten Erkenntnistheorie nicht verhalten, will er seinem Standpunkt treu bleiben. Denn auch wenn es ihm als Zeitgenossen des zunehmenden Konflikts zwischen den fortentwickelten Produktivkräften und den bürgerlichen Produktionsverhältnissen sowie aufgrund seiner persönlichen Position in der Klassenstruktur möglich ist, einen wissenschaftlichen Blick in die nähere Zukunft zu werfen, ist dieser Blick

---

7 Wie dieses Zitat belegt, räumen Marx und Engels den Mitgliedern der Arbeiterklasse eine privilegierte Erkenntnisposition ein. Auf die Frage, wie sie selbst als Sprösslinge des Bürgertums zur Avantgarde des Sozialismus werden konnten, haben sie keine vernünftige Antwort zu bieten. Vgl. aber auch Heinrich 2005, S. 76 f. und S. 96.

noch nicht hinreichend freigelegt, um die genaueren Konturen der Zukunft zu erkennen.

Marx meint es also ernst, wenn er vom Bewusstsein als dem bewussten Sein der Menschen spricht. (3, 26) Die individuelle Positionierung der Menschen innerhalb der Klassenstruktur – ihr alltägliches und werktätiges Sein – erlaubt es nicht nur zu erklären, warum manche Leute ein veraltetes bzw. ideologisches Bild der Welt und ein entsprechendes Selbstverständnis haben, was nichts anderes heißt, als dass sie an einem falschen Bewusstsein leiden. Darüber hinaus soll die Theorie auch erklären, weswegen andere Menschen dank ihrer Position in der Klassenstruktur in der Lage sind, die Dinge richtig oder wenigstens besser einzuschätzen. Nur diese Menschen produzieren solche Gedankenreflexe, die auf der Höhe ihrer Zeit sind.

Marx hat also gemäß der perspektivistischen Auslegung seiner Überbaudoktrin eine respektable Antwort auf die Frage, wodurch sich wahre von falschen Überzeugungen unterscheiden lassen. Und diese Antwort dürfte deutlich machen, wie es ihm gelingt, dem Bumerang auszuweichen, der ihn in Form des Selbstanwendungsparadoxons bedroht. Denn wenn man einräumt, dass es ihm als historisch geschulten und wissenschaftlich sowie politisch aktiven Sozialisten möglich ist, aufgrund seiner persönlichen Position in der konfliktträchtigen Gesellschaft seiner Zeit die Theorie des Zukünftigen in hinreichend verlässlicher Weise zu antizipieren, lässt sich verstehen, warum er glaubt, auf der Grundlage dieser Theorie die bestehenden Verhältnisse inklusive der Einstellungen seiner Mitmenschen kritisieren zu können.

Bevor ich mich mit diesem Ergebnis von der erkenntnistheoretischen Fragestellung ab- und wieder der moralphilosophischen Problematik zuwende, von der dieses Kapitel seinen Ausgang nahm, sei zum Abschluss dieses Abschnitts darauf hingewiesen, wie harmonisch das skizzierte Bild der marxistischen Erkenntnistheorie mit den Ausführungen der beiden zurückliegenden Kapitel übereinstimmt. Dort ging es unter anderem um die Frage, wie eine Klasse das für einen gesellschaftlichen Umschwung notwendige neue Bewusstsein erlangt, wodurch es, anders gefragt, überhaupt zu einem gesellschaftlichen und politischen Wandel kommen kann. Während Marx solch einen Umschwung gern als Revolution darstellt, von der man den Eindruck gewinnt, er glaube, sie finde eruptiv und in einem relativ knapp bemessenen Zeitraum statt, sahen wir, inwiefern solche Umschwünge zumeist als sukzessives bzw. ‚dialektisches' Hin und Her zwischen einer Veränderung der gesellschaftlichen Gegebenheiten und einer Veränderung der Einstellungen der Mitglieder der relevanten Klassen zu verstehen sind. In diesem Prozess breitet sich das neue Bewusstsein unter immer mehr Personen der relevanten Klasse aus und wird in der Auseinandersetzung mit den Klassenfeinden auch konkreter und differenzierter. Genau nach diesem Muster, so ist jetzt deutlich, ist laut Marx auch das Verhältnis zwischen der gesellschaftlichen Realität und der wissenschaftlichen Praxis zu verstehen. Veränderungen der Gesellschaft führen seiner Sicht zufolge bei einigen Theoretikern zu neuen Ansichten, die sie in den Klassenkampf auf die eine oder andere Weise einspeisen können. Dadurch intensivieren sich im günstigen Fall die bereits eingeleiteten Wandlungsprozesse durch eine Veränderung des Denkens und Handelns von immer mehr Menschen. Dieser Vorgang kann abermals zu neuen Einsichten führen, die ihrerseits ihre sozialen Folgen zeitigen können. In diesem Sinn ist die Aussage zu deuten, dass die „Veränderung des Bewußtseins [...] selbst ein Produkt der bestehenden Verhältnisse" sei. (3, 363)

11.5 Moralkritik

In Anbetracht der Überlegungen des vorletzten Abschnitts, die dazu führten, die konstruktivistische Lesart der Überbaudoktrin zugunsten der perspektivistischen zurückzuweisen, könnte man zu der Folgerung neigen, Marx gehe von der Existenz mindestens einer Bewusstseinsform aus, die nicht ideologischer Natur ist – der wissenschaftlichen. Denn es war unter anderem der hohe Stellenwert des Wissenschaftsbegriffs in seinem Denken, der ein Argument dafür lieferte, die perspektivistische Lesart der konstruktivistischen vorzuziehen.

Würde man diesen Weg einschlagen, um die Frage nach dem Selbstverständnis der marxistischen Kapitalismuskritik zu beantworten, läge es nahe, diese Kritik als pauschale, nicht also als punktuelle zu deuten – um eine Terminologie wieder aufzugreifen, die im zweiten Abschnitt dieses Kapitels erläutert wurde. Denn man wäre geneigt, Marxens Kritik dahingehend aufzufassen, dass er auf einer deskriptiv wissenschaftlichen (in einem großzügigen Sinn des Wortes also empirischen) Grundlage stehend die moralische Bewusstseinsform schlechthin und damit auch jedweden Versuch als ideologisch verurteilt, die kapitalistischen Verhältnisse moralisch zu rechtfertigen.

So betrachtet wäre Marx ein Amoralist, d. h. ein Verfechter der Überzeugung, dass eine aufgeklärte Welt eine Welt ohne Moral sein wird. Und obzwar eingangs einige Zitate angeführt wurden, die belegen, dass Marx den amoralischen Standpunkt tatsächlich oft nahelegt, sprechen mindestens drei Gründe gegen diese Lesart. Diese Gründe weisen zugleich darauf hin, Marxens abfällige Auslassungen über die Moral als punktuelle Ideologiekritik zu deuten, die ihrerseits auf einer normativ-moralischen, also nicht rein empirisch-deskriptiven Grundlage beruhen muss. Auf diese Gründe möchte ich in diesem Abschnitt zu sprechen kommen, bevor es im nachfolgenden Abschnitt um die besagte Grundlage gehen wird.

Der erste Grund, Marx nicht als einen auf empirisch-wissenschaftlichem Fundament stehenden Pauschalkritiker der moralischen Bewusstseinsform zu lesen, geht aus der folgenden Passage aus dem *Kapital* hervor. Hier wird deutlich, dass es ohnehin nicht das Merkmal der Wissenschaftlichkeit ist, das einen Gedanken in den Augen von Marx dem Verdacht entzieht, ideologisch (im abwertenden Wortsinn) zu sein. Ideologie und Wissenschaft schließen sich anders gesagt für Marx nicht aus. Denn es gibt nach seinem Dafürhalten auch wissenschaftlich aktive Ideologen, die er etwa in der ökonomischen Wissenschaft zu finden glaubt:

> Die Vulgärökonomie tut in der Tat nichts, als die Vorstellungen der in den bürgerlichen Produktionsverhältnissen befangenen Agenten dieser Produktion doktrinär zu verdolmetschen, zu systematisieren und zu apologetisieren. Es darf uns also nicht wundernehmen, daß sie gerade in der entfremdeten Erscheinungsform der ökonomischen Verhältnisse [...] sich vollkommen bei sich selbst fühlt und ihr diese Verhältnisse um so selbstverständlicher erscheinen, je mehr der innere Zusammenhang an ihnen verborgen ist, sie aber der ordinären Vorstellung geläufig sind. (25, 825)

Auch die Wissenschaft kann offenbar ideologische oder – wie Marx hier sagt – apologetische, sprich systemkonservierende Resultate liefern. Wenn aber die Wissenschaft einerseits als Mittel gilt, um objektiv gültige Wissensansprüche zu formulieren, als das sie im Rahmen der marxistischen Erkenntnistheorie erschien; die Wissenschaft andererseits aber vor ideologischen Gedanken nicht gefeit ist, wie Marx jetzt versichert, dann liegt es nahe, den Unterschied zwischen dem ideologischen und dem nicht-ideologischen Denken nicht auf der Ebene der Bewusstseinsformen zu suchen. Vielmehr erscheint es angemessener, die entscheidende Differenz direkt in der Menge aller Überzeugungen anzusetzen, und zwar unabhängig davon, zu welchen Bewusstseinsformen die Überzeugungen gehören. Ideologiekritik wäre in dem Fall punktueller, nicht pauschaler Natur. Und wie sich zeigen wird, ist die Kritik von Marx an den herrschenden Moralvorstellungen seiner Zeit in der Tat weit plausibler als eine punktuelle Kritik zu verstehen, da er selbst auf moralisch-normative Prämissen zurückgreift.

Der zweite Grund führt zu David Hume, George Moore und Max Weber. Um von einer wissenschaftlichen und somit deskriptiven Basis aus die moralische Rechtfertigung des Kapitalismus oder die moralischen Einstellungen seiner Mitmenschen zu kritisieren, müsste Marx nicht nur den berüchtigten Sprung vom Sein zum Sollen riskieren. Er müsste auch den Vorwurf auf sich ziehen, die Wissenschaft zu missbrauchen bzw. der Weberschen Lehre von der Wertfreiheit aller Wissenschaft zuwiderzuhandeln. Denn augenfälligerweise würde er dieser Lesart zufolge versuchen, aufgrund einer Untersuchung dessen, was der Fall *ist*, normative Aussagen darüber zu kritisieren, was richtig und falsch ist bzw. was der Fall *sein sollte*[8]. Marxens gesamte Kapitalismuskritik würde mit anderen Worten auf einem gewaltigen naturalistischen Fehlschluss beruhen[9].

An dieser Stelle sei jedoch bereits eingeräumt, dass Marx mit offenen Armen dazu einlädt, ihn genau so zu verstehen. Vor allem in seinen späteren Schriften, in denen er sich zumindest die Darstellungsweise betreffend wieder deutlich an Hegel und dessen Weise des Philosophierens annähert, bringt er die Überzeugung zum Ausdruck, dass eine (wissenschaftliche) *Darstellung* dessen, was ist, auch schon eine (normative) *Kritik* dessen impliziere, was ist. Auf diesen Punkt möchte ich jedoch erst am Ende des Kapitels näher eingehen, wo deutlich werden wird, warum sich Marx in dieser Hinsicht meines Erachtens auf einem Irrweg verrennt. Zuvor möchte ich seine Theorie so auslegen, dass sie dem Vorwurf des naturalistischen Fehlschlusses zu entgehen vermag.

Man sollte Marx also nicht so lesen, als ob er von einer deskriptiven bzw. wissenschaftlich fundierten, normativ neutralen Auskunft darüber, was der Fall ist, Aussagen darüber kritisiert, warum das, was ist, der Fall sein oder auch nicht sein sollte. Die Vermeidung dieses logisch unzulässigen Übertritts vom Sein zum Sollen ist aber nur dann möglich, wenn Marx den normativ-moralischen Vorstellungen seiner Widersacher eigene normative Vorstellungen, also eigene moralische Normen entgegenhält und sich somit auf einen moralphilosophischen Diskurs einlässt. Folglich kann er nicht als pauschaler Moralkritiker verstanden werden, der das moralphilosophische Denken hinter sich zu lassen versucht, sondern bestenfalls als Kritiker der bestehenden Werte, denen er bessere Werte entgegenzusetzen versucht.

Damit sind wir beim dritten und unterm Strich auch allein ausschlaggebenden Grund für die hier vertretene Sicht der Dinge. Dieser Grund besteht darin, dass Marx in der Tat eine bestimmte Moralvorstellung vertritt, die dem Großteil seines übrigen Denkens zugrunde liegt. Diese moralische Position möchte ich

---

8 Vgl. aber auch Iorio 2011(a).
9 Vgl. jedoch Horkheimer 1988, der die Differenz zwischen dem Deskriptiven und dem Normativen bzw. zwischen Theorie und Praxis überwunden zu haben glaubt. Siehe hierzu auch Adorno 1962 und Neck 2008.

im nachfolgenden Abschnitt vor Augen führen und dabei zugleich verdeutlichen, warum Marx die falsche Lesart so nahelegt, es ginge ihm um eine pauschale Zurückweisung jedweder Moral.

11.6 Marxens Moral

In diesem Abschnitt geht es um die moralphilosophische Position von Marx. Dabei sei jedoch gleich zu Beginn betont, dass wir den Begriff der Moral in einem erweiterten Sinn verstehen müssen, weswegen man vielleicht eher von Marxens ethischer Weltsicht sprechen sollte. Als einen Moralisten im engeren bzw. üblichen Sinn des Wortes lässt sich Marx jedenfalls schon deshalb nicht problemlos bezeichnen, weil er in einer entscheidenden Hinsicht nicht universalistisch bzw. nicht derart unparteiisch denkt, wie es für einen Moralphilosophen gemeinhin üblich ist. Dabei habe ich vor allem den Umstand im Auge, dass Marx klarerweise für den Untergang der Kapitalistenklasse eintritt, also nicht bereit ist, die elementaren Interessen der Mitglieder dieser Bevölkerungsgruppe gleichberechtigt mit ins moralische Kalkül zu ziehen. Obzwar er einräumt, dass einige Mitglieder der vormaligen Klasse der Bourgeoisie die proletarische Revolution überleben und Nutznießer der von aller Klassenherrschaft befreiten Gesellschaft sein werden, muss man ihm die Ansicht unterstellen, dass zahlreiche Menschen den von ihm ersehnten Übergang in die neue Gesellschaft mit ihrem Leben bezahlen. Diese Sicht ist für viele von uns bestimmt moralphilosophisch unhaltbar.

Aber auch in einer anderen Hinsicht muss man einen umfassenderen Begriff der Moral in der weiteren Diskussion voraussetzen. Denn Marx spricht sich weniger für die eher traditionell-abendländischen Moralwerte wie etwa Besonnenheit, Tapferkeit, Ehrlichkeit, Wahrhaftigkeit, Großzügigkeit und Gerechtigkeit oder allgemeine Rechtsgleichheit aus[10]. Vielmehr geht es bei ihm in der Hauptsache um solche Werte, die Allen Wood als nicht-moralische Güter bezeichnet[11]. In den Katalog dieser Güter, die Marx in den verschiedensten Zusammenhängen anspricht, gehören unter anderem Sicherheit, Gesundheit und ein erfülltes Dasein in der Gemeinschaft mit allen Mitmenschen. Aber wie wir sehen werden, steht an der obersten Stelle in Marxens Wertekanon die Freiheit bzw. die *Emanzipation* des Menschen von allen religiösen, politischen

---

10 Siehe (16,15), wo sich Marx zu den Werten Gerechtigkeit und Sittlichkeit bekennt und für gleichverteilte Rechte und Pflichten wirbt.
11 Wood 2004, S. 125–130.

und anderen Beschränkungen. Diese radikale Emanzipation von allen Fesseln und Beschränkungen, die freilich das irdische Pendant zu Hegels Selbstfindung der Weltvernunft darstellt und dessen Idee der absoluten Freiheit reflektiert, mündet Marx zufolge in die allgemeine *Selbstentfaltung* aller Individuen. In diesem Sinne heißt es im *Manifest*, dass „die freie Entwicklung eines jeden die Bedingung für die freie Entwicklung aller ist." (4, 482) Und insofern man Emanzipation und Selbstentfaltung durchaus als moralisch-ethische Werte in einem erweiterten Sinn des Wortes auffassen kann, können wir Marx entgegen der Lesart von Wood getrost als einen Verfechter moralischer Güter begreifen.

An anderer Stelle schreibt Marx:

> Die Verwandlung der persönlichen Mächte […] in sachliche durch die Teilung der Arbeit kann nicht dadurch wieder aufgehoben werden, daß man sich die allgemeine Vorstellung davon aus dem Kopfe schlägt, sondern nur dadurch, daß die Individuen diese sachlichen Mächte wieder unter sich subsumieren und die Teilung der Arbeit aufheben. Dies ist ohne die Gemeinschaft nicht möglich. *Erst in der Gemeinschaft [mit Andern hat jedes] Individuum die Mittel, seine Anlagen nach allen Seiten hin auszubilden; erst in der Gemeinschaft wird also die persönliche Freiheit möglich.* In den bisherigen Surrogaten der Gemeinschaft […] existierte die persönliche Freiheit nur für die in den Verhältnissen der herrschenden Klasse entwickelten Individuen […]. *In der wirklichen Gemeinschaft erlangen die Individuen in und durch ihre Assoziation zugleich ihre Freiheit.* (3, 74*)

Die Arbeitsteilung führte also dieser Sicht der Dinge zufolge zur Klassenteilung und damit zur Klassenherrschaft. Herrschaftsverhältnisse gehen notwendigerweise mit der Einschränkung der Entfaltungsmöglichkeiten einzelner Individuen einher. Daher ist nur unter klassenlosen Bedingungen, die erst die wahre Gemeinschaft aller Gesellschaftsmitglieder schafft, eine freie Entfaltung aller Individuen, also die Realisierung des höchsten moralischen Guts, möglich[12].

Im dritten Band des *Kapital* geht Marx sogar so weit, vor dem Hintergrund ähnlicher Überlegungen über den Zusammenhang zwischen der Arbeitsteilung, der Klassenspaltung, der Freiheit und des gemeinschaftlichen Miteinanders aller Individuen dem bisher in der Menschheitsgeschichte vorherrschenden Reich der Notwendigkeit ein zukünftiges Reich der Freiheit entgegenzustellen:

> Das Reich der Freiheit beginnt in der Tat erst da, wo das Arbeiten, das durch Not und äußere Zweckmäßigkeit bestimmt ist, aufhört […]. Wie der Wilde mit der Natur ringen muß, um seine Bedürfnisse zu befriedigen, um sein Leben zu erhalten und

---

12 Siehe hierzu auch Marxens Gegenüberstellung des bisherigen „Teilindividuums" mit den zukünftigen „total entwickelten Individuen" (23, 512).

zu reproduzieren, so muß es der Zivilisierte [...]. Mit seiner Entwicklung erweitert sich dies Reich der Naturnotwendigkeit, weil die Bedürfnisse; aber zugleich erweitern sich die Produktivkräfte, die diese befriedigen. Die Freiheit in diesem Gebiet kann nur darin bestehn, daß der vergesellschaftete Mensch, die assoziierten Produzenten, diesen ihren Stoffwechsel mit der Natur rationell regeln, unter ihre gemeinschaftliche Kontrolle bringen, statt von ihm als von einer blinden Macht beherrscht zu werden; ihn mit dem geringsten Kraftaufwand und unter den ihrer menschlichen Natur würdigsten und adäquatesten Bedingungen vollziehn. Aber es bleibt dies immer ein Reich der Notwendigkeit. Jenseits desselben beginnt die menschliche Kraftentwicklung, die sich als Selbstzweck gilt, das wahre Reich der Freiheit [...]. Die Verkürzung des Arbeitstags ist die Grundbedingung. (25, 828)[13]

In Anbetracht der Akzentuierung der (vermeintlich) nicht-moralischen Güter, die Wood vornimmt, sowie des Werts der vollständigen Emanzipation und freien Entfaltung aller Individuen in der klassenlosen Zukunftsgesellschaft, die ich in den Vordergrund gerückt habe, lässt sich nun erläutern, weshalb die Schriften von Marx so eigenwillig zwischen einer moralischen und einer scheinbar amoralischen Position changieren. Dies ist ein Effekt, den man besser versteht, wenn man an die Philosophie von Friedrich Nietzsche denkt, die eine entsprechende Doppelnatur aufweist. Als Kritiker aller bisherigen Moral fand Nietzsche zwar als Amoralist par excellence Einzug in die Lehrbücher der Moralgeschichte, indem er sich für eine Welt aussprach, in der die Menschen endlich aufhören, sich durch moralisches Gerede und durch moralische Ansprüche zu terrorisieren, zu knechten und an der Entfaltung ihrer Kräfte zu behindern. Zugleich tritt er aber oft im selben Atemzug als *Umwerter aller Werte* auf den Plan. Und in dieser Rolle ist er offenbar nicht bestrebt, die bisherigen Werte ersatzlos abzuschaffen, um eine moralfreie Welt herbeizuführen. Sein Anliegen besteht vielmehr darin, die etablierten Werte durch neue und, wie ihm scheint, bessere *zu ersetzen*. Kurz gesagt ist der Umwerter Nietzsche nichts anderes als ein Propagandist einer neuen Moral, obzwar auch er nicht auf die traditionellen, zumeist christlich verankerten Werte, sondern auf neue Werte setzt. Doch als ein solcher Propagandist ist er schließlich nichts anderes als ein Moralist inter pares, mittendrin im moralphilosophischen Diskurs.

Angesichts der zentralen Bedeutung der freien Entfaltung und Emanzipation aller Individuen zeichnet sich darüber hinaus der Umstand ab, dass Marxens Menschenbild nicht nur in der erläuterten Bedeutung des Wortes ökono-

---

13 Vgl. hierzu (48, 504 ff.), wo Marx die Arbeit gegen Adam Smith als einen Teil der freien Selbstentfaltung des Individuums verteidigt, sowie (48, 88–90), wo er über den Zusammenhang zwischen eingesparter Arbeitszeit und Freiheit spricht.

mistisch fundiert, sondern auch von Grund auf aristotelisch ist. Dem teleologisch-deskriptiven Bild zufolge, das Aristoteles zeichnet, ist es für Menschen eigentümlich, dass sie unter günstigen Rahmen- bzw. Entwicklungsbedingungen ihre Fähigkeiten, Anlagen und Talente in einer umfassenden Art und Weise entfalten. In diesem Gedanken ist auch schon der *teleologische* Aspekt dieser Auffassung begründet: Alle Menschen streben unter günstigen Bedingungen dem *Ziel* einer allseitigen Vervollkommnung ihrer Fähigkeiten und Tugenden entgegen, wobei sie dieses Streben im Erfolgsfall zur Glückseligkeit bzw. zu einem gelungenen Leben führt.

Der *deskriptive* Aspekt dieser Auffassung, die laut Marx auf „eine allseitige Tätigkeit und damit auf eine Ausbildung aller unserer Anlagen" (3, 237) zielt, wird deutlich, wenn man sich vergegenwärtigt, dass mit der erläuterten teleologischen Annahme nicht zwangsläufig schon die normative These einhergeht, dass alle Menschen (oder möglichst viele Menschen) in entsprechend günstige Verhältnisse versetzt werden *sollen, sollten, müssen* oder *müssten*, um ihrem Ziel entgegenstreben zu können. Denn die teleologische These besagt nur, dass dies ein *Fakt* bezüglich natürlicher Dinge namens Menschen ist: Unter entsprechenden Bedingungen legen sie ein sich vervollkommnendes Verhalten an den Tag. So wie Pflanzen unter bestimmten Umweltbedingungen gut gedeihen, so blühen auch Menschen unter für sie günstigen Verhältnissen der aristotelischen Sicht zufolge auf.

Das Ausmaß des Einflusses dieser aristotelischen Anthropologie auf die Aufklärung und damit auch auf das Selbstverständnis des europäischen Bürgertums, dem ja auch Marx entstammt, ist kaum zu überschätzen. Man muss sich genau dieses Menschenbild vor Augen halten, um zu verstehen, welche Rolle der Begriff der Entfremdung im Denken des jungen Marx übernimmt. Denn entfremdete Arbeit, entfremdetes Leben, entfremdete Menschen – allesamt Themen, die seit den *Pariser Manuskripten* wichtige Rollen in den Schriften von Marx spielen – sind nur vor dem Hintergrund dieser aristotelischen Auffassung vom guten Leben zu verstehen[14]. Unter Entfremdung versteht Marx nämlich anders als Hegel und Feuerbach, in deren Schriften er auf dieses Motiv gestoßen ist, das Resultat, das sich einstellt, wenn Menschen unter für sie

---

14 Es ist umstritten, ob die Entfremdungsproblematik für den reiferen Marx noch den Stellenwert hat, den sie Mitte der 40er Jahre für ihn hatte. Dass diese Problematik in den Spätwerken, in denen der Ausdruck „Entfremdung" nicht mehr oft, aber doch regelmäßig fällt, gar keine Rolle mehr spielt, ist jedoch unplausibel. Marx kritisiert die bürgerliche Gesellschaftsform nicht zuletzt wegen ihrer entfremdenden Aspekte. Vgl. hierzu Jaeggi 2005 und Quante 2009, S.247–256.

nicht günstigen, sprich unter kapitalistischen oder anderen vorsozialistischen Bedingungen heranwachsen, produzieren, konsumieren und leben. Denn unter diesen Bedingungen haben diese Menschen keine Chance, das zu werden, was sie ihrem Wesen gemäß zu sein hätten. Und wie bereits gesehen liegt der Sündenfall in den Augen von Marx in der Arbeitsteilung begründet, die unter den nicht-sozialistischen Bedingungen unvermeidlich und erst im Kommunismus zu überwinden ist. Denn unter den bestehenden ungünstigen Verhältnissen der Arbeitsteilung können die Menschen nicht zu umfassenden Wesen werden, die zugleich Jäger, Fischer, Hirt und darüber hinaus auch noch Kritiker sind bzw. zu allseitig entfalteten Individuen, die selbst wenn sie Bilder malen, keine Maler, sondern malende Menschen sind (vgl. 3, 33). Vielmehr verkommen sie zu Krüppeln, die von sich selbst, ihrem Tun, den Produkten ihres Tuns, ihren Mitmenschen und damit von ihrem Gattungswesen entfremdet sind.

Nun ist es für das Anliegen, dem dieses Kapitel dient, wichtig zu betonen, dass zu den teleologischen und deskriptiven Aspekten der aristotelischen Anthropologie das genuin normative Moment *zusätzlich* hinzugefügt werden muss, um das Bild zu vervollständigen, das Marx zeichnen will. Denn selbst wenn man sich das aristotelische Menschenbild zueigen macht, also der teleologischen Annahme zustimmt, dass Menschen unter bestimmten Entwicklungsbedingungen einen umfassenden Charakter entfalten, ist damit allein noch nicht entschieden, ob es *richtig* oder *falsch* bzw. *gut* oder *schlecht* ist, wenn Menschen entfremdet, also nicht unter solchen Bedingungen leben. Klar ist in der rein deskriptiv-teleologischen Hinsicht nur, dass sie *anders* leben. Sie werden vielleicht weniger alt, lernen bestenfalls eines, statt viele Instrumente zu spielen und enden schließlich doch als einseitig abgerichtete Jäger, die unfähig sind, Fische zu angeln, Rinder zu züchten und nach Sonnenuntergang Romane und Gedichte zu schreiben.

Diese Überlegung macht deutlich, dass Marx es nicht auf der rein deskriptiv-teleologischen Ebene bewenden lassen kann, wenn er dafür eintritt, die kapitalistischen Produktionsverhältnisse zugunsten anderer Verhältnisse zu ersetzen, um den Menschen ein gutes, d. h. ein emanzipiertes und von jeder Entfremdung befreites Leben zu ermöglichen. Irgendwelche Werte müssen hierbei nämlich gesetzt werden. Und der springende Punkt ist wie gesehen, dass Marx nicht traditionelle moralische Werte wie Gerechtigkeit oder Fairness vertritt, auch nicht irgendwelche Tugenden in den Vordergrund rückt, wie es andere Philosophen in der Nachfolge von Aristoteles tun. Marx legt den Schwerpunkt vielmehr auf den Gedanken der Emanzipation und freien Entfaltung aller Mitglieder der Gesellschaft, die nach der Maxime organisiert sein soll:

„Jeder nach seinen Fähigkeiten, jedem nach seinen Bedürfnissen!" (19, 21) Doch insofern Marx diese normativen Setzungen trifft, ist auch er wie Nietzsche ein Moralist inter pares, mittendrin im moralphilosophischen Diskurs.

11.7 Hegel oder unwissenschaftlicher Sozialismus

Marxens Kritik an den Verhältnissen und moralischen Einstellungen seiner Zeit als moralphilosophisch fundierte Kritik zu deuten, wie ich es im zurückliegenden Abschnitt getan habe, führt zu einer Spannung, besser gesagt zu einem unaufhebbaren Widerspruch in Marxens Gesamttheorie. Ich vermute, diese Spannung liegt auf der Hand. Der wissenschaftliche Kommunist Marx wollte seine Kritik nicht als moralisch fundiert begreifen. Er hat sich nicht als Moralkritiker verstanden, der die vorherrschende Moral durch eine bessere ersetzen will. Marx glaubte vielmehr, als Theoretiker des Weltlaufs auf moralisch-normative Prämissen verzichten zu können, und sah genau in diesem Verzicht den Vorteil seines wissenschaftlichen Kommunismus gegenüber den Frühformen sozialistischer Theorieansätze.

Diese Beobachtung führt wieder an den Punkt zurück, auf den ich bereits gegen Ende des vorletzten Abschnitts hingewiesen habe. Man muss auch in diesem Zusammenhang auf Marxens hegelianische Ursprünge zurückblicken, um zu durchschauen, wie er sich die Dinge gedacht hat. Marx glaubte, in Anlehnung an Hegels Konzeption der Dialektik einen nicht-moralischen Begriff der Kritik zur Verfügung zu haben. Diesem Begriff gemäß stellt eine wissenschaftliche Darstellung der Welt, wie sie ist, zugleich auch schon eine Kritik des Bestehenden dar, die aus eigener Kraft ihren Teil dazu beiträgt, die bestehenden Verhältnisse zu negieren und einen besseren Zustand herbeizuführen. Diese Überzeugung bringt er in einem Brief an Ferdinand Lassalle im Frühjahr 1858 unter Verweis auf seine geplante Kritik der politischen Ökonomie so zum Ausdruck:

> Die Arbeit, um die es sich zunächst handelt, ist Kritik der ökonomischen Kategorien oder, if you like, das System der bürgerlichen Ökonomie *kritisch dargestellt*. Es ist zugleich Darstellung des Systems *und durch die Darstellung Kritik desselben*. (29, 550*)[15]

Vom rein logischen Standpunkt aus betrachtet, ist das hier beschriebene Unterfangen natürlich Unsinn. Wer sagt, dass *p* der Fall ist, sagt eben nur dies: dass

---

15 Siehe hierzu Lange 1980, vor allem drittes Kapitel.

p der Fall ist. Und wenn sich die Dinge für ihn günstig fügen, hat er damit auch Recht. Doch selbst wenn er mit der Aussage, dass p, richtig liegt, ist damit noch lange nichts darüber gesagt, ob es gut oder schlecht ist, dass p der Fall ist. Auch ist damit noch nichts darüber ausgesagt, *was* an p gut oder schlecht sein mag. Wer „p" sagt oder p darstellt, indem er „p" behauptet, hat p also noch in keiner Weise kritisiert.

Wie Marx sein Vorgehen in diesem Zusammenhang selbst verstanden hat, kann man sich erklären, wenn man wieder an den geschichtsphilosophischen Ausgangspunkt seines Denkens zurückkehrt. Marx übernahm von Hegel den Gedanken, dass sich die Entwicklung der Welt in Epochen vollzieht, in denen sich laut Hegel die Weltvernunft durch eine stets wiederholende Reflexion auf ihren inzwischen erreichten Zustand in eine jeweils höhere Form der Selbstfindung erhebt. Marx ersetzt den Akteur dieser Weltgeschichte, insofern es bei ihm um eine Progression der Gesellschaftsformationen geht, wobei er das, was die Gesellschaftsmitglieder denken – ihr Bewusstsein also – nicht vom realen Sein dieser Menschen unterscheidet, sondern es vielmehr als einen integralen Bestandteil ihres Seins auffasst. Das Bewusstsein ist so gesehen nicht vom Sein bestimmt, wie es an prominenter Stelle heißt, sondern vielmehr ein Teil des Seins. Das Bewusstsein der Menschen, so könnte man auch sagen, ist der bewusste Anteil ihres Seins.

Setzen wir vor diesem Hintergrund die Ausdrücke ‚Bewusstsein', ‚Theorie', ‚theoretische Reflexion', ‚theoretisch kritische Reflexion' und schließlich auch ‚Kritik' etwas undifferenziert auf eine Ebene, dann versteht man ungefähr, wie sich Marx die Sache gedacht hat. Indem ein Wissenschaftler Theorie betreibt, also darstellt, was er in der (sozialen) Welt, die ihm begegnet, vorfindet und dabei das Vorgefundene immer als vorübergehendes Zwischenstadium einer historischen Entwicklung begreift, kann er sich in der Rolle des Handlangers von Hegels Weltgeist wähnen. Bei Hegel findet die Vernunft sich selbst, indem sie sich durch kritische Reflexion auf sich selbst und ihre Geschichte weiterentwickelt. Dass sich diese Reflexion und Weiterentwicklung im Hirn eines leibhaftigen Philosophen abspielt, ist gemäß der Hegelschen Ontologie eine irrelevante Nebensache. Bei Marx entwickelt sich die Gesellschaft und damit das Bewusstsein der Gesellschaftsmitglieder weiter, indem einige theoretisch kritische Wissenschaftler (oder Philosophen) den Status quo der sozialen Verhältnisse darstellen, sprich beschreiben, und dabei ebenfalls die Historizität und Vergänglichkeit der Verhältnisse bedenken. Und kraft des Akzents auf das historisch vorübergehende Moment soll in dieser Beschreibung schon das Potential enthalten sein, die bestehenden Verhältnisse zu überwinden, indem sie eine große Anzahl von Anhängern findet, die sich durch die Theorie beflügelt anschicken, die Welt zu verbessern. „Die Philosophen haben die Welt nur unterschiedlich interpretiert, es kömmt darauf an, sie zu verändern." (3, 7)

Ja, so ungefähr kann man sich diesen hegelianischen Purzelbaum vorstellen. Aber er bleibt ein intellektueller Purzelbaum. Denn was man von Hegels Weltgeist als einsamen Akteur der Universalgeschichte behaupten kann, kann man sinnvoll nicht von den Akteuren behaupten, die bei Marx vernünftigerweise Hegels Weltgeist ersetzen. Bei Marx geht es glücklicherweise um Individuen aus Fleisch und Blut, die als Individuen den übrigen Individuen und der Welt gegenüberstehen. Nach allem, was man weiß, haben diese Individuen sehr verschiedene Ansichten darüber, was der Fall ist und was der Fall sein sollte. Eine einheitliche Universalgeschichte, die sie gemeinsam in ein „Reich der Freiheit" führt, ist daher nicht zu erwarten. Und sagt so ein Individuum „p", sagt es bestenfalls die Wahrheit. Aber mit dem Aussprechen einer Wahrheit über den derzeitigen Zustand der Welt ist eben noch nichts in dieser Welt kritisiert oder gar verändert.

11.8 Rückblick

In diesem Kapitel habe ich versucht, eine Verbindung zwischen einigen Themen im Denken von Marx kenntlich zu machen, die in der Literatur nur selten in ihrem Zusammenhang diskutiert werden. Dabei waren vor allem zwei Punkte wichtig. Zum einen sollte deutlich werden, dass es eine enge Verknüpfung zwischen der Frage, ob und inwiefern der Marxismus auf moralphilosophischen Grundlagen beruht, und dem vordergründig ganz anders gelagerten Problem gibt, wie man sich das erkenntnis- bzw. wissenschaftstheoretische Selbstverständnis von Marx vorzustellen hat. In dieser Hinsicht war zu sehen, weswegen die Überbaudoktrin und damit auch das Wissenschaftsverständnis von Marx perspektivistisch, keinesfalls jedoch konstruktivistisch zu deuten sind. Denn nur so ist begreiflich, wie die Lehre vom Überbau mit dem Anspruch auf objektive Erkenntnis zu versöhnen ist, den Marx zweifelsfrei für sich erhebt.

Zum anderen wurde erkennbar, inwiefern das Menschenbild von Marx auf aristotelischen Grundlagen beruht. In Anbetracht dieser Grundlagen traten in der Tat genuin moralphilosophische Prämissen im Denken von Marx zu Tage. Diese Prämissen kreisen um das Ideal der radikalen Emanzipation und freien Selbstentfaltung aller Mitglieder der Gesellschaft, in der jedes Individuum qualitativ und quantitativ dasjenige tut, wozu es fähig sowie willens ist; und dafür unabhängig von seiner erbrachten Leistung menschlich und materiell genau das bekommt, was es für seine Entfaltung benötigt. Die Kritik von Marx an den moralischen Vorstellungen und sozialen Verhältnissen seiner Zeit betrifft der hier entwickelten Auffassung zufolge die Tatsache, dass diese Vorstellungen und Verhältnisse dem besagten Ideal entgegenstehen.

Marxens Theorie ist, wenn man das so will, daher doch nur eine weitere Variante des utopischen Sozialismus. Den muss man aber nicht so abgrundtief verachten, wie Marx es tat und zu tun lehrte.

12 Staat und Gesellschaft

So paradox es klingen mag: Obwohl Marx enorme politische Folgen im 20. Jahrhundert ausgelöst hat, finden sich in seinen Schriften nur vereinzelte Bruchstücke einer politischen Theorie im engeren Sinn dieser Wendung[1]. Selbstverständlich gehört zwar die Klassenkampflehre in den Bereich politischer Theoriebildung. Dies gilt erst recht, wenn man sie in demokratietheoretischen Begriffen auslegt, wie ich es im zehnten Kapitel vorgeschlagen habe. Auch die Lehre von der Revolution, der Diktatur des Proletariats und die These vom Absterben des Staates in der sozialistischen Gesellschaft, um die es auf den folgenden Seiten noch gehen wird, können als bruchstückhafte Elemente einer politischen Theorie des Marxismus bezeichnet werden. Aber aus einer anderen Perspektive betrachtet gehören alle diese Themen, Thesen und Motive eher in die Bereiche der Gesellschaftstheorie oder Sozialphilosophie und stellen keine genuin politische Theorie des Marxismus dar. Denn von einer marxistischen Politiktheorie dürfte man ein weit klareres Bild etwa vom Aufbau des sozialistischen Staates, von der sozialistischen Demokratie oder auch von der Natur politischer Parteien erwarten, als es die Texte von Marx und Engels bieten. Daher drängt sich die Frage auf, warum Marx, der viele Jahre seines Lebens politisch aktiv war, so wenig Interesse an einer eigenständigen Theorie des Politischen gehabt zu haben scheint.

Die Sachlage stellt sich hingegen anders dar, wenn man einen Blick in einige Frühschriften von Marx wirft, also vornehmlich in die Arbeiten, die er verfasste, bevor die Zusammenarbeit mit Engels begann. Denn geraume Zeit bevor er den Historischen Materialismus entwickelt und die Klassenkampfdoktrin für sich entdeckt, hat er sich im Zuge seiner – halbherzigen – Abnabelung von Hegel ausgiebig mit dem Begriff des Staates, genauer mit dem Verhältnis zwischen dem Staat und der Gesellschaft auseinandergesetzt. Daher möchte ich dieses Kapitel damit beginnen, einige in diesem Zusammenhang interessante Überlegungen des jungen Marx zu diskutieren, um auf eine Reihe tiefgreifender Unklarheiten seiner rudimentären Politiktheorie aufmerksam zu machen. Und ich wage schon hier zu behaupten, dass genau diese Unklarheiten im politischen Denken von Marx, der gemeinsam mit seinen sozialistischen

---

1 Eine entsprechende Diagnose hat bereits Bobbio 1978 formuliert. Vgl. auch Lohmann 2001, S. 116. – In den späten 50er Jahren hatte Marx noch den Plan, seine Kritik der politischen Ökonomie um ein Buch über den Staat zu ergänzen (siehe 13, 7). Dieser Plan wurde jedoch nicht realisiert.

Mitstreitern unbestreitbar das Wohl der Menschheit zu befördern trachtete, einen Erklärungsansatz dafür liefern, dass ausgerechnet in seinem Namen abscheuliche Verbrechen gegen die Menschlichkeit begangen werden konnten.

12.1 Staat und Gesellschaft beim jungen Marx

In seiner *Kritik des Hegelschen Staatsrechts* aus dem Jahr 1843 und in der zwei Jahre später verfassten Arbeit *Zur Judenfrage* beschäftigt sich Marx eingehend mit dem Verhältnis zwischen der (bürgerlichen) Gesellschaft und dem Staat[2]. Beide Texte scheinen von einer gewissen Empörung zu zeugen, insofern sich Marx mehrfach gegen die besagte Trennung ausspricht. Dabei wird jedoch oft nicht ganz klar, ob er tatsächlich diese Trennung selbst für falsch hält oder nicht viel mehr die Meinung als falsch zurückweisen möchte, dass eine derartige Trennung in der Realität gegeben ist. Damit sind wir bereits bei einer der Zweideutigkeiten, wenn nicht gar bei der Wurzel aller Zweideutigkeiten des politikphilosophischen Denkens von Marx angelangt, von der soeben die Rede war.

Empörend findet Marx jedenfalls die politische Theorie von Hegel, die den Gegensatz von Gesellschaft und Staat erstmals in aller Deutlichkeit exponiert. Dieser Theorie zufolge sind die Individuen einerseits Mitglieder ihrer Gesellschaft, in der sie als – wie man heute sagen würden – rationale Egoisten ihre partikularen Interessen verfolgen und daher häufig miteinander in wirtschaftliche und private Konflikte geraten. Andererseits gelten sie zugleich als Staatsbürger und stellen in dieser Funktion die Träger einer höherwertigen Allgemeinheit, nämlich des Staatswesens, dar[3]. Hegel sah keine Spannung in dieser Unterscheidung, die auf Rousseaus Trennung zwischen den Rollen des Bourgeois und des Citoyen zurückgeht[4]. Vielmehr betrachtete er den Staat, der seiner Philosophie zufolge in seiner letzten historischen Instanz als die institutionelle Inkarnation der Weltvernunft in ihrem finalen Zustand der Selbstgewissheit und absoluten Freiheit zu verstehen ist, als eine höhere Einheit der bürgerlichen Gesellschaft[5]. Staat und Gesellschaft sind dieser Auffassung zufolge also

---

2 Vgl. für das Folgende Femia 1993, vor allem S. 16 ff.
3 Vgl. Hegel 1955, §§ 182–187, und 1991, §§ 535–546.
4 Vgl. Rousseau 1977, 1. Buch, 6. Kapitel.
5 Dies wird deutlich, wenn Hegel die bürgerliche Gesellschaft in Anlehnung an die traditionelle Unterscheidung zwischen Vernunft und Verstand einen Verstandesstaat nennt, wodurch er kenntlich macht, dass Staatlichkeit in seinem Verständnis kein zur Gesellschaft hinzutretendes Merkmal ist. Die bürgerliche Gesellschaft ist schon Staat, wenngleich in rudimentärer Form.

nicht zwei Bereiche, die man trennen oder gar einander gegenüberstellen kann, wie man es heute tut, wenn zwischen der gesellschaftlichen Privatsphäre und der politischen Öffentlichkeit unterschieden wird. Vielmehr vertritt Hegel die Auffassung, dass der Staat eine spezifische *Verfasstheit* der Gesellschaft darstellt. In ihrer Verfasstheit als Staat findet die individualistisch-atomistische Gesellschaft erst ihre Einheit. Und nur die Teilhaftigkeit an dieser Einheit ermöglicht es dem einzelnen Individuum, das für Hegel als Bourgeois betrachtet ein Atom der bürgerlichen Gesellschaft ist, seinen partikularen Egoismus zu überwinden, um einen Beitrag für das gemeinsame, allgemeine Wohl zu leisten.

Diese Sichtweise entspricht dem eher konservativen Charakter von Hegels politischer Philosophie. Denn wenn der Staat – Hegel denkt bezeichnenderweise an eine in drei Stände geteilte Erbmonarchie nach preußischem Vorbild – in seiner gegenwärtigen Form fast schon die vollkommene Synthese aus den atomisierten Individuen der bürgerlichen Gesellschaft und den Familien darstellt, aus denen diese Atome hervorgehen, dann gibt es wenig Anlass, an den bestehenden Verhältnissen etwas grundsätzlich zu verändern. Dies gilt erst recht in Anbetracht des Diktums aus Hegels Vorrede zu den *Grundlinien der Philosophie des Rechts*, dem zufolge das, was ist, vernünftig ist. Das, was ist (also im Zuge seiner Geschichte geworden ist), kann in den Augen Hegels gar nicht umhin, vernünftig zu sein. Denn alles, was überhaupt existiert, ist die Vernunft auf ihrem Weg zu sich selbst. Diese Vernunft findet Hegels Sicht zufolge wie bereits gesagt ihre institutionelle Vollendung im Staatswesen, das zugleich als Inkarnation der Idee der Freiheit zu deuten ist.

Der angehende Revolutionär Marx kann sich mit dieser Sicht der Dinge und vor allem mit ihrer metaphysischen Überhöhung des Staates freilich nicht arrangieren. Er verwirft Hegels Standpunkt als „offenbare Mystifikation" (1, 213), die die wahre Sachlage auf den Kopf stellt. Nach seinem Dafürhalten ist die Auffassung vom Bürger als einem rationalen Egoisten vermutlich nichts als ein Spiegelbild der frühkapitalistischen Gesellschaft, gleichsam ein invertierter, ideologischer Gedankenreflex, der sich bei dem Royalisten Hegel in Anbetracht der sich ändernden Produktionsverhältnisse seiner Zeit einstellt. Folgerichtig verwirft Marx auch die mutmaßliche Einheit des Besonderen, das laut Hegel in der gesellschaftlichen Sphäre der egoistischen Individuen liegt, mit dem Allgemeinen im Begriff des Staates als eine pure Illusion. Zuweilen bringt er diesen Vorwurf auch zum Ausdruck, indem er abfällig von einer nur *abstrakten* bzw. *imaginären* Allgemeinheit oder vom Staat als einem Surrogat der Gemeinschaft (3, 74) spricht, um kenntlich zu machen, dass ihm Hegels Lokalisierung der Allgemeinheit im Staat vollkommen verkehrt erscheint. Wie wir sehen werden, verlagert der angehende Sozialist Marx die vereinheitlichende Allgemeinheit weg vom Staat hin zur Gesellschaft. Er hält also auch in dieser Hinsicht an der Grundstruktur von Hegels Philosophie fest und tauscht in dieser Struktur gewisse Elemente gegeneinander aus.

Wenige Jahre später wird er seinen Standpunkt in der *Heiligen Familie* noch einmal in der folgenden Formulierung zu Papier bringen und um einen weiteren Kritikpunkt ergänzen:

> Genau und im prosaischen Sinne zu reden, sind die Mitglieder der bürgerlichen Gesellschaft keine *Atome*. Die *charakteristische Eigenschaft* des Atoms besteht darin, *keine* Eigenschaft und darum keine durch seine eigne *Naturnotwendigkeit* bedingte Beziehung zu andern Wesen außer ihm zu haben. Das Atom ist *bedürfnislos, selbstgenügsam* [...]. Das egoistische Individuum der bürgerlichen Gesellschaft mag sich in seiner unsinnlichen Vorstellung und unlebendigen Abstraktion zum *Atom* aufblähen [...]. Die unselige *sinnliche Wirklichkeit* kümmert sich nicht um seine Einbildung [...]. Jede seiner Wesenstätigkeiten und Eigenschaften, jeder seiner Lebenstriebe wird zum *Bedürfnis*, zur *Not*, die seine *Selbstsucht* zur Sucht nach andern Dingen und Menschen außer ihm macht. (2, 127)

Die Mitglieder der bürgerlichen Gesellschaft sind also keine vereinzelten, voneinander unabhängigen Atome. Bestenfalls bilden sie sich aufgrund der sozialen und politischen Verhältnisse, unter denen sie leben, und der ideologischen Geschichten, die sie sich erzählen, ein, derartige Monaden zu sein. Und zum Verhältnis zwischen den Individuen, der Gesellschaft und dem Staat heißt es kurz darauf:

> Die *Naturnotwendigkeit* also, die *menschlichen Wesenseigenschaften*, so entfremdet sie auch erscheinen mögen, das *Interesse*, halten die Mitglieder der bürgerlichen Gesellschaft zusammen, das *bürgerliche* und nicht das *politische* Leben ist ihr *reales* Band. Nicht also der *Staat* hält die *Atome* der bürgerlichen Gesellschaft zusammen, sondern dies, daß sie *Atome* nur in der *Vorstellung* sind, im *Himmel* ihrer Einbildung – in der *Wirklichkeit* aber gewaltig von den Atomen unterschiedene Wesen, nämlich keine *göttliche Egoisten*, sondern *egoistische Menschen*. Nur der *politische Aberglaube* bildet sich noch heutzutage ein, daß das bürgerliche Leben vom Staat zusammengehalten werden müsse, während umgekehrt in der Wirklichkeit der Staat von dem bürgerlichen Leben zusammengehalten wird. (2, 128)

Nicht der Staat bindet die atomisierte Gesellschaft zur höherwertigen Einheit, wie Hegel behauptet. Vielmehr hält umgekehrt die Gesellschaft den Staat zusammen, wobei die Gesellschaft aus Individuen besteht, die kraft ihrer aufeinander bezogenen Interessen und ihrer geteilten „menschlichen Wesenseigenschaften" immer schon vergesellschaftet sind[6]. In diesem Gedankengang, der

---

6 Engels formulierte diesen Perspektivwechsel wie folgt: „Anknüpfend an Hegels Rechtsphilosophie, kam Marx zu der Einsicht, daß nicht der von Hegel als „Krönung des Gebäudes" dargestellte Staat, sondern vielmehr die von ihm so stiefmütterlich

sich methodologisch an der „Umkehrungsstrategie" von Feuerbachs Religionskritik orientiert und inhaltlich auf die aristotelische Bestimmung des Menschen als politisches Wesen stützt, liegt nicht nur die Verwandtschaft des marxistischen und des kommunitaristischen Standpunkts begründet, wie er in der politischen Philosophie unserer Gegenwart vertreten wird. Vielmehr zeichnet sich hier schon eine Vorbedingung für die These vom Absterben des Staates unter kommunistischen Verhältnissen ab. Denn nur dann, wenn es des Staates nicht bedarf, um den Zerfall der Gesellschaft in vereinzelte Atome zu verhindern, ist es möglich, dass die Mitglieder einer kommunistischen, also einer gleichsam gesundeten Gesellschaft auf ihn verzichten können.

Es ist zu erkennen, dass Marx in dieser frühen Phase seines Denkens, genauer in der ersten Hälfte der 40er Jahre, von der politischen Ausrichtung her noch als linksorientierter Liberaler einzuschätzen ist. Dies lässt sich jedenfalls in Übereinstimmung mit der heute geläufigen Terminologie behaupten, selbst wenn Marx dem damaligen Sprachgebrauch gemäß einen Unterschied zwischen den (bürgerlichen) Liberalen und den fortschrittlichen Demokraten zieht, zu denen er sich zu diesem Zeitpunkt zählt. Außerdem ist auch kaum verkennbar, dass er sich trotz aller inhaltlichen Kritik an Hegel noch sehr von dessen Sprache und Begrifflichkeit beeinflusst zeigt.

Weit weniger klar ist jedoch, welchen positiven Standpunkt Marx bezüglich des Verhältnisses zwischen dem Staat und der Gesellschaft zu diesem Zeitpunkt seiner intellektuellen Entwicklung vertreten möchte. Diese Unklarheit rührt meines Erachtens nicht zuletzt aus der bereits angesprochenen Unentschlossenheit zwischen der Ansicht, dass es die Trennung von Staat und Gesellschaft zwar tatsächlich gibt, sie aber aufgehoben werden sollte; und der Überzeugung, dass eine derartige Trennung in Wirklichkeit überhaupt nicht existieren kann, weswegen die Irrlehre, es gäbe sie, verworfen werden sollte.

Es gibt in Marxens Frühschriften jedoch zumindest eine Passage, in der er für einen kurzen Moment darauf hinzudeuten scheint, dass er sich der Verschiedenheit dieser beiden Thesen bewusst ist und tatsächlich *beide* Positionen *zugleich* vertritt. Denn im Zuge eines Vergleichs zwischen der von Hegel favorisierten Monarchie und der von ihm selbst geforderten Demokratie, die er als Inbegriff aller politischen Verfassungen feiert, legt er die Lesart nahe, dass die reale Spaltung von Staat und Gesellschaft und die aus dieser Spaltung

---

behandelte „bürgerliche Gesellschaft" diejenige Sphäre sei, in der der Schlüssel zum Verständnis des geschichtlichen Entwicklungsprozesses der Menschheit zu suchen ist. Die Wissenschaft der bürgerlichen Gesellschaft aber ist die politische Ökonomie [...]." (16. 362 f.)

hervorgehende Doppelrolle des Menschen als Staatsbürger (bzw. politischer Mensch) und Bourgeois (bzw. Privatmensch) nur durch eine demokratische Verfassung überwunden werden kann. Ist die Trennung von Staat und Gesellschaft also in den monarchisch verfassten Gemeinwesen seiner Gegenwart real, aber inzwischen überholt und unzeitgemäß, wird eine derartige Spaltung in den demokratischen Gemeinwesen der Zukunft nicht mehr nötig sein. In diese Richtung könnte man Marx jedenfalls auslegen, wenn er in einer noch stark an Hegel erinnernden Handschrift schreibt:

> In der Monarchie [...] hat der politische Mensch sein besonderes Dasein neben dem unpolitischen, dem Privatmenschen. Das Eigentum, der Vertrag, die Ehe, die *bürgerliche* Gesellschaft erscheinen hier [...] als *besondre* Daseinsweisen neben dem *politischen* Staat [...].

Und im Gegensatz dazu:

> In der Demokratie ist der politische Staat [...] selbst nur ein *besondrer* Inhalt, wie eine besondre *Daseinsform* des Volkes. In der Monarchie z. B. hat dies Besondre, die politische Verfassung, die Bedeutung des alles Besondren beherrschenden und bestimmenden *Allgemeinen*. In der Demokratie ist der Staat als Besondres *nur* Besondres, als Allgemeines das wirkliche Allgemeine, d.h. keine Bestimmtheit im Unterschied zu dem andern Inhalt. (1, 231 f.)

Im weiteren Verlauf der zitierten Arbeit finden sich dann jedoch widersprüchliche Andeutungen. Genauer gesagt ist zu beobachten, dass Marx hinsichtlich der demokratischen Aufhebung des Unterschieds zwischen Staat und Gesellschaft in drei grundverschiedene Richtungen weist. Dabei ist jedoch nirgends klar erkennbar, ob er sich noch nicht entschieden hat, welchen Weg er einschlagen möchte, oder ob er nicht vielmehr den Umstand aus den Augen verliert, dass in diesem Zusammenhang eine Entscheidung Not tut. Und wie sich im weiteren Fortgang dieses Kapitels zeigen wird, reiht sich auch diese Unentschiedenheit in die Folge der systematisch verknüpften Unklarheiten ein, an der die politische Theorie des Marxismus krankt.

Was hat es mit den drei angesprochenen Richtungen auf sich? Unter einer demokratischen Aufhebung der Trennung von Staat und Gesellschaft kann man erstens den Gedanken verstehen, dass in einer Demokratie alle Individuen durch ihr gleiches Stimm- und Wahlrecht an der politischen Herrschaft beteiligt sind, wodurch der Unterschied zwischen dem Staat als Herrschaftsinstrument und der Gesellschaft als Summe der Beherrschten aufgehoben wird. Auf der Linie dieser Lesart der Aufhebungsthese, wie man sie nennen könnte, liegtnicht nur Rousseaus Begründung seiner Präferenz für die republikanische Direktdemokratie. Vielmehr beruhen bis heute nahezu alle Rechtfertigungen der Demokratie auf diesem Gedanken, der auf den Begriff der Autonomie verweist. Die Demokratie ist die Regierung *des Volkes* nicht nur *für* das Volk, sondern vor allem *durch* das Volk, wie Lincoln diesen Standpunkt auf die bereits zitierte Kurzform brachte. Insofern das Volk sich in einem demokratisch eingerichteten Gemeinwesen politisch immer nur selbst bestimmt, ist es keiner ihm fremden oder äußerlichen Staatsgewalt unterworfen, sondern autonom[7].

Die zweite und dritte Auslegung der Aufhebungsthese hängen auf eine prekäre Weise miteinander zusammen und weisen noch einmal auf die beiden Demokratiebegriffe zurück, die im vorletzten Kapitel zur Sprache kamen. Beide Auslegungen gehen mit der Vorstellung einher, die besagte Aufhebung sei gewissermaßen mit der Beseitigung eines Grenzwalls zu vergleichen, wodurch entweder alles vormalig Staatliche dem gesellschaftlichen Bereich zugeschlagen oder umgekehrt alles ursprünglich Gesellschaftliche dem Staatsleben einverleibt wird. Die zweite Auslegung führt zu der Forderung, dass in einem demokratischen Gemeinwesen alle politischen Einrichtungen und Ämter abgeschafft und die vormals durch diese politischen Institutionen staatlich geregelten Angelegenheiten von den Gesellschaftsmitgliedern bzw. durch rein gesellschaftliche Institutionen bewältigt werden. Ähnlich wie im Fall der ersten Auslegung geht es also auch hier um eine „Vergesellschaftung der Politik."[8] Aber anders als im Fall der ersten Auslegung der Aufhebungsthese, die ja die Weiterexistenz politischer Institutionen einräumt, sofern diese gemäß demokratischen Spielregeln bestellt werden, geht es in diesem Fall um eine *Abschaffung des Politischen*. Dieser Gedanke ist nicht nur in der frühsozialistischen und anarchistischen Literatur zu finden, von der Marx beeinflusst ist, sondern taucht in den späteren Arbeiten von Marx und Engels auch immer wieder auf. So heißt es etwa im *Manifest* mit Blick auf die Zeit nach der proletarischen Revolution:

> Sind im Laufe der Entwicklung die Klassenunterschiede verschwunden und ist alle Produktion in den Händen der assoziierten Individuen konzentriert, so verliert die öffentliche Gewalt den politischen Charakter. Die politische Gewalt im eigentlichen Sinne ist die organisierte Gewalt einer Klasse zur Unterdrückung einer andern. (4, 482)

---

7 Zur Kritik dieser demokratie- und autonomietheoretischen Denkfigur siehe Iorio 2011(c), S. 246–249.
8 Rotermundt 1997, S. 99 ff.

Politik und politische Gewalt werden mit den Klassengegensätzen und dem Staat verschwinden und durch ökonomisch ausgerichtete Verwaltungsorgane ersetzt. Hier stößt man also erneut auf die These vom Absterben des Staates unter kommunistischen Gesellschaftsbedingungen, unter denen es den Individuen Marx zufolge möglich ist, ein von jeder Entfremdung gesundetes, vollkommen emanzipiertes Leben in der Gemeinschaft mit ihren Mitmenschen zu führen.

Drittens kann die von Marx geforderte Aufhebung der Trennung von Staat und Gesellschaft aber auch zur Folge haben, dass alle zuvor gesellschaftlichen und insofern privaten Bereiche des menschlichen und zwischenmenschlichen Daseins zum Politikum erklärt werden. So gewendet fällt also der Unterschied zwischen der individuellen Privatsphäre, die vormals den Bereich des Nicht-Politischen markierte, und der Sphäre der politischen Öffentlichkeit weg, weil jetzt alle Sphären des menschlichen Lebens im öffentlich-politischen Raum stattfinden. Für diese Sicht der Dinge, die die radikale Gegenposition zur zweiten Auslegung darstellt, hat aus zwar nachvollziehbaren, aber nicht ganz unbedenklichen Gründen der Feminismus zeitweilig Werbung gemacht, um auf Herrschaftsverhältnisse zwischen Männern und Frauen und auf innerfamiliäre Unterdrückungsstrukturen aufmerksam zu machen. Auch Befürworter einer sukzessiven Demokratisierung des Wirtschaftslebens und des Bildungssystems treten für ein derartiges Unterfangen ein, um solche Bereiche des menschlichen Zusammenlebens einer demokratisch-politischen Kontrolle zu unterwerfen, die traditionellerweise durch Autoritätsbeziehungen und wirtschaftliche Machtpositionen geprägt sind. Gleichwohl sollte man sich vor Augen führen, wie leicht diese Position zu einer Situation beitragen kann, für die sich in manchen Kreisen die Rede vom totalen Staat etabliert hat. Denn wo es politische Macht gibt, die sich eines derart umfassenden Einflussbereichs erfreut, wie ihn die Befürworter der dritten Auslegung der Aufhebungsthese fordern, ist die Gefahr des Missbrauchs politischer Herrschaftsmittel durch eine Handvoll Personen immens. Und es ist nicht abwegig, vor diesem Hintergrund an totalitaristische Regime wie die von Stalin, Mao und anderen zu erinnern, die mit Sicherheit vieles von dem, was sie taten, in der aufrichtigen Überzeugung taten, treu und fest in Marxens Tradition zu stehen[9].

Die erläuterten drei Auslegungen, zwischen denen Marx auch in seinem Artikel *Zur Judenfrage* noch zu schwanken scheint, sollte man sich vor Augen

---

[9] Trotzki steht in dieser Tradition, wenn er mit Blick auf die Diktatur des Proletariats von einem Staat spricht, „der das Leben der Bürger von allen Seiten gebieterisch umfasst." Zitiert nach Kolakowski 1988(b), S. 569.

halten, wenn es um die politische Theorie des ausgereiften Marxismus geht. Denn der soeben zum Vorschein gekommene Umstand, dass man die Position des jungen Marx nicht nur als Plädoyer für die Demokratie, sondern sowohl mit der optimistischen Vision einer politik- und herrschaftsfreien Gesellschaft als auch mit dem Horrorszenario vom totalen Staat in Verbindung bringen kann, sollte uns schon hier in Alarmbereitschaft versetzen. In den folgenden beiden Abschnitten wird sich zeigen, dass entsprechend grundsätzliche Spannungen in Marxens Konzepte der Staatlichkeit und des Politischen nachzuweisen sind.

12.2 Staatlichkeit

Die offizielle Lehre vom Staat, die man Marx zu Recht am häufigsten zuschreibt, wird meistens als *instrumentalistisch*, zuweilen auch als *reduktionistisch* bezeichnet. Was es mit der ersten Bezeichnung auf sich hat, wird deutlich, wenn man sich vergegenwärtigt, dass der Staat dieser Lehre zufolge ein Unterdrückungsinstrument gewaltigen Ausmaßes darstellt. Die staatlichen Institutionen stehen dieser Sichtweise gemäß genauer gesagt den Mitgliedern der jeweils herrschenden Gesellschaftsklasse als ein Instrumentarium zur Verfügung, um ihre Klasseninteressen gegenüber den Interessen anderer Klassen durchzusetzen. Genau auf dieser Linie liegt die zuletzt zitierte Äußerung von Marx. Denn wenn es unter kommunistischen Bedingungen keine Klassen mehr gibt, kann keine Klasse über andere Klassen politische Gewalt ausüben. Folglich ist das Instrument Staat überflüssig geworden, weil keine politische Gewalt mehr statthat. Erst dann kehrt dauerhafter Friede ein, der eine konfliktfreie Weiterentwicklung der Gesellschaft ermöglicht: „Nur bei einer Ordnung der Dinge, wo es keine Klassen und keinen Klassengegensatz mehr gibt, werden die *gesellschaftlichen Evolutionen* aufhören, *politische Revolutionen* zu sein." (4, 182)

Im Rückblick auf das neunte Kapitel dieser Einführung könnte man schon hier eine Spannung in Marxens Konzept des Politischen vermuten. Denn während die instrumentalistische Theorie der Staatlichkeit das Politische zu einem Übel, also zu einer Art von pathologischem Gesellschaftszustand erklärt, der in einer kommunistisch geläuterten und von jeder Entfremdung geheilten Gesellschaft aus der Welt geschafft werden soll, war in der Untersuchung der Klassenkampflehre zu sehen, wie wichtig es Marx zufolge ist, dass sich eine soziale Klasse politisch organisiert, um ihre Interessen durchsetzen zu können. Ist das Politische in einem Sinn von *Übel*, ist es im anderen der Schlüssel zum gesellschaftlichen *Fortschritt*.

Doch diese vermeintliche Spannung lässt sich noch leicht auflösen, indem man erneut auf die geschichtsphilosophischen Grundlagen von Marxens Denken verweist. Denn Marx kann einerseits behaupten, dass die politische Organisation der Klassen ein *notwendiges* Übel sei, *solange* es noch Klassenunterschiede und damit auch politische Gegner gibt; und andererseits zugleich an der These festhalten, dass sich die Formierung gesellschaftlicher Gruppierungen zu politischen Klassen *dann* erübrigen wird, wenn es keine Klassenspaltungen mehr gibt. Anders gesagt kann Marx widerspruchsfrei behaupten, dass in einer pathologischen, weil politisch infizierten Gesellschaft ein Gift von derselben Art notwendig ist, um den krankhaften Zustand zu überwinden.

Die wahrhaft problematische Spannung in Marxens Konzept der Staatlichkeit tritt zu Tage, wenn man das instrumentalistische Moment hintanstellt und fragt, was es heißt, Marxens Staatslehre reduktionistisch zu nennen. Denn die Beantwortung dieser Frage macht deutlich, inwiefern aus Marxens Lehre auch die weitreichende These abgeleitet werden kann, dass es bei Licht betrachtet so etwas wie Politik gar nicht gibt und niemals gegeben hat. Es ist erst diese These, die uns zu einer unaufhebbaren Spannung mit anderen politiktheoretischen Überzeugungen von Marx führen wird.

Um den entscheidenden Punkt, also die Ambivalenz in der Position von Marx zu sehen, sollten wir uns einen Unterschied vor Augen führen, der an die Unterscheidung zwischen dem schlichten Reduktionismus und dem radikalen Eliminativismus erinnert, den ich im fünften Kapitel im Rahmen der Ausführungen zum methodologischen und sozialen Individualismus erläutert habe. Während die reduktionistische Doktrin besagt, dass ein Bereich von Phänomenen auf einen anderen Bereich zurückgeführt bzw. in einer grundlegenderen Begrifflichkeit rekonstruiert werden kann, ist der eliminativistische Gedanke radikaler. Denn dieser lautet, dass der zurückgeführte Phänomenbereich bei Licht betrachtet gar nicht existiert, weil dieser mutmaßliche Bereich gleichsam als eine verkappte Form desjenigen Bereichs enttarnt worden ist, auf den die betreffenden Phänomene zurückgeführt wurden.

Wenn es in Anbetracht dessen wahr ist, dass alle staatlichen Einrichtungen ihrer Natur nach Instrumente sind, um ökonomische Klasseninteressen gegen die rivalisierenden Interessen der Mitglieder anderer Klassen durchzusetzen, dann kann man diesen Sachverhalt gemäß der besagten Unterscheidung in zweierlei Weise deuten. In der stärkeren Deutung ist behauptet, dass es allem Anschein zum Trotz nichts genuin Politisches gibt. Denn insofern es sich bei den Interessen, deren Durchsetzung die staatlichen Institutionen dienen, Marx zufolge um ökonomische Interessen handelt, die als solche in den Bereich der gesellschaftlichen Realität gehören, könnte man folgern, dass die scheinbar politischen Phänomene als ökonomische und damit gesellschaftliche Phänomene entlarvt worden sind. Darüber hinaus fallen vor diesem Hintergrund die mutmaßlich politischen Instrumente mit anderen, nicht-politischen Instrumenten in eine Menge, insofern diese ebenfalls dazu dienen, die ökonomischen Interessen einer Klasse durchzusetzen. Über die scheinbar politischen Instrumente verbleibt folglich nichts Eigenständiges zu vermelden, da sie nur noch als Spielart des ökonomischen Instrumentariums gelten.

Diese radikale Auffassung bietet zwar eine simple Antwort auf die Frage an, weshalb bei Marx keine eigenständige politische Theorie, sondern bestenfalls eine Reihe vereinzelter politiktheoretischer Überlegungen zu finden ist. Denn wer dem Standpunkt zustimmt, dass das Politische nur eine verkappte Form des Ökonomischen ist, also nicht glaubt, dass es das genuin Politische überhaupt gibt, macht sich freilich nicht die Mühe, eine eigenständige Theorie von dieser Schimäre zu entwickeln.

Andererseits erweist sich aber genau dieser Schachzug aus einer anderen Perspektive betrachtet als fatal. Denn eine Reihe weiterer Überlegungen von Marx setzen voraus, dass die radikale Auflösung des Politischen eine Fehleinschätzung ist, weswegen der Mangel einer politischen Theorie des Marxismus zum schwerwiegenden Problem wird. Dies zeigt sich, wenn man sich der verbleibenden Lesart der von Marx vertretenen Staatstheorie zuwendet, die zutage tritt, wenn man die schwächere Auffassung vom Verhältnis zwischen dem Politischen und dem Sozioökonomischen zugrunde legt. Die Staatslehre von Marx dient in dieser Lesart nämlich dazu, die nicht ganz unproblematische, weil verkappt essentialistische Frage zu beantworten, was Staatlichkeit und damit auch die Politik ihrer innersten Natur nach sind: gesellschaftliche bzw. ökonomische Phänomene. Führt also die radikale Auffassung zu der Ansicht, es gäbe bei Licht betrachtet gar keinen eigenständigen Bereich des Staatlichen oder Politischen, will ein Vertreter der jetzt zur Diskussion stehenden Sicht die Aufmerksamkeit vielmehr auf das Wesen des Politischen lenken.

Der dabei zutage tretende Gedanke, dass es in der Politik im Grunde genommen immer nur um ökonomische Sachverhalte geht, dass man gleichsam die Essenz des Politischen nur begreifen kann, wenn man sie in ökonomischen Kategorien zu denken versteht, ist uns als aufgeklärte Zeitgenossen vertraut. Denn oft ist es für eine politisch gut informierte Beobachterin ein Kinderspiel, *politische* Entscheidungen *politischer* Akteure auf den Einfluss *ökonomischer* Interessengruppen zurückzuführen. Auch in der politischen Wissenschaft unserer Tage gibt es Theorien, die zu zeigen versuchen, dass man das Wahlverhalten der Mitglieder moderner Gesellschaften oder die Strategieentscheidungen politischer Parteien, also genuin politische Akte, in der Begrifflichkeit der Entscheidungs- und Spieltheorie, sprich der Kernzelle aller zeitgenössischen Ökonomie, rekonstruieren kann[10]. Auch in diesem Fall wird also Politik in einer ganz bestimmten Bedeutung des Wortes auf ökonomische Sachverhalte zurückgeführt, ohne dass damit die weitreichende These einhergeht, dass es das Politische gar nicht gibt.

So wie der junge Marx zwischen den verschiedenen Auslegungen seiner Aufhebungsthese nicht klar unterscheidet, scheint er auch den Unterschied zwischen den beiden Lesarten der instrumentalistischen Staatsdoktrin zu übersehen. Dabei lässt sich jedoch zeigen, dass Marx in dieser Angelegenheit aus Gründen, die gleich zu benennen sind, eher der schwächeren als der stärkeren Auffassung zustimmen sollte. Doch wie bereits angedeutet würde ihn dies vor die Aufgabe stellen, seinen Begriff des Politischen klarer zu fassen.

Die besagten Gründe werden erkennbar, wenn man zusätzlich eine gleichsam inoffizielle Staatsauffassung von Marx ins Spiel bringt, die beiden Lesarten des Instrumentalismus widerspricht. Dieser Auffassung zufolge, die von vielen Marxisten des 19. und 20. Jahrhunderts favorisiert wurde, sind politische Institutionen nicht nur Instrumente, die der Durchsetzung rein ökonomischer Interessen der gerade herrschenden Klasse dienen. Vielmehr sprechen die Vertreter dieser Auffassung politischen Institutionen doch auch ein gewisses Mindestmaß an Autonomie zu. Gelten die politischen Einrichtungen also der instrumentalistischen Staatslehre zufolge nur als Werkzeuge, die den herrschenden Klassen (oder deren Handlangern) zur Verfügung stehen, um ihre ökonomischen Interessen zu wahren, gehen die Vertreter der alternativen Sicht davon aus, dass politische Institutionen gegenüber den herrschenden Klassen und ihren Interessen ein gewisses Maß an Unabhängigkeit für sich verbuchen können. Politiker sind dieser Auffassung zufolge also nicht nur Sachwalter der Herrschenden. Vielmehr sind sie – unter günstigen Bedingungen – dazu in der Lage, Projekte zum Wohle der gesamten Gesellschaft oder doch wenigstens im Interesse solcher Menschen in Angriff zu nehmen, die zu einer beherrschten Klasse gehören. Folglich gibt es etwas am Politischen, das sich nicht in schierer Ökonomie erschöpft. Also kann ein Vertreter dieser Position nicht der radikalen Auffassung zustimmen, dass es neben den ökonomischen keine politischen Sachverhalte gibt.

Dass Marx die mit dieser Sichtweise einhergehende Autonomie politischer Einrichtungen einräumt, zeichnet sich umrisshaft etwa im *Manifest* oder auch im *18ten Brumaire* ab. Denn er stellt fest, dass die politischen Waffen der Bourgeoisie, die diese Klasse in ihrem Kampf gegen die Aristokratie entwickelt hat,

---

10 Siehe hierzu schon Downs 1968. Vgl. auch Sennett, 2009, S. 108–110.

mehr und mehr zu Waffen des Proletariats werden. (vgl. 4, 468; 8, 153) Die Arbeiterklasse kämpft, anders gesagt, gegen die herrschende Klasse mit solchen politischen Instrumenten, die die Bourgeoisie entwickelt hat und größtenteils noch immer in Händen hält. Folglich steht dieses politische Instrumentarium Marx zufolge auch solchen Menschen zur Verfügung, die nicht zur momentan herrschenden Klasse gehören[11].

Die Überzeugung von der Existenz dieser Autonomie politischer Einrichtungen und Akteure bildete dann aus naheliegenden Gründen einen wichtigen Wendepunkt in der Geschichte der sozialdemokratischen Bewegung. Denn einflussreiche Repräsentanten dieser Bewegung waren nach langem Zaudern um die Wende zum 20. Jahrhundert mehr und mehr dazu bereit, sich von ihren marxistischen Ursprüngen loszusagen und auf die Spielregeln der repräsentativen Demokratie einzulassen, um für die Interessen der Arbeiterschaft im Namen von Gerechtigkeit und Gleichheit im Parlament zu streiten. Eduard Bernstein, Karl Kautsky und bis zu einem gewissen Maß auch August Bebel und Franz Mehring, der erste Biograf von Marx, waren die führenden Vertreter dieser Position, die sich mit den Errungenschaften liberal-bourgeoisen Denkens und Handelns infolge ihrer politischen Erfahrungen immer mehr anfreundeten. Damit gruben sie eine tiefe Kluft zwischen dem von ihnen vertretenen Sozialismus, dem es vornehmlich um eine Entschärfung des Klassenkonflikts zugunsten der unterprivilegierten Bevölkerungsgruppen ging, und dem radikalen, sich bald zum Bolschewismus verkrustenden Kommunismus, der am marxistischen Endziel der klassenlosen Gesellschaft festhielt. Diesen historischen Hintergrund muss man kennen, um zu verstehen, weshalb die Vertreter der gemäßigten Position von Rosa Luxemburg, Karl Liebknecht und nicht zuletzt von Lenin, einem konsequenten Vertreter der instrumentalistischen Staatstheorie, ob dieses Zugeständnisses an den Liberalismus des Verrats bezichtigt wurden.

Wichtiger als diese historischen Verzweigungen ist für unsere gegenwärtigen Belange die zu Tage getretene Ambivalenz der Staatslehre von Marx. Denn nicht nur mit Blick auf die politische Praxis, sondern auch für die politische Theorie macht es natürlich einen gewaltigen Unterschied, ob man der Ansicht ist, die staatlichen Einrichtungen seien lediglich (ökonomische) Instrumente,

---

11 Unter solch einer Waffe kann man sich z. B. die Institutionen des Parlaments oder der demokratischen Parlamentswahl vorstellen. Es hat sicherlich seine historische Richtigkeit, dass manch ein liberal gesonnener Unternehmer, der vormals stolz darauf war, dass seine Klasse ein Mindestmaß an parlamentarischer Demokratie gegen den Feudalismus durchgesetzt hat, diesen Erfolg später bereute, als immer mehr Repräsentanten der Arbeiterklasse ins Parlament gewählt wurden.

die der Durchsetzung ökonomischer Interessen der herrschenden Klassen dienen, oder ob man die Überzeugung teilt, dass diese Institutionen auch zu einem genuin politischen Eigenleben fähig sind. Denn nur im zweiten Fall ist ihr Einsatz für die Belange solcher Menschen möglich, die nicht zur gegenwärtig herrschenden Gesellschaftsschicht gehören. Wie im nachfolgenden Abschnitt zu sehen sein wird, ist auch Marxens Konzept des Politischen von der zum Vorschein getretenen Ambivalenz infiziert[12].

12.3 Der Begriff des Politischen

„Der Begriff des Staates setzt den Begriff des Politischen voraus", schreibt Carl Schmitt zur Eröffnung einer kleinen Abhandlung, die aus einer Zeit stammt, in der sein manchmal „nur" faschistoides Denken einen seiner faschistischen Höhepunkte erreichte[13]. Diese Aussage kann man zum einen formal interpretieren, wie Schmitt selbst es zwar nicht klar ausdrückt, aber doch andeutet. Weil jeder Staat notwendigerweise der Staat einer irgendwie bestimmten *politischen* Gemeinschaft ist, taucht dieser formalistischen Lesart zufolge in jeder Definition des Staatsbegriffs das Merkmal des Politischen auf. Also setzt der Begriff des Staates den des Politischen voraus. Und jeder Versuch, das Politikkonzept durch den Begriff des Staates zu analysieren, wäre zirkulär.

Wenn man sich jedoch über diesen formalistischen Punkt hinwegsetzt und Schmitt stattdessen dahingehend liest, dass nicht der eine Begriff den anderen, sondern der Staat selbst das Politische voraussetzt, stößt man auf die mehr substantielle Frage nach dem Politischen. Was ist das überhaupt – das Politische? Wer diese Frage beantworten will, kommt durch den Staatsbegriff nicht

---

12 Eine weitere Ambivalenz lässt sich mit Blick auf das Verhältnis zwischen dem Politischen und dem Gesellschaftlichen nachweisen. Zuweilen subsumiert Marx politische Phänomene unter einen weiten Gesellschaftsbegriff. So etwa, wenn er schreibt: „Die *politischen* Beziehungen der Menschen sind natürlich auch *soziale, gesellschaftliche* Beziehungen, wie alle Verhältnisse, worin sich Menschen zu Menschen befinden. Alle Fragen, die sich auf Verhältnisse der Menschen zueinander beziehen, sind daher auch soziale Fragen." (4, 340) Einen engeren Gesellschaftsbegriff setzen Marx und Engels hingegen voraus, wenn sie das Politische dem Gesellschaftlichen gegenüberzustellen, etwa zwischen der nur politischen und der gesellschaftlichen Unterdrückung unterscheiden (vgl. z. B. 4, 312). Wie schon an früheren Punkten zu sehen war, dass Marx mit verschieden umfassenden Begriffen des Gesellschaftlichen operiert, ist hier erkennbar, dass dies auch seinen Begriff des Politischen affiziert.
13 Schmitt 1932, S. 20.

weiter, sagt Schmitt. Wo ist aber dann nach dem Schlüssel zum Politischen zu suchen?

Schmitts Antwort auf diese Frage lässt sich auf die Behauptung zuspitzen, dass das Politische genau dann und dort entsteht, wo sich Menschen dazu gedrängt oder berufen fühlen, eine Trennungslinie zwischen ihren Freunden und ihren Feinden zu ziehen, und bereit sind, gegen die Feinde, die ihnen als Bedrohung der eigenen Existenz erscheinen, mit aller Gewalt, also auch mit Kriegsgewalt vorzugehen. Politik kann Schmitt zufolge also nur dort ins Dasein treten, wo die Bereitschaft vorherrscht, andere Menschen um der eigenen Selbsterhaltung willen zu vernichten. Durch diese martialische Behauptung springt der Umstand ins Auge, dass der Rede von der politischen Gewalt immer schon die Konzepte der physischen Gewalt und der Gewalttätigkeit zugrunde liegen.

Die für Schmitt relevante Unterscheidungslinie zwischen Freunden und Feinden verläuft vermutlich immer entlang nationaler Grenzen. Dies legt die rechtsnationale Ausrichtung seines Denkens jedenfalls mehr als nahe. Demgegenüber räumt Marx den Nationalgrenzen keine relevante Rolle ein, insofern er sich für die Befreiung des *internationalen* Proletariats von der *internationalen* Herrschaft der Bourgeoisie ausspricht. „Proletarier aller Länder, vereinigt euch!" Gleichwohl sollte an dieser Stelle der im neunten Kapitel erläuterte Gedanke von Marx in Erinnerung kommen, dass eine Klasse von Menschen sich erst dann zur politischen Klasse emporschwingt, wenn sich ihre Mitglieder nicht nur ihres Klassenstatus und ihrer Klasseninteressen bewusst sind, sondern auch wissen, wo der gesellschaftliche und politische Gegner, sprich der Klassenfeind steht. Kurz gesagt ist auch bei Marx das Politische mit den militanten Begriffen des Kampfes, der Feindschaft und des Krieges verwoben.

Doch das ist nicht die einzige Parallele, die sich bei Marx und Schmitt nachweisen lässt. Denn durch eine weitere Überlegung vereinnahmt Schmitt die marxistischen Konzeptionen der Ideologie und Ideologiekritik für seine Zwecke, auch wenn er diese Bezeichnungen vermeidet und der Ideologiekritik eine andere Wendung gibt. In der zitierten Schrift vertritt er die Ansicht, dass jede Berufung auf ökonomische Interessen und anderweitige ökonomische Sachverhalte nur eine unter vielen Möglichkeiten ist, sich mit dem Feind politisch-polemisch auseinanderzusetzen[14]. Ökonomische Sachverhalte werden so gesehen bei Schmitt gewissermaßen zu einem Bestandteil des ideologischen Überbaus. Jedenfalls geht es nach seinem Dafürhalten bei der Berufung auf ökonomische Interessen und Sachverhalte weniger um die Wahrheit oder

---

14 Siehe Schmitt 1932, S. 68–78.

Falschheit der formulierten Äußerungen. Diese Äußerungen gelten ihm vielmehr als intellektuelle, polemische und – wenn man so will – ideologische Kampfinstrumente.

So viel Gemeinsamkeit also zwischen zwei ansonsten so grundsätzlich verschiedenen Denkern. Auch wenn es unnötig sein dürfte, die Unhaltbarkeit von Schmitts Position zu betonen, glaube ich, dass er hier gemeinsam mit Marx einem für das Verständnis des Politischen fundamentalen Gedanken auf der Spur ist, auch wenn beide das Ziel letztlich verfehlen, auf das die Spur zuläuft.

Man muss diesen Gedanken – das sei ausdrücklich vermerkt – nicht unbedingt so deuten, dass es notwendigerweise um Feinde und Freunde geht, die sich laut Schmitts unappetitlichem, sich oft auch existentialistisch gebärdendem Pathos mit allen Mitteln der Kriegskunst an die Gurgel wollen. Denn so, wie wir Marxens Rede vom Klassenkampf demokratietheoretisch eingehegt haben, kann man auch Schmitt für unsere Zwecke umdeuten. Man kann den entscheidenden Gedanken nämlich auch dahingehend umformulieren, dass es nicht zwangsläufig um Freunde und Feinde, sondern vielmehr um Menschen geht, die sich im politischen Raum nicht nur als Individuen, sondern immer auch als Mitglieder diverser Gemeinschaften, Gruppen, Familienverbände oder auch Klassen begegnen. Der Begriff des Politischen setzt also dieser Umdeutung gemäß das *Gegenüber von verschiedenen Gruppierungen* voraus[15].

Fassen wir noch einmal die bei Schmitt und Marx aufgefundenen Gemeinsamkeiten zusammen, die weiterhelfen sollen, dem Begriff des Politischen auf die Spur zu kommen. Politik findet zum einen nur dann und dort statt, wo eine *Vielzahl* von Menschen aufeinandertrifft und sich so wechselseitig in ihrem Handeln beeinflusst. Robinson lebt folglich auf seiner Insel im politikfreien Raum. Politik findet des Weiteren dann und da statt, wo *Gruppen* von Menschen miteinander ins Gehege kommen, wo also besagte Vielzahl von Menschen in mindestens zwei Gruppierungen zerfällt. Robinson und Freitag bilden noch keine politische Gemeinschaft. Wenn man jetzt noch in Anlehnung an Marxens Klassenkampflehre die Annahme hinzufügt, dass Individuen dann zu einer Gruppe (im politisch relevanten Sinn des Wortes) zusammenzufassen sind, wenn sie (mindestens) ein Interesse teilen, dann tritt als ein weiteres

---

15 Ein Gedanke, der auch in der zeitgenössischen Demokratietheorie anklingt, wenn es heißt, dass demokratische Verfahren nur funktionieren können, wenn in der Bevölkerung irgendeine Art von Wir- bzw. kollektiver Identität gegeben sei, die Gesellschaftsmitglieder sich also nicht als isolierte Individuen, sondern als Gesellschaftsmitglieder begreifen. Nur unter dieser Bedingung sei die Minderheit bereit, die Entscheidung der Mehrheit als für die ganze Gesellschaft verbindlich anzuerkennen. Vgl. etwa Scharpf 1998.

Merkmal des Politikbegriffs die Bedingung hinzu, dass ein *Interessenkonflikt zwischen den Gruppen* bestehen muss. Ein Diktator, dem es nachhaltig gelänge, ohne einen Stab von Verbündeten die Bevölkerung seines Landes im Alleingang widerstandslos in Schach zu halten, betriebe so gesehen also keine Politik, wäre nicht der politische Regent eines Staates. Denn der Annahme zufolge steht er ja nicht als Mitglied einer Gruppe anderen gesellschaftlichen Gruppierungen mit je eigenen Interessen gegenüber. Dieser Potentat wäre eher als ein Patriarch zu beschreiben, der nicht-politische Herrschaft bzw. väterliche Gewalt über seine Landeskinder ausübt.

Bis hierher hat die entwickelte Bestimmung des Politischen etwas Martialisches an sich, was vornehmlich am zugrundeliegenden Konzept der (politischen) Gewalt liegt. Aber dieser Aspekt lässt sich ins Positive wenden, indem man zwei weitere Autoren zu Rate zieht, um das bisheriges Bild zu ergänzen. Michel Foucault meint in Anlehnung an das berühmte Diktum von Clausewitz, die Politik sei eine Fortsetzung des Krieges mit anderen Mitteln[16]. Auch er stellt also das Politische in einen engen Zusammenhang mit den Begriffen des Krieges, des Kampfes und der Gewalt. Aber eine andere, nämlich diametral entgegengesetzte Auslegung dieses Zusammenhangs, die zugleich zu einem *zweiten* Begriff des Politischen führen wird, erhält man, indem man die Naturzustandskonzeption zugrunde legt, wie sie erstmals von Thomas Hobbes ausführlich entwickelt wurde[17]. Der vor-staatliche, also *politikfreie* Naturzustand ist für Hobbes mit einer Notwendigkeit, die er aus anthropologischen und rationalitätstheoretischen Annahmen ableitet, ein universaler *Kriegszustand*. Denn in diesem Zustand kämpft potentiell jedes Individuum gegen jedes andere um knappe Güter und ums nackte Überleben. Der momentan entscheidende Punkt betrifft nun die Tatsache, dass die Staatsgründung und damit die Entstehung des Politischen vor dem Hintergrund der Gleichsetzung von Natur- und Kriegszustand, die Hobbes vornimmt, letztendlich nur einem einzigen Zweck dient: den bestialischen Krieg aller gegen alle zu *beenden*. Das Politische ist folglich seiner ganzen Natur nach nur noch insofern eine Fortsetzung des Krieges mit anderen Mitteln, als wir es jetzt mit einer *Aushandlung* von (Interessen-) Konflikten (zwischen mindestens zwei Gruppen von Menschen) durch *nicht länger militante Mittel* zu tun haben. Politik ist aus der Perspektive von Hobbes gesehen also nicht wirklich eine Fortsetzung des Krieges mit anderen Mitteln, wie Foucault behauptet. Das Politische *ersetzt* vielmehr den Krieg, ist ein *Surrogat* für den Krieg, insofern die politische Gewalt den „natürlichen"

---

16 Foucault 1978, S. 71.
17 Siehe Hobbes 1966, 1. Buch, 13.–18. Kapitel.

Normalfall von Gewalt, nämlich die physische Gewalt aufhebt. Das Politische ist anders formuliert das Ende bzw. die Pause des Kriegszustands. Politik ist, was gelingt, wenn der Krieg vermieden wird, indem Interessenkonflikte zwischen den beteiligten Parteien nicht länger auf gewalttätige Weise *ausgetragen*, sondern unter Gesprächspartnern *ausgehandelt* werden[18].

Eine Konsequenz dieser Sichtweise lautet, dass im Kriegsfall das Politische gewissermaßen erlischt bzw. einbricht. Krieg ist der durch Hobbes inspirierten Sicht der Dinge zufolge ein Rückfall in den barbarischen, besser animalischen Naturzustand, der durch eine Abwesenheit jedweder politischer Institutionen definiert werden kann. Krieg ist aus dieser Perspektive betrachtet eben keine Fortsetzung der Politik mit anderen Mitteln, um den oft bemühten Slogan noch einmal zu wiederholen. Krieg ist vielmehr immer und kraft Definition ein Versagen, Verschwinden oder ein Entschlummern des Politischen. Krieg ist der Tod des Politischen.

12.4 Totalitarismus oder das Absterben des Staates

Marx scheint mit den entwickelten Positionen bezüglich der beiden Konzepte des Politischen ein ganzes Stück weit einverstanden zu sein. Denn auch er zeichnet ein uns bereits vertrautes Bild von der Geschichte des Politischen, das auf zwei Phasen beruht. Anders als die durch Hobbes inspirierte Sicht, der zufolge das Politische dann erst anfängt, wenn der Krieg endet, und seinem Wesen nach als Surrogat des Kriegszustands aufzufassen ist, geht Marx jedoch davon aus, dass das Politische, solange es unter Klassenteilung statthat, den Krieg zwischen den rivalisierenden Gesellschaftsgruppen bestenfalls verschleiert, nicht jedoch ersetzt. Erst in der klassenlosen Gesellschaft wird es seiner Auffassung nach zum finalen Friedensschluss unter den Menschen kommen. Und es war bereits zu sehen, dass dieser Friede Marx zufolge zugleich mit einem Ende des Politischen, der politischen Gewalt und der Staatlichkeit einhergeht. Beginnt das gesellschaftliche Zusammenleben in den Augen von Hobbes im natürlichen Kriegszustand, um dann durch Politik und Staatlichkeit befriedet zu werden, glaubt Marx an die durch Klassenkämpfe politisch pathologisierte Gesellschaft, die erst am Ende der Geschichte in einen friedlichen Zustand bar aller Politik gelangen kann.

Aus einer anderen Perspektive betrachtet wird aber deutlich, dass Marx auch in dieser Hinsicht schwankt. Denn er arbeitet unterschwellig *sowohl* mit

---

18 Vgl. hierzu Iorio 2004.

seinem offiziellen Politikbegriff *als auch* mit dem alternativen Konzept des Politischen, dem zufolge die Politik das Ende des Krieges und der Staat eine Art Kriegsvermeidungsapparatur darstellt, wie schon Hobbes behauptet hat. Und ich glaube, dass in diesem Schwanken zwischen zwei Politikbegriffen eine Erklärung der Tatsache zu finden ist, dass Marx die von aller politischen Gewalt befreite, vollkommen herrschaftsfreie Gesellschaft prognostizierte, wohingegen seine Epigonen in seinem Namen den politischen Staatstotalitarismus praktizierten.

Um zu sehen, dass auch der Marxismus mit dem ‚friedfertigen' Konzept des Politischen operiert, mag die folgende Frage nützlich sein. Warum ist der Staat in den Händen von Leuten, die sich zum Marxismus bekannten, nicht ver- bzw. abgestorben, sondern im Gegenteil zu einem machthungrigen Leviathan entartet, der nach innen zur Lebensgefahr für seine eigene Bevölkerung wurde und nach außen andere Staaten bedrohte? Nach dem Dafürhalten der meisten Marxisten, Leninisten, Maoisten usw. liegt die Antwort auf diese Frage in dem Umstand begründet, dass die realsozialistischen Staaten des zwanzigsten Jahrhunderts unter den weltpolitischen Gegebenheiten, unter denen sie vor dem Hintergrund zweier Weltkriege entstanden waren, niemals aus der ersten Phase – die der Diktatur des Proletariats – in die zweite Phase gelangen konnten, in der es laut Drehbuch zum Verschwinden des Staates und zur kommunistischen Gesellschaft hätte kommen sollen. Die damit angedeutete Überlegung hat vornehmlich mit der von Stalin ausgerufenen Kehrtwendung zu tun, der zufolge es entgegen der Überzeugung von Marx, Engels und Lenin, dass der Sozialismus nur auf der Grundlage einer Weltrevolution, also nur global zu realisieren ist, doch möglich sei, den Kommunismus in einzelnen Ländern aufzubauen. Viele scheinen jedenfalls zu glauben, dass die realsozialistischen Staaten an diesen äußeren historischen Umständen und damit auch an rein äußerlichen Bedingungen gescheitert sind.

Aber man stelle sich vor, die Geschichte wäre in den ersten Jahrzehnten des zwanzigsten Jahrhunderts anders verlaufen. Man stelle sich nicht nur vor, es wäre damals tatsächlich zu einer Revolution der Proletarier aller Länder gekommen, sondern auch – weil das ja gar nicht so viele Staaten betroffen hätte – zu einer sozialistischen Umgestaltung all derjenigen Länder, in denen es kein Proletariat im engeren Sinn des Wortes gab. Was wäre geschehen? Wären die staatlichen Einrichtungen Schritt für Schritt abgebaut worden, wie Marx und andere anarchistische Sozialisten sich das vorgestellt haben? Hätte das passieren können? Ist eine Welt, in der es sehr viele Menschen gibt, ohne Staatlichkeit und Politik überhaupt denkbar?

Um dieser Frage nachzugehen, die einen Schritt näher zu Marxens Ambivalenz in Sachen Politik führen wird, muss man sich vor Augen halten, dass der Staat, von dem hier die Rede ist, neben seinen politischen Strukturen nicht nur die verschiedensten Verwaltungseinrichtungen beinhaltet, sondern auch die juristischen Institutionen umfasst. Bei den meisten frühsozialistischen Autoren schon findet sich die Vorstellung, dass man auch auf diese juristischen Institutionen, also auf einen Rechtsapparat, wird vollkommen verzichten können, wenn die Menschen erst einmal von den falschen gesellschaftlichen Bedingungen befreit sind und daher konfliktfrei miteinander leben können. Dabei beeindruckt nicht nur die Zuversicht, mit der sich diese Autoren von der Tugendhaftigkeit der für die Zukunft prognostizierten Erdbewohner überzeugt zeigen. Erschreckend ist vor allem die Naivität, mit der dabei nicht-ökonomische Konfliktursachen nicht nur unterschätzt, sondern zumeist schlicht übersehen oder doch zumindest übergangen werden[19]. Was nützt den Menschen jedoch alle ökonomische und soziale Sicherheit, an deren baldige Ermöglichung im Weltmaßstab diese Autoren angesichts der industriellen Revolution glaubten, wenn diese Menschen nicht die Frauen oder Männer kriegen, die ihr Herz begehrt? Was verhindert den Totschlag aus Eifersucht? Was Habgier und Rache? Was Wut oder schiere Dummheit? Gibt es einen ernsthaften Grund für die Hoffnung, dass die Menschen der Zukunft von derart negativen und destruktiven Zügen vollkommen befreit sein werden? Vielleicht war Rousseaus und Kants Skepsis übertrieben, als sie meinten, dass eine funktionierende Demokratie nicht für Menschen, sondern nur für Götter und Engel realisierbar sei. Die Annahme, dass Menschen dauerhaft ohne eine Rechtsordnung zusammenleben könnten, scheint jedenfalls hoffnungslos falsch zu sein.

Der für unsere Belange entscheidende Punkt ist also, dass eine Vielzahl von Menschen, die dauerhaft zusammenleben und gemeinsam wirtschaften, vielleicht auf eine zentral verwaltete Planwirtschaft und auf die entsprechenden Verwaltungseinrichtungen, die Marx vorgeschwebt haben, verzichten können. Auf *juristische* Vereinbarungen und die dazu notwendigen Institutionen können Menschen jedoch keineswegs verzichten, wenn sie auf Dauer einigermaßen friedlich kooperieren wollen. Insofern ist folglich zumindest eine Art Minimalstaat, wie ihn die Libertarianer gerne hätten, eine notwendige Bedingung für ein mehr oder weniger reibungsfreies Zusammenwirken einer großen Zahl von Menschen. Dabei kann hier die Frage offenbleiben, welchen Umfang die Menge der Funktionen eines gerechtfertigten Minimalstaats hätte. Der allein wichtige Gedanke besagt vielmehr, dass es irgendwelche Verbindlichkei-

---

19 Siehe hierzu Mouffe 2007 und Schmidt am Busch 2011.

ten, einen noch so kleinen Bestand an juristischen Vereinbarungen geben muss, die das Zusammenleben einer größeren Zahl von Menschen in einem Mindestmaß regeln, wenn das Zusammenleben über die Zeit hinweg stabil und friedfertig sein soll.

Die alles entscheidende Frage lautet daher am Ende, ob wir solchen juristischen Vereinbarungen schon den Status einer politischen Institution einräumen wollen oder nicht. Hier liegt, glaube ich, die Wurzel der grundlegenden Unklarheit bei Marx, der wir in diesem Kapitel auf der Spur sind. Denn in einem sehr verbreiteten und auf die Ideen von Hobbes und seiner liberalen Nachfolger zurückführbaren Sinn des Wortes ist Politik nichts anderes als das Festsetzen und Verwalten kollektiver Vereinbarungen und juristischer Verbindlichkeiten. Dieser Begriff des Politischen kommt zum Vorschein, wenn Thomas Meyer die Politik definiert als „die Gesamtheit der Aktivitäten zur Vorbereitung und zur Herstellung gesamtgesellschaftlich verbindlicher und/oder am Gemeinwohl orientierter und der ganzen Gesellschaft zugute kommender Entscheidungen[20]." In diesem Sinn des Wortes kann es zu keinem Absterben des Politischen kommen, solange Menschen dauerhaft und friedlich miteinander leben wollen, was ja voraussetzt, dass sie einige für alle Beteiligten relevante Dinge verbindlich klären, um Chaos zu vermeiden und Koordination zu ermöglichen. Nur unter dieser Bedingung können sie ihre Interessenkonflikte, die nie ganz vermeidbar sind, auf nicht-militante Art und Weise beilegen und dadurch vermeiden, sich wechselseitig zu schädigen oder gar auszurotten. In dieser Bedeutung des Wortes – das ist entscheidend – hat auch Marx nichts gegen das Politische vorzubringen, insofern auch er ein Befürworter verbindlicher Regelungen des wirtschaftlichen Zusammenlebens der Gesellschaftsmitglieder war. In einem anderen Sinn des Wortes, der in den Überlegungen von Marx und Schmitt angelegt ist, ist Politik jedoch eine Art von Krieg, während die Verwaltung kollektiver Vereinbarungen bzw. die nicht-militante Regulierung von Interessenkonflikten das genuin Gesellschaftliche und somit Nicht-Politische markiert. Auf der Linie dieses Begriffs des Politischen denkt Marx, wenn er die Utopie vom politik-, staats- und herrschaftsfreien Zusammenleben bedient.

Wie hängen schließlich die verschiedenen Unklarheiten zusammen, von denen in den zurückliegenden Abschnitten die Rede war? Politik ist in der einen Fassung kaschierter Krieg bzw. Klassenkampf und soll gemäß der zweiten Deutung der Aufhebungsthese in der klassenlosen Gesellschaft durch das Absterben staatlicher Institutionen von der Bildfläche verschwinden. Es gibt

---

20 Meyer 2000, S. 15.

dann nur noch die Gesellschaft, deren Mitglieder ihre gemeinsamen Anliegen kooperativ und friedlich verwalten. Politik ist in der anderen Fassung das Surrogat von Krieg und dem zufolge das, was man braucht, wenn man den Bürgerkrieg oder den Klassenkampf überwinden will, um die bestehenden gesellschaftlichen Anliegen gemeinsam und friedlich verwalten zu können. Auf diesen Begriff des Politischen kann und will vermutlich auch Marx nicht verzichten. Und unterm Strich ist es gerade diese Unentschiedenheit von Marx bezüglich des Politischen, die sich in der Unklarheit manifestiert, ob ein Staat in seinen Augen eine politische Seele hat oder nur ein ökonomisches Herrschaftsinstrument darstellt.

12.5 Politisches Programm ohne welthistorischen Auftrag

Bevor wir uns im nächsten Kapitel Marxens ökonomietheoretischen Überlegungen zuwenden, ist es vielleicht ratsam, schon hier danach zu fragen, was angesichts der zurückliegenden Diskussionen vom Projekt des marxistischen Sozialismus am Beginn des 21. Jahrhunderts noch zu halten ist.

Natürlich kann es keine kurze, eindeutige und vor allem keine unstrittige Antwort auf diese Frage geben. Gleichwohl gilt es, zumindest in einer wesentlichen Hinsicht eine klare Position zu beziehen. Es gab (und gibt vermutlich noch immer) Marxisten und Marxistinnen, die davon überzeugt waren, dass dem sozialistischen Projekt nur dann Aussicht auf Erfolg bescheinigt werden könne, wenn die gesamte Theorie von Marx ohne jede geringste Einschränkung richtig sei. Rosa Luxemburg und Georgi Plechanow gehörten in dieser Hinsicht zu den treuesten Anhängern des Meisters. Jedenfalls wurden sie nicht müde, gegen den Revisionismus à la Bernstein und Kautsky zu wettern, es sei Frevel, nicht nur die Wissenschaftlichkeit, sondern gar die Richtigkeit einzelner Thesen von Marx zu bezweifeln. Solche radikalen Positionen wirken heute nicht nur unglaubwürdig, sondern auch abgeschmackt. Denn ein stures Entweder-Oder war und ist in politischen Angelegenheiten nur sehr selten angebracht. Der Sozialismus ist jedenfalls keine Notwendigkeit, die früher oder später wie eine Naturgewalt über die Menschheit hereinbricht. Marxens Versuch, den Kommunismus aus einer Theorie der Geschichte zu deduzieren, ist gescheitert. Eine sozialistische Gesellschaft ist vielmehr eine politische *Option*, für die Menschen eintreten *können, wenn sie es wollen* und für richtig befinden. *Wenn* sie es wollen, sollten sie jedoch nicht länger im Geiste von Marx so tun, als ob sie die Autorität historischer Wahrheit auf ihrer Seite hätten. Denn die Zeiten, in denen ein solches Gebaren möglich war, sind mittlerweile nicht nur deshalb vorbei, weil wir an solche historischen Wahrheiten kaum noch glauben können. Diese Zeiten sind auch nicht nur deswegen passé, weil wir uns in einem Zeitalter jenseits politischer und gesellschaftstheoretischer Ideologien oder Utopieentwürfe befinden. Diese Zeit ist vor allem deshalb vorüber, weil das Realexperiment des real existierenden Sozialismus in der UDSSR, den übrigen Ostblockstaaten, in Vietnam, Korea, China und auch anderen Orts zu viele Opfer – und gemeint sind vor allem, aber nicht nur Todesopfer – unter den Menschen gekostet hat.

Aber man muss nicht die historische Wahrheit zum Verbündeten haben, wenn man gute politische Ideen in die Tat umsetzen möchte. Was man vielmehr braucht, sind gute Argumente und eine große Menge an Mitstreitern, die gemeinsam ihr Interesse an einer sozialistischen Gesellschaft artikulieren und in die Realität umzusetzen versuchen. Der Sozialismus in der einen oder anderen Form ist als ein politisch gewolltes Projekt – vor allem in Verbindung mit einem klaren Bekenntnis zur Demokratie und den Menschenrechten – offenbar nach wie vor eine Leitvorstellung, die nicht nur die Gemüter erregt, sondern auch die politische Phantasie beflügelt. Aber es gibt auch eine Reihe anderer politischer Projekte, die zum Teil ebenfalls einiges für sich haben. Dies bedeutet nicht zuletzt, dass ein Anhänger sozialistischer Ideen die Fürsprecher anderer politischer Visionen und Projekte respektieren und sich damit auf einige Regeln einlassen sollte, die den Streit um die besseren Lösungen regulieren. Denkbar sind durchaus realistische Kompromisse aus sozialistischen Zukunftsentwürfen und liberal-demokratischen Spielregeln und Umgangsformen. In jedem Fall sollte man nicht müde werden, auch und gerade im angebrochenen Zeitalter der Flexibilisierung, Deregulierung und Globalisierung das gebeutelte Banner der sozialen Gerechtigkeit immer wieder neu aufzurichten.

12.6 Rückblick

In diesem Kapitel haben wir uns ausgehend von einigen Schriften des jungen Marx ins Kerngelände der politischen Theorie hineingearbeitet. Am Anfang stand die Beobachtung, dass Marx zwischen drei Auslegungen der These von der Aufhebung der Trennung von Staat und Gesellschaft nicht klar unterscheidet. Und es zeichnete sich an diesem Punkt schon ab, dass viele seiner politikphilosophischen Äußerungen sowohl dazu einladen, an ein radikal demokratisiertes Gemeinwesen zu denken, als auch das Material dazu liefern, totalitaristisches Handeln in seinem Namen zu legitimieren.

Diese Ambivalenz haben wir daraufhin weiterverfolgt, indem wir uns die Konzepte des Staates und des Politischen genauer vor Augen führten. Hinsichtlich der Staatstheorie des Marxismus kam zuerst die offizielle, instrumentalistische Position zur Sprache, von der zu sehen war, dass sie in sich schon zwischen einer schwächeren und einer stärkeren Auslegung changiert. Vor dem Hintergrund einer vergleichenden Betrachtung dieser beiden Auslegungen machte ich darauf aufmerksam, dass es auch in Sachen Staatlichkeit eine alternative bzw. inoffizielle Lesart gibt, insofern Marx in einigen Zusammenhängen politischen Institutionen und Amtsträgern sehr wohl einen autonomen Handlungsspielraum zugesteht, der deutlich über den Rahmen hinausgeht, den die instrumentalistische Sicht einräumt. Hier kündigte sich dann eine Weichenstellung an, die schließlich zu zwei grundsätzlich verschiedenen Auffassungen vom Wesen des Politischen führte. Politik lässt sich zum einen als ein Surrogat des Kriegszustandes deuten, was zu einem Bild staatlicher Institutionen beiträgt, dem zufolge diese Einrichtungen dazu dienen, Konflikte zwischen verschiedenen gesellschaftlichen Interessengruppen gewaltfrei zu regulieren. Man benötigt in dieser Deutung politische, staatliche und nicht zuletzt rechtliche Einrichtungen, damit der Krieg, also der gewaltsam ausgetragene Interessenkonflikt zwischen verschiedenen Menschengruppen, aufhören kann. Marx bevorzugt hingegen in seinen offiziellen Stellungnahmen eine zweite Auffassung, der zufolge Politik nichts anderes als eine Maske des Krieges ist und erst in der klassenlosen Zukunftsgesellschaft verschwinden kann, weil dort kein Kampf zwischen Klassen mehr statthat. Da aber auch Marx an der Notwendigkeit einer administrativen Regulierung gesellschaftlicher, vor allem ökonomischer Interessenkonstellationen festhält und weil des Weiteren ein dauerhaftes menschliches Zusammenleben ohne ein Mindestmaß an juristisch verbindlichen Abmachungen nicht denkbar ist, mussten wir an diesem Punkt feststellen, dass der Marxismus mit zwei unterschiedlichen Begriffen des Politischen hantiert, ohne sich über diese Verschiedenheiten ins Reine zu setzen.

13 Zur Kritik der Politischen Ökonomie

Es gibt nicht wenige Interpreten der Schriften von Marx, denen zufolge weder der Historische Materialismus noch die Lehre vom Klassenkampf, sondern allererst die Kritik der Politischen Ökonomie das Zentrum von Marxens Theoriegebäude bildet. Die beiden zuerst genannten Theorien sind dieser Sicht zufolge eher erste Anläufe bzw. Vorformen des reifen Werks, das in der besagten Kritik kulminiert. Für diese Sicht spricht einiges. Einiges spricht aber auch dagegen. Für sie spricht vor allem der Umstand, dass sich Marx in den letzten zehn Jahren seiner theoretischen Arbeit vornehmlich mit Studien beschäftigt hat, die allesamt als Vorarbeiten für das *Kapital* zu deuten sind, dessen erster Band 1867 veröffentlicht wurde. Und insofern dieser Band des *Kapital*, der zu Marxens Lebzeiten in mehreren Auflagen und Übersetzungen erschienen ist, das umfangreichste Werk ist, das von ihm selbst publiziert wurde, scheint es durchaus berechtigt, dieses Buch als sein Hauptwerk zu bezeichnen.

Dass Marx sich aber niemals ernsthaft daran gemacht zu haben scheint, aus der Unmenge der niedergeschriebenen Exzerpte, Vorstudien und Manuskriptfragmente die übrigen Bände des *Kapital* in eine auch nur annähernd druckreife Fassung zu bringen, nährt Zweifel. Vielleicht waren es gar nicht so sehr gesundheitliche Gründe und die Not des Broterwerbs, die ihn abhielten, das mit unglaublich großer Mühe und imponierender Fleißarbeit begonnene Großwerk zum Abschluss zu bringen. Vielleicht hat Marx eher bemerkt, geahnt oder doch immerhin gespürt, dass er sich in der letzten Phase seines Schaffens einer Aufgabe verschrieben hatte, die so, wie er sich das lange Zeit gedacht und erhofft hatte, am Ende nicht zu lösen war[1].

Was war diese Aufgabe? Wie im nächsten Abschnitt zu sehen sein wird, treten schon bei der Beantwortung dieser Frage eine Reihe von Mehrdeutigkeiten zutage, die ähnlich alarmierend sind wie die, die im zurückliegenden Kapitel mit Blick auf Marxens politiktheoretische Überlegungen festzustellen waren.

13.1 Was ist Kritik der Politischen Ökonomie?

Bevor Marx eine der erwähnten Vorstudien zum *Kapital* 1859 unter dem Titel *Zur Kritik der Politischen Ökonomie* veröffentlichte, hatte er ein umfangreiches Manuskript verfasst, das unter dem Namen *Grundrisse der Kritik der Politischen*

---

1 Ähnlich Sieferle 2007, S. 113.

Ökonomie firmiert. Auch im Untertitel des *Kapital* taucht die betreffende Wendung wieder auf. Was aber hat man sich unter einer Kritik der Politischen Ökonomie eigentlich vorzustellen?

Die Geschichte des Ausdrucks „Politische Ökonomie" ist komplex und führte insofern niemals zu einem klaren Ergebnis, als sich keine einheitliche Definition der Bedeutung etablieren konnte. Auch Marx sagt uns nirgends ausdrücklich, wie er diesen Ausdruck verstanden wissen will. Er scheint sich vielmehr auf ein intuitives Verständnis zu verlassen, demzufolge all solche Theorieansätze in den Bereich der betreffenden Disziplin fallen, die ökokomische Phänomene im Zusammenhang mit politischen und damit auch gesellschaftlichen Verhältnissen thematisieren. Diese vage Charakterisierung macht kenntlich, inwiefern die Politische Ökonomie – ihr thematisches Spektrum betreffend – an den Historischen Materialismus und die Theorie vom Klassenkampf anschließt. Denn Politische Ökonomie ist noch keine auf rein wirtschaftliche Zusammenhänge fokussierte Spezialdisziplin, wie sie von den Ökonomen unserer Gegenwart betrieben wird. Ihre Vertreter verstanden sie weit eher als eine generelle Theorie des gesellschaftlichen Gefüges.

In zeitgenössischen Darstellungen wird die Politische Ökonomie des 19. Jahrhunderts gleichwohl als Vorläuferin der heutigen Volkswirtschaftslehre und als Nachfolgerin der Nationalökonomie gefasst, für die vor allem Adam Smith und David Ricardo Pate stehen. Dies macht nicht zuletzt deutlich, dass „Politische Ökonomie" als Bezeichnung einer Wissenschaftsdisziplin verwendet werden kann und insofern mit Ausdrücken wie „Physik", „Biologie", „Soziologie" oder „Kunstwissenschaft" auf einer Stufe steht.

Hier stoßen wir aber schon auf eine Mehrdeutigkeit, deren Klärung wichtig ist. Denn Marx versteht seine Kritik der Politischen Ökonomie zwar *auch* als eine Kritik wissenschaftlicher Theorien, insbesondere als Kritik der nationalökonomischen Theorien von Smith, Ricardo und vielen anderen Geistesgrößen aus der Frühzeit der wirtschaftswissenschaftlichen Theoriebildung. Doch so wie wir schon in den früheren Kapiteln gesehen haben, dass Marx nicht nur die Inhalte des Bewusstseins seiner Mitmenschen einer Ideologiekritik unterzieht, sondern primär an einer Kritik der bestehenden Verhältnisse interessiert war, so sollte man auch hier zur Kenntnis nehmen, dass sich Marxens Kritik der Politischen Ökonomie nur sekundär gegen Theorien sozioökonomischer Zusammenhänge wendet. Sein primäres Ziel sind die sozioökonomischen Zusammenhänge selbst, die seine nationalökonomischen Vorläufer Marxens Ansicht nach theoretisch unzulänglich erfasst haben. Marx spielt – wissentlich oder unwissentlich – mit einer Doppeldeutigkeit, die sich leichter am Ausdruck „Geschichte" aufweisen lässt. Mit diesem Wort kann man sowohl die Gesamtheit zeitlich zurückliegender Ereignisse und Vorgänge meinen als auch unsere Erzählungen, Rekonstruktionen oder eben Theorien von diesen Ereignissen und Vorgängen. Entsprechend ambig gebraucht Marx die Rede von der Politischen Ökonomie. Sie meint nicht nur eine Theorie sozioökonomischer Zusammenhänge. Sie meint in vielen Fällen die betreffenden Zusammenhänge selbst.

Der zuletzt genannte Punkt lässt sich präzisieren. Wie wir wissen, ist der Geschichtsphilosoph Marx überzeugt, Zeitgenosse einer modern-bürgerlichen Gesellschaftsformation zu sein, die aus der feudalen Formation hervorgegangen ist (vgl. 13, 9) und mit deren Ende die Vorgeschichte der Menschheit zum Abschluss gekommen sein wird (vgl. 13, 9). Nationalökonomie und Politische Ökonomie sind vor diesem Hintergrund nicht als *generelle* Theorien über sozioökonomische Strukturen und Sachverhalte zu verstehen. Sie sind vielmehr als *spezielle* Theorien über die sozioökonomischen Strukturen und Sachverhalte der modern-bürgerlichen Gesellschaftsformation, sprich der bürgerlich-kapitalistisch organisierten Gesellschafts- und Wirtschaftsordnung zu verstehen. Kurz: Kritik der Politischen Ökonomie ist Kritik der kapitalistisch organisierten Gesellschaft, sprich des Kapitalismus. Oder noch einfacher: Kritik der Politischen Ökonomie ist Kapitalismuskritik.

Bevor wir einen Schritt weitergehen, sei an Marxens Selbstverständnis als Kritiker erinnert, wie er es früh schon in seiner Auseinandersetzung mit den Junghegelianern entwickelt hat. Wenn Marx als Ideologiekritiker nationalökonomische Theorien und als Gesellschaftskritiker die sozioökonomischen Zustände kritisiert, die jene Theorien unzulänglich reflektieren, dann geht es ihm weniger darum, intellektuelle Schwachstellen in den Theorien oder moralische Missstände in den sozioökonomischen Verhältnissen aufzuweisen. Sein primäres Anliegen besteht vielmehr auch hier darin, durch eine kritische Interpretation des (theoretisch-intellektuellen und des sozioökonomischen) Status quo die Welt zu verändern. Wie Hegel glaubte, durch sein philosophisches Werk den Weltgeist auf die letzte verbleibende Stufe seiner Selbsterkenntnis zu hieven, so hoffte Marx, durch seine Kritik der Politischen Ökonomie, wie er sie im *Kapital* niederzuschreiben gedachte, den Kapitalismus davon zu überzeugen, dass er als unwahre Vorform des Sozialismus seinem Nachfolger zu weichen hat. Die Niederschrift dieses Todesurteils einer Epoche hat er, wie gesagt, jedoch nie zu Ende gebracht.

13.2 Ware, Gebrauchs- und Tauschwert

Da die im *Kapital* formulierte Kritik der Politischen Ökonomie die Kritik einer bestimmten, historisch einigermaßen klar datierbaren Gesellschaftsformation und ihrer Wirtschaftsordnung ist, sollte man erwarten, dass es sich um ein historisches, genauer um ein sozial-, wirtschafts- und theoriegeschichtlich akzentuiertes Buch handelt. Diese Erwartung wird in einem hohen Ausmaß tatsächlich erfüllt, insofern sowohl der veröffentlichte Band als auch die Vorstudien und Manuskripte, aus denen Engels und Kautsky die anderen *Kapital*-Bände zusammengestellt haben, mit zahlreichen historischen Daten und Beispielen operieren. Doch mit dieser Beobachtung sind wir zugleich bei einer zweiten, vielleicht der entscheidenden Ambivalenz der Kritik der Politischen Ökonomie von Marx angelangt. Denn Marx glaubt als hegelianisch geschulter Theoretiker, dem Wesen der bürgerlich-kapitalistischen Gesellschaftsordnung nur auf den Grund gehen zu können, indem er den oberflächlichen Schein der alltäglichen und historisch wandelbaren Erfahrungswelt durchdringt. Hinter den Erscheinungen, mit denen sich seine nationalökonomischen Vorgänger ausschließlich beschäftigt haben, sieht Marx jetzt eine zweite Welt der Wesenheiten, Kategorien und Gesetze, deren Entwicklung die Entwicklungen der empirisch erfahrbaren Welt bestimmen. Daher macht erst die Kenntnis der Kategorien und Gesetze jener Welt begreiflich, warum sich die Dinge im Raum und in der Zeit unserer Erfahrungswelt so verhalten, wie es dem wissenschaftlich ungeübten Auge erscheint. Was Marx in der letzten Phase seines Schaffens anstrebte, war eine Metaphysik des Kapitalismus und seiner Geschichte, eine Zweiweltentheorie der sozioökonomischen Sachverhalte. Hier spricht nicht mehr der empiriefreudige Naturalist, den wir in den früheren Kapiteln kennengelernt haben, sondern ein zurückgezogen lebender Gelehrter, der sich selbst als „Schüler jenes großen Denkers" (23, 27) – gemeint ist natürlich Hegel – deklarierte.

Dass sich Marx in der Kritik der politisch-ökonomischen Verhältnisse seiner Zeit nicht mehr an der empirisch-historischen Realität orientiert, sondern eine metaphysisch heikle Zweiweltenontologie voraussetzt, zeigt sich gleich im Eröffnungskapitel des ersten *Kapital*-Bandes. Auf der Grundlage der eher dünnen Begründung, dass der Reichtum kapitalistisch produzierender Gesellschaften als ungeheure Warensammlung und Waren als die einzelnen Elemente dieser Sammlung *erscheinen* (!), eröffnet er sein Monumentalwerk mit einer hoch abstrakten Analyse der Ware (vgl. 23, 49).

Bevor wir uns dieser Analyse zuwenden und Marx dabei beobachten, wie er – ohne es eigens zu thematisieren – eine Reihe heikler metaphysischer Annahmen trifft, sei am Rande auf eine weitere, zwar penibel erscheinende, aber doch nicht ganz unwichtige Ambiguität hingewiesen. Marx kündigt zwar an, *Ware* zu analysieren; doch was er als Theoretiker am Schreibtisch einzig und allein zu leisten vermag, besteht natürlich darin, den *Begriff* der Ware zu analysieren.

Ein erster Schritt zur Analyse des Warenbegriffs, den Marx aufgrund der ahistorischen Anlage der ersten Kapitel des *Kapital* überspringt, führt zu der Feststellung, dass zwar alle Dinge, die Menschen produzieren, tauschen oder konsumieren, Waren sein *können*, aber nicht unbedingt Waren *sind*. Dinge, die Menschen produzieren, um sie zu konsumieren oder um sie als Mittel für andere Produktionsakte einzusetzen, sind Konsumtions- bzw. Produktions*güter*. Zu Waren werden diese Güter erst dadurch, dass ihre Produzenten sie mit der Absicht herstellen, sie auf einem Warenmarkt gegen Geld oder andere Waren zu tauschen, und zwar so, dass sie sich dabei in einem noch zu klärenden Sinn des Wortes bereichern.

Dass Marx das *Kapital* mit einer Analyse des Warenbegriffs beginnt, unterstreicht noch einmal den bereits hervorgehobenen Punkt, dass der Gegenstand seiner Kritik der Politischen Ökonomie ausschließlich diejenige Gesellschaftsformation thematisiert, die kapitalistisch organisiert ist. Denn wie gleich zu sehen sein wird, können Güter nur unter kapitalistischen Verhältnissen die Eigenschaft tragen, Waren zu sein.

Um zu verstehen, weshalb nur kapitalistisch organisierte Wirtschaftsordnungen Warenwirtschaften sind, ist eine Unterscheidung erforderlich, die schon von Aristoteles zur Sprache gebracht wurde:

> Von jedem Besitzstück gibt es einen zweifachen Gebrauch; jeder von beiden ist Gebrauch eines Dinges an sich oder als solchen, doch ist es nicht jeder auf gleiche Weise. Der erste Gebrauch ist dem Dinge eigentümlich, der andere ist es nicht; ein Beispiel für beide Weisen des Gebrauchs ist etwa bei einem Schuh einerseits das Anziehen, andererseits seine Verwendung als Tauschobjekt. Beides ist Gebrauch des Schuhes. Auch wer ihn an jemanden, der ihn nötig hat, für Geld oder Lebensmittel vertauscht, gebraucht den Schuh als Schuh, nur nicht nach dem ihm eigentümlichen Gebrauch, da er ja nicht des Tausches wegen gemacht worden ist. Ebenso ist es mit den anderen Besitzstücken. Der Tauschhandel kann bei allen Dingen stattfinden und hat zuerst mit dem, was naturgemäß ist, angefangen, indem die Menschen von der einen Art von Produkten mehr, von der anderen weniger hatten, als sie brauchten[2].

Was Aristoteles hier beschreibt, ist eine Tausch-, aber noch keine Warenwirtschaft. In einer Tauschgesellschaft produzieren die Gesellschaftsmitglieder von einigen ihrer Produkte mehr, als sie selbst für die eigene Subsistenz benötigen. Diese überschüssigen Güter können sie daher nutzen, um sie auf einem Markt

---

2 Politik, 1257 a 6.

gegen andere Güter zu tauschen, die sie entweder selbst konsumieren oder wiederum gegen andere Güter tauschen. Aus diesem Grund unterscheidet Aristoteles zwischen zwei Weisen, die Güter zu gebrauchen. Man kann sie entweder für den ihnen inhärenten Zweck gebrauchen, also etwa Schuhe, um sie zu tragen; oder man kann sie als Tauschobjekte gebrauchen, gewissermaßen als eine Naturalform des Geldes.

Zu Waren werden die Güter dann, wenn sie von ihrem Produzenten mit der primären Absicht hergestellt werden, sie gegen andere Güter zu tauschen, wobei die Güter der anderen Produzenten, die am Markt mit den eigenen Produkten „eingekauft" werden, nicht der eigenen Konsumtion dienen sollen. Durch den Tausch wollen die Produzenten jetzt also nicht mehr Dinge erwerben, die sie nicht selbst herstellen, aber gleichwohl gebrauchen wollen. Sinn und Zweck der Produktion und des Tausches ist es vielmehr, am Ende einer Produktions- und Austauschrunde ein Arsenal an Dingen zu haben, die insgesamt mehr wert sind, als die Dinge, mit denen man zu Beginn der Runde an den Start gegangen ist.

Eine Tauschgesellschaft wird schließlich dann zur Warengesellschaft, wenn die Herstellung von Waren zur vorherrschenden Praxis geworden ist, wenn also fast niemand mehr Dinge um ihres „eigentümlichen" Gebrauchs willen produziert, sondern nur noch mit der Absicht, sie so lukrativ zu verkaufen, dass nach Abzug der Investitionskosten ein Gewinn herausspringt. Die Summe dessen, was die Produzenten investieren, um Waren herzustellen, nennt Marx *Kapital*. Dieses Kapital hat einen Wert, der dazu verwendet wird, Dinge zu erwirtschaften, die insgesamt mehr Wert sind als das vorgeschossene Kapital – es soll also *Mehrwert* erwirtschaftet werden. Dieser Mehrwert seinerseits wird auch nicht primär erwirtschaftet, um dem Kapitaleigner ein besseres oder luxuriöseres Leben zu ermöglichen. Primärer Zweck des Mehrwerts ist es vielmehr, zu Beginn der nächsten Produktions- und Tauschrunde erneut als Kapital eingesetzt zu werden. Das Kapital dient also in erster Linie dazu, sich selbst zu vermehren. Der Kapitalismus ist geboren.

Um diese Zusammenhänge transparent zu machen, unterscheidet Marx anders als Aristoteles nicht zwischen zwei Weisen, die hergestellten Güter zu gebrauchen. Marx unterscheidet vielmehr in Übereinstimmung mit den Theoretikern der Nationalökonomie zwischen dem Gebrauchs- und dem Tauschwert der Produkte. Diese Art, den erläuterten Unterschied zur Sprache zu bringen, hat den Vorteil, dass die Verwendung des Wertbegriffs das quantitative Moment gut zum Ausdruck bringt, das sich durch den Übergang von einer Tausch- in eine Warenwirtschaft in den Vordergrund drängt. Die Menschen sehen mehr und mehr von den spezifischen Qualitäten der Produkte, durch die man sie für unterschiedliche Anliegen gebrauchen kann, ab und konzentrieren sich auf die allen Produkten gemeinsame Tauschqualität, um zu kalkulieren, ob der absehbare Gewinn groß genug ist. Der Tauschwert tritt mehr und mehr in den Vordergrund. Der Gebrauchswert der hergestellten Güter wird marginal.

Es birgt aber auch Gefahren, den Unterschied so zu fassen, wie Marx es tut. So ist es beispielsweise viel unmissverständlicher, mit Aristoteles die Tauschqualität eines Gutes als eine weitere Form seines Gebrauchs zu erfassen, als umgekehrt mit Marx die Gebrauchsqualität eines Gutes als eine zweite Form seiner Werthaftigkeit anzusprechen, was ja durch den Begriff des Gebrauchs-*werts* geschieht. Mit diesem Begriff möchte Marx lediglich den Umstand ansprechen, dass die hergestellten Dinge durch einige ihrer Eigenschaften zu spezifischen Zwecken gebraucht werden können. Jedes Produkt hat also seinen je spezifischen Gebrauchswert. Und da manche Dinge zu verschiedenen Zwecken gebraucht werden können, haben diese Dinge auch mehrere spezifische Gebrauchswerte. Diese Gebrauchswerte der Dinge können jedoch nicht miteinander verrechnet werden, da sie mit quantitativen Aspekten überhaupt nichts zu tun haben. Und insofern der Wertbegriff seiner ganzen Natur nach quantitativ ist, ist der Begriff des Gebrauchswerts eine reine Irreführung[3].

Eine andere Gefahr droht gewissermaßen von der entgegengesetzten Seite. Dadurch, dass Marx in Übereinstimmung mit der nationalökonomischen Tradition den relevanten Unterschied durch das Begriffspaar Gebrauchs- und Tauschwert zur Sprache bringt, suggeriert er eine Vergleichbarkeit der durch dieses Paar angesprochenen Eigenschaften von Gütern, die sich bei genauerer Betrachtung als fragwürdig erweist. Bevor ich mich dieser Betrachtung zuwende, möchte ich zuerst die beiden elegantesten Teile der ökonomischen Theorie von Marx erläutern.

13.3 Mehrwert

Wie gesehen ist Warenproduktion mit kapitalistischer Produktion identisch. Unter kapitalistischen Bedingungen wird nicht mehr mit dem primären Anliegen produziert und getauscht, Rohstoffen Eigenschaften zu verleihen, durch die sie zum Gebrauchsgegenstand werden, der dazu dient, Bedürfnisse von

---

3 Man könnte ihn bestenfalls dazu verwenden, um die Menge aller Dinge, die für irgendetwas gebraucht werden können, von der Menge der vollkommen nutzlosen und in diesem Sinn wertlosen Dinge zu unterscheiden. Aber das ist nicht der Unterschied, den Marx mit seiner Unterscheidung zwischen dem Gebrauchs- und dem Tauschwert im Auge hat.

Konsumenten zu befriedigen. Im Kapitalismus wird primär gekauft, produziert und verkauft, um das investierte Kapital zu vermehren. Wie es zu diesem „Selbstläufer" kommt, ist relativ leicht nachzuvollziehen. Gehen hinlänglich viele Produzenten dazu über, nicht mehr für den eigenen Gebrauch, sondern für den Verkauf ihrer Güter auf einem Warenmarkt zu produzieren, dann machen sie sich schnell wechselseitig Konkurrenz. Wer seine Waren teurer anbietet als die Konkurrenz, wird sie auf Dauer nicht los oder muss mit dem Preis so weit runter, dass er eventuell mehr investiert hat, als es die ganze Sache wert war. Unter diesem Konkurrenzdruck können sich daher immer nur diejenigen Warenproduzenten am Markt halten, denen es gelingt, Gewinn zu machen, also ihr investiertes Kapital zu vergrößern. Da diese Konkurrenzregeln für jeden Kapitaleigner in jeder Produktions- und Tauschrunde gelten, hat es gleichsam aus der Vogelperspektive den falschen Anschein, als sei die Gesamtheit aller Kapitalien – die Marx oft verdinglichend als *das* Kapital anspricht – der eigentliche Akteur des marktwirtschaftlichen Geschehens, dem es selbstverliebt darum geht, sich um seiner selbst willen stetig zu vermehren. Und Marx erweckt tatsächlich oft den Eindruck, als sei er ernsthaft der Ansicht, unter den marktwirtschaftlichen Konkurrenzregeln seien nicht mehr Menschen aus Fleisch und Blut, sondern ein ominöses Ding namens *Kapital* der anonyme Protagonist der Geschehnisse. Dieser Denkfehler – so muss man es wohl nennen – mag letztlich der Grund dafür sein, dass der vormals bodenständige Naturalist Marx die hegelianisch inspirierte Metaphysik neu für sich entdeckte.

Ein Kapitalist kann sich jedenfalls nur dann in seiner Rolle halten, wenn er in aller Regel Gewinn macht, also am Ende einer Produktions- und Austauschrunde zumeist mehr Kapital besitzt als zu Beginn. Woher kommt dieser Mehrwert? Wo ist die Quelle des gesellschaftlichen Reichtums zu lokalisieren? Marx räumt zwar ein, dass es ab und zu so ist, dass sich ein Marktteilnehmer dadurch besser stellt, dass es ihm gelingt, billig einzukaufen und teuer zu verkaufen. In dem Fall wird der Gewinn also am Markt erzielt durch geschicktes Verhandeln, Tricksen und Pokern mit den übrigen Marktteilnehmern. Da Marx seine Kritik der Politischen Ökonomie jedoch mit seiner Analyse des Warenbegriffs beginnt, die ihn rasch zum Konzept des Tauschwerts führt, hält er von Anfang an an der Prämisse fest, dass in einer Warenwirtschaft in aller Regel Äquivalententausch vorherrscht. Dies besagt nichts anderes, als dass unter kapitalistischen Bedingungen der Tausch von gleichwertigen Dingen, also von Dingen mit identischem Tauschwert der Normalfall ist[4]. Wenn dies so

---

4 Der Hinweis mag nicht überflüssig sein, dass Marx diese Annahme tatsächlich als Prämisse behandelt, also ihrerseits nicht begründet. Sollte sie sich als unbegründet erweisen, bricht der größte Teil von Marxens ökonomischer Lehre schon an diesem Punkt in sich zusammen.

ist, kann beim Tauschen also kein Mehrwert entstehen. Die Mehrwertproduktion muss folglich woanders stattfinden. Aber wo?

Marxens Antwort lautet, dass der Mehrwert schon während der normalen Güterproduktion gleichsam unter der Hand mitproduziert wird, selbst wenn er dann erst im Tauschakt in Erscheinung (!) tritt. Um diese Antwort zu verstehen, benötigt man zwei weitere Annahmen. Die erste Annahme führt zur sogenannten Arbeitswertlehre, die Marx von Ricardo übernommen hat, der sie seinerseits auf der Grundlage einiger Überlegungen von Smith entwickelt hatte. Diese Lehre besagt, dass sich der (Tausch-)Wert einer Ware objektiv danach bemessen lässt, wie viel Arbeit nötig war, um sie zu produzieren. Marx meint, dass sich dieses Quantum anhand der Arbeitszeit objektiv bestimmen lässt, die beim gegebenen Stand der Technologie durchschnittlich für die Herstellung der betreffenden Ware erforderlich ist. Je mehr Arbeitszeit nötig ist, je mehr Arbeit also in die Produktion einfließt, desto wertvoller ist die Ware. Hier haben wir mit Blick auf den Tauschwert das quantitative Moment am richtigen Ort, von dem ich sagte, dass es mit Blick auf den Gebrauchswert einer Ware deplatziert ist.

Da Marx überzeugt ist, dass nur menschliche Arbeit den Gütern Wert zusetzen kann, geht er davon aus, dass sich der Wert der verwendeten Produktionsmittel anteilsmäßig auf den Wert der Endprodukte überträgt. In einem Auto steckt also nicht nur der Wert, den die Arbeiter in der Autofabrik dieser Ware einverleibt haben. In ihm steckt auch ein Teil des Werts, den andere Arbeiter den Maschinen einverleibt haben, mit denen in der Autofabrik produziert wird[5].

Die zweite Annahme, von der ich gesprochen habe, schließt an den erläuterten Standpunkt unmittelbar an. Sie besagt, dass auch menschliche Arbeitskraft unter kapitalistischen Bedingungen als eine Ware gehandelt wird. Wie jede Ware hat auch die Arbeitskraft einen Gebrauchs- und einen Tauschwert. Der Gebrauchswert der Arbeitskraft, den man auch in diesem Fall dem Wortlaut entgegen nicht als quantitative Größe missdeuten darf, besteht darin, dass man sie im Dienste der Güterproduktion verausgaben kann. Der Tauschwert der Arbeitskraft bemisst sich wie im Fall des Tauschwerts aller Waren laut Marx nach Maßgabe der Arbeitszeit, die erforderlich war, um eine bestimmte Menge Arbeitskraft zu produzieren. Konkret heißt dies, dass eine bestimmte

---

5 Diese Überlegung gilt auch für die Rohstoffe. Sie haben den Wert, den sie durch ihre Gewinnung durch menschliche Arbeit zugesetzt bekommen haben. Diesen Wert übertragen sie an die Zwischen- und Endprodukte, die auf der Grundlage der Rohstoffe hergestellt werden.

Menge an Arbeitsstunden dem Wert der Lebensmittel entspricht, die nötig sind, um die arbeitende Person instand zu setzen, in der bestimmten Zeit ihre Arbeitskraft zu verausgaben. Dabei sind neben den Lebensmittelkosten im engeren Sinn auch Unterhalts- und gegebenenfalls Ausbildungskosten zu berücksichtigen. Hat die arbeitende Person Familie, dann sind auch die Unterhaltskosten derjenigen Familienmitglieder zu veranschlagen, die selbst nicht, noch nicht oder altersbedingt nicht mehr arbeiten[6].

Vor dem Hintergrund der beiden erläuterten Annahmen ist Marxens Antwort auf die Frage, woher der Mehrwert rührt, überzeugend und elegant. Diese Antwort besagt, dass ab einem bestimmten Punkt der Entwicklung der Produktivkräfte durch den Einsatz einer bestimmten Menge Arbeitskraft Produkte hergestellt werden können, deren Wert höher ist als der Wert der Produkte, die in den Produktionsprozess eingehen.

Doch diese Feststellung kann durch eine weitere Unterscheidung von Marx noch etwas präzisiert werden. Mit Blick auf die Produkte, die in den Prozess eingehen, unterscheidet er zwischen dem *variablen* Kapital, womit er die vom Kapitaleigner gekaufte Arbeitskraft der Arbeiter meint, und dem *konstanten* Kapital, das alle übrigen Produkte umfasst, die erforderlich sind. Und da das konstante Kapital aus dem oben erläuterten Grund nur seinen eigenen Wert anteilsmäßig auf die zu produzierenden Güter überträgt, folgt, dass der Mehrwert einzig und allein aus der menschlichen Arbeitskraft entstehen kann. Die wertschaffende Arbeitskraft produziert also ab dem Moment Mehrwert, ab dem es dank fortgeschrittener Technologie möglich ist, die Arbeitskraft so effektiv zu nutzen, dass bei ihrem „Verbrauch" Güter in einem Wert hergestellt werden können, der höher ist als der Wert der Güter, die zur „Produktion" der Arbeitskraft erforderlich ist.

Es sollte an dieser Stelle betont werden, dass Marx nicht behauptet, die Arbeiter würden von den Käufern ihrer Arbeitskraft über den Tisch gezogen oder übers Ohr gehauen. Was laut Marx für die kapitalistische Marktwirtschaft im Allgemeinen gilt, gilt auch für den Arbeitsmarkt im Besonderen: Es werden zumeist Äquivalente, d.h. gleichwertige Güter getauscht. Die Arbeiter kriegen also in Form ihres Lohns den objektiven Wert ihrer Arbeitskraft ausbezahlt. Es trifft sich nur zum Vorteil der Kapitaleigner so, dass diese Arbeitskraft in

---

6 Vom Grundgedanken her ist diese Bestimmung des Tauschwerts der Arbeitskraft zwar simpel und griffig. Marx hat aber niemals verraten, wie man die Summanden der komplexen Summe tatsächlich bestimmen könnte. Wie groß ist etwa der Anteil einer dreijährigen Berufsausbildung mit Blick auf eine einzelne Arbeitsstunde des fertig ausgebildeten Monteurs?

Verbindung mit moderner Technologie mehr Wert erzeugt, als in ihre eigene Erzeugung eingeht[7]. Wie wir im nächsten Abschnitt sehen werden, hat die kapitalistische Warenproduktion laut Marx für die Kapitalisten aber auch ihre Schattenseiten.

13.4 Der tendenzielle Fall der Profitrate

Der Kapitalismus ist ein Konkurrenzsystem. Kapitalisten konkurrieren miteinander um Märkte und Absatzchancen. Arbeiter konkurrieren miteinander um Arbeitsplätze und gesichertes Einkommen. Allein schon diese Sachverhalte sind dem Sozialisten ein Gräuel. Wie sollen Menschen frei, friedlich und harmonisch zusammenleben, wenn die Marktmechanismen sie in den Konkurrenzkampf aller gegen alle treiben?

Wir sind es heute gewöhnt, den Verlauf der Konkurrenz durch die Gesetze von Angebot und Nachfrage zu erklären. Diese Gesetze waren freilich auch schon Marx bekannt. Er glaubte jedoch, dass sie nur für die Erscheinungswelt gelten, die er durch seine Metaphysik des Kapitalismus auf ihre eigentlichen Wurzeln zurückzuführen gedachte. Dass ihm hierbei so etwas wie eine Zweiweltenontologie vorschwebte, erkennt man zum Beispiel daran, dass er zwischen den Tauschwerten der Waren und ihren Preisen unterscheidet. Die Gesetze von Angebot und Nachfrage erklären bestenfalls die Preisbildung in der Sphäre der oberflächlichen Erscheinungswelt. Der Wert der Waren betrifft ihr eigentliches Wesen, das hinter dem Flackern und Fluktuieren der täglich wechselnden Preise liegt.

Nach demselben Muster unterscheidet Marx auch zwischen dem Mehrwert und dem Profit. Mehrwert ist wie Tauschwert objektiv und wesenhaft. Profite sind wie Preise Oberflächenphänomene und lassen sich wie sie in der Einheit irgendwelcher Geldwährungen angeben. Da Marx aber zusätzlich glaubte, dass die Preise und Profite auf der Oberfläche immer nur marginal und kurzfristig von den Werten der zugrundeliegenden Größen abweichen, ist es für den nächsten Schritt unserer Überlegungen nicht so wichtig, ob wir uns auf der Wesensebene des Tauschwerts und des Mehrwerts oder in der Erscheinungssphäre der Preise und Profite bewegen.

---

7 Man ist geneigt zu sagen, der Gebrauchswert der Arbeitskraft sei größer als ihr Tauschwert. Da aber der Gebrauchswert keine quantitative Größe ist, ist diese Formulierung unsinnig.

Da die Kapitalisten einer Branche miteinander konkurrieren, stehen sie unter dem Druck, ihre Waren nach Möglichkeit billiger auf den Markt zu bringen als ihre Rivalen. Unter der Annahme des Äquivalententauschs stehen ihnen aber nur zwei Möglichkeiten offen, die Warenpreise zu senken, um wenigstens kurzfristig Marktvorteile zu ergattern. Der einzelne Kapitalist kann entweder versuchen, mehr Gebrauchswert aus der eingekauften Arbeitskraft herauszupressen, was im Klartext nichts anderes heißt, als die Arbeiter noch etwas länger als bisher pro Tag, Woche oder Monat arbeiten zu lassen. Im Zusammenhang mit dieser Variante spricht Marx auch von einer Erhöhung des *absoluten* Mehrwerts. Wie man weiß, haben Kapitalisten in der Realität tatsächlich häufig diesen Weg eingeschlagen. Unmenschlich lange Arbeitstage waren nicht nur im englischen Manchesterkapitalismus des frühen 19. Jahrhunderts der bestialische Alltag.

Arbeiten die Arbeiter länger, können sie insgesamt mehr Produkte herstellen, was es dem Kapitalisten erlaubt, diese Waren günstiger zu verkaufen. Doch diesem Weg, sich im Konkurrenzkampf unter den Kapitalisten einen Vorteil zu verschaffen, sind natürliche und zum Teil auch gesetzliche Grenzen gesetzt. Zum einen lässt sich der Arbeitstag nur bis zu einem bestimmten, wenn auch schwer konkret anzugebenden Punkt verlängern. Ist dieser Punkt überschritten, droht die Gefahr, dass es dem Arbeiter nicht mehr gelingt, sich und seine Arbeitskraft bis zum Beginn des nächsten Arbeitseinsatzes zu regenerieren. Arbeiter jedoch, die ständig überarbeitet sind, führen nicht nur ein erbärmliches Leben. Sie sind mittel- und langfristig auch für die Käufer ihrer Arbeitskraft nutz- und wertlos, weswegen es auch im Interesse der Arbeitgeber ist, es mit der Verlängerung der Arbeitszeit nicht zu übertreiben.

Zum anderen kommt der Umstand hinzu, dass eine Verlängerung des Arbeitstages für den einzelnen Kapitalisten nur solange ein Vorteil ist, der sich in einem niedrigeren Preis seiner Waren niederschlägt, solange seine Konkurrenten nicht nachgezogen haben, also nicht ihrerseits den Arbeitstag ihrer Belegschaften um dasselbe Maß verlängert haben. Ist dies jedoch geschehen, stehen die Kapitalisten einer Branche wieder am selben Punkt wie zuvor und sind somit unter dem Druck, nach anderen Möglichkeiten Ausschau zu halten, die Preise ihrer Waren zu senken, um den Konkurrenzkampf zu überleben.

Unter der Annahme des Äquivalententauschs bleibt ihnen nur eine zweite Möglichkeit. Sie können versuchen, durch eine Weiterentwicklung der Produktivkräfte dafür zu sorgen, dass derjenige Anteil des Arbeitstages kleiner wird, den der Arbeiter benötigt, um Güter im Wert seiner eigenen Arbeitskraft herzustellen. Dadurch wird im Gegenzug derjenige Anteil des Arbeitstages größer, in dem der Arbeiter Mehrwert produziert, weswegen Marx im Zusammenhang dieser Überlegung auch von einer Steigerung des *relativen* Mehrwerts spricht.

Setzt der einzelne Kapitalist also beispielsweise eine neue Generation von Maschinen ein, die schneller und effektiver funktionieren als der veraltete Maschinenpark seiner Konkurrenten, kann er von seinen Arbeitern mehr Waren produzieren lassen, was es ihm erlaubt, den Stückpreis der Waren zu senken. Wieder hat er sich dadurch kurzfristig einen Marktvorteil verschafft. Und wieder lassen sich zahlreiche Rationalisierungsbemühungen, die in der empirischen Realität stattgefunden haben und weiterhin stattfinden, in Übereinstimmung mit dieser Überlegung von Marx erklären.

Aber auch diesem zweiten Vorgehen ist eine Grenze gesetzt. Und um die Fragen, was es mit dieser Grenze auf sich hat und wie Marx selbst es mit ihr unterm Strich hält, ist unter seinen Nachfolgern viel diskutiert worden[8]. Wieder ist es jedenfalls für den einzelnen Kapitalisten nur solange ein Vorteil, neuere Technologie zum Einsatz zu bringen, solange es seine Konkurrenten ihm nicht gleichgetan haben. Tun sie es ihm gleich, stehen sie allesamt wieder an dem Punkt, an dem sie gestartet sind, stehen also unter dem Druck, die Preise ihrer Waren weiter zu senken. Sofern die technologische Entwicklung es ihnen erlaubt, werden sie erneut durch bessere Produktionsmittel versuchen, den Anteil des Arbeitstages zu verringern, den die Arbeiter benötigen, um Güter im Wert ihrer Arbeitskraft zu erwirtschaften. Gelingt dies, zieht die Konkurrenz nach und alle stehen erneut am selben Punkt und unter demselben Druck. Und so geht die Geschichte theoretisch immer weiter. Immer weiter?

Dass der Anteil des Arbeitstages immer kleiner wird, den die Arbeiter benötigen, um Güter im Wert ihrer Arbeitskraft herzustellen, geht mit Blick auf die einzelnen Endprodukte ihrer Arbeit mit einem bemerkenswerten Umstand einher. Ihr Tauschwert geht zu einem immer kleineren Anteil auf menschliche Arbeitskraft zurück und umgekehrt wird der Anteil ihres Werts, der aus einer bloßen Übertragung aus den immer teureren Produktionsmitteln herstammt, immer größer. Wenn man jetzt noch die Prämisse von Marx hinzunimmt, dass nur menschliche Arbeitskraft wertschaffend ist, ist man beim berühmten Gesetz vom tendenziellen Fall der Profitrate angelangt. In die einzelnen Endprodukte geht diesem Gesetz zufolge immer weniger Arbeitskraft ein, weswegen immer weniger Mehrwert in ihnen enthalten, sprich Profit aus ihnen zu erwirtschaften ist. Kurz gesagt, die Konkurrenzbedingungen erklären, weshalb das Konkurrenzsystem namens Kapitalismus über kurz oder lang austrocknet und

---

8 Die folgende Überlegung findet sich im dritten Band des *Kapital*, der wie gesagt von Marx selbst nie vollendet oder gar veröffentlicht wurde.

verdorrt. Das kapitalistische Wirtschaftssystem frisst sich anders gesagt laut Marx selbst auf.

Nun spricht Marx nicht ohne Grund von einem *tendenziellen* Fall der Profitrate. Denn er nennt selbst eine Reihe von Gegentendenzen und lässt die Frage offen, ob der Profit wirklich so weit sinken wird, dass es sich für die Kapitalisten nicht mehr lohnt, ihr Kapital im großen Umfang in Bewegung zu setzen. Einige seiner Interpreten waren in dieser Hinsicht prognosefreudiger. Vielleicht geht der Kapitalismus ja auch unter, selbst wenn kein Proletariat sich organisiert und die revolutionäre Umgestaltung der Gesellschaft in Angriff nimmt.

13.5 Arbeitswertlehre

Marxens Überlegungen zur Entstehung des Mehrwerts und zum tendenziellen Fall der Profitrate sind elegant und wirken aufgrund ihrer geradezu schlichten Eleganz fast schon genial. So stellt man sich doch eine kopernikanische Wende in der Wirtschaftstheorie vor, oder? Und lassen diese genialen Überlegungen nicht mit gutem Grund vermuten, dass auch am Rest der ökonomischen Theorie von Marx etwas dran sein muss?

Wie ein Blick in die Geschichte der Wirtschaftstheorie jedoch zeigt, beruht diese scheinbare Revolution in Wahrheit auf einem Anachronismus. Denn kurz nach dem Erscheinen des ersten Bands des *Kapital* entwickelten der Österreicher Carl Menger, der Engländer William Stanley Javons und der Franzose Léon Walras unabhängig voneinander neue Theorieansätze, die später zur marginalistischen Schule bzw. zur Grenznutzentheorie vereinigt und zur Grundlage der bis heute „marktführenden", sprich neoklassischen Wirtschaftstheorie wurden. Diese Grenznutzentheorie war ein Paradigmenwechsel innerhalb derjenigen Strömung des wirtschaftswissenschaftlichen Denkens, die Marx, seine Anhänger und Nachfolger oft pauschal als bürgerliche Ökonomie bezeichnet haben. Und eine der zentralen Annahmen, an denen die marginalistische Schule mit ihren Ahnen, also mit John Locke, Adam Smith, John Stuart Mill, aber vor allem mit David Ricardo brach, ist ausgerechnet eine Überzeugung, die Marx mit diesen Klassikern der Nationalökonomie teilte, nämlich die bereits erläuterte Arbeitswertlehre, der zufolge sich der Wert eines Produktes objektiv nach Maßgabe der für seine Produktion erforderlichen Arbeitsmenge bestimmen lässt.

Gegen diese objektivistische Wertlehre lassen sich in der Tat schlagkräftige Einwände erheben. So schlicht und elegant sie auf den ersten Blick auch erscheinen mag, gibt es viele Fälle, in denen sie zu keinem plausiblen Ergebnis führt. Gegen den Einwand, dass die Arbeitswertlehre ihrer ganzen Natur nach nur auf die Güterproduktion zielt und daher mit Dienstleistungen nicht umzugehen vermag, kann man sie zwar sicherlich noch verteidigen. Denn insofern die Dienstleistung beispielsweise einer Postbotin zu einem *Resultat* führt, nämlich dem *Ergebnis*, dass der Brief nicht mehr beim Absender, sondern jetzt beim Empfänger ist, kann man sie als *Herstellung* eines intendierten Zustands fassen. Und weshalb sollte man solchen Herstellungen beabsichtigter Zustände nicht nach Maßgabe der erforderlichen Arbeitsmenge die Werte zuordnen können, die sie gemäß der Arbeitswertlehre haben?

Schwieriger stellt sich die Sachlage jedoch im Fall künstlerischer und wissenschaftlicher Arbeit dar. Kunstwerke werden oft zu enorm hohen Preisen verkauft, die zumeist in keiner Weise mit den Arbeitsmengen korreliert sind, die für die Herstellung der Kunstwerke erforderlich waren. Noch öfter wird ein Künstler seine Produkte gar nicht los. Wollen wir trotzdem sagen, dass diese Ladenhüter allesamt wertvolle Dinge sind, selbst wenn sich kein Mensch für sie zu interessieren scheint?

Im Gegenzug gibt es Dinge, die einen hohen Wert zu haben scheinen, obwohl sie keine Produkte menschlicher Arbeit sind. Jeder, der sich ein Grundstück kaufen möchte, um es zu bewirtschaften oder um darauf zu bauen, weiß das. Auch hier führt die Arbeitswertlehre offenkundig zu keinem plausiblen Ergebnis. Grund und Boden dürften nichts kosten, weil sie nicht von Menschenhand produziert wurden. Ist da die Annahme nicht plausibler, dass die Begründer und Verteidiger der Arbeitswertlehre sich doch zu sehr an der schlichten Güterproduktion orientiert haben und daher etwas zum allgemeinen Gesetz erklärten, was in Wahrheit nur eine Besonderheit dieser Form der Produktion ist?

Die Arbeitswertlehre wurde aufgrund solcher Einwände und der Überzeugungskraft der Nutzentheorie von der „bürgerlichen" Ökonomie ad acta gelegt. Und dort liegt sie auch bis heute[9]. Das Prinzip von Angebot und Nachfrage dient seither als alleiniger Wertmesser. Und wie schon die nationalökonomische Klassik geht auch die zeitgenössische Wirtschaftswissenschaft wieder davon aus, dass Wertsteigerungen weniger in der Produktion, sondern vor allem im Tausch auf dem Markt stattfinden. Marxens gesamte ökonomische Theorie beruht jedoch auf der Arbeitswertlehre. Jedenfalls kommt weder seine Theorie über die Entstehung des Mehrwerts noch seine Prognose vom tendenziellen Fall der Profitrate ohne die Arbeitswertlehre aus. Trotz der hervorgehobenen Eleganz der betreffenden Überlegungen von Marx liefern sie bei näherer Be-

---

9 Siehe jedoch Fröhlich 2009.

trachtung also doch wenig Grund für die Annahme, dass Marxens Kritik der Politischen Ökonomie zutrifft, wenn man sie nur gründlich genug studiert. Wie ich im nächsten Abschnitt zeigen möchte, krankt diese Kritik auch an einem weiteren Grundirrtum, der sich gleich auf den ersten Seiten des *Kapital* ausfindig machen lässt[10].

13.6 Der Warenfetisch und sein vermeintliches Geheimnis

Es gibt im Werk von Marx eine Reihe von Passagen, die den Eindruck erwecken, seine Kritik der Politischen Ökonomie beruhe weniger auf dem Nachweis, dass diese Art des Wirtschaftens auf Dauer nicht funktionieren kann, als vielmehr auf dem Nachweis, dass mit diesen Verhältnissen in einer anderen Hinsicht etwas nicht stimmt. Wieder ist diese Kritik nicht normativ zu verstehen. Marx will auch in diesen Zusammenhängen nicht sagen, dass diese Verhältnisse nicht sind, wie sie aus diesen oder jenen moralischen Gründen sein *sollten* oder sein *müssten*. Er will vielmehr sagen, dass die kapitalistischen Verhältnisse an sich falsch sind, dass es sich um verkehrte Verhältnisse handelt, die eine „verkehrte Welt"[11] konstituieren. Dabei kann man die Falschheit bzw. Verkehrtheit der kapitalistischen Verhältnisse nicht zurechtbiegen oder richtig stellen, indem man an dazu geeigneten Stellschrauben dreht. Man kann die Verkehrtheit der kapitalistischen Verhältnisse laut Marx nur abstellen, indem man sie philosophisch-wissenschaftlich durchdringt und damit die theoretische Bedingung der politischen Möglichkeit schafft, die Verhältnisse selbst abzuschaffen und durch nach-kapitalistische Verhältnisse zu ersetzen.

Diese Art der Kapitalismuskritik kommt konzentriert im ersten Kapitel des ersten Bands des *Kapital* zum Ausdruck. Im Verlauf seiner Analyse des Warenbegriffs ist er durch den Einsatz der verschiedensten rhetorischen Stilmittel offenkundig darum bemüht, die Aufmerksamkeit seiner Leser darauf zu lenken, dass Waren nicht das sind, was sie vordergründig zu sein scheinen. So verwendet er im Kontext seiner Warenanalyse gehäuft Ausdrücke wie „Verwandlung" und „Verschwinden", die an das Treiben von Jahrmarktsgauklern

---

10 Im Rest dieses Kapitel stütze ich mich auf Iorio 2010(b).
11 So Marx etwa in seiner Frühschrift *Zur Kritik der Hegelschen Rechtsphilosophie*. (1, 378). Auf diesem Topos der verkehrten Welt, das in der frühsozialistischen Literatur häufig zu finden ist, beruht auch Adornos berühmtes Diktum, wonach es kein richtiges Leben im Falschen gibt. Siehe Adorno 1980, S. 19.

erinnern, die dem Publikum ein *X* für ein *U* vormachen. Die Dinge sind nicht, wie und was sie zu sein scheinen – so die Botschaft von Marxens Warenanalyse ganz allgemein formuliert.

Des Weiteren spricht Marx mit Blick auf seinen Analysegegenstand von einer „gespenstigen Gegenständlichkeit", nennt die Ware „ein sehr vertracktes Ding" „voll metaphysischer Spitzfindigkeit und theologischer Mucken", spricht darüber hinaus von den Waren als „sinnlich übersinnlichen Dingen, die sich von selbst auf den Kopf stellen", und nicht zuletzt auch vom „mystischen" und „rätselhaften Charakter der Waren." Diese Reihe von Andeutungen kulminiert schließlich im letzten Abschnitt des ersten Kapitels, der die Überschrift *Der Fetischcharakter der Ware und sein Geheimnis* trägt.

Versuchen wir also, den Fetischcharakter der Waren zu klären und sein Geheimnis zu lüften. Was meint Marx, wenn er vom Fetischcharakter der Ware spricht? Es wäre ein Missverständnis zu glauben, dass Marx von einem Fetisch im Sinne eines sexuellen Fetischs spricht. Er will nicht sagen, dass die Waren die Menschen irgendwie besonders oder über die Maßen anmachen. Im Rahmen einer Kritik am Konsumcharakter moderner, kapitalistischer Gesellschaften ist die Rede vom Fetischcharakter der Waren im 20. Jahrhundert zuweilen in Anlehnung an das Konzept des sexuellen Fetischismus ver- bzw. missverstanden worden. Diesem Verständnis zufolge haben viele Mitglieder moderner Gesellschaften ein verkehrtes, perverses Verhältnis zu den Waren als Konsumobjekte. Marx so zu verstehen, wäre aber ganz abwegig. Er hätte eine Kritik am Konsum oder am Konsumverhalten überhaupt nicht verstanden. Ihm wäre es im Gegenteil sehr recht gewesen, wenn die richtigen Leute die richtigen Arten von Gütern in Hülle und Fülle konsumieren könnten. Jede Form der Enthaltsamkeit und Askese war ihm als Privatmensch und mehr noch als Theoretiker vollkommen fremd.

Wenn Marx die Ausdrücke „Fetisch" und „Fetischcharakter" gebraucht, nimmt er vielmehr Anleihen am Konzept des religiösen Fetischismus. Dies zeigt ein Blick auf die Passage, in der – nach der Verwendung der Vokabel „Fetischcharakter" in der Überschrift des Abschnitts – das Wort „Fetischismus" erstmals im Haupttext auftaucht. Marx schreibt an dieser Stelle:

> Um daher eine Analogie zu finden, müssen wir in die Nebelregion der religiösen Welt flüchten. Hier scheinen die Produkte des menschlichen Kopfes mit eignem Leben begabte, untereinander und mit den Menschen in Verhältnis stehende selbständige Gestalten. So in der Warenwelt die Produkte der menschlichen Hand. Dies nenne ich den Fetischismus, der den Arbeitsprodukten anklebt, sobald sie als Waren produziert werden, und der daher von der Warenproduktion unzertrennlich ist. (23, 86 f.)

Den Ausgangspunkt dieser Analogie liefert offenkundig die Religionskritik, die der junge Marx von Feuerbach übernommen hat. Dieser Religionskritik zufolge gibt es keinen Gott und keine Götter. Gott und Götter sind vielmehr menschliche Erfindungen, „Produkte des menschlichen Kopfes", wie Marx schreibt, denen die Menschen, ohne es zu wissen, ihre eigenen Eigenschaften zusprechen. Götter, so könnte man auch sagen, sind laut Feuerbach und Marx nicht nur insofern menschliche Erfindungen, als sie von Menschen erfunden wurden. Götter sind auch insofern menschliche Erfindungen, als ihre Erfinder ihnen ihre eigenen menschlichen Eigenschaften zusprechen. Diesen Punkt hat Marx in der zitierten Passage im Auge, wenn er sagt, dass die Produkte des menschlichen Kopfes in der Imagination als Gestalten erscheinen, die mit einem eigenen Leben begabt und insofern selbständig sind, als sie untereinander und mit den Menschen in bestimmte Verhältnisse treten. Menschen, also die Erfinder der Götter, sind mit einem eigenen Leben begabt. Und Menschen, die Erfinder der Götter, sind selbständige Gestalten, die in den verschiedensten Verhältnissen zueinander stehen. Menschen, so kann man diese beiden Punkte auch zusammenfassen, sind autonome Akteure.

Feuerbach hat meines Wissens den Ausdruck „Fetischismus" im Zuge seiner Religionskritik niemals verwendet. Marx verwendet ihn. Was hat er damit im Auge? Nun, in den religiösen Kontexten, auf die Marx verweist, versteht man unter einem Fetisch einen Gegenstand, dem die Anhänger der entsprechenden Religionsgemeinschaft Eigenschaften zusprechen, die der Gegenstand, der als Fetisch verehrt wird, gar nicht hat. Ein Fetisch *scheint*, anders gesagt, bestimmte Eigenschaften zu haben, die ihm de facto nicht zukommen. Die damit angesprochene Unterscheidung von Sein und Schein, die der bereits thematisierten Unterscheidung zwischen dem Wesen und der Erscheinung entspricht, ist sicherlich der Grund dafür, dass Marx das Konzept des Fetischs verwendet, um seiner Kritik am Kapitalismus Ausdruck zu verleihen. Waren, so die Kernidee des ersten Kapitels des *Kapital* in anderen Worten gefasst, *scheinen* Eigenschaften zu haben, die sie in Wahrheit *nicht* haben.

Vor diesem Hintergrund kann man feststellen, dass Marxens Analogie an zwei Punkten nicht richtig aufgeht und daher leicht in die Irre führen kann. Zum einen lehrte Feuerbach, dass es in der Realität keine Götter gibt. Als Fetisch dient jedoch in der Regel ein realer Gegenstand, den es folglich sehr wohl gibt. Er hat nur nicht die Eigenschaften, die die Anhänger der Religionsgemeinschaft ihm zuschreiben. Zum anderen schreiben die Anhänger der Religionsgemeinschaft dem als Fetisch verehrten Gegenstand übersinnliche bzw. übernatürliche und insofern nicht-menschliche Eigenschaften zu. Man glaubt beispielsweise, der Fetisch habe die Eigenschaft, Wunder zu vollbringen, etwa

Regen herbeizuführen, schwere Krankheiten zu heilen oder übermächtige Feinde zu bestrafen. Mit solchen wundersamen Eigenschaften hat aber das Fetischismuskonzept, das Marx gebraucht, nichts zu tun. Denn wir haben gesehen, dass Marx von Feuerbach den Gedanken übernimmt, dass die fingierten Götter von ihren Erfindern Eigenschaften zugesprochen bekommen, die ganz natürliche, nämlich menschliche Eigenschaften sind.

Der Fetischcharakter der Ware, den Marx herausstreichen will, beruht also nicht darin, dass die Waren irgendwelche wundersamen oder übernatürlichen Eigenschaften zugesprochen bekommen. Der Fetischcharakter, von dem Marx spricht, beruht vielmehr darauf, dass der Fetisch als Fetisch Eigenschaften zugesprochen bekommt, die der Gegenstand, der als Fetisch verehrt wird, gar nicht hat und nicht haben kann. Dieser Punkt wird deutlich, wenn wir uns noch einmal die zitierte Passage vergegenwärtigen und die Analogie etwas penibler ausbuchstabieren, als Marx es tut: In der „Nebelregion der religiösen Welt" „scheinen die Produkte des menschlichen Kopfes mit eignem Leben begabte, untereinander und mit den Menschen in Verhältnis stehende selbständige Gestalten." – Weder *mit-eigenem-Leben-begabt-sein* noch *untereinander-und-mit-den-Menschen-in-Verhältnis-stehende-selbständige-Gestalten-sein* sind mysteriöse Eigenschaften. Viele Dinge haben diese Eigenschaften – Menschen zum Beispiel. Dass aber nur *ausgedachte* Gestalten mit einem eigenen Leben begabt sind und dass nur *ausgedachte* Gestalten selbständige Gestalten zu sein scheinen – das ist mysteriös. Und darin beruht der Fetischcharakter, von dem Marx mit Blick auf den religiösen Teil seiner Analogie spricht.

Dasselbe gilt natürlich auch für den nicht-religiösen Teil. Dies wird erkennbar, wenn man die elliptische Formulierung von Marx wie folgt ergänzt: „in der Warenwelt" scheinen „die Produkte der menschlichen Hand" „mit eignem Leben begabte, untereinander und mit den Menschen in Verhältnis stehende selbständige Gestalten." Die Waren scheinen also zum einen „mit eigenem Leben begabte" „Gestalten" zu sein; scheinen – mit anderen Worten – belebt zu sein. Zum anderen scheinen die Waren „selbständige Gestalten" zu sein, also über eine gewisse Autonomie zu verfügen, die sie befähigt, aktiv mit anderen Waren und mit Menschen in dieses oder jenes intendierte Verhältnis zu treten. Wieder kann man diese beiden Punkte zusammenziehen: Die Waren scheinen selbständige bzw. autonome Akteure zu sein. Und im Geiste von Marx lässt sich ergänzen: Die Waren scheinen autonome Akteure zu sein, die nach ihren eigenen Gesetzen und nicht nach den Gesetzen der sie schaffenden Menschen untereinander und mit den Menschen interagieren.

Wieder ist zu betonen, dass Belebtheit, Autonomie oder das Merkmal, ein selbständiger Akteur zu sein, unspektakuläre, keine übersinnlichen Eigenschaften sind. Vieles hat diese Eigenschaften tatsächlich – Menschen zum Beispiel. Dass aber Waren, die doch nur „leblose Produkte der menschlichen Hand" sind, belebte, autonome und insofern eigenständige Akteure zu sein scheinen, konstituiert laut Marx ihren Fetischcharakter.

Wir wissen jetzt, was der Fetischcharakter der Ware ist. Was ist sein Geheimnis? Um diese Frage richtig zu verstehen, muss man sich klarmachen, dass Marx mit dem Ausdruck „Geheimnis" nicht auf eine verschwiegene Tatsache, nämlich die Tatsache verweisen will, dass Waren Eigenschaften zu haben scheinen, die sie als leblose Produkte der menschlichen Hand nicht haben können. Er verwendet den Ausdruck also nicht so, wie er in dem Satz „Es ist ein Geheimnis, wo der Schatz versteckt ist" verwendet wird. Würde Marx in dieser Bedeutung vom Geheimnis des Fetischcharakters sprechen, wäre es redundant, die Tatsache, dass die Waren Eigenschaften zu haben scheinen, die sie nicht haben können, zuerst als Fetischismus zu deklarieren und es *zusätzlich* als Geheimnis zu bezeichnen, dass Waren die Eigenschaften nicht haben, die sie zu haben scheinen. Die Geheimnisthese wäre in dieser Lesart eine überflüssige Wiederholung der Fetischthese.

Wenn Marx vom Geheimnis des Fetischcharakters spricht, dann gebraucht er das Wort so, wie es in den Wendungen „das Geheimnis ihres Erfolges" oder „das Geheimnis seiner Kochkunst" gebraucht wird. Hier meint man mit einem Geheimnis den geheim gehaltenen Dreh oder Kunstgriff, der *erklärt*, wie es der einen Person gelingt, erfolgreich zu sein, und der anderen, gut zu kochen. Entsprechend möchte Marx mit dem Verweis auf das Geheimnis des Warenfetischismus eine *Erklärung* liefern. Er will erklären, durch welchen Dreh es dazu kommt, dass Waren belebt und autonom erscheinen, obwohl sie als leblose Produkte der menschlichen Hand weder belebt noch autonom sein können.

Wie lautet diese Erklärung? Hier ist Marxens Antwort in Kurzform: „Das Geheimnisvolle der Warenform besteht also einfach darin, daß sie den Menschen die gesellschaftlichen Charaktere ihrer eignen Arbeit als gegenständliche Charaktere der Arbeitsprodukte selbst, als gesellschaftliche Natureigenschaften dieser Dinge zurückspiegelt […]" (23, 86) Das Schlüsselwort dieser Passage, das zu einem Komplex von Metaphern gehört, die Marx häufig verwendet und das Motiv der Umkehrung bzw. der verkehrten Welt in Erinnerung ruft, lautet „zurückspiegelt". Als Waren bzw. in ihrer Warenform spiegeln die Produkte den Produzenten den gesellschaftlichen Charakter der Arbeit dieser Produzenten und damit den gesellschaftlichen Charakter der Produzenten selbst als vermeintlichen Charakter dieser Produkte zurück. Durch diese Zurückspiegelung scheinen die Produkte also Eigenschaften zu haben, die sie als leblose Produkte der menschlichen Hand nicht haben können und die in Wahrheit Eigenschaften der Menschen und ihres Arbeitens sind. Insofern Marx in dieser Passage die Eigenschaft, gesellschaftlich zu sein, in den Vordergrund rückt, kann man den Kern seiner Überlegung auch wie folgt zusammenfassen: Menschen leben immer in Gesellschaft. Aber nur unter kapitalistischen Gesellschaftsbedingungen haben die Menschen den falschen Eindruck, die Dinge, die sie produzieren, bildeten eine ihnen fremde Gesellschaft. Des Weiteren bestehen reale Gesellschaften immer aus menschlichen Akteuren. Aber nur unter kapitalistischen Bedingungen hat es den falschen Anschein, Waren seien individuelle Akteure, die den Warenproduzenten als eigenständige und fremde Macht entgegentreten. Und weil es unter kapitalistischen Bedingungen derart zugeht, so lässt sich Marxens Gesellschaftskritik zuspitzen, konstituieren diese Verhältnisse eine verkehrte Welt.

Bei näherer Erwägung zeigt sich jedoch, dass weder die bis hierher entwickelte Interpretation der Fetischlehre noch die Annahme plausibel sind, dass es sich um Marxens Auffassung seiner Lehre handelt. Will Marx wirklich sagen, das Übel der kapitalistischen Verhältnisse liege vornehmlich darin, dass wir alle einer kollektiven Illusion erliegen, insofern wir den Waren Eigenschaften zusprechen, die sie gar nicht haben? Es wäre doch auf der einen Seite ein schieres Wunder, wenn Abermillionen von Menschen alle denselben Fehler machten, indem sie den Waren Eigenschaften zuschreiben, die sie nicht haben[12]. Auf der anderen Seite wollte der Kritiker der kapitalistischen Verhältnisse bestimmt nicht die Art und Weise kritisieren, in der wir die Welt wahrnehmen. Es ist die wahrgenommene Welt selbst, der seine Kritik galt. Aber eine Kritik an unserer Weise, die Waren in ihrer Warenwelt wahrzunehmen, führt nicht zu dem, was Marx im Schilde führte – also zu einer Überwindung der bestehenden Verhältnisse. Denn wir könnten ja einfach unseren Wahrnehmungsfehler durch Marx korrigieren lassen, den Waren künftig keine falschen Eigenschaften mehr zusprechen und gleichwohl munter bis in alle Ewigkeit kapitalistisch weiterwirtschaften. Eine Kritik der Wahrnehmung warenwirtschaftlicher Verhältnisse führt also weder zur Kritik der warenwirtschaftlichen Verhältnisse noch zu dem Nachweis, dass diese Verhältnisse eine verkehrte Welt konstituieren, die es zu überwinden gilt.

Diese Überlegungen deuten darauf hin, dass Marx seine Fetischthese nicht *epistemologisch*, sondern *ontologisch* gedeutet wissen will. Der Fetischcharakter der Ware besteht nicht darin, wie ich bisher behauptet habe, dass Waren

---

12 Viele Autoren, die Marxens Fetischthese als die Behauptung deuten, die Mitglieder kapitalistischer Gesellschaften unterlägen einer kollektiven Illusion, scheinen sich über dieses Wunder nicht zu wundern. Siehe etwa Jappe 2005, S. 195–218.

die Eigenschaften zugesprochen bekommen, belebt und autonom zu sein, obwohl sie als leblose Produkte der menschlichen Hand nicht belebt und autonom sein können. Der Fetischcharakter, den Marx tatsächlich meint, besteht darin, dass die Produkte der menschlichen Hand in ihrer Erscheinungsform als Waren tatsächlich belebt und autonom agierend *sind*[13].

Dass Marx die Sachlage derart ontologisch verstanden haben will, wird deutlich, wenn man danach fragt, was es denn heißen soll, dass die Waren belebt, autonom und insofern selbständig aktiv zu sein scheinen. Denn wenn man diese Metaphern auflöst, sieht man, dass es reale Eigenschaften der Waren sind, die Marx im Auge hat. – Dass die Waren belebt erscheinen, soll vor allem besagen, dass sie ihren Produzenten nicht einfach als ein Stück tote Materie entgegentreten, über die die Produzenten nach eigenem Gutdünken verfügen können. Vielmehr scheinen die Arbeitsprodukte als Waren, die sie ja unter kapitalistischen Verhältnissen sind, von sich selbst aus darauf zu drängen, auf dem Markt gegen andere Waren eingetauscht zu werden und ihre Besitzer zu wechseln. Dies liegt in der Natur der Ware. Denn sobald ein Arbeitsprodukt nicht mehr diese Natur aufweist, also nicht für den Markt produziert wird oder vom Markt verschwindet und zum schlichten Konsumgut wird, hört es sofort auf, eine Ware zu sein. All dies ist aber wirklich so – es scheint nicht nur so zu sein.

Dass die Waren autonom zu sein scheinen, soll vor allem besagen, dass die Waren ein Leben untereinander nach eigenen Gesetzen führen, womit vor allem gemeint ist, dass „sich" jede Ware gemäß der Prämisse vom Äquivalententausch mit jeder anderen Ware nach Maßgabe ihres Tauschwerts austauscht. Anbieter und Käufer können Marxens Theorie zufolge als Privatleute zwar bedingt den ihnen angemessen erscheinenden Preis, aber nicht den objektiven Wert der Waren aushandeln und festlegen. Denn die Waren bringen der Wertlehre zufolge ihren Wert insofern von sich aus auf den Markt mit, als es ein objektives Faktum ist, wie viel eine Ware wert ist. Dieser Wert ist fixiert, noch bevor die Waren auf dem Markt angeboten und untereinander getauscht werden.

Marx will also vor allem sagen, dass die scheinbare „Gesellschaft der Waren" den Menschen nach den Tauschgesetzen der Warenwelt und nicht nach den Gesetzen der Warenproduzenten, also der Menschenwelt entgegen tritt.

---

13 Tatsächlich deutet einiges darauf hin, dass Marx glaubte, beide Lesarten seiner Fetischthese könnten zugleich zutreffen. Seine Rede vom „gegenständlichen Schein" legt diese Interpretation z. B. nahe (vgl. 23, 88). Beide Lesarten können jedoch nicht zugleich zutreffen, weil jede von ihnen die Falschheit der anderen voraussetzt.

Unter dem Strich lässt sich vor dem Hintergrund der Auflösung von Marxens Metaphorik sagen, dass Waren und Warenmärkte Merkmale aufweisen, die wir heutzutage als nicht intendierte und daher nur schwer kontrollierbare Effekte kollektiven Handelns beschreiben und erklären. Am eindringlichsten bekommen wir diese Effekte in unserer Gegenwart mit Blick auf die internationalen Finanzmärkte und den dort gehandelten Waren vor Augen geführt. Aktienkurse steigen und fallen; gewaltige Finanzströme fließen täglich um den Globus; Banken und ganze Volkswirtschaften brechen über Nacht zusammen. Und der springende Punkt ist, dass kein einzelnes Individuum diese Vorgänge planen oder kontrollieren kann, weil es sich eben um Effekte kollektiven Handelns dreht. Folglich ist man als Individuum diesen Effekten wehrlos ausgeliefert, auch wenn man selbst durch sein eigenes Tun teilhat am kollektiven Handeln und seinen Folgen. Diesen Umstand hat Marx primär im Auge, wenn er die Waren metaphorisch als belebt und autonom bzw. als selbstständige Akteure beschreibt, die nach ihren eigenen Gesetzen interagieren. Aber wieder gilt: All diese Effekte gibt es wirklich – es scheint sie nicht nur zu geben.

Epistemologisch gedeutet ergab Marxens Rede vom Fetischcharakter der Ware nicht viel Sinn, weil nicht zu sehen war, warum der falsche Eindruck, den die Menschen angeblich von den Waren haben, nicht korrigiert werden könnte, ohne den Kapitalismus in Frage zu stellen. Ontologisch gedeutet, dies möchte ich jetzt zum Abschluss des Kapitels zeigen, führt Marxens Rede vom Fetischcharakter der Ware ebenfalls in eine Sackgasse.

Will Marx an der Charakterisierung der Ware als Fetisch festhalten, kann er es nicht bei der simplen Feststellung belassen, dass Arbeitsprodukte unter marktwirtschaftlichen Bedingungen ökonomischen Gesetzmäßigkeiten kollektiven Handelns unterworfen sind, die kein Individuum in seiner individuellen Gewalt hat. Um der Charakterisierung der Waren als Fetisch Substanz zu verleihen, muss Marx vielmehr an der weiterreichenden Behauptung festhalten, dass die Produkte der menschlichen Hand in ihrer Erscheinungsform als Waren die besagten Eigentümlichkeiten aufweisen, die sie als bloße Produkte der menschlichen Hand *nicht* aufweisen können. Denn das war ja der Witz am Fetischkonzept: dass Fetische Dinge können, die sie eigentlich nicht können können.

Tatsächlich ist im ersten Kapitel des *Kapital* zu beobachten, dass Marx durch einen sprachlichen Kniff zwei ontologische Ebenen auseinanderzieht, die ihm die Möglichkeit verschaffen, seine Fetischthese zu entwickeln. Es gibt nämlich gewissermaßen eine zeitlose Ebene, auf der die Menschen einfach nur Gebrauchsgegenstände, sprich Konsumgüter um ihres je spezifischen Gebrauchswerts willen herstellen, um damit eigene Bedürfnisse oder Bedürfnisse anderer Menschen zu befriedigen. Diese Ebene veranschaulicht Marx durch mehrere Beispiele, die sich an verschiedenen Stellen des Kapitels finden. Das mittelalterliche Wirtschaftssystem ist so ein Beispiel. Die arbeitsteilige Güterproduktion einer Bauernfamilie, die Subsistenzwirtschaft betreibt, ist ein Beispiel. Und auch die Fiktionen des einsamen Robinsons auf seiner Insel und des kommunistischen Vereins freier Menschen sind Beispiele hierfür. Auf der ontologischen Ebene, auf der diese Beispiele angesiedelt sind, geht die Produktion und Distribution der Güter laut Marx vollkommen transparent und unmysteriös zu. Die Menschen leisten nützliche Arbeit, durch die sie die Rohstoffe der Natur in eine Form umwandeln, in der sie für die Menschen nützlich sind, also konsumiert werden können.

Nur unter warenwirtschaftlichen Zeitumständen tritt zu der ersten Ebene Marxens Darstellung zufolge eine zweite hinzu. Auf dieser zweiten Ebene sind die Arbeitsprodukte zugleich und primär Waren, also Tauschobjekte, und als solche mit den Eigentümlichkeiten behaftet, die sie als leblose Produkte gar nicht haben können. Auf dieser zweiten Ebene leisten die Menschen das, was Marx abstrakte Arbeit nennt. Und es ist diese abstrakte Arbeit, die den Produkten ihren warenspezifischen Wert verleiht. Nur als Träger dieses warenspezifischen Werts treten die Waren untereinander in diejenigen Austauschbeziehungen, durch die sie laut Marx den Menschen über den Kopf wachsen und ihren gespenstigen Reigen beginnen.

Nun ist es aufschlussreich zu beobachten, wie Marx diese ontologische Trennung zweier Ebenen gleich mit den ersten Sätzen am Beginn des ersten Kapitels vorbereitet. Denn ohne seine Leser darauf aufmerksam zu machen, geht er von der unproblematischen Feststellung, dass ein Produkt der menschlichen Hand durch viele seiner Eigenschaften viele Gebrauchswerte für die Menschen und durch viele Tauschrelationen zu anderen Produkten auch viele Tauschwerte hat, zu der hypostasierenden Rede über, dass ein Produkt der menschlichen Hand ein Gebrauchswert bzw. Tauschwert *ist*[14]. Am Anfang ha-

---

14 Hinsichtlich des Gebrauchswerts eröffnet Marx mit diesen Feststellungen: „Die Ware ist zunächst ein äußerer Gegenstand, ein Ding, das durch seine Eigenschaften menschliche Bedürfnisse irgendeiner Art befriedigt. [...] Jedes nützliche Ding [...] ist ein Ganzes vieler Eigenschaften und kann daher nach verschiedenen Seiten nützlich sein." Und nur wenige Zeilen weiter heißt es dann hypostasierend: „Die Nützlichkeit eines Dings macht es zum Gebrauchswert." – Hinsichtlich des Tauschwerts heißt es zuerst: „Eine gewisse Ware, ein Quarter Weizen z. B. tauscht sich mit x Stiefelwichse oder mit y Seide oder mit z Gold usw., kurz mit andern Waren in den verschiedensten Proportionen. Mannigfache Tauschwerte also hat der Weizen statt eines einzigen." Nach der verdinglichenden Transformation finden sich dann Formulierungen wie diese: „Ein Ding kann Gebrauchswert sein, ohne Wert zu sein." (23, 49–55).

ben wir also nur eine einzige ontologische Ebene, auf der die Arbeitsprodukte allerlei Eigenschaften haben, darunter auch die Eigenschaften, Gebrauchs- und Tauschwerte zu haben. Durch die hypostasierende Redeweise von den Produkten als Gebrauchs- bzw. Tauschwerten entsteht dann jedoch der Eindruck zweier verschiedener Ebenen und damit zugleich auch einer ontologischen *Verdoppelung* der Arbeitsprodukte in Gebrauchsdinge und Tauschdinge. So werden aus schlichten Eigenschaften scheinbar eigenständige Substanzen. In Abhängigkeit davon, ob man ein Produkt als Gebrauchswert oder als Tauschwert betrachtet, scheint es entweder auf der zeitlosen oder auf der genuinen Ebene der kapitalistischen Zeitumstände zu liegen. Und nur weil es diese beiden Ebenen zu geben scheint, kann Marx behaupten, dass die Produkte der menschlichen Hand auf der Ebene des Tauschwerts Eigenschaften haben, die sie auf der Ebene des Gebrauchswerts nicht haben. Nur weil er dies so sagen kann, kann er es schließlich als Fetischcharakter der Ware deklarieren, dass ein Produkt als Ware, also als Tauschding, Eigenschaften aufweist, die es als Gebrauchsding gar nicht haben kann.

Nun dürfte jedoch klar sein, dass die Rede von zwei ontologischen Ebenen ebenfalls metaphorisch ist. Und diesmal haben wir es mit einer gefährlichen Metapher zu tun, weil sie den Blick für die realen Zusammenhänge verschleiert. Denn Entitäten haben bestimmte Eigenschaften oder sie haben sie nicht. Tertium non datur! Dass die Produkte der menschlichen Hand also als Waren betrachtet Eigenschaften haben, die sie als Gebrauchsgegenstände betrachtet nicht haben, ist eine irreführende Rede – schlimmstenfalls ein rhetorischer Trick, der die Selbstwidersprüchlichkeit dieser Behauptung kaschiert. Verzichten wir also um der Klarheit willen auf die Metapher von den beiden ontologischen Ebenen und beschreiben die Dinge so, wie sie wirklich sind.

Wirklich produzieren Menschen zu allen Zeiten und unter allen Produktionsbedingungen Güter, die aufgrund ihrer diversen Eigenschaften auch die Eigenschaft haben, Gebrauchswerte für die Konsumenten dieser Güter zu haben. Unter warenwirtschaftlichen Produktionsverhältnissen findet keine ontologische Verdoppelung der Güter in Gebrauchs- und Tauschdinge statt. Vielmehr erwerben die Güter *zusätzliche* Eigenschaften relationaler Natur. Ein Tisch, der unter vor- oder nachkapitalistischen Produktionsbedingungen geschreinert wird, hat keinen Tauschwert. Wenn Menschen aber dazu übergehen, Tische zu produzieren, um sie auf einem Güter- oder Warenmarkt gegen andere Güter oder Waren zu tauschen, dann erhält der Tisch *zusätzlich* zu seinen übrigen Eigenschaften die Eigenschaft, einen Tauschwert zu haben. Hier zeigt sich die Richtigkeit von Aristoteles' Behauptung, Güter lassen sich auf zweierlei Weise gebrauchen. Durch die zusätzliche Eigenschaft, als Tauschobjekt verwendbar zu sein, wird natürlich der Tisch nicht selbst zum Tauschwert. Und erst recht hört der Tisch nicht auf, Gebrauchswert zu sein, um Tauschwert zu werden. Eine ontologische Verdoppelung des Tisches in Gebrauchs- und Wertding findet folglich nicht statt.

Wenn man Marx also den sprachlich dubiosen Schachzug am Beginn des *Kapital* nicht zugesteht, dann entsteht auch nicht der irreführende Eindruck zweier distinkter ontologischer Ebenen oder Sphären. Und da es diese beiden Ebenen nicht gibt, fällt schließlich die Fetischlehre auch in ihrer ontologischen Lesart in sich zusammen. Denn die Eigenschaften, die die Arbeitsprodukte haben, wenn sie unter kapitalistischen Verhältnissen zugleich auch Waren sind und daher Tauschwerte haben, sind natürlich Eigenschaften, die die Produkte auch haben, insofern sie Konsumgüter sind und Gebrauchswerte haben. Absolut nichts daran ist mysteriös oder rätselhaft. Aus der Existenz zweier Beschreibungen folgt nicht, dass zwei verschiedene Dinge beschrieben sind. Es gibt, kurz und bündig gesagt, keinen Fetischcharakter der Ware und folglich auch kein Geheimnis, das diesen Charakter zu erklären hätte.

13.7 Rückblick

Kein Fetischismus, kein Geheimnis – und daher auch keine verkehrte Welt. Verkehrt oder falsch können philosophisch hinlänglich streng genommen nur Sätze, Aussagen, Meinungen über die Welt sein. Dass die Welt selbst verkehrt oder falsch sei, ist eine sinnlose Rede. Dass die Welt selbst weder verkehrt noch falsch sein kann, heißt natürlich nicht, dass alles in der Welt gut ist, so wie es ist. Wahrlich nicht. Wir wissen alle, diese Welt ist voller Missstände, Ärgernisse und moralischer Skandale. Und wir haben alle allen Grund, etwas dagegen zu tun, wo wir dies nur können. Aber um Missstände, Ärgernisse und moralische Skandale abschaffen zu können, brauchen wir just solche moralischen Normen und Werte, auf die der Historische Materialist Karl Marx glaubte, aufgrund der vermeintlich wissenschaftlichen Natur seines sozialistischen Projekts verzichten zu können. Denn er dachte ja, der Gang der Geschichte weise von sich aus den richtigen und einzig richtigen Weg von hier nach dort. Aber darin hat sich der große Geschichtsphilosoph des 19. Jahrhunderts geirrt.

14 Marxismus nach Marx

Marx hat Schule gemacht. Mehr noch: Er hat – vor allem im 20. Jahrhundert – viele Schulen gemacht. Auch andere Philosophen vor und nach ihm haben andere Philosophen nachhaltig beeinflusst. Aber kaum ein Autor hat so viele Philosophen und nicht-philosophische Autoren beeinflusst wie Karl Marx. Ganze Wissenschaftsdisziplinen – wie etwa die Soziologie und Psychologie oder die Wirtschafts-, Literatur- und Kunstwissenschaft – haben sich an seinen Schriften orientiert oder sogar neu ausgerichtet. Darüber hinaus sahen auch Bildende Künstler, Schriftsteller und Komponisten ihr Schaffen in Marxens Tradition. Und dass sein Werk einen immensen Einfluss auf politisch interessierte und politisch aktive Menschen hatte und nach wie vor hat, die selbst weder philosophisch, wissenschaftlich noch künstlerisch tätig waren oder sind, müsste nicht eigens erwähnt werden. Es ist nicht übertrieben: Wer die philosophische, intellektuelle, künstlerische, ja auch die realpolitische und gesamtkulturelle Realität des zurückliegenden Jahrhunderts auch nur einigermaßen kennen und begreifen möchte, kommt um den Philosophen aus Trier nicht herum. Über den Wahrheitsgehalt seiner Texte mag man sich uneins sein und bestimmt auch in weiterer Zukunft uneins bleiben. An seiner Bedeutung für die Wissenschafts- und Weltgeschichte des 20. Jahrhunderts kann jedoch nicht der geringste Zweifel bestehen. Marx war ein Geschichtsphilosoph, der Geschichte gemacht hat.

Über die hoch komplexe Rezeptionsgeschichte von Marxens Schriften könnte man sicherlich mehr als nur ein einziges Buch schreiben. Als der polnische Philosoph Leszek Kolakowski seine bis heute lesenswerte ideen- und rezeptionsgeschichtliche Untersuchung zu diesem Thema den Titel *Die Hauptströmungen des Marxismus* gab, machte er auf diesen Sachverhalt auf doppelt subtile Weise aufmerksam[1]. Die Verwendung des Plurals „Hauptströmungen" zeigt zum einen an, dass es eine Mehrzahl marxistischer Rezeptionslinien gibt. Zum anderen macht die Bedeutung dieses Wortes klar, dass es neben den besagten Haupt- auch eine Menge Nebenströmungen gibt, die Kolakowski in seinem mehrbändigen Werk nicht einmal erwähnen konnte. Vor diesem Hintergrund dürfte leicht zu begreifen sein, dass in diesem abschließenden Kapitel lediglich die prominentesten Schulen und Denker vorgestellt werden können, die von Marx beeinflusst wurden[2].

---

1 Kolakowski 1988.
2 Für einen jüngeren Überblick siehe Hoff 2009.

14.1 Orthodoxer Marxismus und frühe Sozialdemokratie

Die Ausdrücke „Marxist" und „Marxismus" gingen schon zu Marxens Lebzeiten in den Wortschatz ein. Zum einen gebrauchten Bakunin und seine Anhänger diese Vokabeln im Konflikt um die politische Strategie der Ersten Internationale, von dem im ersten Kapitel kurz die Rede war. Dem eigenen Anarchismus wurde so in polemischer Absicht der Marxismus entgegengesetzt, wobei dieser Ausdruck sowohl Marxens Theorie als auch die Fraktion seiner Anhänger und ihre Strategie bezeichnete. Zum anderen gebrauchten aber auch einige Gefolgsleute von Marx diese Etiketten schon im 19. Jahrhundert zur Selbstbezeichnung. Marx war weder mit der Wortwahl noch mit den politischen Ansichten dieser Gruppe, zu der auch sein Schwiegersohn Paul Lafargue gehörte, glücklich. Von Engels ist sein Ausspruch überliefert, was ihn selbst betreffe, er sei kein Marxist (vgl. 35, 388 und 37, 436).

Statt des Ausdrucks „Marxismus" versuchten Marx und Engels die Wendung „wissenschaftlicher Sozialismus" zur Kennzeichnung ihrer Position zu etablieren. Doch dieser Sprachgebrauch setzte sich fast nur in den Kreisen der deutschen Sozialdemokratie durch, deren theoretische Position, die sie ungefähr bis zum Ausbruch des Ersten Weltkriegs vertrat, später von ihrem Wortführer Karl Kautsky (1854–1938) auch als *orthodoxer Marxismus* bezeichnet wurde. Diese Bezeichnung sollte den Punkt betonen, dass dem offiziellen Programm der Sozialdemokratie zufolge der Klassenkampf und die Vorbereitung der proletarischen Revolution auf der politischen Agenda stehen. Dem orthodoxen Marxismus gemäß kann es keinen Friedensschluss mit der bestehenden Gesellschaftsordnung, keinen Kompromiss zwischen den Arbeitern und den Eigentümern der Produktionsmittel geben. Offizielles Ziel der Sozialdemokratie war es folglich, die bestehenden Verhältnisse umzustürzen, die politische Macht zu ergreifen und die von Marx prognostizierte klassenlose Gesellschaft herbeizuführen[3].

Da auch Lenin und seine Anhänger im frühen 20. Jahrhundert diese Position vertraten, wurde zuweilen mit Blick auf den Bolschewismus ebenfalls von einem orthodoxen Marxismus gesprochen. Gängiger war jedoch die zuerst erläuterte Wortbedeutung, die sich auf den theoretischen Mainstream innerhalb der deutschen Sozialdemokratie bezieht. Ab den letzten Jahren des 19. Jahrhunderts setzte sich dieser Orthodoxie mehr und mehr der *Reformismus* Eduard Bernsteins (1850–1932) entgegen, der bereits im zwölften Kapitel kurz zur Sprache kam. Bernsteins selbsterklärtes Anliegen war es nicht, Marxens

---

3 Vgl. Walter 2009.

Theorie zu widerlegen. Er war vielmehr der Ansicht, es sei an der Zeit, diese Theorie weiterzuentwickeln und den neueren Erkenntnissen über die Entwicklung bürgerlicher Gesellschaften anzupassen. Indem sich Bernstein jedoch gegen fast jeden Lehrsatz, insbesondere gegen Marxens Arbeitswertlehre und die Doktrin vom notwendigen Zusammenbruch kapitalistischer Gesellschaften wandte, kehrte er sich doch immer radikaler von der Orthodoxie ab und dem Neukantianismus seiner Zeit zu[4]. Seiner Position zufolge, die sich nach dem Zweiten Weltkrieg in fast allen sozialistischen und sozialdemokratischen Parteien der Welt durchsetzte, kann es nicht darum gehen, durch eine proletarische Revolution die bestehende Gesellschaftsordnung grundsätzlich zu überwinden. Sein Anliegen war es vielmehr, durch schrittweise durchzuführende, vornehmlich politisch initiierte Reformen die Demokratie als dauerhafte Staatsform zu etablieren und den Interessen der Arbeitnehmerschaft im Rahmen dieser Staatsform Geltung zu verschaffen. Das noch heute wirkmächtige Ideal von der sozialen Marktwirtschaft steht in der Tradition von Bernsteins Revisionismus.

Durch sein Eintreten für diese Position löste Bernstein den sogenannten Revisionismusstreit aus, der seinen Teil dazu beitrug, die sozialdemokratische Partei in Deutschland im Zuge des Ersten Weltkriegs zu spalten. Von der grundsätzlichen Struktur her entsprach diese Spaltung der zwischen den Menschewiki und den Bolschewiki, die fast zeitgleich im vorrevolutionären Russland stattfand. Der revolutionäre Flügel – in Deutschland vor allem vertreten von Rosa Luxemburg (1871–1919) und Karl Liebknecht (1871–1919), die beiden Wortführer des Spartakusbunds – strebte die radikale Überwindung der bestehenden Verhältnisse an. Der reformistische Flügel hingegen, dem sich auch Karl Kautsky nach der russischen Oktoberrevolution immer mehr annäherte, schreckte vor der damit zu erwartenden Gewalt zurück und plädierte für eine sukzessive Veränderung der Gesellschaft durch politisch organisierte Reformen. Schon zwischen den Weltkriegen setzte sich dieser Flügel in der Sozialdemokratie immer klarer durch. Mit dem Godesberger Programm kehrte die SPD 1959 Marx dann auch offiziell den Rücken zu, nachdem die marxistische Programmatik in ihrem politischen Wirken de facto schon seit Jahrzehnten keine nennenswerte Rolle mehr spielte.

Wo Marx selbst sich in diesem Lagerkampf zwischen den Orthodoxen und den Reformisten verortet hätte, ist nicht leicht zu sagen, da er schon seit einigen Jahren tot war, als die Auseinandersetzungen ausbrachen. Den Einfluss seiner eigenen Schriften auf den Gang dieser Entwicklungen darf man darüber

---

4 Vgl. Holzhey 1994.

hinaus auch nicht überschätzen. Zu Lebzeiten wurde ja nur ein verschwindend kleiner Bruchteil der uns heute zugänglichen Texte aus seiner Feder veröffentlicht. Und Engels, der Marx um mehr als zehn Jahre überlebte und seinen Nachlass in Händen hielt, war nach dem Tod seines Freundes nicht nur damit beschäftigt, Marxens nachgelassene Schriften zu edieren, sondern auch damit, seine eigenen monumentalen Spätwerke zu verfassen[5]. Marx wurde jedenfalls auch unter den Sozialdemokraten jener Zeit nur selten im Original gelesen. Engels *Anti-Düring* (20, 1–303) avancierte vielmehr zum offiziellen Lehrbuch des Marxismus. Und seine *Dialektik der Natur* (20, 305–570) bereitete Lenins Konzeption eines dialektischen Materialismus vor, nach der man in den Schriften von Marx vergeblich fahndet.

14.2 Leninismus, Bolschewismus, Trotzkismus, Maoismus

Während Marx davon überzeugt war, dass der Auftakt zur proletarischen Weltrevolution nur in einem Land stattfinden kann, in dem sich die kapitalistisch-bürgerlichen Produktionsverhältnisse bereits vollkommen entfaltet haben, versuchte Lenin (1870–1924) zu demonstrieren, dass auch eine politische Erhebung im agrarisch geprägten Russland den weltweiten Umsturz der alten Verhältnisse auslösen kann. Er stützte sich dabei vornehmlich auf seine Lehre vom Monopolkapitalismus, der zufolge der Imperialismus des frühen 20. Jahrhunderts als höchste Stufe des jetzt global organisierten Kapitalismus gilt, auf der die Bedeutung der Konkurrenz unter den Kapitalisten in den Hintergrund getreten ist. Da die monopolkapitalistische Wirtschaftsordnung nicht mehr nationalstaatlich strukturiert sei, sei es nebensächlich, in welchem Land die proletarische Weltrevolution ihren Anfang nimmt.

Ein weiterer Unterschied zwischen Lenin und Marx, der gemeinsam mit der eben erläuterten Abweichung für Stalin und Trotzki Anlass genug war, von einer selbständigen Lehre namens *Leninismus* zu sprechen, betrifft die Rolle der Partei. Während Marx im *Manifest* und auch in anderen Schriften die Position vertrat, Aufgabe der kommunistischen Partei sei es, die Arbeiterbewegung politisch zu organisieren und an der Entfaltung ihres Klassenbewusstseins mitzuwirken, so dass der Impuls zur Revolution unmittelbar von dieser Bewegung ausgehen kann, setzte Lenin wenig Hoffnung in die politisch-revolutionäre Aktivität des Proletariats. Diese Einschätzung lag natürlich vor allem daran, dass

---

5 Vgl. Steger und Carver 1999.

die Klasse der von Marx ins Auge gefassten Fabrikarbeiter im industriell rückständigen Russland des frühen 20. Jahrhunderts keine nennenswerte Rolle spielte. Der Leninismus bzw. Bolschewismus war daher von der Ansicht geprägt, eine politisch straff organisierte Kaderpartei, deren Mitglieder sich selbst als Berufsrevolutionäre begreifen, könne das revolutionäre Szepter in die Hand nehmen und nach der gewaltsamen Machtergreifung dafür sorgen, dass sich die Gesellschaftsmitglieder und ihr Bewusstsein nach und nach den sozialistischen Tatsachen angleichen. Sieht man von einigen theologischen Irrlehren ab, hat wohl kaum eine andere Ansicht so vielen Menschen das Leben gekostet wie diese Überzeugung Lenins.

Nach Lenins Tod und der Absicherung seiner eigenen politischen Macht taufte Stalin (1878–1953) den Leninismus zum *Marxismus-Leninismus* um, der dann ab Mitte der 20er Jahre des zurückliegenden Jahrhunderts zur offiziellen Staatsdoktrin der UDSSR und ihrer Bruderstaaten bzw. zum *Sowjetmarxismus* verkrustete. Zu diesem Zeitpunkt hatte sich auch bereits die Formel vom historisch-dialektischen Materialismus fest etabliert, die so von Engels zwar noch nicht gebraucht, aber doch immerhin angedacht und damit theoriegeschichtlich vorbereitet worden war. Wie gesagt fehlt in den Schriften von Marx jede Spur von einer Doktrin namens *Dialektischer Materialismus*.

Stalin selbst wich in seinen theoretisch-politischen Anschauungen von Marx und Lenin vor allem darin ab, dass er den Aufbau des Sozialismus in der Sowjetunion und ihren Bruderstaaten auch dann für möglich hielt, wenn es nicht zu einer globalen Abschaffung der kapitalistischen Produktionsverhältnisse kommt. Als Theoretiker, so kann man wohl sicher behaupten, konnte Stalin weder Lenin noch Marx auch nur im Geringsten das Wasser reichen. Politisch realisierte er jedoch den von Lenin formulierten Führungsanspruch der kommunistischen Partei auf eine drakonische Art und Weise, der bis zu seinem Tod im Jahr 1953 Millionen von Menschen zum Opfer fielen. Wenn vom *Stalinismus* die Rede ist, ist zumeist weit mehr dieses Terrorregime gemeint und nur selten ein philosophisch-theoretisches Lehrgebäude, das der Leninismus und der Marxismus doch immerhin auch waren.

Bevor Stalin nach Lenins Tod seine Machtposition als dessen Nachfolger absichern konnte, war Leo Trotski (1879–1940) sein schärfster Konkurrent im Kampf um die Führung der Partei. Trotski hielt entgegen Stalin an Lenins und Marxens Ansicht fest, dass der Sozialismus letztlich nur im Weltmaßstab auf der Grundlage einer proletarischen Revolution zu realisieren sei. Auf der Grundlage dieser Überzeugung entwickelte er seine *Theorie der permanenten Revolution*, die sich unter anderem der Frage nach den Revolutionsaussichten in wirtschaftlich weniger fortentwickelten Ländern wie Russland widmet. Da

Trotski darüber hinaus wieder die Rolle der Arbeiter- und Bauernklasse gegenüber der der kommunistischen Parteien betonte, ist leicht zu begreifen, dass
er bei Stalin in Ungnade fiel und in seinem Auftrag ermordet wurde. Stalin
und seine Genossen gingen später zeitweise dazu über, jede Form der Abweichung vom Sowjetmarxismus polemisch als *Trotzkismus* zu bezeichnen.

Wie der Ausdruck „Stalinismus" täuscht auch „Maoismus" mehr Gemeinsamkeit mit „Leninismus", „Marxismus" und „Marxismus-Leninismus" vor, als
in der Sache vorhanden ist. Denn auch der *Maoismus* ist in erster Linie eine
bestimmte Regierungspraxis bzw. ein politisches Selbstverständnis und hat als
theoretisch-philosophisches Lehrgebäude nur wenig Substanz. Mao Zedong
(1893–1976) war zwar zeitweise darum bemüht, sein politisches Handeln durch
Verweise auf Schriften von Marx, Engels, Lenin und Stalin zu legitimieren.
Aber die Einflüsse der chinesischen Denktradition auf den Maoismus dürften
mindestens so schwer wiegen wie die des abendländischen Sozialismus. Von
einer vollkommenen Emanzipation aller Individuen in der klassenlosen Gesellschaft, um die es Marx in seiner Fassung von Hegels Freiheitsidee noch ging,
fehlt im Denken und Handeln von Mao jedenfalls jede Spur. Auch seine Politik
und die seiner Nachahmer in Vietnam, Kambodscha, Nordkorea und Kuba haben Millionen von Menschen das Leben gekostet.

14.3 Antonio Gramsci

Bevor Antonio Gramsci (1891–1937) 1926 von Mussolinis Faschisten für mehrere
Jahre ins Gefängnis gesteckt wurde, hatte er einige journalistische und essayis-
tische Texte verfasst und war hauptsächlich als Abgeordneter des italienischen
Parlaments und als Mitbegründer der Kommunistischen Partei Italiens tätig.
Im Gefängnis füllte er eine große Zahl von Notizheften mit Texten und Textfrag-
menten, die er niemals zu veröffentlichen gedachte. Diese Notizen konnten
jedoch aus dem Gefängnis herausgeschmuggelt werden und wurden später unter der Bezeichnung *Gefängnishefte* veröffentlicht und in manchen Kreisen als
eine eigenständige Fassung der marxistischen Theorie rezipiert.

Man kann jedoch vermuten, dass Gramsci, der sich zeitweise auch als Vertreter der italienischen Kommunisten in Moskau aufhielt, relativ wenige Arbeiten von Marx, aber recht viele der Schriften Lenins gelesen hat. Diese Vermutung wird durch den Umstand gestützt, dass sich große Teile der Überlegungen, die in den *Gefängnisheften* notiert sind, doch ziemlich weit von Marxens
Gedanken entfernen und Lenins Position viel eher als Kontrastfolie dient, um
Gramscis Standpunkte zu skizzieren.

Gramsci teilt zwar mit Lenin die Ansicht, dass jede Form des Revisionismus oder Reformismus verfehlt sei und die proletarische Revolution das einzige Nahziel der kommunistischen Bemühungen sein müsse. Aber anders als Lenin lehnt er jede Form des Materialismus als verkappte Form des Religionsersatzes ab und glaubt daher auch nicht an die Möglichkeit einer wissenschaftlich-objektiven Erkenntnis der Natur, des Menschen und der Gesellschaft. Jeden wissenschaftlichen und philosophischen Versuch der Erkenntnis begreift Gramsci als einen integralen Bestandteil einer umfassenden Praxis, der selbst als Teil dieser Praxis eben auch eine Praxis sei. Statt vom Marxismus spricht er daher oft auch von der *Philosophie der Praxis* und will damit unter anderem sagen, dass es auch keinen Begriff der Wahrheit gibt, der es erlaubt, über die Richtigkeit oder Falschheit einer Praxis von außen zu urteilen. Wahr ist eine Idee dann, wenn sie den praktischen Tendenzen ihrer Zeit entspricht und den Menschen, die an ihr festhalten, zum Erfolg verhilft.

Aufgrund dieses pragmatistischen Wahrheitsverständnisses kann Gramsci natürlich auch nicht der Position Lenins zustimmen, eine Gruppe parteilich organisierter und marxistisch geschulter Berufsrevolutionäre verfüge durch den wissenschaftlichen Sozialismus über das notwendige Wissen, um die dumpfe Masse der Arbeiter und Bauern in die klassenlose Gesellschaft der Zukunft zu führen. Die politische und intellektuelle Arbeit der kommunistischen Elite ist für Gramsci eben auch nur eine Praxis im Rahmen einer allgemeineren gesellschaftlichen Praxis und findet ihre Berechtigung und Richtigkeit darin, die Erfahrungen und Bedürfnisse der Arbeiterklasse zu artikulieren. Folglich weicht er an diesem Punkt von Lenin ab und vertritt Marxens ursprüngliche Position, der zufolge die proletarische Revolution eine Tat des Proletariats zu sein hat und die kommunistische Partei bestenfalls die Funktion hat, die Arbeiterbewegung auf ihrem Weg zum Erfolg zu schulen und zu unterstützen[6].

Anders als Lenin denkt sich Gramsci die proletarische Revolution auch nicht primär als politischen Gewaltstreich, durch den der staatliche Machtapparat in die Hände der Arbeiter oder in die Fänge einer bolschewistischen Partei fällt. Er radikalisiert in dieser Hinsicht vielmehr Marxens anarchistische Lehre vom Absterben des Staates und des Politischen durch seine Doktrin der *kulturellen Hegemonie*. Dieser Sicht zufolge muss sich die Arbeiterklasse zuerst intellektuell und kulturell verselbständigen, um nach und nach die Fähigkeit

---

6 Wie Kolakowski (1988(c), S. 250) nicht ohne Grund vermutet, wäre Gramsci nicht zuletzt wegen dieser Ansicht ein Opfer Lenins geworden, hätten ihn die Faschisten nicht fast bis zu seinem Lebensende in Italien im Gefängnis festgehalten.

zu erwerben, eigene Ideen und Wertvorstellungen zu entwickeln, die auch in anderen Teilen der Gesellschaft Zustimmung finden. Erst wenn das Proletariat auf diesem Weg die kulturelle Hegemonie über die gesamte Gesellschaft gewonnen habe, könne auf der Grundlage von Arbeiterräten dazu übergegangen werden, die sozialen Verhältnisse den kommunistischen Vorstellungen entsprechend umzugestalten und die politischen Herrschaftsapparate abzubauen. Diese Entwicklung könne zwar durch eine kommunistische Partei begleitet und gefördert werden. Aber mit der Auflösung des Politischen wird laut Gramsci auch diese Partei ihre Funktion und Existenzberechtigung verlieren. Es liegt vor diesem Hintergrund auf der Hand, warum viele marxistisch gesonnene Kritiker des Stalinismus und Maoismus hofften, bei Gramsci die Elemente einer alternativen Version des Marxismus zu finden.

14.4 Austromarxismus

Anders als „Stalinismus" und „Maoismus" steht „Austromarxismus" wieder für eine theoretisch-philosophische Position. Man kann hier um der Übersichtlichkeit willen zwischen einer engeren und einer weiteren Bedeutung des Ausdrucks unterscheiden. In der engeren Bedeutung bezeichnet er die Position des österreichischen Sozialisten Otto Bauer (1881–1938), der zwischen den beiden Weltkriegen die *Theorie vom integralen Sozialismus* propagierte. Dabei handelte es sich um den Versuch, die reformerischen Flügel der sozialdemokratischen Bewegung und Lenins revolutionäre Fraktion des Sozialismus wieder zu einer gemeinsamen internationalen Organisation zu verschmelzen. Dieser Versuch, der von den Bolschewisten eine Hinwendung zur Demokratie und von den Sozialdemokraten eine Rückkehr zur Doktrin der proletarischen Revolution forderte, aber gleichzeitig mit einem klaren Bekenntnis zur parlamentarischen Demokratie einherging, mündete in die Gründung der *Internationalen Arbeitsgemeinschaft sozialistischer Parteien* (IASP), die aber nur von kurzem Bestand war. Nachdem sich die *Zweite* (bzw. *Sozialistische*) *Internationale* infolge des Ausbruchs des Ersten Weltkriegs aufgelöst hatte, setzte sich die 1919 von Lenin in Moskau gegründete *Dritte Internationale* (auch *Kommunistische Internationale*, *Komintern* oder kurz *KI* genannt) durch[7].

---

7 Die Komintern wurde 1943 aus Rücksicht auf die westlichen Kriegsalliierten von Stalin aufgelöst. 1951 wurde in Frankfurt am Main die Sozialistische Internationale (SI) gegründet, die bis heute existiert und sich in der Tradition der reformistisch geprägten Zweiten Internationalen begreift.

In der umfassenderen Bedeutung bezeichnet man alle österreichischen Sozialisten der ersten Hälfte des 20. Jahrhunderts als Austromarxisten. Neben Otto Bauer sind hier vor allem Max Adler (1873–1937), Gustav Eckstein (1875–1916), Rudolf Hilferding (1877–1941) und Karl Renner (1870–1950) zu nennen. Aus diesem Kreis gingen die *Blätter zur Theorie und Politik des wissenschaftlichen Sozialismus* und nicht zuletzt die *Marx-Studien* hervor. Die führenden Köpfe des Austromarxismus vertraten jedoch keinen einheitlichen politischen und philosophisch-theoretischen Standpunkt. Das Spektrum zwischen dem revolutionären und dem revisionistisch-reformerischen Flügel im Lager der deutschen Sozialdemokratie findet sich vielmehr auch unter den Austromarxisten wieder. Und wie in der BRD spielte der Marxismus auch in Österreich nach dem Zweiten Weltkrieg unter den Sozialdemokraten keine nennenswerte Rolle mehr.

14.5 Frankfurter Schule und Kritische Theorie

Unter *Westlichem Marxismus* fasst man zumeist alle marxistischen Strömungen des 20. Jahrhunderts zusammen, die von Autoren vertreten wurden, die in keinem Staat des real existierenden Sozialismus lebten bzw. sich vom Stalinismus und Maoismus abzugrenzen versuchten. Recht undifferenziert ist mit Blick auf die Positionen dieses Personenkreises zuweilen auch vom *Neomarxismus* die Rede. Die vermutlich prominenteste Strömung, die in dieses Umfeld gehört, wird zuweilen *Kritische Theorie*, manchmal auch *Frankfurter Schule* genannt. Beide Benennungen werden oft gleichbedeutend gebraucht. Manchmal werden aber auch Autoren zur Kritischen Theorie gezählt, die keine Mitglieder der Frankfurter Schule waren.

Diese Schule ist nach dem 1924 in Frankfurt am Main eröffneten *Institut für Sozialforschung* benannt, deren Vertreter philosophische Theorie in der Tradition von Marx und Hegel mit interdisziplinär-empirischer Sozialwissenschaft und mit Sigmund Freuds Psychoanalyse zu verknüpfen versuchten. Max Horkheimer (1895–1973), der erste Leiter des Instituts, Theodor Adorno (1903–1969), Herbert Marcuse (1898–1979), Walter Benjamin (1892–1940) und Erich Fromm (1900–1980) sind zweifelsfrei die namhaftesten Autoren der ersten Generation der Frankfurter Schule. Im Titel eines programmatischen Aufsatzes aus dem Jahr 1937 von Horkheimer taucht auch erstmals die Wendung „kritische Theorie" auf, durch die ein Gegensatz zur traditionellen Gesellschaftstheorie betont werden sollte[8]. Anders als die traditionelle Theorie sei die kritische Theorie

8 Horkheimer 1988. Vgl. auch Honneth 2006, Schwandt 2010, Winter und Zima 2007 sowie Dörre, Lessenich und Rosa 2009.

der im Frankfurter Institut für Sozialforschung zusammenwirkenden Wissenschaftler darum bemüht, durch ein erweitertes Vernunftkonzept nicht nur positivistisch zu erschließende Mittel/Zweck-Zusammenhänge zu erforschen, sondern auch die Zwecksetzungen gesellschaftlicher Entwicklungen zu beleuchten. In anderer Terminologie klingt hier wieder die Vorstellung des jungen Marx an, der wir in den zurückliegenden Kapiteln häufiger begegnet sind. Durch eine wissenschaftliche Untersuchung des *gegebenen* sozialen *Zustands* und seiner Geschichte könne die Frage theoretisch abgesichert beantwortet werden, wie sich die Dinge weiterentwickeln *sollen*, um eine vernünftige Gesellschaftsordnung allseits emanzipierter Individuen herbeizuführen. Aufschlussreicheres als die mehrfach wiederholte Versicherung Horkheimers, dass dem kritischen Theoretiker dieser Übergang vom Sein aufs Sollen möglich ist, findet man aber auch an dieser Stelle nicht.

Fast alle Vertreter des Frankfurter Instituts emigrierten nach Hitlers Machtübernahme in die USA und führten dort die Arbeit an der Columbia Universität in New York weiter. Während des Exils schrieben Horkheimer und Adorno die *Dialektik der Aufklärung*, die wegweisend für die Kritische Theorie wurde, nachdem das Institut 1950 wieder an der Goethe-Universität in Frankfurt installiert worden war. Besagter Dialektik zufolge sei die aufklärerische Vernunft des Abendlandes durch die falsche Verkürzung auf eine rein instrumentelle (Zweck/Mittel-)Rationalität in den Mythos wieder zurückgeschlagen und habe so unter anderem ihren Beitrag zur Barbarei des Faschismus geliefert. Darüber hinaus habe die Unterwerfung aller Lebensbereiche unter die Mechanismen der Ökonomie zu einem Ausverkauf der Kultur geführt, der jetzt in der Kulturindustrie seine Blüten treibe. Kunst verkommt zur Ware und der Rezipient zum Konsumenten, der unreflektiert auch sich selbst der Marktlogik unterwirft und damit die bestehenden Herrschaftsverhältnisse zementiert. Unverkennbar laufen diese Überlegungen auf den Versuch hinaus, noch einmal eine lineare Geschichte der (abendländischen) Geschichte zu erzählen, nachdem die Überzeugung von einer einheitlichen Linie der historischen Entwicklung eigentlich längst schon zu den Akten gelegt worden war. *Die* große Geschichte des Abendlands oder gar der Welt gibt es nicht. Es gibt vielmehr unüberschaubar viele Geschichten.

Jürgen Habermas (geb. 1929) und Oskar Negt (geb. 1934) werden häufig als die führenden Vertreter der zweiten Generation der Frankfurter Schule genannt. Traten das marxistische Gedankengut schon bei Horkheimer, Adorno, Marcuse und Fromm zugunsten von hegelianischen und zum Teil auch phänomenologischen Denkfiguren in den Hintergrund, wendet sich Habermas im Laufe seiner Entwicklung immer deutlicher von den marxistischen Wurzeln der Frankfurter Schule ab und kann heute als der führende Vertreter des politischen Liberalismus im deutschsprachigen Raum gelten. Auch bei den jüngeren Vertretern der Kritischen Theorie, die zu Habermas' Schülern zählen können, spielt die Tradition des Marxismus kaum noch eine nennenswerte Rolle[9]. Unter diesen Autoren erfreut sich inzwischen ebenfalls eine Rückbesinnung auf Hegels Philosophie einer unverkennbaren Beliebtheit.

Wie bereits gesagt werden zuweilen auch solche Autoren zur Kritischen Theorie gezählt, die mit der Frankfurter Schule bzw. dem Frankfurter Institut für Sozialforschung nicht unmittelbar in Zusammenhang stehen. Georg Lukács (1885–1971), Karl Korsch (1886–1961) und in einem gewissen Sinn auch Ernst Bloch (1885–1977) könnten in diesem Zusammenhang beispielhaft genannt werden. Marxens Werk spielt in den Schriften dieser Autoren eine unterschiedlich große Rolle. Alle drei Autoren versuchen auf je eigene Weise die Gedanken von Marx mit Blick auf ihre eigene Zeit weiterzuentwickeln[10]. Gemeinsame Themen und Standpunkte sind hier jedoch nur schwer auszumachen. Es ist mehr ein geteilter Duktus, der es rechtfertigt, diese verschiedenen Autoren unter ein und derselben Überschrift zu thematisieren. Bei allen Vertretern der kritischen Theorie (im umfassenderen Sinn des Wortes) klingt auf die eine oder andere Weise der Schlusssatz aus Marxens Thesen über Feuerbach an. Denn alle diese Autoren begreifen ihre theoretische Arbeit nicht nur als ein Interpretieren bzw. Beschreiben der sozialen Welt, sondern immer auch als einen ersten Schritt darauf hin, die so oder so interpretierte (beschriebene) Welt zum Besseren zu verändern.

14.6 Existentialismus und Strukturalismus

Dass ein Autor wie Jean-Paul Sartre (1905–1980), der sich schon früh in seiner philosophischen Entwicklung neben der Phänomenologie Husserls dem Existentialismus von Martin Heidegger zugewandt hatte, auf einige Aspekte der Marxschen Lehre hellhörig reagierte, ist nicht schwer nachzuvollziehen. Wie bereits im zweiten Kapitel angedeutet, haben der Marxismus und Kierkegaards Existentialismus gemeinsame Wurzeln. Sie haben darüber hinaus aber vor allem auch ein gemeinsames Motiv: Die Überwindung eines uneigentlichen, entfremdeten Daseins zugunsten eines individuell selbstbestimmten, frei gewählten und vollkommen authentischen Lebens.

---

9 Siehe hierzu die Beiträge in Forst, Hartmann, Jaeggi und Saar 2009.
10 Siehe vor allem Lukács 1968, Korsch 1991, Bloch 1974.

Als Sartre in den späten 50er Jahren damit begann, seine existentialistische Philosophie mit marxistischen Motiven anzureichern, musste er vor allem die radikale Position aufgeben, das Individuum sei vollkommen frei in der Wahl seines Handelns, seiner Lebensform und seiner Personalität. Von Marx hatte Sartre die Einsicht übernommen, dass jedes Individuum immer schon ein Produkt seiner Gesellschaft und ihrer Geschichte ist und insofern einer Reihe von Determinanten unterliegt, hinter die es nicht zurücktreten kann. Gleichwohl beharrt auch der marxistische Existentialist Sartre auf dem Gedanken, jede Person müsse wählen, wer sie sein will, und sich darüber bewusst sein, dass sie für diese Entscheidung allein die volle Verantwortung trägt.

Sartre ging später trotzdem dazu über, die existentialistische Philosophie zur Ideologie des Kleinbürgertums herunterzustufen und allein den Marxismus zur zeitgenössisch adäquaten Theorie des aufstrebenden Proletariats zu erklären, das durch diese Theorie zu sich selbst findet. In Abgrenzung zu den Anhängern des Sowjetmarxismus glaubte er jedoch nicht, dass Marxens Schriften für die gesellschaftliche Entwicklung abrufbare Erkenntnisse bereithalten. Der Marxismus sei vielmehr ein Set leitender Prinzipien und verweise auf die drängenden sozialen Probleme, für deren Lösung eine Methode allererst noch zu finden sei[11].

Dass Sartre angesichts dieser Einschätzung von Marxens Schriften weder für ihre Interpretation noch für die Weiterentwicklung ihrer Inhalte etwas Nennenswertes beigetragen hat, ist nicht verwunderlich. Ihm ging es primär um den Nachweis, dass der Existentialismus und der Marxismus – so wie er ihn verstand – irgendwie miteinander kompatibel seien. Ob dieser Nachweis gelungen ist, kann hier dahingestellt bleiben. Wichtiger ist die Beobachtung, dass Sartre nicht wirklich Marxist im strengeren Sinn des Wortes war, weil er weniger an die inhaltlichen Behauptungen von Marx anknüpfte, sondern sich mehr allgemein für ähnliche Themen interessierte wie Marx. Vielleicht kann man daher behaupten, dass Sartre eigentlich ein politisch links stehender Existentialist war, der als solcher für Herrschafts-, Unterdrückungs- und Ausbeutungsverhältnisse hoch sensibel war und sein philosophisches und künstlerisches Schaffen immer auch als gesellschaftspolitisches Engagement im Kampf gegen die sozialen und politischen Missstände seiner Zeit begriffen hat.

In den 60er und 70er Jahren zog dann Louis Althussers (1918–1990) Auseinandersetzung mit Marxens Schriften nicht nur in Frankreich die Aufmerksamkeit auf sich. Es ist fast unmöglich, diese Auseinandersetzung überblicksartig auf den Punkt zu bringen, da Althusser seine Sicht auf Marx und sein Verhält-

---

11 Siehe vor allem Sartre 1986 und 1999.

nis zur kommunistischen Bewegung im Laufe seines Lebens mehrfach radikal änderte. Phasenweise war er überzeugter Stalinist. Später hat er sich hingegen vom Stalinismus distanziert. Auch in anderen Hinsichten ist dieser Autor nur schwer dingfest zu machen. Althusser gilt einerseits als Begründer des *strukturalistischen Marxismus*. Andererseits gehört er nicht zu den strukturalistischen Theoretikern im engeren Sinn dieser Wendung, sondern zu den Wegbereitern des Poststrukturalismus. Michel Foucault (1926–1984), Pierre Bourdieu (1930–2002) und Jacques Derrida (1930–2004) sind nur drei seiner namhaftesten Schüler[12]. In gewisser Weise können Althusser und seine Schüler als französisches Pendant zur Kritischen Theorie im deutschsprachigen Raum bezeichnet werden[13].

In seinen einflussreichsten Schriften konzentriert sich Althusser vornehmlich auf Marxens *Kapital* und ist darum bemüht, einen epistemologischen Bruch zwischen dem Früh- und dem Spätwerk von Marx zu belegen. War der junge Marx noch stark von seinen hegelianisch-feuerbachschen Ursprüngen geprägt und just in der Ideologie gefangen, die er den Junghegelianern nachzuweisen versucht, manifestiert sich erst im *Kapital* der wissenschaftliche Materialismus, von dem Marx zuvor zwar schon spricht, ihn aber noch nicht wirklich entwickelt hat[14]. Weit mehr als Sartre war Althusser darum bemüht, eine bestimmte Interpretation der Schriften von Marx vorzulegen. Es ging ihm darüber hinaus aber auch darum, die Theorie von Marx selbst als historisches Faktum zu begreifen, um sie eigenständig weiterzuentwickeln. So war er davon überzeugt, dass auch der späte Marx noch zu sehr an der Begrifflichkeit und der Methode von Hegel klebte und versuchte daher, die Gesellschaft als ein komplexes Ganzes mit einer spezifischen Struktur – und insofern eben doch strukturalistisch – zu interpretieren. In diesem Zusammenhang sind auch seine Arbeiten zum Ideologiebegriff und seine Theorie von den ideologischen Staatsapparaten zu erwähnen[15].

Sowohl Althussers Lesart der Schriften von Marx als auch seine eigene Form des Marxismus fanden viele Kritiker. Von einem epistemologischen Bruch zwischen dem Früh- und dem Spätwerk hat er nur wenige Leser überzeugt.

---

12 Auch viele Ansätze, die man zuweilen unter der Bezeichnung *Regulationstheorie* zusammenfasst, stützen sich auf Althussers strukturalistischen Marxismus. Vgl. hierzu Aglietta 2000.
13 In diesem Kontext wären etwa auch Étienne Balibar, Nicos Poulantzas und Maurice Godelier zu nennen.
14 Vgl. Althusser 2011 sowie Althusser und Balibar 1972.
15 Siehe Althusser 2010.

Mehrheitlich sieht man bei Marx eine kontinuierliche Entwicklung. Althussers Theorie wurde von einigen Seiten unter anderem vorgeworfen, eine theoretisch nur schlecht verpackte Form des Stalinismus zu sein.

14.7 Postmarxismus und marxistischer Feminismus

Ähnlich wie „westlicher Marxismus" und „Neomarxismus" hat auch der seit den 80er Jahren gebräuchliche Ausdruck „Postmarxismus" weder eine klare Bedeutung noch bezeichnet er eine bestimmte Strömung. Er dient vielmehr als Sammelbezeichnung für philosophische, soziologische und politologische Theorien, die zwar im weitesten Sinne an die Schriften von Marx anknüpfen, aber weder darum bemüht sind, eine bestimmte Interpretation dieser Texte zu etablieren, noch darum, Marxens Theorie als Gesamtheit weiterzuentwickeln. Im Gegenteil: Postmarxisten wenden sich häufig explizit von bestimmten Theoremen des marxistischen Denkens ab und gehen dabei nicht selten so weit, dass ihre Kritiker ihnen entgegenhalten, sich nur noch zum Schein in den Theorieschatten von Marx zu stellen.

Ein typisches Werk der postmarxistischen Bewegung ist das Buch *Hegemonie und radikale Demokratie*, das Chantal Mouffe und Ernesto Laclau gemeinsam verfasst haben[16]. Wie der Titel dieser Arbeit schon erahnen lässt, versuchen die beiden Autoren, Gramscis Theorie der kulturellen Hegemonie weiterzuentwickeln, und wenden sich damit noch radikaler als Gramsci selbst es schon tat von Marxens Akzentuierung ökonomischer Sachverhalte und Prozesse ab. Auch ihr Eintreten für eine pluralistische Demokratie knüpft weniger an Marx direkt als an Gramsci an, dessen Schriften – wie oben bereits gesagt – selbst wiederum nur indirekte Bezüge zu Marxens Werk aufweisen. Von einer besonderen Rolle der Arbeiterklasse für die weitere Entwicklung der Gesellschaft ist bei Mouffe und Laclau kaum noch die Rede.

Ähnlich stellt sich die Sachlage im Fall der drei Bücher des Autorenduos Michael Hardt und Antonio Negri dar, die in jüngster Zeit vor allem in der Soziologie und der Politikwissenschaft viel Aufmerksamkeit gefunden haben[17]. Auch diese Arbeiten sind postmarxistisch, insofern sie zwar lose an einige Themen anknüpfen, die auch Gegenstand von Marxens Denken waren, aber nicht darauf angewiesen sind, ob bestimmte Behauptungen von Marx wahr sind oder nicht. Unter der Verwendung der Kategorie des *Empire* versuchen

---

16 Siehe Laclau und Mouffe 2006.
17 Siehe Hardt und Negri 2003, 2004 und 2010.

die beiden Autoren die gegenwärtige Weltordnung adäquat zu beschreiben. Dieser Beschreibung zufolge gibt es keine klaren Zentren der politischen und sozialen Macht mehr, da der Nationalstaat seine Bedeutung sowohl politisch als auch ökonomisch weitestgehend eingebüßt hat. Stattdessen werde der gesamte Globus mehr und mehr zu einem einzigen Empire, einem System, wenn man so sagen will, das keine Umwelt mehr kennt, und die Gesellschaftsmitglieder seien einer allgegenwärtigen Kontrolle unterworfen. Vor diesem Hintergrund fragen die beiden Autoren nach den Ermöglichungsbedingungen eines geläuterten Kommunismus. Insofern ist es nicht unpassend, wenn Slavoj Žižek das erste der drei Bücher von Hardt und Negri als *Kommunistisches Manifest des 21. Jahrhunderts* bezeichnet.

Verwirrender stellt sich der sogenannte *Postkolonialismus* (*postcolonial studies*) dar, der einerseits zu den postmarxistischen Strömungen gezählt werden kann, aber andererseits gerade von marxistischer Seite häufig grundsätzlich kritisiert wurde. Unter der Bezeichnung „Postkolonialismus" werden sozial- und politikwissenschaftliche, aber auch literatur- und allgemein kulturwissenschaftliche Studien zusammengefasst, die sich mit der Geschichte des Kolonialismus und der Entwicklung der betreffenden Gesellschaften nach dem Ende der Kolonialherrschaft befassen[18]. Oft rücken dabei auch Abhängigkeits- und Machtverhältnisse zwischen den politisch dominanten Industriestaaten und den weniger entwickelten Ländern dieses Erdballs in den Vordergrund, zu deren Beschreibung sich Marxens Kategorien durchaus anbieten. Da viele Vertreter des Postkolonialismus in ihren Untersuchungen direkt oder indirekt an Gramsci anknüpfend die Bedeutung von Sprache, Kunst und Kultur betonen, trifft sie von „echten" Marxisten die Kritik, die Relevanz ökonomischer Prozesse und Abhängigkeiten zu unterschätzen. Ob diese Kritik zutrifft oder nicht, könnte natürlich nur im Einzelfall entschieden werden, wozu hier nicht der Raum ist. Der skizzierte Streit findet jedenfalls auch zwischen verschiedenen Vertretern des postkolonialistischen Ansatzes statt und spiegelt damit das ambivalente Verhältnis des gesamten Postmarxismus zum Werk von Karl Marx wider.

Last but not least sei der *marxistische Feminismus* als eine weitere Spielart des Postmarxismus genannt[19]. Auch hier ist das typisch postmarxistisch-ambivalente Verhältnis zum Werk von Marx zu konstatieren, insofern der marxisti-

---

18 Vgl. die Beiträge in Ashcroft, Griffiths und Tiffin 2007. In diesem Kontext sei auch auf die Weltsystem-Theorie von Immanuel Wallerstein verwiesen. Vgl. hierzu Zündorf 2010.
19 Für einen Überblick siehe Fischer 2008.

sche Feminismus einerseits wie jede Form des Feminismus für die politische, soziale und ökonomische Gleichberechtigung von Frauen und Männern eintritt und daher gegen die Unterdrückung und Ausbeutung von Frauen und Mädchen opponiert. Andererseits werfen die Vertreter und Vertreterinnen dieser Strömung Marx und vielen anderen Marxisten vollkommen zu Recht vor, soziale Konflikte zwischen Männern und Frauen durch die Betonung der Klassengegensätze aus der theoretischen Reflexion fast vollkommen ausgeblendet zu haben. Angesichts dieser beiden Sachverhalte ist wie im Fall vieler anderer Formen des Postmarxismus nicht ganz leicht zu sehen, worin das genuin Marxistische in dieser Strömung eigentlich bestehen könnte.

14.8 Analytischer Marxismus

Anders als im Fall der meisten anderen Strömungen, von denen in diesem Kapitel die Rede ist, lässt sich die Geburtsstunde des *Analytischen Marxismus* klar datieren[20]. Sie fällt mit dem Erscheinungsdatum von Gerald Cohens *Karl Marx's Theory of History* im Jahr 1978 zusammen, das in den frühen Kapiteln dieser Einführung bereits mehrfach zur Sprache kam. Der Kanadier Cohen hatte den Marxismus insofern von Kindheit an im Blut, als er einer kommunistischen Arbeiterfamilie entstammte, die stark in der Gewerkschaftsbewegung in Montreal engagiert war. Cohen studierte später in Oxford Philosophie, wo er hauptsächlich durch den Wittgensteinschüler Gilbert Ryle betreut und damit in die Fragestellungen und Arbeitsweisen der Analytischen Philosophie eingeübt wurde. Sein genanntes Erstlingswerk war der Versuch, den Historischen Materialismus mit den konzeptuellen, linguistischen, argumentativen und logischen Mitteln der Analytischen Philosophie zu rekonstruieren und gegen Kritik zu verteidigen.

Gemeinsam mit Cohen können zwei weitere Autoren als Mitbegründer des Analytischen Marxismus gelten[21]. War Cohen hauptsächlich um eine Verteidigung der marxistischen Geschichtstheorie bemüht, machte sich John Roemer daran, die ökonomische Theorie von Marx in der Sprache der zeitgenössischen, also neoklassischen Wirtschaftstheorie zu rekonstruieren und gegen Einwände zu verteidigen[22]. Jon Elster schließlich bediente sich der Entscheidungs- und Spieltheorie, um zuerst Marxens Klassenkampftheorie, dann aber nahezu alle

20 Ich stütze mich in diesem Abschnitt auf Iorio 2012.
21 Vgl. Cohen 2001, S. xviii f.
22 Vgl. Roemer 1981, 1982 und 1988.

Facetten der marxistischen Gedankenwelt in Übereinstimmung mit dem methodologischen Individualismus zu rekonstruieren. Sein Anliegen war es hierbei, das Gesamtwerk von Marx einer vorurteilsfreien, aber kritischen Detailuntersuchung zu unterziehen[23].

Cohen, Roemer und Elster waren voneinander unabhängig zu der Überzeugung gelangt, dass sich der Marxismus auf keine eigene, irgendwie speziell marxistische Methodologie berufen darf, sondern sich in der Auseinandersetzung mit dem je neusten Forschungsstand in der Philosophie, der Ökonomie, den Sozial- und Politikwissenschaften zu bewähren hat. Alle drei lernten sich jedoch bald nach dem Erscheinen von Cohens Buch kennen und organisierten eine Reihe von Tagungen, durch die sich eine relativ stabile interdisziplinäre Gruppe von kontinuierlich kooperierenden Wissenschaftlern etablierte. Diese rund zehn Mitglieder umfassende Gruppe, die sich bei ihren ersten Treffen vornehmlich mit Marxens Konzept der Ausbeutung, später auch mit anderen Facetten der marxistischen Gedankenwelt beschäftigte, traf sich in den 80er und 90er Jahren des zurückliegenden Jahrhunderts zumeist in London und nannte sich in Anlehnung an den Tagungstermin die *September Group*.

Auch die Wendung „Analytischer Marxismus" wird in einer umfassenderen und einer engeren Bedeutung verwendet[24]. Analytische Marxisten in der umfassenden Bedeutung verwerfen den Gedanken, der Marxismus beruhe auf einer genuin marxistischen Methodologie oder Denkweise und lehnen damit vor allem die von anderen Marxisten geteilte Überzeugung ab, Marx sei in einem gehaltvollen Sinn des Wortes auf eine Form der Dialektik bzw. des dialektischen Denkens oder gar auf eine genuin dialektische Logik angewiesen. Noch bevor sich die Rede vom Analytischen Marxismus etablierte, brachte Cohen diese Ablehnung des dialektischen Denkens zum Ausdruck, indem er seinen Ansatz provokativ als *non-bullshit Marxism* bezeichnete. Dieser analytische Ansatz ist der klaren Argumentation, der Standardlogik und der Vermeidung irreführender sprachlicher Mehrdeutigkeiten sowie begrifflicher Unschärfen verpflichtet. Der Analytische Marxismus ist in dieser allgemeinen Bedeutung der Wendung der Versuch, den harten Kern von Marxens Denken aus seiner hegelianischen Ummantelung zu befreien.

In der engeren Bedeutung sind Analytische Marxisten nicht nur dem methodologischen Individualismus in den Sozialwissenschaften verpflichtet, lehnen also Klassen, staatliche Institutionen etc. als eigenständige, holistisch zu interpretierende Akteure der sozialen Welt ab, sondern verwenden das Instru-

---

23 Vgl. Elster 1985.
24 Vgl. Cohen 2001, S. xvii f. und xxii–xxv.

mentarium der Entscheidungs- und Spieltheorie, um Marxens sozialphilosophische und politiktheoretische Lehren in einer zeitgenössischen Theoriespra-
che neu zu fassen, zu verteidigen und nach Möglichkeit weiterzuentwickeln.
Der Analytische Marxismus in dieser engeren Bedeutung wird zuweilen auch
als *Rational-Choice-Marxism* bezeichnet[25].

Die Vertreter des Analytischen Marxismus verfolgen zwar das gemeinsame
Projekt, Marxens Gedanken mit den Mitteln des analytischen Denkens neu zu
fassen, kommen dabei aber nicht unbedingt zu denselben Resultaten. Insofern
verteidigen diese Autoren keine gemeinsame Theorie des Marxismus.

Sowohl im engeren als auch im umfassenderen Sinn des Wortes wurde
dem Analytischen Marxismus nicht selten der Vorwurf gemacht, durch seine
methodologische Distanz zu anderen Strömungen des Marxismus, insbesondere durch seine Verweigerung, Marxens dialektischem Ansatz Rechnung zu
tragen, keine plausible Lesart der Schriften von Marx zu liefern. Das sei Marxismus ohne Marx. Zur Verteidigung wurde geltend gemacht, dass ein zeitgenössi-
scher Sozialismus sowenig am Wortlaut der Schriften von Marx festhalten
kann, wie die zeitgenössische Physik es mit den Schriften von Galileo und
Newton tut. Der Sozialismus sei ein Forschungsprogramm, dessen Vertreter in
methodologischer Hinsicht stets darum bemüht sein müssen, auf der Höhe
ihrer Zeit zu sein[26]. Durch diesen Gedanken grenzt sich der Analytische Marxismus deutlich von anderen, nicht selten sektiererisch erscheinenden Schulen
der Marxexegese ab.

Insofern vom Analytischen Marxismus als einer relativ homogenen Schule
mit einer überschaubaren Anzahl von Mitgliedern gesprochen werden kann,
kann man inzwischen trotzdem auch vom Zerfall dieser Schule bzw. ihrem
Niedergang reden. Dieser Niedergang sei mit Blick auf die intellektuelle Entwicklung der drei Gründerväter veranschaulicht.

Cohen musste von seiner Verteidigung des Historischen Materialismus Ab-
stand nehmen, weil diese Theorie nur unter der Annahme wissenschaftstheoretisch dubioser, nämlich teleologischer Prämissen zu rekonstruieren ist. Ver-
zichtet man auf diese Prämissen, entfällt jeder Grund, von einem notwendigen
Übergang kapitalistischer in sozialistisch organisierte Gesellschaften überzeugt
zu sein. Ist man gleichwohl ein Befürworter sozialistischer Gesellschaftsformen, muss man sich entgegen Marxens amoralischen Beteuerungen eben doch
auf normative, insbesondere moralische Prämissen stützen. Cohen hat diesen
Weg eingeschlagen und sich in seinen späteren Arbeiten in die jüngere Diskus-

---

25 Vgl. Carver und Thomas 1995.
26 Vgl. Cohen 2001, S. xxvii f.

sion um den Begriff der Gerechtigkeit eingebracht. In kritischer Auseinandersetzung mit liberalen und libertären Theoretikern vertritt Cohen ein egalitäres Gerechtigkeitskonzept, in dessen starkem Akzent auf die soziale Gleichheit Cohens kommunistische Ursprünge noch nachhallen. Auf den Begriff der Gerechtigkeit wollte Marx das sozialistische Projekt aber gerade nicht angewiesen sehen. In der Terminologie von Marx und Engels gesprochen fällt Cohen also bewusst und aus philosophischer Überzeugung aus einem vermeintlich wissenschaftlichen in den utopischen Sozialismus zurück[27].

Roemer war als geschulter Ökonom nie ein Befürworter der Arbeitswertlehre, die Marx von Adam Smith und David Ricardo übernommen hat. Gleichwohl war er lange darum bemüht, Marxens Doktrin vom tendenziellen Fall der Profitrate in der Begrifflichkeit neoklassischer Ökonomie zu rekonstruieren und mit ihren Mitteln auch zu beweisen. Dieses Projekt kann ebenfalls als gescheitert gelten. Der überwiegende Teil von Marxens Wirtschafttheorie ist mit dem zeitgenössischen Stand der ökonomischen Wissenschaft nicht kompatibel. Roemer ging in seinen jüngeren Publikationen dazu über, weitgehend unabhängig von genuin marxistischen Lehrmeinungen für eine spezifische Form des Marktsozialismus zu argumentieren[28]. Es geht ihm also nicht mehr um eine revolutionäre Überwindung kapitalistischer Gesellschaftsformen. Vielmehr geht es darum, die Vorzüge marktwirtschaftlicher und sozialistischer Wirtschaftsformen auf eine kluge Art miteinander zu kombinieren. Auch Roemer stützt sich in seinen Überlegungen zunehmend auf „unmarxistische" Begriffe wie den der sozialen Gleichheit oder den der politischen Gerechtigkeit[29].

Elster ist der markanteste Fall. Marxistische Themen im Besonderen und sozialistische Anliegen im Allgemeinen spielen in seinen Arbeiten der letzten Jahre keine nachweisbare Rolle mehr. Auf spieltheoretischer Grundlage hat er sich der Rationalitätstheorie zugewandt und diese Theorie unter anderem auf wieder mehr sozial- und politikwissenschaftliche Problemfelder wie etwa die Verfassungslehre reflektiert. Falls Elster sich überhaupt je als Marxist definiert haben sollte, wird er es heute mit Gewissheit nicht mehr tun.

Ähnliche intellektuelle Biographien ließen sich auch mit Blick auf die meisten anderen Mitglieder der Analytischen Schule formulieren. Es gibt heute in einem strengen Sinn des Wortes also keinen Analytischen Marxismus mehr, insofern sich seine vormaligen Vertreter von fast allen Kernaussagen Marxens kritisch distanziert haben. Es gibt aber zweifelsfrei eine neue Marxforschung

---

27 Vgl. Cohen 2000, S. 103.
28 Vgl. Roemer 1994.
29 Vgl. Roemer 2006.

auf analytischer Grundlage[30]. Dieser neue Forschungsansatz kommt der ideologiefreien Auseinandersetzung mit Marx und dem Marxismus zugute und kann nicht selten dazu verhelfen, Einsichten darüber zu gewinnen, an welchen konzeptuellen und argumentativen Grundfehlern der Marxismus vermutlich generell als gescheitert gelten kann.

14.9 Neue Marx-Lektüre und Gruppe Krisis

Zum Abschluss sei auf zwei vornehmlich deutschsprachige Gruppierungen verwiesen, denen man zuweilen zwar auch unter der Bezeichnung *Postmarxismus* begegnet, die aber besser von diesem Sammelbecken ausgenommen werden sollten, da es ihren Vertretern doch mehrheitlich darum geht, den Schriften und dem Denken von Marx adäquat Rechnung zu tragen.

Die eine dieser beiden Gruppierungen, für die seit einigen Jahren der Name *Neue Marx-Lektüre* kursiert, hat ihre Wurzeln bereits in den 60er Jahren des zurückliegenden Jahrhunderts. Angestoßen durch Arbeiten von Hans-Georg Backhaus und Helmut Reichelt, die sich auf der Grundlage ihrer auch wirtschaftswissenschaftlichen Ausbildung mit dem Wertbegriff von Marx auseinandergesetzt hatten, fand sich ein loser Kreis von Autoren zusammen, die Marx nicht nach den damals vorherrschenden Vorgaben des Marxismus-Leninismus oder des westlichen Marxismus interpretierten, sondern darum bemüht waren, dem fragmentarischen und unabgeschlossenen Charakter der meisten Schriften von Marx gerecht zu werden. Dieser Ausgangspunkt wird auch noch von den zeitgenössischen Vertretern der Neuen Marx-Lektüre geteilt, denen vor allem der im ersten Kapitel erwähnte Umstand entgegenkommt, dass Marxens Schriften im Rahmen der neuen *MEGA* endlich in ihrer Originalform zugänglich werden. Wie bereits erwähnt handelt es sich beim Großteil dieser Schriften um Manuskripte, die von Marx nie zur Veröffentlichung fertiggestellt und oft unabgeschlossen liegengelassen wurden. Daher liegt der in der Tat fragmentarische und zum Teil auch inkonsistente Charakter dieser Texte auf der Hand.

Gleichwohl glauben die Vertreter der Neuen Marx-Lektüre in diesen Schriften das Material für eine noch zu entwickelnde Werttheorie und eine daraus sich ergebende Kritik der Politischen Ökonomie vorzufinden, die den Mitteln, Methoden und Resultaten der neoliberalen Schulökonomie unserer Gegenwart überlegen ist[31]. Marxens Standpunkten gegenüber oft durchaus auch kritisch

---

30 Vgl. Carver 1991.
31 Siehe vor allem Heinrich 2011.

eingestellt verwerfen sie zwar die Überzeugung, das Proletariat werde sich politisch organisieren, um den Kapitalismus durch einen revolutionären Akt zu überwinden, und halten auch die instrumentalistische Staatslehre für falsch, die im zwölften Kapitel als offizielle politische Lehre des Marxismus erläutert wurde. Trotzdem halten sie zum Beispiel an Marxens Fetischismuskonzept fest und vertreten die Ansicht, die kapitalistische Form der Gesellschaft gehe notwendigerweise mit dem Phänomen einher, dass gewisse Dinge und Zusammenhänge den Gesellschaftsmitgliedern kollektiv vollkommen anders erscheinen, als sie sind. Darüber hinaus wird nach wie vor versucht, an Marxens Arbeitswertlehre trotz aller Kritik, die gegen sie vorgebracht wurde, festzuhalten.

Einen ähnlich kritisch-selektiven Zugriff auf die Schriften von Marx haben auch die Vertreter der *Gruppe Krisis*, deren Mitglieder sich um eine namensgleiche Zeitschrift formierten, bis es aufgrund interner Streitigkeiten, deren Struktur so alt ist wie der Sozialismus selbst, zur Spaltung der Gruppe kam. Der namhafteste Vertreter dieser Strömung ist Robert Kurz, der wie die Vertreter der Neuen Marx-Lektüre versucht, Marxens Werttheorie weiterzuentwickeln, aber an der Vorstellung festhält, die kapitalistische (Welt-)Wirtschaftsordnung sei aus immanenten Gründen zum Zusammenbruch verurteilt, der im schlimmsten Fall sogar zum Ende der uns bekannten Zivilisation führen kann[32]. Diese Vorstellung versucht er durch eine Geschichte des Kapitalismus zu untermauern, in der er von drei industriellen Revolutionen ausgeht, durch die die Entwicklung der Produktivkräfte zwar sprunghaft beschleunigt wurde, der erwirtschaftete Wohlstand aber immer nur bestimmten Segmenten der Gesellschaft zugute gekommen ist. Wie schon Gramsci plädiert Kurz für die Errichtung eines Rätesystems, das auf der Grundlage einer Massenbewegung dazu überzugehen erlaubt, die Organisation der Produktions- und Reproduktionsprozesse in die Hände aller Gesellschaftsmitglieder zu legen.

Wie aussichtsreich und wünschenswert globale Entwicklungen dieser Art in der näheren oder ferneren Zukunft wären, mag sich jede Leserin und jeder Leser eigenständig fragen. Wenn dieses Buch in der Beantwortung dieser Fragen etwas hilft, hat es seinen primären Zweck erfüllt.

---

32 Siehe Kurz 2009.

Literaturverzeichnis

A Primärliteratur

Die Werke von Marx und Engels sind durchgängig zitiert nach der Ausgabe:
Marx-Engels-Werke (MEW), ursprünglich hrsg. v. Institut für Marxismus-
Leninismus beim ZK der SED, Berlin 1956 ff.; seit 2001 hrsg. v. der Rosa-
Luxemburg-Stiftung, Berlin.

Empfehlenswerte Textsammlungen

Fetscher, Iring, 2008: *Karl Marx: Das große Lesebuch*. Frankfurt/Main.
Kurz, Robert, 2006: *Marx lesen! Die wichtigsten Texte von Karl Marx für das
21. Jahrhundert*. Frankfurt/Main.

B Sekundärliteratur

Biographien

Hosfeld, Rolf, 2011: *Karl Marx*. Reinbek bei Hamburg.
Körner, Klaus, 2008: *Karl Marx*. München.
McLellan, David, 1985 (1973)[1]: *Karl Marx: Leben und Werk*. München.
Wheen, Francis, 2001 (2000): *Karl Marx*. München.

Einführungen und Überblicksdarstellungen

Berger, Michael, 2008: *Karl Marx*. Stuttgart.
Callinicos, Ales, 2011 (1983): *Die revolutionären Ideen von Karl Marx*.
Carver, Terrell (Hg.), 1991: *The Cambridge Companion to Marx*. Cambridge.
Iorio, Marco, 2005: *Karl Marx interkulturell gelesen*. Nordhausen.
Kolakowski, Leszek, 1988(a–b–c) (1976–1978): *Die Hauptströmungen des
Marxismus. Entstehung, Entwicklung, Zerfall*, Band I–III. München/Zürich.
Lohmann, Hans-Martin, 2001: *Marxismus*. Frankfurt/Main/New York.
Misik, Robert, 2003: *Marx für Eilige*. Berlin.
Schmitt, Richard, 1997: *Introduction to Marx and Engels: A Critical
Reconstruction*. Boulder.

---

1 Jahresangaben in Klammern beziehen sich auf die Erstauflage, bei Übersetzungen auf
die Erstausgabe des Originals.

Sieferle, Rolf Peter, 2007: *Karl Marx zur Einführung*. Hamburg.
Ternes, Bernd, 2008: *Karl Marx: Eine Einführung*. Konstanz.
Wood, Allen W., 2004 (1981): *Karl Marx*. London.

Weitere Literatur, die in dieser Einführung verwendet oder genannt wird

Adorno, Theodor u. a., 1962: *Der Positivismusstreit in der deutschen Soziologie*. Darmstadt/Neuwied.
Adorno, Theodor 1980 (1951): *Minima Moralia: Reflexionen aus dem beschädigten Leben*, in Adorno: *Gesammelte Schriften, Band 4*, hrsg. v. Rolf Tiedemann. Frankfurt/Main.
Aglietta, Michel, 2000: *Ein neues Akkumulationsregime: Die Regulationstheorie auf dem Prüfstand*. Hamburg.
Althusser, Louis / Balibar, Etienne, 1972 (1965): *Das Kapital lesen*. Hamburg.
Althusser, Louis, 2010 (1970): *Ideologie und ideologische Staatsapparate*, hrsg. v. Frieder Otto Wolf. Hamburg.
Althusser, Louis, 2011 (1965): *Für Marx*. Frankfurt/Main.
Aristoteles, 1985: *Nikomachische Ethik*, übersetzt von Eugen Rolfes, eingeleitet von Günther Bien. Hamburg.
Aristoteles, 1990: *Politik*, übersetzt von Eugen Rolfes, eingeleitet von Günther Bien. Hamburg.
Ashcroft, Bill / Griffiths, Gareth / Tiffin, Helen (Hg.), 2007: *Post-Colonial Studies: The Key Concepts*. London/New York.
Babeuf, Gracchus, 1967(a) (1795): *Der Krieg der Armen gegen die Reichen*, in Frits Kool / Werner Krause (Hg.): *Die frühen Sozialisten*. Olten 1967, S. 111–114.
Babeuf, Gracchus, 1967(b) (1795): *Manifest der Plebejer*, in Frits Kool / Werner Krause (Hg.): *Die frühen Sozialisten*. Olten 1967, S. 114–121.
Berger, Michael, 2004: *Karl Marx: „Das Kapital"*. Stuttgart.
Bernstein, Eduard, 1988 (1899): *Die Voraussetzungen des Sozialismus und die Aufgaben der Sozialdemokratie*. Berlin.
Bigelow, John / Pargetter, Robert, 1987: *Functions*. The Journal of Philosophy 84, S. 181–196.
Bloch, Ernst, 1974 (1954–1959): *Das Prinzip Hoffnung*. Frankfurt/Main.
Bluhm, Harald (Hg.), 2010: *Karl Marx / Friedrich Engels: Die deutsche Ideologie*. Berlin.
Bobbio, Noberto, 1978: *Is There a Marxist Theory Of the State?* Telos 35, S. 5–16.
Boorse, Christopher, 1976: *Wright on Functions*. The Philosophical Review 85, S. 70–86.
Bourdieu, Pierre, 1982 (1979): *Die feinen Unterschiede: Kritik der gesellschaftlichen Urteilskraft*. Frankfurt/Main.
Brunkhorst, Hauke (Hg.), 2007: *Karl Marx: Der achtzehnte Brumaire des Louis Bonaparte*. Frankfurt/Main.
Buller, David J., 1998: *Etiological Theories of Function: A Geographical Survey*. Biology and Philosophy 13, S. 505–527.

Cabet, Etienne, 1967 (1841): *Kommunistisches Glaubensbekenntnis*, in Frits Kool / Werner Krause (Hg.): *Die frühen Sozialisten*. Olten, S. 337–349.

Carter, Alan, 2000: *Analytical Anarchism: Some Conceptual Foundations*. Political Theory 28, S. 230–253.

Carver, Terrell / Thomas, Paul (Hg.), 1995: *Rational Choice Marxism*. Philadelphia.

Cohen, Gerald A., 1982: *Functional Explanation, Consequence Explanation, and Marxism*. Inquiry 25, 27–56.

Cohen, Gerald A., 2000: *If You're an Egalitarian, How Come You're So Rich?* Boston/London.

Cohen, 2001, Gerald A., (1978): *Marx's Theory of History. A Defence. Expanded Edition*. Princeton.

Cummins, Robert, 1975: *Functional Analysis*. The Journal of Philosophy 27, S. 741–764.

Dörre, Klaus / Lessenich, Stephan / Rosa, Hartmut, 2009: *Soziologie, Kapitalismus, Kritik: Eine Debatte*. Frankfurt/Main.

Downs, Anthony, 1968 (1957): *Ökonomische Theorie der Politik*. Tübingen.

Dür, Wolfgang, 2001: *Systemtheorie sensu Luhmann,* in Rudolf Richter (Hg.): *Soziologische Paradigmen. Eine Einführung in klassische und moderne Konzepte*. Wien, S. 138–170.

Easton, David, 1953: *The Political System*. New York.

Elster, Jon, 1985: *Making Sense of Marx*. Cambridge.

Elster, Jon, 1986: *Further Thoughts on Marxism, Functionalism and Game Theory,* in John Roemer (Hg.): *Analytical Marxism*. Cambridge, S. 202–220.

Elster, Jon, 1989(a): *Nuts and Bolts for the Social Sciences*. Cambridge.

Elster, Jon, 1989(b): *The Cements of Society. Studies in Rationality and Social Changes*. Cambridge.

Eßbach, Wolfgang, 1988: *Die Junghegelianer: Soziologie einer Intellektuellengruppe*. München.

Euchner, Walter, (Hg.) 1991: *Klassiker des Sozialismus*. München.

Femia, Joseph V., 1993: *Marxism and Democracy*. Oxford.

Feuerbach, Ludwig, 1970 (1843), *Vorläufige Thesen zur Reformation der Philosophie*, Gesammelte Werke Bd. 9, Berlin, S. 243–263.

Fischer, Christina, 2008: *Frauenbefreiung mit Marx*. Marxistische-Blätter 3-08, S. 87–94.

Forst, Rainer / Hartmann, Martin / Jaeggi, Rahel / Saar, Martin (Hg.), 2009: *Sozialphilosophie und Kritik*. Frankfurt/Main.

Foucault, Michel, 1978 (1974): *Dispositive der Macht: Über Sexualität, Wissen und Wahrheit*. Berlin.

Foucault, Michel: 1994 (1975), *Überwachen und Strafen. Die Geburt des Gefängnisses*. Frankfurt/Main.

Fourier, Charles, 1975 (1829): *Die neue sozialistische Welt der Arbeit oder Entdeckung des Verfahrens einer nach Leidenschaftsserien eingeteilten, anziehenden, naturgemäßen Produktionsweise,* in Joachim Höppner / Waltraud Seidel-Höppner (Hg.), *Von Babeuf bis Blanqui: Französischer Sozialismus und Kommunismus vor Marx, Band II: Texte*, Leipzig.

Freud, Sigmund, 1974 (1929): *Das Unbehagen in der Kultur*, in Studienausgabe Bd. 9. Frankfurt/Main, S. 191–270.

Fröhlich, Nils 2009: *Die Aktualität der Arbeitswerttheorie: Theoretische und empirische Aspekte.* Marburg.

Geuss, Raymond, 1983 (1981): *Die Idee einer kritischen Theorie.* Königstein/Ts.

Giddens, Anthony, 1988 (1984): *Die Konstitution der Gesellschaft.* Frankfurt/Main/ New York.

Habermas, Jürgen, 1971: *Theorie und Praxis.* Frankfurt/Main.

Habermas, Jürgen, 1981: *Theorie des kommunikativen Handelns.* Frankfurt/Main.

Hardt, Michael / Negri, Antonio, 2003 (2000): *Empire: Die neue Weltordnung.* Frankfurt/Main/New York.

Hardt, Michael / Negri, Antonio, 2004: *Multitude: Krieg und Demokratie im Empire.* Frankfurt/Main/New York.

Hardt, Michael / Negri, Antonio, 2010 (2009): *Common Wealth: Das Ende des Eigentums.* Frankfurt/Main/New York.

Haug, Wolfgang Fritz, 1983 ff. (Hg.): *Kritisches Wörterbuch des Marxismus.* Berlin.

Haug, Wolfgang Fritz, 2006: *Neue Vorlesungen zur Einführung ins „Kapital".* Hamburg.

Hegel, Georg Wilhelm Friedrich, 1955 (1821): *Grundlinien der Philosophie des Rechts*, hrsg. v. Johannes Hoffmeister. Hamburg.

Hegel, Georg Wilhelm Friedrich, 1991 (1830): *Enzyklopädie der philosophischen Wissenschaften im Grundrisse,* hrsg. v. Friedhelm Nicolin / Otto Pöggeler. Hamburg.

Heinrich, Michael, 2005: *Kritik der politischen Ökonomie. Eine Einführung.* Stuttgart.

Heinrich, Michael, 2011 (1991): *Die Wissenschaft vom Wert: Die marxsche Kritik der politischen Ökonomie zwischen wissenschaftlicher Revolution und klassischer Tradition.* Hamburg.

Hillel-Rubben, David, 1999: *Karl Marx,* in Anthony O'Hear (Hg.): *German Philosophy Since Kant.* Cambridge, S. 65–79.

Hobbes, Thomas, 1966 (1651): *Leviathan oder Stoff, Form und Gewalt eines kirchlichen und bürgerlichen Staates*, hrsg. und eingeleitet von Iring Fetscher. Frankfurt/Main.

Hoff, Jan, 2009: *Marx global: Die Entwicklung des internationalen Marx-Diskurses seit 1965.* Berlin.

Hollis, Martin, 1995 (19949: *Soziales Handeln: Eine Einführung in die Philosophie der Sozialwissenschaften.* Berlin.

Holzhey, Helmut (Hg.), 1994: *Ethischer Sozialismus: Zur politischen Philosophie des Neukantianismus.* Frankfurt/Main.

Honneth, Axel (Hg.), 2006: *Schlüsseltexte der Kritischen Theorie.* Wiesbaden.

Horkheimer, Max, 1988 (1937): *Traditionelle und kritische Theorie,* in Horkheimer: *Gesammelte Schriften, Band 4,* hrsg. v. Alfred Schmidt / Gunzelin Schmid Noerr. Frankfurt/Main, S.162–225.

Iorio, Marco, 1998: *Echte Gründe, echte Vernunft: Über Handlungen, ihre Erklärung und Begründung.* Dresden/München.

Iorio, Marco, 2004: *Liberalismus, Kommunitarismus, Kommunismus. Karl Marx im Spannungsfeld der politischen Philosophie der Gegenwart*. Marx-Engels-Jahrbuch, S. 54–78.

Iorio, Marco, 2008: Die Einträge *Marx* und *Marxismus* im Handbuch der Politischen Philosophie und Sozialphilosophie, hrsg. v. Stefan Gosepath / Wilfried Hinsch / Beate Rössler. Berlin/New York, S. 777–785.

Iorio, Marco, 2010(a) (2004): *Karl Marx: Gesellschaft analysieren und verändern*, in *Reclams Klassiker der Philosophie heute*, hrsg. von Ansgar Beckermann / Dominik Perler, zweite durchgesehene und erweiterte Auflage. Stuttgart, S. 518–537.

Iorio, Marco, 2010(b): *Fetisch und Geheimnis: Zur Kritik der Kapitalismuskritik von Karl Marx*. Deutsche Zeitschrift für Philosophie 58, S. 241–256.

Iorio, Marco, 2011(a): *‚Sollen'*. Grazer Philosophische Studien 83, S. 199–222.

Iorio, Marco, 2011(b): *Praktische Gründe, Begründung und Erklärung*. Zeitschrift für philosophische Forschung 4, S. 22–42.

Iorio, Marco, 2011(c): *Regel und Grund: Eine philosophische Abhandlung*. Berlin/New York.

Iorio, Marco, 2012: Der Eintrag *Analytischer Marxismus* im *Marx-Handbuch*, hrsg. v. Michael Quante / David P. Schweikard. Stuttgart.

Jaeggi, Rahel / Wesche, Tilo (Hg.), 2009: *Was ist Kritik?* Frankfurt/Main.

Jaeggi, Rahel, 2005: *Entfremdung: Zur Aktualität eines sozialphilosophischen Problems*. Frankfurt/Main.

Jappe, Anselm, 2005: *Das Abenteuer der Ware: Für eine neue Wertkritik*. Münster

Kierkegaard, Søren, 1994 (1846): *Abschließende unwissenschaftliche Nachschrift zu den philosophischen Brocken*, in Kierkegaard: Gesammelte Werke, 16. Abteilung, hrsg. v. Emanuel Hirsch / Hayo Gerdes / Hans Martin Junghans. Gütersloh.

Kincaid, Harold, 1997: *Individualism and the Unity of Science: Essays on Reductionism, Explanation, and the Special Sciences*. Lanham u. a.

Kneer, Georg / Nassehi, Armin, 2000: *Niklas Luhmanns Theorie sozialer Systeme. Eine Einführung*. München.

Korsch, Karl 1991 (1923): *Marxismus und Philosophie*, hrsg. v. Erich Gerlach. Frankfurt/Main.

Kößler, Reinhart / Wienold, Hanns, 2001: *Gesellschaft bei Marx*. Münster.

Kurz, Robert, 2009 (1999): *Schwarzbuch Kapitalismus: Ein Abgesang auf die Marktwirtschaft*. Frankfurt/Main.

Laclau, Ernesto / Mouffe, Chantal, 2006 (1985): *Hegemonie und radikale Demokratie: Zur Dekonstruktion des Marxismus*. Wien.

Laclau, Ernesto, 2006: *Ideology and Post-Marxism*. Journal of Political Ideologies, 11, 103–114.

Lange, Ernst Michael, 1980: *Das Prinzip Arbeit: Drei metakritische Kapitel über Grundbegriffe, Struktur und Darstellung der „Kritik der Politischen Ökonomie" von Karl Marx*. Berlin.

Lemon, Michael C., 2003: *Philosophy of History: A Guide for Students*. London/New York.

Lenin, Wladimir I., 1980(a) (1894): *Was sind die „Volksfreunde" und wie kämpfen sie gegen die Sozialdemokraten?*, in Lenin: *Ausgewählte Werke in sechs Bänden, Band 1*, hrsg. v. Institut für Marxismus-Leninismus beim ZK der SED. Berlin, S. 9–88.

Lenin, Wladimir I., 1980(b) (1918): *Die proletarische Revolution und der Renegat Kautsky*, in *Ausgewählte Werke in sechs Bänden. Band 4*, hrsg. v. Institut für Marxismus-Leninismus beim ZK der SED. Berlin Berlin, S. 547–655.

Leopold, David, 2009: *The Young Karl Marx: German Philosophy, Modern Politics, and Human Flourishing*. Cambridge.

Luhmann, Niklas, 1990: *Soziologische Aufklärung 5: Konstruktivistische Perspektiven*. Opladen.

Lukács, Georg, 1968 (1923): *Geschichte und Klassenbewußtsein: Studien über marxistische Dialektik*. Neuwied/Berlin.

Luxemburg, Rosa, 1990 (1899): *Sozialreform oder Revolution*, in *Gesammelte Werke. Band 1: 1893–1905*. Berlin, S. 367–466.

McLaughlin, Peter 2001: *What Functions Explain: Functional Explanation and Self-Reproducing Systems*. Cambridge.

Meyer, Thomas, 2000: *Was ist Politik?* Opladen.

Miller, Richard W., 1984: *Analyzing Marx: Morality, Power and History*. Princeton.

Mouffe, Chantal, 2007 (2005): *Über das Politische: Wider die kosmopolitische Illusion*. Frankfurt/Main.

Neck, Reinhard, 2008: *Was bleibt vom Positivismusstreit*. Frankfurt/Main.

Neander, Karen, 1991: *Functions As Selected Effects: The Conceptual Analyst's Defense*. Philosophy of Science 58, S. 168–184.

Parsons, Talcott, 1951: *The Social System*. New York/London.

Platon, 1974: *Die Gesetze*, eingeleitet von Olof Gigon. Zürich.

Popper, Karl, 1970: *Die offene Gesellschaft und ihre Feinde. Band II. Falsche Propheten: Hegel, Marx und die Folgen*. Bern/München.

Quante, Michael (Hg.), 2009: *Karl Marx: Ökonomisch-philosophische Manuskripte*. Frankfurt/Main.

Ratcliffe, Matthew, 2000: *The Function of Function*. Studies in History and Philosophy of Biological and Biomedical Science 31, S. 113–133.

Renton, David (Hg.), 2001: *Marx on Globalisation*. London.

Richter, Rudolf, 2001: *Soziologische Paradigmen. Eine Einführung in klassische und moderne Konzepte*. Wien.

Ritter, Joachim (Hg.), 1973: *Historisches Wörterbuch der Philosophie. Band 3*. Darmstadt.

Roemer, John E., 1981: *Analytical Foundations of Marxian Economic Theory*. Cambridge.

Roemer, John E., 1982: *A General Theory of Exploitation and Class*. Cambridge.

Roemer, John E., 1988: *Free to Loose: An Introduction to Marxist Economic Philosophy*. Cambrige.

Roemer, John E., 1994: *A Future for Socialism*. Cambridge.

Roemer, John E., 2006: *Democracy, Education and Equality*. Cambridge.

Rosenberg, Alexander, 2011: *Philosophy of Sciene: A Contemporary Introduction*. New York.

Rotermundt, Rainer, 1997: *Staat und Politik*. Münster.

Rousseau, Jean-Jacques, 1977 (1762): *Vom Staatsvertrag oder Grundsätze des Staatsrechts*, übersetzt und hrsg. von Hans Brockard. Stuttgart.

Ryle, Gilbert, 1978 (1949): *Der Begriff des Geistes*. Stuttgart.

Sartre, Jean-Paul, 1999 (1957): *Fragen der Methode*. Reinbek bei Hamburg/Berlin.

Sartre, Jean-Paul, 1986 (1960): *Kritik der dialektischen Vernunft, Band 1: Theorie der gesellschaftlichen Praxis*. Reinbek bei Hamburg.

Scharpf, Fritz W., 1998: *Demokratische Politik in der internationalen Ökonomie*, in Michael Greven (Hg.): *Demokratie – eine Kultur des Westens?* Opladen, S. 262–288.

Schmidt am Busch, Hans-Christoph (Hg.), 2011: *Charles Fourier: Über das weltweite soziale Chaos. Ausgewählte Beiträge zur Philosophie und Gesellschaftstheorie*. Berlin.

Schmitt, Carl, 1932: *Der Begriff des Politischen*. Berlin.

Schwandt, Michael, 2010: *Kritische Theorie. Eine Einführung*. Stuttgart.

Schwartz, Justin, 1993: *The Paradox of Ideology*. Canadian Journal of Philosophy 23, S. 543–574.

Sennett, Richard, 2006 (1998): *Der flexible Mensch: Die Kultur des neuen Kapitalismus*. Berlin.

Sennett, Richard, 2009 (2006): *Die Kultur des neuen Kapitalismus*. Berlin.

Sober, Elliott, 1993: *Philosophy of Biology*. Oxford.

Steger, Manfred / Carver, Terrell, 1999: *Engels after Marx*, Philadelphia.

Vieler, Alexander, 1986: *Interessen, Gruppen und Demokratie*. Tübingen.

Walter, Franz, 2009: *SPD. Biographie einer Partei*. Reinbek bei Hamburg/Berlin.

Weber, Max, 1988 (1904/1905): *Die protestantische Ethik und der Geist des Kapitalismus*, in Weber: *Gesammelte Aufsätze zur Religionssoziologie I*. Tübingen.

Wetherley, Paul, 1992(a): *Mechanisms, methodological individualism, and Marxism: A Response to Elster*, in Wetherly (Hg.): *Marx's Theory of History: The Contemporary Debate*. Aldershot u. a., S. 107–131.

Wetherly, 1992(b): *The Factory Acts: Class Struggle and Functional Requirements in the Explanation of Legislative Intervention*. In: Wetherly (Hg.): *Marx's Theory of History: The Contemporary Debate*, Aldershot u. a., S. 181–203.

Wheen, Francis, 2008 (2006): *Karl Marx: Das Kapital*. München.

Winter, Rainer / Zima, Peter, 2007: *Kritische Theorie heute*. Bielefeld.

Wood, Allen W., 1991: *Marx Against Morality*, in Peter Singer (Hg.): *A Companion to Ethics*. Cambridge, S. 511–524.

Wright, Larry, 1973: *Functions*. Philosophical Review 82, S. 139–168.

Zündorf, Lutz, 2010: *Zur Aktualität von Immanuel Wallerstein: Einführung in sein Werk*. Wiesbaden.

Personenregister

Sachregister

Absterben des Staates 214, 249, 253, 255 f., 266 f., 268 f., 305
Akkumulation des Kapitals 75, 210 f.
Amoralismus, amoralisch 236, 241, 316; s. auch *Moral, moralisch*
Anarchismus, anarchistisch 10, 19, 102, 208–210, 255, 267, 300, 305
Antagonismus s. *Widerspruch*
Anthropologie, anthropologisch 31–33, 69, 80, 88, 141 f., 157, 197, 241–243, 246, 265
Arbeit 31, 55–65, 72, 74, 85, 88, 167, 180, 185, 240–242, 281, 285, 287, 292, 295 f.
Arbeiter 4, 18 f., 49, 58, 61, 72, 85, 107, 168, 179 f., 182, 185, 191, 206 f., 210–212, 215, 223, 281–285, 300, 304 f.; s. auch *Proletarier, proletarisch, Proletariat*
Arbeiterbewegung 14 f., 18, 20 f., 302, 305
Arbeiterklasse 19, 181, 189 f., 207–212, 234, 261, 304 f., 312; s. auch *Klasse*
Arbeitgeber s. *Bourgeoisie, bourgeois* u. *Kapital, Kapitalist, Kapitalismus, kapitalistisch*
Arbeitskraft 46–52, 55–66, 84 f., 88, 168, 179, 210 f., 281–285
Arbeitsmarkt 85, 211, 282; s. auch *Markt, Marktwirtschaft, marktwirtschaftlich*
Arbeitstag 184, 241, 284
Arbeitsteilung 64–66, 72–75, 79 f., 83, 85, 87, 110, 150, 173, 240, 243
Arbeitswertlehre 281, 286–288, 301, 317, 319
Arbeitszeit 57–60, 241, 281, 284
Aristokratie, Aristokrat, aristokratisch s. *Feudalismus, feudalistisch*
aristotelisch 31, 107, 116, 242 f., 246, 253

Armut 167, 199, 209
Assoziation 18, 207, 209, 214, 240 f.; s. auch *Gemeinschaft, gemeinschaftlich*
Atom, atomistisch: 78, 251–253
Aufhebung des Unterschieds von Staat und Gesellschaft 254–257, 260, 269, 271
Aufklärung, aufklärerisch 5, 128, 208–210, 213, 236, 242, 259, 308
Ausbeutung, Ausbeuter 64, 73, 211, 215, 223, 310, 314 f.
Autonomie, autonom 102, 255, 260 f., 272, 290–295; s. auch *Freiheit*

Basis 24, 81 f., 88, 95, 112, 134, 161; s. auch *Überbau*
Beruf, Berufsbild s. *ökonomische Rolle*
Besitz, Privatbesitz, Besitzformen 49, 53, 81–87, 110, 150, 210 f.; s. auch *Eigentum*
Bewusstsein 23, 25–28, 31, 34 f., 43, 79 f., 89–110, 112, 120 f., 182, 188–190, 192, 195, 204, 223–237, 245, 303
– und Bewusstseinsformen 23–25, 91–93, 228 f.
– falsches 184 f., 231, 235
– und Ideologie 93–95, 229
– Klassenbewusstsein 182–192, 209, 302
– und Überbau 228
Bolschewismus, bolschewistisch, Bolschewiki 214, 261, 300–303, 305 f.
Bourgeoisie, bourgeois 17, 63, 97, 126, 178, 182, 184, 186, 189, 194, 205–207, 214, 215, 223 f., 239, 250 f., 254, 260–263; s. auch *Kapital, Kapitalist, Kapitalismus, kapitalistisch*

Geld 168, 277 f., 283
Gemeinschaft, gemeinschaftlich 102,
  186–188, 212 f., 219 f., 239 f.,
  240, 251, 255 f., 262, 264;
  s. auch *Assoziation*
Gemeinwille 186–188, 213, 220
Gemeinwohl 186 f., 213, 220, 251, 269
Gerechtigkeit, gerecht 224–226, 239,
  243, 261, 271, 317 f.;
  s. auch *Gleichheit*
Gesamtwille 186
Gesellschaft, gesellschaftlich 4, 11,
  23 f., 27, 33, 37, 40–42, 46,
  48, 50–55, 59 f., 63 f., 67, 70 f.,
  73, 76, 78–85, 87 f., 90, 92,
  94–103, 106, 108–113, 119,
  122 f., 126, 128 f., 134 f., 141,
  143 f., 150, 153–179, 186–189,
  194–197, 200, 204, 206–209,
  213–221, 223 f., 226, 228, 234–
  236, 239, 243, 245 f., 249– 271,
  275, 286, 292–294, 300 f., 304–
  306, 310–312, 319
– und Staat s. *Staat und Gesellschaft*
Gesellschaftssystem s. *Gesellschaft,
  gesellschaftlich* u. *System*
Gesetz vom tendenziellen Fall der
  Profitrate s. *Profit, Profitrate*
Gewalt 109, 158, 168, 207 f., 214,
  255–257, 263, 265–267, 295,
  301, 305; s. auch *Herrschaft* u.
  Macht
Gewerkschaft, gewerkschaftlich 18, 21,
  76, 181, 216, 314
Gleichheit 212, 224, 239, 261, 317;
  s. auch *Gerechtigkeit, gerecht*
Globalisierung 133 f., 215, 267, 271,
  302 f., 319
Godesberger Programm 301
Gothaer Programm 21, 224
Gruppe, Gruppierung, Gruppentheorie
  109, 159, 180–183, 196, 204, 207,
  209, 215–218, 220 f., 259, 264–266,
  272; s. auch *Klasse* u. *Demokratie,
  demokratisch*
Gruppeninteresse 216–218

Handeln, Handlung, Handlungstheorie
  26 f., 41 f., 44, 53, 76–81, 84–87,
  92 f., 100, 103 f., 106–110, 126 f.,
  130, 136, 158 f., 162–179, 192,
  195–197, 224–226, 230 f., 264,
  271, 295, 304, 310
Hegelianismus, hegelianisch 6–8, 26–28,
  32–39, 155–157, 171, 196 f., 200,
  211 f., 227, 244–246, 276, 280, 308,
  311, 315
Herrschaft 53, 182, 187–189, 195, 206,
  209, 212, 213 f., 239 f., 254, 256,
  260–263, 265, 267, 268 f., 306, 308,
  310, 313; s. auch *Gewalt* u. *Macht*
Historischer Materialismus
– als allgemeine Kulturtheorie 65, 80 f.
– und Theorie vom Klassenkampf 23, 25,
  41–43, 133 f., 149, 175–179, 194–
  197, 205 f.
Holismus, holistisch 163 f., 180, 315
Humanismus, humanistisch 6, 29 f.

Idealismus, idealistisch 7 f., 25 f., 28–
  39, 62, 89, 202; s. auch *Hegelianismus, hegelianisch*
Ideologie, ideologisch 93–95, 224–248,
  251 f., 263 f., 271, 310 f., 318;
  s. auch *Ideologiekritik*
Ideologiekritik 224–247, 263, 274–298;
  s. auch *Kritik*
Individualismus, individualistisch 32, 63,
  77–81, 153, 158, 163–171, 180, 182 f.
– methodologischer 99–106, 163–174,
  217 f., 251, 258–262, 315
Industrie, industriell, Industriegeschichte
  40, 43, 62, 64 f., 70, 80, 125 f., 196,
  207, 281–285, 303
Industrialisierung s. *Revolution,
  industrielle*
Inhalt und Form s. *Form* u. *Inhalt*
Institution, institutionell, institutionalistisch 76–81, 83 f., 95–99, 101,
  104, 106–110, 167, 172 f., 225, 255,
  257–262, 266, 268 f., 272, 315

SEEING THE MYTH
IN HUMAN RIGHTS

Jenna Reinbold

PENN

UNIVERSITY OF PENNSYLVANIA PRESS

PHILADELPHIA

Published by
University of Pennsylvania Press
Philadelphia, Pennsylvania 19104-4112
www.upenn.edu/pennpress

Printed in the United States of America
on acid-free paper

1 3 5 7 9 10 8 6 4 2

Library of Congress Cataloging-in-Publication Data
ISBN 978-0-8122-4881-4